BODY ASTROLOGY

ボディ アストロロジー

松村 潔

説話社

はじめに

　人間は大きなコスモスに進展すると同時に、小さなコスモスにも進展する。この場合、進展するとは、概念とか知識として理解するのでなく、その中に入り、実感的に理解するということなのですが、この大と小は共鳴するというテーマに基づき、本書を書くことにしたのです。
　内臓は惑星と共鳴しているというのは昔からよく知られていましたが、人間を境界線にして、人間よりも大きな惑星や天体、そして人間の内側で、人間よりも小さい内臓は鏡のように対応しています。
　この理屈からすると、太陽と惑星という太陽系モデル、それを模写した地球と月の関係は、今度は内臓よりもはるかに小さな原子に対応しているのではないかと思います。が、順番を一つ飛ばしてしまいました。高分子生体物質としてのDNAは、分子の集まりで、原子よりも大きな場所に位置しています。これは惑星の中にある地域、大陸とか、民俗性とか、地方色のようなものでもあると思います。
　なぜならば、個別性が強く、原子ほどには普遍的なスタイルではありません。基本的にはこれは惑星と惑星の関係などによって形成されるものではないでしょうか。原子よりもさらに小さな物質として素粒子、自由電子、クォークなどがありますが、これは太陽系の外の星雲界です。
　より大きなコスモスに到達することで、より微細な物質に働きかけることができるという点では、素粒子のレベルは、原子を作ったり壊したり、違うものに変えたりする性質があるので、太陽系の外にある星雲界の理解は、私達の身体の根本的な性質を作り変えてしまうとい

う可能性もあります。大なる太陽系と、小なる原子は鏡関係にあるのだとすると、太陽系を作らない恒星などでは、原子は存在しないということにもなるでしょう。
　そもそもミクロコスモスは人間の精神が作り出したものであると考えてみれば、時代、場所、思想などによって、この小さな世界は違ったものになっていくと思います。そして最後まで突き詰めると、そこには何もなかった。ということにもなってくるでしょう。
　こうした大と小の対応の中で、一番親しみやすいのは、惑星と内臓の関係です。つまりそれは手ごろな範囲にあるというわけです。内臓のメッセージは、いつもは隠されています。でないと、私達は平穏に暮らせません。何か食べるたびに、食物と戦う胃の奮闘が伝わってくると、目の前でしなくてはならないことにも手がつけられなくなってきます。これらの内的な情報を伝わらないように遮断しているが、しかし回線を開くこともできるのです。それは脳を凍結させて、交感・副交感神経の信号ラインをオープンすることで始まります。お腹がすくとだんだんキレ始めるという人は、胃の情報がストレートに上がってこないで、屈折した回路をたどって信号が届くのです。間違いだらけの伝言ゲームのようで、こうした内臓と上手く共存することで、人間の心が健全に育成されます。
　すべての内臓を統合化した心臓は、人の心の中心を表しているからです。「ひきこもり生活をしたい人は人との交流をやめて自分の内臓とつき合えばいい」とひどいことを書いていますが、たぶんアンバランスな暮らしをしている人は、内臓との関係が偏っていますから、均

等に内臓とつき合うことで、人間としての健全さを手に入れることができるし、現代において健康と思われている基準は、実は、どこか間違っていることを知ることになるかもしれません。

　最近の私の傾向としては、非物質的要素も遠慮しないで入れることにしています。占星術を使う多くの人が、天王星、海王星、冥王星という見えない惑星を扱っているのに、その置き所に困っています。これらを正当に理解するには、結局、身体においての見えない要素ということも考慮に入れた方がよいのではないでしょうか。身体の中には、生理的に見ると不合理な器官があり、それを誰もが上手く評価できないでいる。そして結局、生かせないまま、時には悪化させているという場合もあるでしょう。

　本書ははじめ文字ばかりの原稿でした。最近、私は図とか絵を入れない趣味に変わってしまったのです。ひたすら文字をだらだらと書いていきます。それではわかりにくいだろうと、編集者の高木さんが図版を大量に入れてくれました。ですので、かなりわかりやすくなっているのではないかと思います。

Contents もくじ

はじめに　2

Ⅰ　身体と宇宙の関係性　7
1. 宇宙と人体の相似的な関係　8
2. 惑星と共鳴する内臓　12
3. 身体の中の三つの要素　15
4. 生活習慣が与える影響　19
5. 内臓に目を向けることで霊的・宇宙的な世界に　21
6. 人体の五つの階層　24

Ⅱ　占星術とエニアグラムについての考察　27
1. グルジェフの食物エニアグラム　28
2. グルジェフの水素番号　30
3. 循環小数　35
4. メースの主張　37
5. 生きとし生きるものの図　42

Ⅲ　身体と12サインの関係性〜概論〜　45
1. 人体と12サインの対応　46
2. シュタイナーにおける12感覚と12サインの対応　50
3. ゾーディアックマン　54

Ⅳ　身体と12サインの関係性　〜詳論〜　57
1. 牡羊座　58
2. 牡牛座　77
3. 双子座　94
4. 蟹座　124
5. 獅子座　145
6. 乙女座　151
7. 天秤座　172
8. 蠍座　178
9. 射手座　197
10. 山羊座　205
11. 水瓶座　221
12. 魚座　231
13. サインの折り返し　248
14. 頭の中の水晶　254

V 惑星と身体の関係性 *261*

1. 惑星 *262*
2. 太陽−心臓、金 *264*
3. 月−内分泌腺 *267*
4. 月のアスペクト *280*
5. 内臓周波数 *307*
6. 水星−肺 *312*
7. 金星−腎臓 *321*
8. 7音の意義 *337*
9. 太陽−心臓 *346*
10. 火星−胆汁 *359*
11. 木星−肝臓 *368*
12. 土星−脾臓 *376*
13. 古典占星術では扱われなかった三つの惑星 *381*
14. 天王星 *386*
15. 海王星 *392*
16. 冥王星 *400*
17. トランスサタニアンは無理を要求する *405*

VI ボディアストロロジーの実践 *409*

1. 内臓探索のルートを決める *410*
2. 月−体液 *411*
3. 水星−肺・腸 *413*
4. 金星−腎臓 *415*
5. 太陽−心臓 *416*
6. 火星−胆汁 *418*
7. 木星−肝臓 *419*
8. 土星−脾臓 *420*
9. ハウスについての考察 *423*
10. 惑星探索と身体の健康についての再考 *425*
11. 健康に注意する必要があるのか *426*

現代医学と私達の身体と占星術　藤森理子 *432*

おわりに *442*
著者紹介 *444*

I 身体と宇宙の関係性

1 宇宙と人体の相似的な関係

大コスモスと小コスモス

　古い時代、大きなコスモスとしての宇宙と小さなコスモスとしての人間は、構造的に類似していると考えられていました。これはヘルメスの言葉といわれる「上にあるものは下にあるものに似ている」ということに表現されています。
　ミクロコスモスとしての人間の身体の中に宇宙を見るというのは興味深いことで、人間を転回点にして、大きな世界に興味を向けるほど、小さな世界にも関心が向かう、あるいは大きな世界を知ることで、小さな世界のこともわかるということになります。反対にいえば、大きなことがわからないのなら、小さなこともわからないということにも通じるかもしれません。
　ですが、ここで上にある大コスモスと下にある小コスモスは、そのままそっくり縮図として解釈できるのかというと、そう単純に考えられない面があります。ここでは、私がいつでも引用する「下にあるものは自力で上に上がることはできない。しかし上にあるものは、自己分割して、下に降りることができる」という要素が関係しているからです。
　古い時代から宇宙の基本法則として、一つの光は七つに自己分割するというものがあります。そしてこの七つのうちの一つは、またさらに七つの要素に自己分割するという、1から7へ連鎖する果てしない分岐構造を持っています。ある次元において、七つのうちの一つが、違う存在になろうとしても、それは無理なことだといえます。しかし、七つをすべて統合化したものに戻り、そこから、あらためて七つのうちのどれかに降りるというのは、上にある一つからすると可能なことなのです。
　なぜなら上にあるものは、下にある七つをすべて自分の中に内包しているからで、自分の中の一部を取り出すことに何の苦もありません。しかし下にあるものからすると、自分ではない外部のものに変化することはほとんど不可能で

す。

　つまり小コスモスは、大コスモスの精密なコピーではないということです。大コスモスから、小コスモスに移る時に、そのつなぎとして小コスモスの七つを統合化した領域がある。この統合化した一つのものは、上位のコスモスの七つのうちの一つなので、つまりは上なるコスモスとの架け橋です。そしてこの接合部分としてのものは、下に対しては支配権を握るので、小コスモスを自分の任意の意志でコントロールしていく傾向があります。極端にいえば、下の七つを統合化したつなぎ部分は、下にあるものをねじ曲げ、上からの影響を遮ることさえできるのです。

中コスモスとしての人間

　大コスモスと小コスモスの間に、中コスモスとしての人間がいるとすると、この人間は、大なるコスモスに対しての影響力を発揮することはできないが、縮図としての小さなコスモスに対しては、自分の意図によって、変形を加えることができるということです。

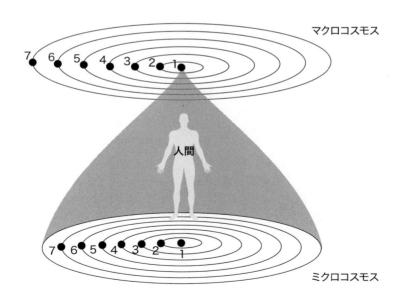

この大コスモスから小コスモスの連鎖は、ゲオルギイ・グルジェフは以下のように並べています。

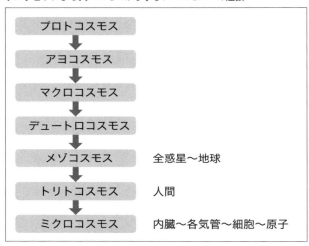

　メゾコスモスは全惑星から地球という惑星までの領域で、トリトコスモスは人間です。
　ミクロコスモスは、人体の中にある内臓とか各器官、細胞、さらに原子に至るまでの幅広い領域ですが、これらは大宇宙の縮図であり、人間という枠の中にある小コスモスです。これら小さな世界に対しては、人間の主体的な意識が影響力を持っているということが考えられます。

「医療占星術」とは何をするのか？

　西洋占星術には、「医療占星術」という分野があります。これは占星術で使われているサイン、惑星、ハウス、アスペクトなどを人体の働きと結びつけて考えます。この占星術にも長い期間の伝統があり、医学が発達する時代以前からの知識が蓄積されてきました。しかし、体内の領域は、それらを統括する人

間の意識の関与があるので、メゾコスモスの法則を形式化した占星術的の影響が、そのままストレートに反映するわけではない要素を無視できません。

　ある人は、ホロスコープから見て重大な病気になるはずなのに、上手く回避している。他の人はそんなに強い特徴が現れているわけではなかったのに、重症になり、とても苦しんでいる。あるいは唐突に死んでしまったりする。

　ホロスコープで、実際の症状が正確に読めない時に、読む技術が足りなかったのか、何か見落としていたのかなどと考える人もいるのではないでしょうか。しかし宇宙的な影響が、そのまま人体に降り注いでいるのではなく、その間にある仲介者としての人の意志、感情、知識、印象の持ち方、工夫したり、無視したり、楽しんだり、悲観的になったり、見落としたりすることで、この宇宙からの影響を引き下ろす過程でさまざまな変形が生じます。これらの要因はホロスコープには書かれていないのです。

　この現実を考えないまま、占星術のホロスコープから、身体のことを考えると、ホロスコープの解読だけでは解明できない要素がたくさん出てきます。

　ホロスコープを考える専門家は、人間の意志の介在を度外視しようとする癖があります。人間の意志のことを考えると、占星術のロジックにほころびが生じます。はじめから破綻(はたん)することがわかっていて、占星術の勉強をするというのは、なかなかやる気が削がれます。

　反対に、もともと人間はすべて自由である。星の影響なんか受けないという考えで生きていると、一部の人はある日、星の影響があまりにも大きいことに驚き、占星術を勉強してみようと思うのです。しかし占星術をずっと続けていると、人間の自由意志の介在で、占星術理論がそのまま通じないという面にいらだつという転倒が生じます。これは宇宙法則とその反映の占星術。それと人間の自由意志の関係を整理して考えると、混乱は生じにくいのではないかと思います。占星術は強い影響力を持っています。しかしそれですべて考えることもできないのです。

　否定と肯定という両極ではなく、配分の加減を考えるとよいのです。

2 惑星と共鳴する内臓

天体リズムに共鳴して活動する

　解剖学者、発生学者としてよく知られていた三木成夫によると、人体の中の内臓は天体リズムと共鳴して活動しており、例えば、胃は日リズムと年リズムに従っているといいます。

> 「中身がからっぽになったら、すぐに食物を催促する。そんな自動機械ではありません。ちゃんと朝、昼、夜とか、あるいは春、夏、秋、冬などといった、大きな宇宙的な要素、つまり、われわれの所属する"太陽系"の、天体相互の運行法則に、きちんと従って動いているのです。後で申し上げますように、胃袋そのものが太陽系の一員なのです。太陽系の運行に、いわば"共鳴"している。」
>
> 「すべての生物は太陽系の諸周期と歩調を合わせて『食と性』の位相を交代させる。動物ではこの主役を演ずる内臓諸器官の中に、宇宙リズムと呼応して波を打つ植物の機能が宿されている。原初の生命球が"生きた衛星"といわれ、内臓が体内に封入された"小宇宙"と呼びならわされるゆえんである。」
>
> （三木成夫『内臓のはたらきと子どものこころ』築地書館）

　三木成夫は、人体組織を、動物の要素を持つ感覚・運動系としての体壁系と、植物の要素を持つ内臓系に分けています。このうち、植物的な働きをする領域が、宇宙リズムと一体化した動きをするということなのです。

　動物は鳥や鮭のように地球を移動しながら、その生命リズムを全うしますが、植物はどこにも移動せず、いながらにして、この中で生体リズムを発揮してい

ます。つまり独立栄養としての光合成などがあり、食物獲得のための戦いがないために、それが可能となっています。そのため植物は基本的に感覚・運動にたずさわる器官が存在せず、その存在自身が天地を結ぶ巨大な循環路の毛細血管のようなものだということなのです。

　動物や植物には、それらの種にまつわる暦がはっきりしています。とりわけ植物は、太陽と月だけでなく、火星、土星、あるいは土星の衛星などのたくさんの順列組み合わせが出てくると説明されていて、特に内臓の中の消化腺と生殖腺が宇宙リズムを受け止める場になっていると指摘されています。

太陽系内の惑星のリズム

　占星術は基本的に太陽系内の惑星のリズムを考える体系です。

　春分点、夏至点、秋分点、冬至点という四つの区切りを節目にして、惑星はそれぞれの公転周期で回転しています。さらに、地球から見ることで、この運動には歪みが生じるように見えたりすることも記述されています。

　三木成夫がいうように、内臓系は宇宙的なリズムと共鳴しているということからすると、占星術は太古からそう大きくはメカニズムが変化していない人体に対して、理解の助けになるといえるでしょう。

　一方で、人体の中の動物系の部分は、宇宙的なリズムからは離反して生きていくことを目指している面があります。動物の場合はそうではありませんが、人間は天体と共存する部分には関心を向けず、惑星などの遠い領域でなく、目前の近い世界に対して目を見開き、自分の活動に没入する自閉的な要素を強く持っています。自閉するとは、個人で自閉するのでなく、人と人の関係で作られた共有世界に自閉するという意味です。人体の中にはこの２種類のグループがあるということです。

　ルドルフ・シュタイナーが主催する人智学会を批判する男性が、シュタイナーの講義に女性ばかりが参加しており、男性はそんなに数多く参加していないと主張していたことを、シュタイナーは取り上げています。私が読むに、この話を取り上げること自体が笑い話に見えてしまいます。

> 「男性社会は近代の、科学的になりいく教養に関与したので、脳の硬化と名づけられているものが男性に現れた。女性の脳は活発で、柔軟なままにとどまった。」
>
> 「私達の有機体のなかに、近代の硬化し、乾燥した教養によって生じたものを、エーテル的なものを使用することによって、ふたたび柔軟なものにすることが必要であることに注意できます。」
> （ルドルフ・シュタイナー『音楽の本質と人間の音体験』西川隆範訳、イザラ書房）

　占星術に親しむのもまた同じように女性が多いといえますが、これは女性の方が、植物的要素が男性よりも強調されていると考えることもできるかもしれません。

　しばしば私は自分の講座で、社会に積極的に参加し、人と人の作り出すもの、あるいは集団性に開かれている人は、実は、自閉的な生き方をしていることであり、もっと遠い、宇宙的な領域に開かれた人は、社会や人に対しては閉鎖的になると説明することもあります。

　身近なものから遠ざかることで、より大きな世界を見る。身近なところに開かれることで、遠いものから閉じる。これは人体の構造で説明した方がよりわかりやすいし、納得しやすいのかもしれません。

　占星術が好きな人にはアスペルガー的な要素が強い人がたくさんいますが、人とコミュニケーションを取り、社会に参加することにストレスを感じて避けていき、その代わりに、星との対話で不足を補おうとする傾向があるのではないでしょうか。

　もし人体の中の内臓系が惑星とリズムが同調し、人体の中に太陽系があるのならば、人とのコミュニケーションを取ることが少なめな分、内臓との対話をしてみるのもよいかもしれません。もちろんこれは動物系の組織が受け持つ社会的人格の育成にはあまり役立ちませんが、意識活動には常に対象（鏡）が必要であるという点では、相手を内臓にしてもよいのです。

3 身体の中の三つの要素

体壁系の組織と内臓系の組織

　三木成夫説に基づくと、内臓には宇宙的なリズムが宿されていると書きましたが、自由に動くはずの体壁系（動物系）も宇宙リズムと共鳴していないわけではありません。ただし、体壁系は自分が置かれた目の前の外的印象に開かれているので、環境の状況とか対人関係などに振り回される傾向が強く、特に人間生活は、宇宙リズムから離れて都市で暮らすことも多く、宇宙・内臓リズムは乱されやすいし、この宇宙・内臓リズムが伝わってこなくなりやすい傾向にあります。例えば、グレゴリオ暦のリズムで生活するということも、宇宙的リズムから孤立する原因の一つです。

　植物器官としての内臓系のうちの細胞の中にある遺伝子は、太陽系の運行リズムが関わっているということを意識すると、「遠」との共鳴が話題になるのですが、植物系では宇宙的な信号の捻じ曲げはあまり多くないと見てもよいでしょう。グレゴリオ暦に従ったりすると、この「遠」には近づきにくくなるのです。

　ところで、三木成夫によると、動物系の組織と植物系の組織の構造的類似性が述べられています。長年研究した結果の大まかな分類が発表されています。

三木成夫による動物系組織と植物系組織の比較

動物系（体壁系）組織	植物系（内臓系）組織＝宇宙リズム
外皮系（感覚）	腸管系（吸収）
神経系・脳（伝達）	血管系・心臓（循環）
筋肉系（運動）	腎管系（排出）

　体壁系としての動物的組織は、外皮系（感覚）、神経系（伝達）・脳、筋肉系（運動）の三つのセット。内臓系としての植物器官は、腸管系（吸収）、血管系（循

環)・心臓、腎管系（排出）の三つのセットで互いに似ています。

　体壁系は動物にのみ見られる組織ですが、これらは外界との接触面になり、ついで神経系が、外皮系と内側の筋肉系の間に橋渡しとして機能し、この神経は背中に集中して脊髄になります。この脊髄の一部が膨らんで脳になります。最後に、筋肉系がまず脊髄の両側にできて、腹の方に広がり内臓を包みます。手足の筋肉はここから出てきました。

　感覚と運動は双方向性で伝達され、感覚で感じて運動します。運動すると、何かに当たって、感覚が働きます。これは、どちらが先ともいえないということになります。この感覚と運動の間の使い走りをするのが神経系の役割で、本来、性質としては伝達するだけです。これは天秤の左右に感覚系と運動系があり、支点に伝達系、すなわち脳と神経が位置しているという配置です。

　植物的な内臓系の三つの分担とは、体の真ん中を腸管がつらぬきます。ついで、その背腹に沿って血管が走るのです。この腹側血管の中が膨らんで心臓が形成されます。これは血管系の中心です。そして腸管と血管を包む、体腔の池の、左右の向こう岸に一対の腎管が通るという図式が描かれています。

　植物系の腸管系、血管系、腎管系は、それぞれ吸収、循環、排出という三つの機能です。吸収系と排出系が天秤の左右にあり、真ん中に循環系がある。吸収しながら排出し、排出しながら吸収する作用を仲介するのが血管です。

　内臓系の中心に心臓があり、体壁系の中枢に頭脳があります。内臓系は宇宙と共鳴するので、日本人の先祖は、宇宙との交響を「こころ（＝心）」本来の機能として眺めていたということです。今日では、人と人の交流の中に心の働きの基準を設定するので、現代になるにしたがって頭の働きが優勢になっているということになります。

　動物系の中心としての脳と植物系の中心としての心臓は、頭と心という違いですが、三木説によると、生命の主人公はあくまで食と性を営む内臓系であり、感覚と運動に携わる体壁系は、文字通り植物系の身体を運ぶ手足にすぎません。現代人の生活は、内臓系よりも体壁系が優先されているので、この頭中心の生き方にはいろいろな弊害が生じてきます。

　そこで、三木成夫は内臓を復興することで、心情の滋養をしようという思想を唱えています。これは数多くの社会問題を解決することにもなり得るでしょ

う。内的な宇宙的リズムを取り戻すと、不必要な衝突や障害は減少します。

グレゴリオ暦のリズム

　内臓系の力を回復させる一つとしては、内臓感覚を鍛え、内臓の情報が素早く伝わってくるようにするのも役立ちます。春の訪れとともに、「春情」が生起される。これは心臓＝心が受け取るもので、それに耳を傾けると、春になると心身が湧き立つような情感を感じます。人類の独立性は自然リズムから孤立することで強化されてきたのですが、人工的な暦としてのグレゴレオ暦のお正月では心が反応せず、脳が反応します。

　お正月になるとすがすがしいと感じるのは、心臓ではなく脳がそう思うということです。これは人間集団で形成してきた習慣的感受性ですから、人間社会から出ると、とたんに有効性を失います。お金は社会的な価値ですから、社会から出たとたんに使えなくなりますが、それと似ています。たくさんの人がお正月を迎え、その時には仕事もしておらず、車もあまり走っていません。習慣によって、あたかも自然なものであるようにお正月の雰囲気が形成されます。

　しかし腹の腑の方はお正月には全く納得していません。占星術であれば、太陽が春分点を通過する３月後半は、自然リズムとして春そのものを表しています。江戸時代までの日本であれば、これは太陰暦の初午に近い時期で、ここでは心や内臓が、うずくような情感を感じていきます。

　体内の感覚として、膀胱の充満とか排泄欲求は訓練によって身につけます。幼児は、まだこれを上手く知覚できません。心臓の感覚は心の作用と結びついています。内臓の内的な信号はぼんやりしていますが、それは興味を向けていないだけで、繰り返し関心を向けると、次第にはっきりしてきます。

　肝臓感覚や腎臓感覚なども次第にわかってきます。そこから上がってくる情報を、動物系の組織が隠蔽せず、また情報の無駄な迂回をせずに受け止めることができるなら、健康な生き方をすることができるのではないでしょうか。

　グレゴリオ暦についてつけ加えると、本来宇宙リズムは、一つの輪が、より大きな輪につながり、またより小さな輪にもつながるので、暦の始まりと終わりの場所は、大小のコスモスがつながる結節点ですが、グレゴリオ暦では、は

じめの前に何もなく、終わりの後に何もないという孤立的、単発的生命サイクルを作り出します。人の生は、その前に暗闇があり、その後にも暗闇があり、どこにもつながらない、生まれ変わることもないという考えは、グレゴリオ暦で生きていることで強い実感を与えられます。

4 生活習慣が与える影響

ワンダ・セラーの『メディカルアストロロジー入門』

　宇宙と人体は共鳴関係にある。これを具体的に応用できる占星術を考える時、日本版として出版されている医療に関する占星術書として、ワンダ・セラーの『メディカルアストロロジー入門』（安珠訳、フレグランスジャーナル社）が代表かもしれません。他にもいくつかの占星術書を読んだことがありますが、入手しにくいものとなってしまいました。

　『メディカルアストロロジー入門』では、サイン、惑星、ハウス、アスペクトなど、従来の占星術で使われている理論で人体の諸器官、内臓、疾病などについて分析しています。

　健康に悪い影響をもたらすものとして、凶星の火星や土星の関与とか、ハードなアスペクト、惑星の格式の悪さなど、占星術理論としては保守的な見解が踏襲されています。ホロスコープで身体のどこが具合が悪くなる可能性があるのかを、ある程度、見当をつけることはできるでしょう。

　健康について考える場合、こうしたホロスコープの分析以前に、身体のコンディションは、集団社会が持つ考え方にかなり振り回されることを考えるべきであるし、おそらくその方が影響は強いのです。

　例えば夏井睦の『炭水化物が人類を滅ぼす−糖質制限からみた生命の科学』（光文社）を読むと、人類が穀物を栽培し、炭水化物や糖質を過剰に摂取する習慣を作った結果、多くの病気が増えてきたということを、歴史も踏まえて説明しています。糖質を制限することでアルツハイマーや癌、糖尿病など種々の病気が減少するということを詳しく説明しています。明治政府は西欧的な食事のスタイルを日本人に推薦することで、この時から、日本人の成人病は著しく増加しました。

　ホロスコープで癌になりやすい、また、いつ頃に悪化するかなどを考えるより、

糖質をカットした方がはるかに効果的です。これらを改善しないで、健康になりたいというのは、無理難題を要求しているのではないでしょうか。

　医療の目的で占星術を使うのはほとんどお勧めできません。実際に、占星術で医療を考えるなどという手法はずっと前に廃(すた)れてしまいました。身体は物質的なもので、すると治療は物質的な手段の方が有効だし、病は気からという側面では、占星術も使ってみるのはよいでしょう。ですが、それですべて解釈しようとする無謀さは避けた方がよいでしょう。

占星術の視点から精神と身体を見つめ直す

　本書を書き始める段階で、そもそもどうしてこのような本を書きたいのかについて考えましたが、健康とか医療について占星術で分析してみるというテーマはほとんど魅力がありません。

　冒頭で述べたように、宇宙と身体、マクロコスモスとミクロコスモスは共鳴しています。そして大なるものと小なるものの知識は同時に進むべきです。意識が拡大することとは、小さなものや物質的なもの、身体から遠ざかることではなく、むしろそれらにより深く入り、狭苦しい制約を取り払う力を発揮するのがより好ましいのです。精神と肉体は切り離されてはいない。こうした構造について、占星術の観点から考えてみるということを目的にしようと思いました。

　最近私は「精神宇宙探索講座」というのをしています。これは精神で、太陽系外の宇宙に飛び出し、星を訪ねる講座です。これと平行して、内臓探索をするとよいと考えたのです。

5 内臓に目を向けることで霊的・宇宙的な世界に

血は流動する第二の人間

　ルドルフ・シュタイナーは、ゲーテの『ファウスト』の中で、メフィストフェレスが語った「血は全く特製のジュースだ」という言葉を取り上げて、血液に関連したテーマの講義をしています（ルドルフ・シュタイナー『血は全く特製のジュースだ』高橋巖訳編、イザラ書房）。

　血は流動する生命であり、酸素を吸収して、一種の燃焼過程を通過すると、生命を賦活する鮮紅色になり、身体のあらゆる部分に浸透して養分をその各部分に貯えます。この血と血管は、植物系の中での天秤の支点に位置する伝達機能です。

　シュタイナーによると、血は、骨、筋肉、神経組織からなるもう一方の人間に対して、一種の外界のような関係を持っています。つまり動物系の側に属する人間は、外界に対するように、絶えず血から自己保存の力を受け取り、同時に不要のものを血に引き渡しています。

　血はこの意味で、この骨や筋肉、神経組織からなる人間に対するドッペルゲンガーであるような位置づけです。血は流動する第二の人間だということです。

　血は下等な有機体にとっての繊維素（セルロース）に似た役割を、高等動物のために演じています。それに血は有機体の中で最も後から形成され、胎児では骨や筋肉が形成されたずっと後になって、初めて血管組織と共に形成されます。

　つまり生物の進化の過程が一つの頂点に達し、ここで人間固有の精神の営みを可能にする条件が初めて作り出されたというエルンスト・ヘッケルの主張を、シュタイナーは引用しています。

交感神経の営み

　三木成夫の著書では、身体は動物系と植物系でできていると説明しますが、神智学者としてのシュタイナーの思想であれば、人間はエーテル体を植物と共有しますが、肉体→エーテル体→アストラル体という三層で、一番上にあるアストラル体は、動物の性質と共有するものが多く、生命あるものを感覚的存在にまで引き上げ、内部に流動する生命液を持つだけでなく、快と苦、喜びと悲しみを持つようになります。

　植物にはこのアストラル体がないので、植物の内部に外界に対する反応が発生しても、心象が生じることがないので、内的に体験する能力が備わっていません。一時、植物には感情があるという考えが話題になりましたが、固有の感情や心象がある場合には、外界にストレートには反応せず、何らかの抵抗を示すでしょう。

　人間における交感神経は背骨に沿って両側に伸び、それぞれの側で、一連の結節点を持ち、そこから分岐して、そしてその繊維を肺や消化器官などのさまざまの器官にまで送り込んでいます。それは側索（そくさく）によって脊髄と結びついています。

　本来、この交感神経系の営みは、自己閉鎖的な感覚生活を意味していました。しかし現在の人間は、意識の働きを、この神経系のところにまでは及ぼすことができなくなってしまっています。

　もし、この神経の映し出す暗い模糊（もこ）とした映像を意識化して、その代わりに覚醒時の意識生活を司る身体の上位にある神経系の働きを眠らせることができたら、「人間は或る薄明るい光の大海の中にいる自分を感じ、その中で大自然の諸法則の様々の営みを観ることができるであろう」とシュタイナーは述べています。

　これは三木成夫の、植物系としての内臓の感覚を感じ取ることにも通じます。すると、そこに宇宙を感じることになります。シュタイナーによると、上級の神経系の活動を抑え、下位の意識を解放することで、このような知覚を蘇らせる古代の秘儀があるという話ですが、秘儀でなくても、内臓の声を聞き取るという行為でもその片鱗（へんりん）を感じ取ることができます。

大なるコスモスの無限の広がりが、この暗い内面生活の中に映し出されています。しかし動物は進化の過程で、脊髄をこの交感神経に組み込みます。そして脊髄と脳髄の組織が、私達が日常触れている身近なコスモスを直接認識する諸器官を発達させます。意識はもはや大コスモスの根源的な形成諸法則を反映するだけでなく、外的環境と直接つながりを持つようになります。

交換神経系を通して、生命体は大宇宙そのものを感得し、身体の上にある神経系統を通して、自分の内部にのみかかわりのある日常の「下なる」世界の諸事象を感知します。そして現在、人類の持つ進化した神経組織は、外界の一部だけを極めて明瞭に映し出すだけではなく、個人的な感情の色濃い主観的世界の中で表象することのできる能力を獲得しました。この代償として、人間はあの暗い模糊とした大コスモスとしての根源世界の体験を持つ能力を失ったというのがシュタイナーの講義内容です。

6 人体の五つの階層

生命液から血液へ

　ここからが少し難しい内容ですが、エーテル体からアストラル体が呼び起こされ、そして交感神経系に脊髄と脳髄の組織がつけ加えられると、今度は逆にアストラル体がエーテル体に作用して、エーテル体の表現である生命液に変化を起こさせ、生命を維持するためだけの体液から、さらに高度の機能を有する血液が生まれたというプロセスが起こります。

　脳髄と脊髄が個体化したアストラル体の表現であるとすれば、血液は個体化したエーテル体の表現であり、このエーテル体の個体化から、「私」の営みが生じます。そして、結果として肉体、エーテル体、アストラル体、第四に脊髄と脳髄によって表現されている高次のアストラル体、第五に血によって表現されている個体化したエーテル体という五つの階層的構造が形成されます。

　外界から得た感覚内容は、自己の内部で表象像として再生産できた場合にのみ、そこに自己を表現できます。脳髄は外界の印象を受け取ります。しかしそれは外界の像であるにとどまるのです。外界の像を自分自身に固有の表象像として再生産すると、その像は自我の表現となり、「私」そのものの表現となります。

　「私」は二つの側面に向かい合っていて、内に「私」のまなざしが向けられ、外に「私」の意志が働きます。血もまた内に向かってアストラル体から形成力を得て、外に向かって外界から酸素を直接体験します。

　しかし覚醒時には、血が脳と感覚器官の産み出す像を形成力に変える過程を体験することはできません。血は内的心象世界と外的形象世界との中間に位置する存在です。古い時代、人々は血の中に、遺伝的に担われてきたものを体験することができたといいます。祖先の生活経験も思い出すことができました。「私はこのことを体験した」という時、個人的体験とともに、先祖の体験についても、そういうことができたというのです。

しかしある時点で、混血が始まり、この段階で、外的知性が誕生しました。太古の見霊意識は、同族の血を保つことで初めて可能だったのですが、異族婚によってその能力は失われ、その代わりに論理的思考を生み出したのだという話です。

神話で語る星の内容こそが本質

シュタイナーは『オカルト生理学』（高橋巖訳、筑摩書房）の中で、脳脊髄神経と血液の接触を停止して、交感・副交換神経系、つまり自律神経系からの情報を血液が取り入れることで、脾臓はあたかも土星のように見えると書いています。脳脊髄神経系の側で見れば、脾臓は解剖学的に見た脾臓にすぎませんが、自律神経系の側から見るとそれは内的な宇宙でもあり、また大コスモスの運動でもあるということです。

古い時代に、さまざまな民族が星を見て星の神話を作りました。現代からすると、それは科学が発達していない時代の夢見がちな、子供っぽい行為に見えるかもしれません。しかし、古い時代の人々は、今日の人々よりも、この交感・副交感神経系と血液の接続による情報取得という視点が発達していたのです。私達現代人はこの能力をかなり失っています。

古代人は現代的な知性が探求できないような高度な次元の領域を見て、そこから神話を作ったのです。星の神話で語られた星の内容は、その星の持つ本質とかけ離れているわけではないのです。これは驚くべき能力です。科学的な見解は、知覚の制限をすることで得られるので、今日的な天文学の知識は、この中身を削ぎ落とした、外面的な知識といえます。

どうせ無知な昔の人が想像しただけの幼稚な話、というふうに神話をとらえる人がいましたが、観測装置としては、現代の私達の方が、考えが浅いのです。

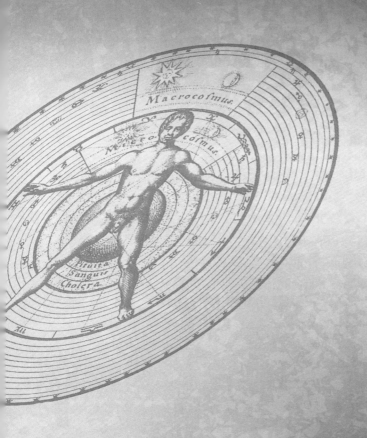

II 占星術とエニアグラムについての考察

1 グルジェフの食物エニアグラム

物質を振動として考えていく

　人は占星術で示されたような宇宙リズムにそのまま従って生きているのではありません。自主的な力を手にいれるために、そこから「故意に」孤立して社会的な人格を作りました。内臓は宇宙に同調しますが、頭はそのことに無関心になり、内臓からの声を聞かなくなったのです。この宇宙法則と自由意志の関係を考える場合に、グルジェフの思想を参考にしてみます。

　まず、グルジェフの思想は今日の科学とは発想法が違います。物質を考える時に、アリストテレスのように、振動で考えていくということに特徴があります。空間と時間、あるいは粒子性と波動性は、日本の神道でなら、顕と幽、すなわち凪と波という左右の原理に分類され、波は見えない冥府のようなところにあり、見える物質的な世界は、凪にたとえられます。

　振動とか波動から考えるというのは、モノとしては見えない観点から判断するので、それは今日的な発想では、あまり科学的ではありません。波動から考えると、振動の違いによって物質の違いが識別されます。粒子からすると、そのような差異はなく、横並びに考えられることになります。例えば、何かを体験して高揚感を感じたとすると、振動論では、それはより高い振動の物質を受け取ったのだとみなします。精神の比率が高まり、物質の比率が減っているのです。物質とは精神の死にいく状況を作り出します。高揚感は物質に打ち勝つことで、つまりは物質密度が低くなることですが、この高い振動にはたくさんの種類があり、みな質が違います。しかし粒子的な思想では、ドーパミンという物質が関与したのだと考えたりすることもあります。

　高揚感にもたくさんの種類があっても、ドーパミンということで考えると、この質の問題は無視されますし、というよりも科学では質を考えるほどには複雑でなく、そもそもそうした体験を促す動機や目的がなくても、ドーパミンを

投与すれば同じ体験ができると考えので、意図や動機不在の現象を考えることが可能なのです。意図というものが存在しない体系というのは不気味です。意図や意志を除去するというのは、例えば、病気になった時も、病気を引き起こした原因ともなった当人の目的や狙いということは考えません。まるでどのようなことも自分のせいではないかのように考えることができます。これは偶発性の介入を許すということです。

　こうしたグルジェフの振動密度の違いで物質を識別するという考え方を織り込んだ食物エニアグラムは、一つのコスモスは、七つの単位で成り立ち、七つの原理には実は２か所の欠損部分があり、その不足を補完するために、他に二つのオクターブとしての七つの原理の関与が必要であるということを図示したものです。七つの音が最後まできちんと成り立つには、都合三つのオクターブがないといけないのです。

　これは人間が身体、感情、知性によってできているという三分節思想とも対応します。馬車、馬、御者、さらに４番目も入れるとそこに主人が入ります。シュタイナーの考え方では、この主人の部分は、今日の文明期では、まだ手に入れられないとみなされています。

エニアグラムの図

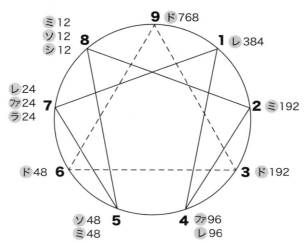

2 グルジェフの水素番号

振動密度の高いものほど数字は小さい

　グルジェフの振動物質は、しばしば水素番号という形式で説明されていますが、化学で使われる水素とは違うものです。思想家は、その時代の流行になるものを用語として取り込みますが、いつでもあっという間に時代遅れになります。ですが、思想家が表現しようとしていた内容が一緒に時代遅れになるわけでありません。そのため、現代になって解読するためには、用語を少し入れ替えていく必要もあるというわけです。

　グルジェフが使う水素番号は、振動密度の高いものほど数字が小さく、振動密度と反比例する物質密度が高くなるほどに、数字が増えます。究極の物質としての絶対1、高次な思考6、高次な感情12、動作・本能の速度の物質24、通常の低速な思考48、動物磁気あるいは火の96、空気192、水384、木、繊維あるいは食物768、鉱物1536、金属3072と続くのです。

　水素をHと表記するならば、それぞれの法則数字の頭にHとつけて、水はH384ということになります。

　科学あるいは医学などで識別できるものは、下の3072から96までです。それ以上の48から、絶対の領域までは、科学では認識することができません。それは不可視の物質だから、観測しようがないのです。

　これはシュタイナーがいう「精神と物質の境界線として定義されている熱、暖かさ」がH96にマッピングされるということを表しています。四元素でいう火です。96までが光の速度以下に収まるもので、この上の48から1までは光の速度を超えているので、アインシュタインのいうように光よりも速いものはこの宇宙に存在しないという考えであれば、1から48までの物質は存在しないのです。

　人体は、宇宙のすべての成分を内包していて、もし私達が心身のことを考え

るのならば、医学、科学では追跡不可能な振動の高い物質についても考えなくてはなりません。私達の精神とか魂、霊などは、このような高次な水素のことです。これを切り離して、物質的に認識できるものばかりで体系化を推し進めることで、この宇宙のさまざまな領域、人にも、意図や精神などは関与していないということを前提に考えることになります。

下から上がるもの、上から降りるものという両方を考えなくてはならないということは、脳という物質的領域の器官も、意識活動に下の方から何らかの影響（あるいは足かせ）を与えることは間違いないといえます。

科学・医学では、私達の存在の下から3分の1、あるいはもっと少ない部分しかわからないけれど、反対にいえば、この3分の1領域に関して、類を見ないほど詳しくなるということです。

システムとして脆弱な部分こそ私達が意識的に扱える

ド768から始まる一番目のオクターブとは、肉体にほかなりません。この一つのオクターブの不足部分に突き当てられたド192から始まる第2のオクターブ、さらに第2のオクターブの不足に突き当てられたド48から始まる第3のオクターブは、それぞれ手前のオクターブの不足の部分に対して能動的に振る舞い、あるいは絶対支配者であり、神の降臨のようなものでもあり、この接触部分に、もともと宇宙的機械システムに備わっていなかった、自由性が関与する余地が生まれます。システムとして脆弱な欠陥部分とは、人間からすると、意識的に扱うことのできる隙間なのです。

例えば、毎日の暮らしは、わりに繰り返しがあります。しかし何か事件が起きて転換期が訪れると、その時に、誰もが意識的に考え工夫します。いつもは眠った機械のように動く。しかし、重要な時には意識的になる。そして安定すると、また半ば眠った機械のように生きていきます。

電車の線路でいえば、直進の時は眠ったまま走り、ポイント切り替えの瞬間には意志的決定が生じるのです。直線のレールの上では、変更のしようもありません。自由になる部分はシステム全体としては少しの部分ですが、それが全体の動きを支配するパイロット波になります。意識はターゲットに射出される

ことで初めて成立するという点でいえば、電車が１本のレールをそのまま走っている時には、意識は発生せず、もう一つの違うレールと接続する時に、その差異性によって目覚めると考えてもよいかもしれません。

　身体のオクターブの始まりは食物摂取から始まります。私達は食物摂取に関しては、自由意志を働かせることができます。レストランでメニューから選ぶことができます。食物に関しては何が正しいのか、誰もわからないという面もあります。

　自由意志が働くということは、実は、何も手本がなく、よくわからないということでもあります。時代によって認識が大きく変わり、何を食べてよいのか、誰に聞いたらよいかわからない。多くの人は習慣的に、これまで続けてきた食習慣を継続するでしょうが、習慣は続けてきたために自然に見えるだけの話で、違う習慣でも続けると、今度はそれが自然に見えてきます。空腹を感じても、それはだまされているだけかもしれません。

　この食べるものによって、第一オクターブの性質は人によって大きく違ってきます。「おまえは食べるものによってできている」というのは、人体の第一オクターブのことを示しています。それは身体の３分の１を占めていると考えてもよいのかもしれません。

　このレベルにおいての七つのステップとは、食物から抽出したエッセンスが次第に振動密度を上げ、物質密度を薄くして、食べたものが天国へと向かっていく道筋です。食物は、人体工場を通じて高次な存在へと変成していくのです。固形物は液体に。次にガス状のものに。火と熱に。さらに精妙なものに変わり、非物質的な成分に上昇していこうとします。

　しかしこのオクターブ進展は、ミの音で限界点に到達し、そこからは自力で進化しません。オクターブの断絶点は、ミとファの間、シとドの間にあります。単独のオクターブは、この段階で前進できなくなるのです。

　そこに第二オクターブ、すなわち空気オクターブ、呼吸によって取り込まれるものが関与します。そのことで、第一オクターブの限界点を突破します。第二オクターブは空気の身体と考えるとよいでしょう。ただし、空気の振動密度がボトムという意味で、それよりも高度な領域もすべて含まれています。

　ところが、この第一オクターブを助けた第２の呼吸オクターブは、やはりミ

の音の段階で限界に達してそれ以上は進化できなくなります。この時に、印象オクターブとしての第3のオクターブがショックとして加わり、第二オクターブはその先を進みます。

上から下と下から上という相反する流れ

　グルジェフは物質的な肉体の重心を法則48、アストラル体を法則24の全惑星意識、メンタル体を法則12の太陽、「主人」としての法則6を全太陽、あるいは星雲界と呼んでいて、エニアグラムの9の位置に入る四番目のオクターブのドは、恒星に匹敵する振動と考えるとよいでしょう。

　地球上で生きていく上でこれは必要かというと、必要ではありません。それどころか、個人として社会に依存して生きる場合には、エニアグラムの7に位置する全惑星意識としての（グルジェフが定義するところの）アストラル体も必要がありません。

　しかし人体は宇宙のすべての成分を持っているので、意識化されていないだけで、微量ながら無意識には働いています。それが個性化や結晶化されていないということなのです。

　人間はこの三つのオクターブが配合されたシステムで、それぞれ異なるオクターブが干渉する場所こそが、人間にとって自由意志が発揮できて、任意に選択できる領域です。食物も呼吸も任意にできます。印象の持ち方は人それぞれです。これ以外の場所は自由意志が働きにくく、自動的に動いています。

　私はこれまで食物エニアグラムを考える時に、食物が上昇する流ればかりを考えていたのですが、これは不完全であると思うようになりました。人間は宇宙的な生命圏の中の節の一つで、絶対から下降してきた創造の光線の通路であり、また下から上がる進化の流れの通路でもあります。

　つまり上から下、下から上という二つの相反する流れが、人体をつらぬいています。ですので、思考が感情に、感情が身体にという下降に向かっての影響力の流れも重視しなくてはならないのです。この場合、創造のプロセスが1、2、3つまり上、中、下と進む時には、振動密度は1、3、2、つまり上、下、中という順番になり、上と下があると中が創造され、この中が上になって、また

それに相応する下を素材にして、中のものが生まれてきます。
　食物素材は、この上から降りてくる振動の物質にとって創造的な素材として活用され、上昇するとともに、上から降りてくるものの個性やスタイルに吸収されます。犬が主人に似るようにです。このためには食物素材は、人体の中で、食物素材そのものの固有の個性、鋳型を一度解体されていきます。そうでないとスムーズに消化されないのです。

3 循環小数

物質的に認識できないレベルのものを考慮に入れる

　占星術を人体の働きに対応させた時、自由意志の関与できない機械的な部分の地図を見ることができます。機械的な要素は七つあり、インターバルとして、自由意志は三つの介在ポイントがあるとすると、占星術はこの七つの部分を主に説明します。

　エニアグラムは、1割る7の結果の、0.1428571……という循環小数の1428571というグループを七つの法則と考え、ここには含まれない3と6と9が、自由な創造性を発揮する場所です。自由にならない部分を、内的な惑星としての内臓に対応しているものと考えることもできます。宇宙から切り離すことができない部位です。

　三木成夫によると、顔は、内臓が脱腸したように、外にむき出しになった場所です。グルジェフの食物エニアグラムの三つのオクターブは、人体の三層に対応していて、この三層とは、知情意である知性、感情、意志あるいは身体です。脳の中では、これは三つの皮質に対応します。

　グルジェフの食物エニアグラムでは、身体が作り出す最も高度な振動の物質は、三層の一番下の腰に蓄積されます。そのため、もし脳がこの身体の三層の働きの縮図であるとすると、脳の最も高度な働きは、中心部の古皮質に相応するということにもなるでしょう。

　人間が現代人として社会的に生きる、つまり物質的に生きる場合、脳の新皮質の方が大切になってきますから、このことについては反対のイメージを抱くかもしれません。古皮質は原始的な爬虫類脳であるという考え方は、実は、片面的な見方でしかありません。

　人間の中には二人の人物が存在しています。脳脊髄神経系としての人間から見れば、新皮質は最も高度に発達した部分ですが、それで理解できる事物はい

つでも表層的なものでしかないといえます。外周と中心から来るものは、二人の人間として頭部で対峙しなくてはならないのですが、それは松果体と脳下垂体の関係として説明されるケースもあります。

　人間の自由意志が関与できる食物、呼吸、印象の三つは、頭部にすべて扉を持っています。食べたものは、身体の三層の一番下に向かいます。次に、呼吸は二番目の肺に。そして印象を受け取る目は、動物系の脳が顔の前面に飛び出したものであると考えられ、身体の三層のうちの一番上の層に取り込まれます。

四元素を物質として理解する

　古い時代には、物質を四元素に分類する考え方がありました。
　これはプラトンにおいては図形的な概念で説明され、次にアリストテレスが気質論に改変しましたが、起源はもっと古いところから始まったものだといえます。
　占星術ではサインの中に組み込まれているので、占星術を考えるのならば、この四つの元素に関して詳しく知っておかなくてはなりません。グルジェフの振動論の体系では、この四つの元素、すなわち土、水、風、火というものは物質として認識されます。シュタイナーも同様です。
　しかし四元素という思想は、今日の科学的な見方からはかけ離れているので、心理学などでは、これは心理的な性質として考えられています。同様にユングなどは錬金術などを、心理的で象徴的なものととらえていますが、錬金術は明らかに実際に実験をして取り組むものです。というよりはまだ心理的・精神的なものと、物質が切り離されていない時代の、あるいは切り離されていたとしたら、それを融合させようとした特異な分野であり、この時代のものはどのようなことも、一面的に心理的、象徴的なものだけで考えることはできません。
　今日的な頭脳では解釈のしようがなく、私達はそれを理解する知能が欠けています。このような点で、無難な解釈として、象徴的なものであると考えることになったのです。

4 メースの主張

科学は出発の段階から間違った道を歩んでいるのか

　シュタイナーの研究家といえるL.F.C.メースの『シュタイナー医学原論』（佐藤公俊編訳、平凡社）でも、この四大元素について言及していますが、ここでは、今日の科学的な物質観が持つ制限とは、地、水、風、火という四大元素のイメージを地の元素にしか有効でない条件で考えている点だと述べています。

　ピエール・テイヤール・ド・シャルダンが物質と精神のつながりの断絶を埋める体系を考えようとした時に、これまでの科学による物質の知識を自明のものとみなしていたので、結果として、仮説と仮説の仮説から成り立ったものによって推理してしまった点を批判しています。

　科学は物質の本質を発見しようとする際に、まさにその第一歩から既に踏み出す方向を間違えていなかっただろうかと問いかけます。

　例えば、水を酸素と水素に分解できるとしても、もともと水がこの二つの物質から成っていたという意味にはなりません。水は水ということでしか説明できません。グルジェフ式にいえば、水というのは水という元素があり、それはさまざまな大きさのものがあり、個性もあるということになります。

　要素還元主義というのは、複雑な事物であれ、構成する要素に分解し、それらの一部の要素の性質を理解するならば、元の複雑な事物の性質をすべて理解できるはずという思想です。この場合、性質を説明するには、そこから一段下にある分解要素を考えることが重視されますから、物質を考える時、元素とか分子の構造を考えるということです。

　しかし、細分化された要素に分解した後、これを元に戻すことができるかというと、それは難しい話です。つまり現実には、細部から元の性質を推理することはできないのです。もし、できるとしたら、脳科学や生理学の研究が進ん

だら、死体は立ち上がって歩くこともできるはずです。

　メースの主張は、科学は特定の物質を、その構成要素に解体することで、どのような物質の固有性も否定し、明確な数比で説明したりするけれど、そのたびに、物質そのものとは何かということから遠ざかるというのです。

　例えば、物質が電子でできているとか、陽子とか、中性子などでできているということを考えると、これらの要素そのものは一つのタイプしかなく、異なる物質の違いを数比的に考えるしかありません。というよりは、そもそもこの数比的な分類が目的です。

　ここで、「なぜこれが銅なのか」、「なぜこれが鉄なのか」を説明することはできなくなってきます。物質の実在に出会うには、それが可視世界の現象として、私達の前にある時だけです。ある物質を分析してしまうと、私達はこの形態を失ってしまいます。これは食べ物を栄養素とかカロリーとかで考えてしまうと、何を食べようが違いなどないというのと同じです。高級な食品もコンビニに並んだ食品も差はありません。

　科学的な視線は、目の前に鉄や銅があるにもかかわらず、あたかも鉄も銅もなかったかのように考えるということにメースは怒っています。

解体された要素は元に戻らない

　グルジェフの振動論的にいえば、高次な領域のものは振動密度が高く、低次のものは、分割され数が増えることで振動密度が低くなり、物質密度は高まります。つまり、分割することで低い次元のものが出来上がります。振動密度の高いものは天国です。振動密度の低いものは限定された物質に閉じ込められるので、いわば地獄です。

　要素に解体するが、それは元のものに戻らないというのは、言い換えると、「地獄に落としたものは、もう天国には戻れない」という意味です。これは上にあるものは降りることができるが、下にあるものは上がれないというオクターブの法則にも少し似ています。

　私は子供の頃に、親から望遠鏡を買ってもらったり、時計をもらったりしました。しかし私はいつも好奇心旺盛に、それを分解してしまいました。しか

し元に戻すことはできませんでした。分解する時にそのメモを取るというのは、その頃は思い至りませんでした。分解したが元に戻すことができないことが親に発覚することをおそれて、望遠鏡や時計を隠しました。

その代わりに望遠鏡の中にあったたくさんのレンズを手に入れたことになり、それらを組み合わせて、いろいろな自製の望遠鏡を作り、この中に見える外の景色の映像に感動しました。レンズを組み合わせた望遠鏡から見えてくる神秘の世界は魅惑的でした。レンズの組み合わせは無数にあったのです。しかし、元の望遠鏡には復元できませんでした。

科学的な姿勢の特徴の一つは、現象や事物から象徴性を切り離すことです。切り離した後、また戻すことはできません。これは事物から高次な領域を分離する行為でもあります。神話的イメージや象徴性、純粋な思考というのが、高次な意識を表現しているものです。科学においては、これらは数量的な尺度に収まらないので、事物からごっそりと引き抜かれます。

私達は肉や魚を食べる時に、カニバリズムの精神を発揮します。生物から生命を抜き取り、その後、残った残骸としての肉体だけを食べる屍食趣味です。

日本人が活魚を食べることは残酷だといわれている時代がありましたが、生命を抜き取って、死体だけを食べる方がよほど残酷です。死体を食べるためだけに生命を奪うからです。ただ象牙が欲しいためだけに象を殺すのと似ています。活魚を食べることは、その生命を排除せず、一体化することです。

事物から表象性を抜き取り、残骸としての事物の構成要素を取り上げ、もともとのものの意義を台無しにしていくというのは、便利な面としては、さまざまなたくさんの種類があるものを、そのすべての差異を無視して、ひとくくりに扱うことができるという点です。

地獄に落ちたものは二度と天国に上がらないという思想

医療関係では、風邪というと、症状はみな同じと考える時代があったと思います。この場合、処方も薬も同じもので片づけられます。しかしそれぞれの人が個性という象徴性を持つと、1000人いた時に、1000種類の風邪になってしまいます。処方がそれぞれ違ってきます。これでは製薬会社は収益を上げられ

ません。

「何を食べるとよいですか」という時も、「タンパク質を摂ってください」というと、タンパク質ならどれでもよいことになり、機械的で楽です。

アメリカの屠殺(とさつ)工場で、1日に2000頭の牛が解体されますが、この時に牛1頭1頭の個性や育ち、違いなどを考えることはしません。牛の1頭ごとの個性は、その背後に象徴性、そして神話的な元型の反映があります。神話的なものの、地上においてのワケミタマというわけですが、それを考えると、まとめて屠殺できなくなってしまいます。

この要素解体主義、地獄に落ちたものは二度と天国に上がらないという思想の根底にあるものは、個人主義を強めること、物質的な生き方をつらぬくことです。

シュタイナーは、西欧人はとことん物質主義で、骨の髄から物質的に生きることを好んでいるといいます。

東洋は精神文化が強く、西欧の物質主義文明に対して指導する立場にあるといいますが、東洋医学などは西欧医学に対して、そのような立場にあるかもしれません。

医学的・物理的な枠のみで判断してはいけない

占星術で頻繁に使われる四元素は、火が熱・乾、風が熱・湿、水が冷・湿、土が冷・乾などという説明をしますが、現代の考え方からすると、このうち熱は物質でなく分子の運動能力なので、エネルギーであり、物質とみなされません。しかし古い時代には、この暖かさが、四元素のうちの高次な領域だとみなされていました。

物質的なものと非物質的なものの境界として暖かさが使われていたのです。暖かさは、物質をいわばその地の状態から「引き出し」て「自分自身へと」導く原理とみなされていました。

現代の科学的な理解は、私達を、形態の世界の起源だけでなく、物質の起源についても、そしてついには人体における魂の働きすら、完全に解明不可能な謎であるという結論へと導いたというのが、メースが『シュタイナー医学原論』

で述べている考え方です。

　科学が、精神と物質をつなぐことができないのは、精神を物質であるかのようにとらえようとしていて、科学は自分を閉じ込める迷路に入ってしまったという話になります。

　さほど論鋒が鋭いともいえないメースをだしにして、長々と科学批判めいたことを書きましたが、それを書いた根拠は、身体のことを考える時に、医学的、物理的に見る枠の中でのみ判断してはいけないと思うからです。利便性重視によって途中でカットしたものでなく、源流と結びつけること、すなわち霊、魂、気の身体といえるエーテル体、そして物質。この見えないものから見えるものまでのつながりを取り戻す必要があるでしょう。それは精神を重視して、物質を否定する姿勢ではありません。

　そもそも、物質を否定するのならば、身体に興味を向けることはありえません。身体に興味を持つからこそ、よけいに霊的、魂的、エーテル的なものが物質に関与していることを重視しようということになるのです。

5 生きとし生きるものの図

哺乳動物と人間は水素の振動の違いとして表現

　シュタイナーは、人間を自我、アストラル体、エーテル体、物質体に分けますが、アストラル体は動物の性質を借りて、エーテル体は植物の性質を借りて、肉体は鉱物界の性質を借りて現れてきます。この時、精神性は、地上で植物の上に、動物の中に、人間を通して存在します。下等動物になるほど植物に近くなり、高等動物になるほど人間に近くなります。犬は犬らしく。ライオンはライオンらしく。人間も、生まれつきの衝動に従って生きている間は人間ではなく、哺乳動物です。

　環境の中で新しいものを作り出す創造者として行動する時、初めて人間は人間になりますが、グルジェフの体系では、哺乳動物と人間は、明確に水素の振動の違いとして表現されています。

　こういう時に肉体は鉱物界を借りますが、そもそも鉱物界は、暖かさの原初状態と関連していた霊性が徐々に退いていき、鉱物は精神から取り残され、完全に精神を欠き、その記憶像だけを示している存在状態だとシュタイナーは説明しています。

　鉱物から外に出てしまったものが、地上の人間を通して現れます。そして肉体は鉱物を借りて成立します。鉱物のように、ものとして形骸化して、人は地上で肉体を持ち、まっすぐに立ちます。そして、この上に立って、エーテル体とアストラル体は、植物と動物的な要素を通して自分を表現しようとします。鉱物界では精神が去ったために、肉体はある程度、形が固定されており、流動的になることを回避できるのです。

　この動物、植物、鉱物という階層は、グルジェフの体系であれば次のようになります。

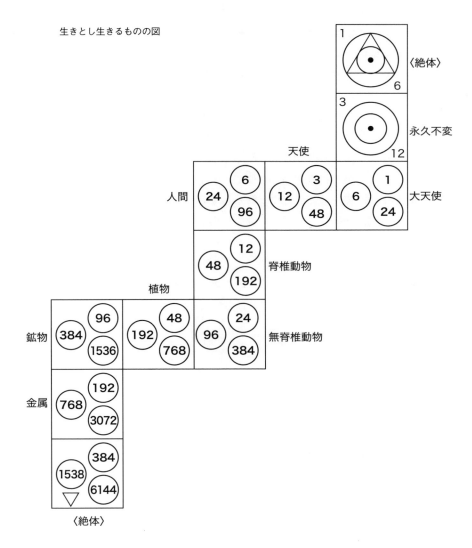

この図表で示されているそれぞれの生命の区画の中の三つ組は、その存在が何に食べられ、何を重心にしていて、何を食べているかを示したものです。

　絶対はいわば神の原理のようなものです。その後に永久不変が続き、大天使、小天使、人、脊椎動物、無脊椎動物、植物、鉱物、金属、そして有機体として構成できない暗闇の領域です。

　シュタイナーの図式よりも細かくなり、動物は脊椎動物と無脊椎動物になり、また鉱物と金属もはっきり区別されます。金属は伝達するものであり、いわば一つのものと他のものをつなぐ管、糸のようなものです。そしてこの管は、それが独立的な作用を持ち始めると、管は絡まって、一つの塊としての球体になります。これが金属と鉱物の関係と考えてもよいでしょう。

　これは血管と心臓という関係にも似ています。胎児の時には管であったものが結晶化して、心臓になるのです。管として流れていたものが、そこに抵抗体を持ち、1か所に回転してうず高く螺旋の山ができて、やがては固まりになるようなイメージです。

　自身が固まるのは、ただ流れに任せて、この流れに一体化することの中に眠らず、そこで立ち止まり、そこに独自の意識の結晶体を作り出すことです。つまりは流れ、管を一つ上位の方向に成長させたといえるのです。

III 身体と12サインの関係性 〜概論〜

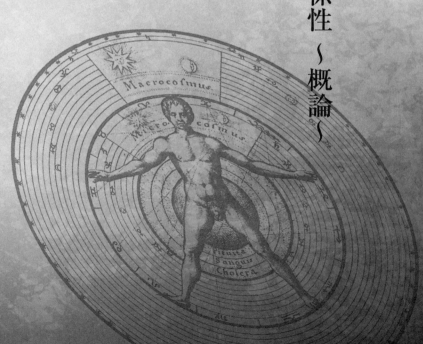

1 人体と12サインの対応

身体を三つの層と12の感覚に分ける

　占星術で、多くの人がよく知っているのが、人間の身体を頭から足まで順番に牡羊座から魚座まで対応させた考え方です。

人体と12サインの対応

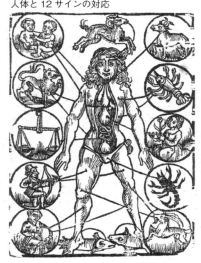

　地球を本初子午線から、東に向かって30度ずつ経度を区切って12サイン対応させたものをジオデティックのサインといいますが、同じような発想で身体を12区分したのです。

ジオデティックサイン

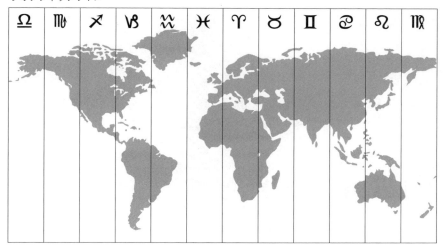

　このような考え方が成り立つのならば、日本地図を大きな人とみなして、それらを12サインに分割することも可能です。ただし、日本地図では、西端と東端が時代によって変化し、それによって割り当てられるサインの地域が変わってきますが、人体の場合には、それほど迷うことはありません。
　宇宙法則は、生命の七つの層を表す7の原理と、感覚を表す12の原理があります。この生命の7階層は、呼吸作用、熱作用、栄養作用、分泌作用、維持作用、成長作用、生殖作用と分けられています。
　7と12は惑星と12サインに対応し、また七つの母音と、12の子音にも対応します。12は感覚的な側面であり、それは生きて動いているというよりは、形骸化したもので、空間的に固定された配置ということです。
　人体では七つの法則のいくつかは臓器に対応します。それに比較して感覚を表す12は、頭から足までのマッピングになりますが、占星術理論では、それぞれのサインには支配星があり、12サインと惑星が関連づけられており、この考え方を持ち込むと、特定の部位と内臓の関連性も考えることになります。
　牡羊座は種まき、夏至点から始まる蟹座は、内部から成長させ、膨らませる。夏至は昼が最も長いので、これは陽の極です。成長して、作物の形、成果がはっ

きりとできるのは、秋分点の天秤座で、これは牡羊座と同じく、昼と夜の長さが同じなので、陰陽でなく中和です。刈り取られた作物は、保存され、水分が抜けて、硬くなり、長期保存が可能になります。これが冬至点の山羊座で、夜が一番長いので、陰の極です。

牡羊座で始まり、天秤座で形が完成するのですが、この間に、90度の蟹座で内側から膨らませ、山羊座で外側から締めつけるという作用が働き、始まる、膨らむ、止める、収縮させる、というような代表的な四つのポイントが成り立ちます。

惑星は12サインを順番に移動するので、ここに膨らんだり縮んだりする呼吸作用が働くことになります。ゼロ（牡羊座）、プラス（蟹座）、ゼロ（天秤座）、マイナス（山羊座）というサインウェーブのような動きが、それぞれの惑星に、異なる時間サイクルで、リズムを与えます。

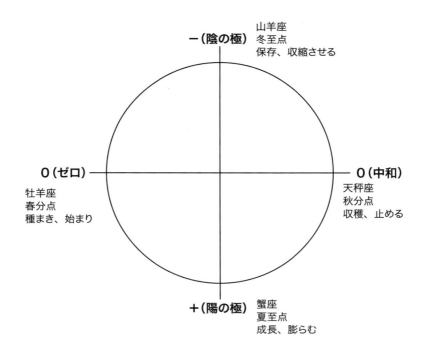

惑星のアスペクトにより変化する内臓

　内臓が惑星に対応するなら、内臓は呼吸をし、運動し、この中にドラマがあり、このドラマの紆余曲折ぶりは他惑星の呼吸との干渉によって引き起こされ、つまり惑星のアスペクトによって変調が生じます。しかし身体の各地域を表す12サインは固定的な意味を与えられて、動かないということです。

　私は数年前に、ホテルのベッドから床に飛び降りて、足首を痛め、歩くこともままならない状態になりました。病院に行って最新のレントゲンで調べても原因はわからず、「特に悪いように見えないので、まあ湿布でも張っておいてくれ」といわれました。

　それに不満だった私は、近所の鍼治療院に行きました。すると予想外のことに、「足首の故障ではなく、腎臓の悪化だ」といわれました。後で説明しますが、シュタイナー研究者によると、胎児の時に腎臓は首のあたりにあり、それから今の腎臓の位置に下りたのだそうです。

　首や腰上という稼動部分は、上と下の動きを調整して結びつける役割がある。この点では、足首や手首なども同じ役割です。

　鍼治療院では足首と腎臓の関係を見たのかもしれません。実際、治療中に、さかんに手首などもマッサージされました。「冷たい飲み物は決して飲まないこと」、また「甘い物を食べないよう」にいわれました。

　足首は治ったのですが、12サインでは、首は牡牛座で、腎臓がある一帯は少しずれますが、天秤座の場所です。牡牛座と天秤座の支配星は金星で、これは腎臓を表します。

2 シュタイナーにおける12感覚と12サインの対応

ドルナッハ講演での内容

12サインは12感覚に対応するというのは、ルドルフ・シュタイナーが1921年のドルナッハの連続講演の中で取り上げたものです。

まずこの12感覚と12サイン対応について説明しておきましょう。

シュタイナーはドルナッハの講演では以下のような順番で説明しています。

ルドルフ・シュタイナーによる12の感覚のグループ分け

第1グループ	自我感覚	思考	人間を外界と一体化させる感覚	魂の営み
	思考感覚			
	言語感覚			
	聴覚			
第2グループ	熱感覚	感情	外と内の境界線	身体的な要素との結びつき
	視覚			
	味覚			
	嗅覚			
第3グループ	均衡感覚	意志	特別内的な感覚	
	運動感覚			
	生命感覚			
	触覚			

自我感覚、思考感覚、言語感覚、聴覚は、第1グループ。この四つは、人間を外界と一体にさせる感覚です。他者の自我を感じ、思考や言語も受け取ります。聴覚では振動する空気を通じて、意識は外界に関心を向けます。

熱感覚、視覚、味覚、嗅覚は第2グループ。この四つは外と内の境界にあり、外的であると同時に内的なものです。はじめの四つが、いわば外に心を奪われ

てしまうような作用があるのに比較して、この四つは外の情報に対して、自分の内的なものを照合します。視覚は関心によって見るターゲットを選択できるし、見たくない時には目を閉じることもできます。

シュタイナーが例に挙げたのは、酢を飲んだ時、顔をしかめるけれど、もし誰かの言葉を聞いた時に同じように顔を歪めたりしたら、それは外的な情報を受け取る時の歪曲になります。はじめの四つの感覚に対して、この二番目の四つの感覚が過剰に働くと、あるいは自分の内的な感覚に執着して、ここから判断すると、他者の考えに対して、正しく受け取れない人になってきます。

均衡感覚、運動感覚、生命感覚、触覚は第３グループ。この四つは特別内的な感覚になります。自分で直立し、自ら動き、また自分の器官がどう働いているか、全体的に知覚するのが生命感覚です。触覚は外に触れた時に感じるものですが、これは内側にあるものが外に触れた時に、その限界点を意識するもので、自分の反応が主体です。ですがこの最後の四つは、内的な情報を伝達することにおいては客観的で、最初の外的なものを受け取る四つの感覚と似ており、内的なものを受け取ることに主観性が入らない特徴があります。

魂の営みと結びついているものは最初の六つ、自我感覚、思考感覚、言語感覚、聴覚、熱感覚、視覚までです。

それ以後の六つの感覚は、身体的な要素と深く結びついています。後半の六つの最初の味覚は、外からきた食物の味を感じますが、たいていの人は、舌の上で感じるだけで、食物が体内に入って胃に到達した時には、もう味がわからなくなってきます。舌よりも奥にあるもので感じるとしたら、せいぜい、喉ごしくらいです。

この味覚で感じているものが体内で同じように進行していくのは肝臓などで、肝臓はさまざまな食物を味わい、分類・仕分けしていますが、私達はそれを深い部分での内的なものとして体験しており、知覚の表面では受け取ることができなくなっています。

シュタイナーとズスマンとの比較

特別外的な感覚としての第１グループは思考と関わり、第２グループは感情

と関係し、第3グループは意志と関係しています。
　シュタイナーは12感覚と12サインを結びつけようとしました。度重なる試行錯誤によって、割り当てがしばしば変更されたのですが、アルバート・ズスマンは、このうち以下のような対応関係を取り上げました。
　これはある時期のシュタイナーの対応例をそのまま採用したものです。

ルドルフ・シュタイナーによる
12感覚と12サインの対応

自我感覚	牡羊座
思考感覚	牡牛座
言語感覚	双子座
聴覚	蟹　座
熱感覚	獅子座
視覚	乙女座
触覚	天秤座
生命感覚	蠍　座
運動感覚	射手座
均衡感覚	山羊座
嗅覚	水瓶座
味覚	魚座

　最初の六つのサインは、そのままシュタイナーのいう身体の縦の位置の順番と、12サインの順番が対応しています。しかし後半の六つに関しては対応がちぐはぐになってきます。
　ズスマンが取り上げた対応がまだ開発途上のものであった可能性があります。
　シュタイナーの主張では、アリストテレス以前は、人間は霊・魂・身体という三つの要素の複合として考えられていました。しかし西暦紀元4世紀頃から、キリスト教は、人間は魂と身体でできているものであり、しかも魂は生まれた後に備わるものだという考えを推し進めました。霊を否定した段階で、上位の感覚は魂の活動とのみつながるようになったというものです。
　この上位の六つの感覚は東洋的な文化圏では十分に発達しており、西洋的な

思想は、もっぱら下位の感覚を発達させることに特徴があるということになります。

例えば、数学や科学は、下位の感覚群に属する運動感覚と、均衡感覚によって作られます。そしてこの数学的・科学的な視点で、世界を見ようとすると、それは二つの感覚で作られたロジックによって他の10個の感覚を考えようとするもので、情報に大量に取りこぼしが生じます。

霊的な世界あるいは高次な次元を、数比的、科学的に把握することはできません。反対にいえば、科学的な思想によってすべてを考えようとすると、霊的、高次な世界を理解することは不可能になるということです。

この点からシュタイナーは、図形的・数的に考えてはならないと主張したのです。あるいは使うとしたら、単純なところにとどめておくべきである、と。

実際、シュタイナーは生命の樹の図形を結構、使っていました。これも図形認識です。エニアグラムも図形です。数に関しては、ピュタゴラスが活用していた自然数くらいまでは使うことができます。数学が発展することで、例えば、無理数が発見されることで、このピュタゴラスの単純な算数は廃れました。それは物質主義の台頭でもあると考えられます。

精密で正確な計量は物質界にのみ有効であり、高次な領域においてはこの方式は全く使えません。宇宙を科学的にとらえようとすると、抜け殻だけが残り、本質を理解することができないのです。しかし物質世界だけを取り上げた場合には、科学が作り出した体系は、極めて多彩で、いつまでもそこにとどまっていたくなります。西欧的精神が望んだことはこれなのだといいたげです。

3 ゾーディアックマン

直立ではなき円形として人体をとらえる

　次章より、身体を機械的に12に分けた12サイン対応について説明していきます。ただし、これは寸法を正確に12に分けたたものではありません。何となくそれぞれの部位の働きから分けたマッピングです。しかしホロスコープで身体を考える時に、比較的わかりやすい指標になることは事実です。

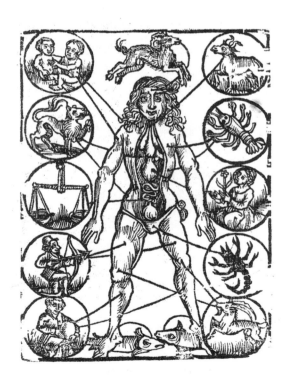

私は直立する人間の形よりも、12サインの円形に沿って、身体をエビのように折り曲げた図式の方が理解しやすいと思います。今の段階でこのようなことをいうと、そうとうにわかりにくい話になりますが、天と地を上と下というふうにイメージづけた時に人は直立しますが、直線的な概念は頭が作り出したもので、宇宙のあらゆるものは円形に動いているという内臓思考からすると、人体は車輪のように円形に見えると思われます。円の一部は直線にも見えます。

　直線を認識するには、局部に限定するという思考法が必要です。私達が自分という存在を人間個人として成立しているように考え始めた時代に、上と下、直線などのものの見方、思考が生まれたのです。それ以前には直線とか上と下を理解することはできなかったのではないかと思います。

　直線の成立のためには、円の一部を切り取るように主体と客体の分離が不可欠です。ある時代までは、人間はこの二極化がなされていなかったのです。それは円がレミニスカートに変わるプロセスにも、また地球が回っているのにあたかも太陽が回っているかのように錯覚することなどに関係します。

レミニスカート

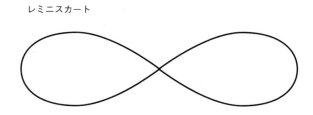

IV

身体と12サインの関係性 ～詳論～

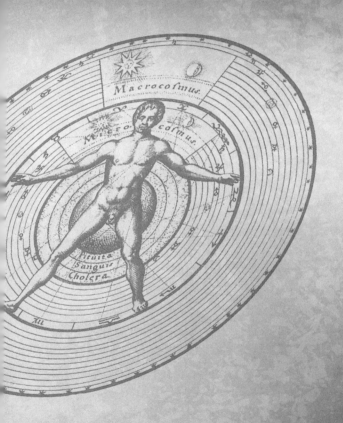

1 牡羊座

牡羊座はまだ身体に着地していない

ワンダ・セラーの記述を読んでみると、牡羊座は性急で、そこには抑圧された怒りとか欲求を阻止された時の不満感を抱いているという内容があります。

牡羊座は頭部を表していて、頭頂から上顎までの領域ですが、しかし牡羊座が果たして肉体的な頭だけに該当しているのかどうか、迷う面もあります。

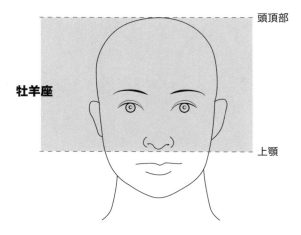

というのも肉体は物質的要素であり、しかし占星術とか、また精神科学では、物質的な面でのみとらえるわけではないからです。

物質の周囲には、生命体と訳されるエーテル成分があります。科学的には、エーテル体は否定されます。それは物質ではないからです。占星術をアストラル体、エーテル体の頭越しに直接物質と対応させるならば、頭部は牡羊座ですが、しかし頭部からはみ出した頭部の上の空間も考えた方がよいでしょう。何といっても、牡羊座とは、まだ物質的領域に着地していない、上空で彷徨って

いる性質でもあるからです。どこに降りるか探索しています。牡羊座は自分探しのサインなのです。

　つまり牡羊座の天体を持つ人が必ず抱く不満感、何をしても決して充足しないでいつもどこかに疑問を感じてしまうとか、ワンダがいうようなイライラや怒りは、実は、牡羊座が肉体にぴったりとフィットしておらず、まだ肉体に降りていないことからきています。

　肉体とは土の塊、すなわち牡牛座の段階ですから、いっそのこと牡牛座を頭にして、その上空、オーラの中にある領域を牡羊座と考えてもよいのではないかとときどき思う面もあります。

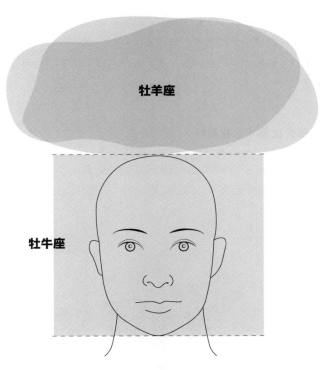

　牡羊座の最後の30度に、アヒルの池というサビアンシンボルがあり、このアヒルの池は頭の上にあります。牡牛座の１度は清らかな川の流れであり、アヒルが住んでいた池の水が、山の頂上から下界に落ちていくのです。

| SABIAN SYMBOLS 牡羊座30度 | *A duck pond and its brood.*「アヒルの池とそれが育む子供達」 |

| SABIAN SYMBOLS 牡牛座1度 | *A clear mountain stream.*「清らかな山の小川」 |

　火の力は、肉体という土に落ちていくのです。池の水は、しばしばエーテル体を水の性質とたとえることにも関係します。
　牡羊座の行動は身体がついてこないような速度を持っています。その結果としてよく怪我をしたりもします。体の速度に合わせていないのです。牡羊座は身体とまだ合致していない、つまり身体に着地していないのです。
　とはいえ牡羊座を頭の上にあると考えるよりも、頭そのものが、身体を意味する胴体に乗っており、浮いていると考えるならば、牡羊座を頭と考えてもよいでしょう。

牡羊座の部位に属する松果体

　牡羊座領域の中心に、松果体という組織があります。これは大脳半球の中間にあり、二つの視床体が結合する隙間に置かれています。

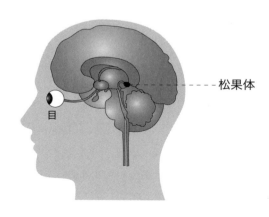

医学的に知られていることとしては、この松果体は太陽の光に反応し、メラトニンを生成します。夜は分泌が増えて、朝になると減少します。身体の細胞の作用を統括しているのが松果体です。原始的な動物では、目を使うよりも、この松果体で光をぼんやりと知覚するといわれています。

　非常に小さな頃には、私達はものを視覚的に認識していませんでした。この時にはまだ松果体が機能しています。何でも直感的に素早く理解することができます。松果体は外界との通信をする作用でもあるのですが、牡羊座の次の段階である牡牛座という土・固定サインの肉体の中に埋もれることで、外界との通信をやめてしまったと考えてもよいでしょう。つまり松果体は、牡羊座の部位に属していたが、経験の次の段階の牡牛座に飲み込まれた後は、土に葬られた火の元素となります。

　私達は社会リズムとしてグレゴリオ暦で生きていますが、これは自然界のリズムには同調しないという孤立したリズムだと説明しました。松果体は自然界と同調するという点では、この肉体に閉鎖された世界においてのリズムと対立します。松果体は本来、日リズムだけではなく、年リズムやさまざまな惑星リズムに同調する能力が潜在します。

　体内に向けられた松果体の作用は、メラトニンなどのホルモン（内分泌）の分泌、交感神経と副交感神経の均衡、細胞の物質代謝の促進などに関係します。

　精神世界の分野では、この退化しかけている松果体を鍛えて活性化すると、グリーンピース大のものが少しずつ大きくなり、頭の大きさも微妙に変わってくるといわれています。そして肉眼では見えない領域を見るビジョンを見る能力が身についてきます。それは幼児の頃にはもともとあった能力なので、開発するというよりは取り戻すということです。

　牡羊座のかなり前の方にある領域が持つ性質の一つとして、経験的な知識によらない直感的な知識を発揮するというのがあります。証拠や根拠がないのに、断定的に判断する性質です。

　子供の聡明さとして「7歳までは神のうち」と形容されています。こうした子供は成長するにつれて、天然の知能が衰え、普通の子供になります。この経験によらない知識というものが松果体を通じて働くのではないでしょうか。

　松果体は細胞レベルでは網膜の細胞と構造が類似していて、目になることも

できた細胞が、松果体になったのです。

身体における二極化

　私達は地上においての二極化された存在です。二極化されたということは、特定の空間を認識し、また時間の流れを認識することに必要な条件です。あるところから、あるところへというのは二極化です。
　目は二つあり、これは二極化を意味するとしたら、その前に、一つ目としての松果体があったと考えていろいろと想像してみるとよいでしょう。
　カバラでもまた神道でも、陰陽という二極化の前に中和原理として一つのものがあります。二極化を融合して一つにすると、それはより上位の次元のインターバルになるという理屈があります。カバラの生命の樹も、またエニアグラムもそのような仕組みで作られた図形です。したがって、私達は二つの目でこの世界を認識しますが、この段階で、私達はこの世界のみを見ることになるのです。しかし、その前段階にある二極化されていない目（松果体）は、この世界から見えないものを認識し、より上位の次元のものをそのまま受け取るということです。脳も一つの塊だった脳が、いつか左右に分かれて現在の形態になったと考えるとよいでしょう。
　松果体はだんだんと年齢が経過するにつれて、石灰化するといわれています。もともとは珪素成分が多く、松果体を活性化するために、吸収のよい水溶性珪素水（水晶エキス）を飲みましょうとお勧めする商店もあります。それが後に石灰化するのです。
　シュタイナーは、地中に埋もれた宇宙的な緒力を上に引き上げるには石灰、モンモリロナイトが不可欠で、反対に、宇宙的諸力を地中に引き込むには珪素、珪酸土が不可欠であると述べています。
　ここから考えると、若年で珪素の多い松果体は宇宙的な力を引き降ろすために活用され、この働きが衰退するに及んで石灰化していき、むしろ地上、あるいは地中にあるものを引き出す方向に松果体が活用されるようになります。天にあるものを引き降ろすのは牡羊座で、地中にあるものを引き出すとは牡牛座です。

流れを堰き止めることで意識が成立する

　脳は脊髄の一部が膨らんだものですが、管状のものの内容物の流れを１か所で食い止めて、この一部を強調すると、閉じた球体になります。管には管全体に共通した活動リズムがあります。この中で１か所ぐるぐる巻きにすると、そこには管全体のリズムに対しての抵抗する成分が生まれます。管全体の流れを堰き止めるかのように。

　惑星でたとえると、公転している中で惑星の自転が始まり、この自転は公転とは違う速度リズムで動いています。この自転のリズムは惑星意識の独自の自覚を形成します。海の中を回転するマグロのような動きの公転運動では決して発生しない、惑星の独自性を作り出します。そこに惑星の意義が発生します。

　脊髄が、宇宙の生きとし生きるものの生命圏の地図を表すとしたら、大天使から金属までの範囲の中で、人間として割り当てられた部位が脳として拡大していき、そこに人間独自の働きが発生します。

　この閉じた球体は、中心から三つの層に分かれていると考えられています。

　大脳辺縁系といわれる古皮質と旧皮質は、古い部分で、その上に新しい脳としての新皮質があります。脳全体が牡羊座に対応していますが、しかし続く牡牛座と双子座を合わせて、この三つの階層に対応させることも多く、こうなる

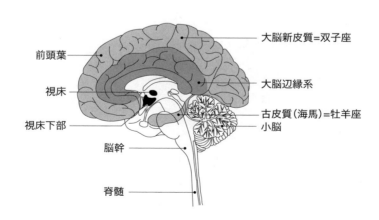

と古皮質は牡羊座、旧皮質は牡牛座、新皮質は双子座と対応することになります。
　これは身体の上部、中部、下部という三層工場が、そのまま脳の中でも反映されているということです。
　牡羊座はシュタイナーの12感覚では、自我感覚に当てはめられます。それは環境に対して自分というものを主張し、押し出していく力です。これは12サインの内的な宇宙に自分を押し込んでいく力です。しかし目的地がまだ意識されていないので、どこに行けばよいのかわからず、無闇に模索が続きます。
　それはまだ対象というものを持っていないからです。ですが、同じ火のサインである獅子座と射手座の援護を受けることで、無意識的に活動の方向性は漠然とわかってきます。
　牡羊座は、社会の中に、あるいは世界の中にまだ順応はしていない自我感覚です。獅子座は熱感覚で、射手座は運動感覚です。獅子座は心臓です。射手座は支配星の木星が肝臓に関係するといわれますが、それは火・柔軟サインとして、多岐の働きに分かれますが、射手座、肝臓では、運動するための不可欠なエネルギー源であるグリコーゲンを生成します。こうした運動エネルギーなどに支えられて、牡羊座は、自我感覚の強い主張に促されて外に飛び出します。
　脳はシュタイナー式の言い方なら、馬車に乗った紳士・淑女のように、馬車の揺れや動きの衝撃から守られていますが、反対にいえば、馬車の動きに直接触れることができません。まだ着地していないということです。牡羊座は上空を彷徨いますが、最後まで着地はしません。それは身体から浮いているのです。

盛んに外に関心を向ける牡羊座

　ワンダ・セラーの本では、牡羊座は頭部全体、頭蓋骨と原始脳。視床下部、脳下垂体。また外面的には、顔面、顔の骨、耳、目と鼻、交感神経が関連すると書かれています。しかし牡羊座の性質から考えると、松果体も加えなくてはなりません。
　このうち、鼻は蠍座の管轄でもありますが、蠍座と牡羊座は、古典的には共に支配星が火星となっています。これは空気と接する前哨基地のようなものです。蠍座の今日的な支配星である冥王星は太陽系の外との扉であり、外界のも

のを取り入れる入り口として働いています。蠍座は外から異物を取り込むというサインなのです。

　火星は、シュタイナー式には、外のコスモスに飛び出す衝動を持つ惑星意識ですが、口にしても外から食物を取り入れます。食物を外界から取り入れるというのは、リスクを伴う冒険的な行為であり、目から受け取る外界の情報を加えて、牡羊座の示す頭部や顔は、盛んに外に関心を向けていることになります。

　牡羊座はまだ前宇宙に関わっており、これから進む内部的な12サインに没入する手前にあります。これから入るコスモスに没入すると、前の宇宙の記憶ははっきりと失われます。牡牛座まで行くと、既にこの牡羊座が接している外界、外宇宙ということは意識に入ってこず、活動は内的な宇宙に集中的に振り向けられています。そして、外の情報を受信してしまう松果体も退化させて、石灰化するにつれて、下の宇宙を引き上げることになるのです。

　この内的宇宙への没入は、関心や呼吸、この世界のものを食べることによって進行します。牡羊座の働きは、その後のサインとの関係でおとなしくなりますが、牡羊座に惑星がたくさんあり、牡羊座の活動が、他のサインよりもはるかに強いケースでは、この牡羊座は他のサインに合わせにくく、それ自身が強く働こうとしますから、暴走行為で怪我をしやすくなります。

　太陽は春分頃に春分点を通過します。牡羊座は春分点からスタートするサインですが、これはすべてのスタートを意味していて、春分頃だけでなく、あらゆるサイクルにおいてのスタートを表します。

　例えば東日本大震災が起こった頃は、天王星が春分点に来ましたから、84年周期のスタートです。朝目覚めた時に、朝日を浴びるのは、1日サイクルの松果体時計のリセット、再設定ですが、もっと大きなサイクルに同調する能力があっても、目の前に展開される世界を見ていれば、そこだけを強調する習慣が出てきます。さらに異なるサイクルのコスモスには途中からは参加できません。常にスタート点からしか接続できません。

　いったん接続すると、そのサイクルのコスモスの情報がなだれ込んできます。第三の目は予知的な能力があるなどと噂されていますが、たんに私達が日常的に馴染んでいるコスモスのサイクルよりも長いスパンのコスモスのサイクルに同調すると、そこではあたかも未来的な鳥瞰的なイメージがなだれ込んでくる

ということにすぎません。

始まりをつかまえることで牡羊座の作用が回復する

牡羊座の作用を正しく回復させるには、始まりをつかまえることです。

春、日の出、何かのスタート、小さなものも、大きなものも、始まりの部分、頭の部分をつかまえて、そこに遭遇することで、牡羊座領域と頭は元気になります。日の出に起きるとか、春分に富士山頂に行くなどもよいでしょう。最初をつかまえることができなったら、抑圧されて疾患が出るとか、あるいは反対に、それを後のサインにつなぐことができないケースでは、心身のちぐはぐさが出てきます。

例えばグレゴリオ暦に合わせていると、これは年リズムだけでなく、他のすべてのリズムに同調できないように牡羊座センサーを封じることになりますから、脳や頭部の問題は生じやすいともいえます。大半の人がグレゴリオ暦に合わせ、ほとんどの人が、松果体が石灰化していれば、誰もそのことに疑念を持ちません。実際は病気なのに、誰も同じ疾患なので、病気とはみなされないのです。すべての人が肺癌になっている国では、肺癌持ちは健康な人だとみなされます。80歳で死ぬのは健全な自然死です。

頭は他の部位からは保護されています。私達が住んでいる太陽系リズムとは異なる他のコスモスと同調できる場所だから、ということも含まれます。

シュタイナーは、頭部は前世の記憶がそのまま持ち込まれている部位だといいます。これも今の私達が住んでいるコスモスとは違うものを持ち込んでいることに他なりません。

脳の新皮質は他宇宙に開かれておらず、私達の日常的に触れている外界に接しています。古い皮質は外宇宙に接しています。

頭部とサハスララ・チャクラの対応

ヨガのチャクラでは、頭部はサハスララ・チャクラに関わります。頭頂にある百会（ひゃくえ）のツボ、すなわち身体の中心線と左右の耳をつないだ線が交差する場所

であり、高次元エネルギーや神仏との交流を司るとされています。

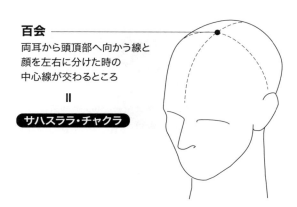

百会
両耳から頭頂部へ向かう線と
顔を左右に分けた時の
中心線が交わるところ
＝
サハスララ・チャクラ

　ここは自力で開発することはできません。なぜならば、より高次の宇宙との接点ということは、自分以外のものと関わり、自分に閉鎖できない中枢なので、人間の側の都合で動かすことができないからです。
　開発するには自分半分で準備し、あとはより高次なコスモスからの援護による他はないのです。つまり人間の主体性や自主性、自由性を盲信している人は、結果的に、このサハスララ・チャクラは開発できないということです。意識が外宇宙に飛び出し、戻ってくることによって開発は可能です。自分の内側からは刺激できないということです。瞑想によって開発するとしたら、外に飛び出し、戻る行為を繰り返す必要があるのですが、チベットの瞑想法などでそうした手法はたくさんあります。
　牡羊座はかなり前の度数の段階では、まだ地上に深く接しておらず、前宇宙の記憶に満たされています。例えば３度などは、ブラフマンの性質といわれて、個人化されていない意識が働きます。このような度数は、意識的に開発というよりも、子供のような意識です。

| SABIAN SYMBOLS 牡羊座3度 | *The cameo profile of a man in the outline of his country.*「彼の祖国の形の中にある男の横顔の浮き彫り」 |

　カバラの生命の樹などでは、四つの樹の総合を考えますから、サハスララ・チャクラを意味するケテルは、アツィルト、ブリアー、イェツィラー、アッシャーという四つの階層のものがあることになり、物理的な位置づけとしてはすべて頭に重なると想定します。最も低いアッシャー界のサハスララは金色の光に満たされています。これを開発すると、毎日、上空から金の雨が降るのを見たりする人もいます。

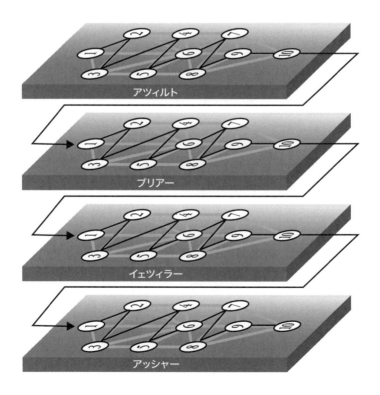

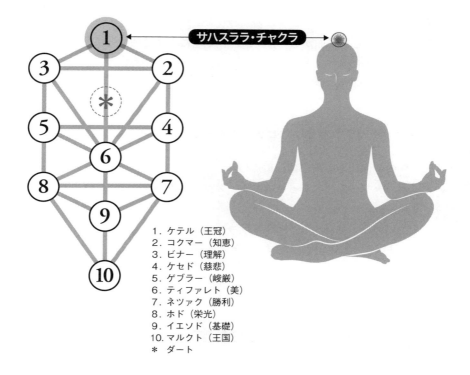

　これはより大きなサイクルに同調するということで開発されたとみなすのです。あるサイクルに対して、より大きなサイクルに同調することは、それまでの世界の諸事に動じない、超越的な姿勢を保つということになりますし、はみ出して外に広がっているというふうに解釈もできます。

　例えば、このチャクラを開発することで、身体の外に出たりすることもたやすくなりますが、それはより大きなコスモスと地続きになるために、自分が外に出るというよりは、身体の中にある自分と外の自分が連続体になること、つまり自分が外に出るのでなく、長くつながった通路の途中の場所に自分が立っていることになるのです。

　このチャクラはとても牡羊座的です。牡羊座に天体がある人は、この中枢が活発だということではありません。12サインは12の感覚であり、牡羊座は自我感覚で、それはまだ大地に着地していない面があります。さらに、牡羊座の

初期になるほど、前のサイクルとの関わりを切り離しておらず、これはサハスララ・チャクラと共通面がありますが、牡羊座に天体を持つというのは、まだ無意識的な段階にあることが多いので、個性化されていないことが多く、これを自覚すれば、開発を推進させることができるでしょう。

アジナ・チャクラあるいはビナーとダート

牡羊座の範囲にある頭部に、頂点のサハスララ・チャクラと、上から二番目のアジナ・チャクラが収まっています。アジナ・チャクラはだいたい額のあたりにあるといわれています。

生命の樹では、サハスララ・チャクラに該当するケテルは単一のもので、その下のビナーとコクマーが、アジナ・チャクラに該当します。

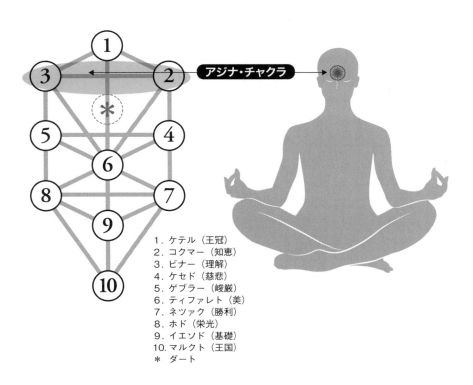

1. ケテル（王冠）
2. コクマー（知恵）
3. ビナー（理解）
4. ケセド（慈悲）
5. ゲブラー（峻厳）
6. ティファレト（美）
7. ネツァク（勝利）
8. ホド（栄光）
9. イエソド（基礎）
10. マルクト（王国）
* ダート

つまり上の陰陽分割されない中和的なものは、真の意味での外宇宙との接点ですが、それが二極化され陰陽分割された段階で、外とのつながりは封じられ、目線はこの宇宙内部に集中します。陰陽分割した段階で、外との接点は理解できなくなるのです。

　とはいえ、この陰陽分割そのものは、上宇宙とこの宇宙の差異の内部においての鏡像です。早く陰陽分化しないと、外コスモスとこのコスモスとの違いは消失します。陰陽分割することで、この世界の独自性が作られ、私達はこのコスモスの中に閉じ込められるのです。

　この外との扉、このコスモスの中、世界内に入り込むというプロセスがすべて牡羊座の範囲内で進行しようとしているということなのでしょう。

　ヨガでいわれるアジナ・チャクラは第三の目の場所だといわれています。第三の目というと、遠くのものを見たり、未来のことを見たりするというふうに思われています。多くの人は、これは才能とか資質で備わるものと考えるかもしれませんが、初期のリモートビューイングの実験では、普通の通行人の人をモニターにしてテストしていました。そしてこうした遠隔透視の能力は、ごく普通に発揮できることはよく知られています。

　私もそれらの練習会などをしましたが、1週間後に体験することを、見ていたということもたびたび体験しました。そもそも封筒に入った写真を見ることもできます。ある政府機関の幹部は、開かれていない封筒の内容を、封筒の上に親指を当てるだけで読み取ることができるといいます。

　生命の樹に対応させると、アジナ・チャクラの陰の側はビナーで、これは世界内に目が向けられています。陽の側はコクマーで、これは世界から解放されという方向に目が向いています。解放される側とは、より大きな時間サイクルに意識が向かっていることで、それは大局的な視点を作り出します。しかし特定の事象の未来を見たりするというのは、この特定のものに関心があるわけで、それ自体は背後でビナーという陰の側に関心が向く働きが必要であるということにもなるでしょう。

　ケテルすなわちサハスララ・チャクラとの関係で、アジナ・チャクラを活性化するには、ケテルからビナーに降りるタロットカードの「魔術師」のカードと、コクマーからケテルに上がる「愚者」のカードのパスワークを繰り返すのは役

立ちます。

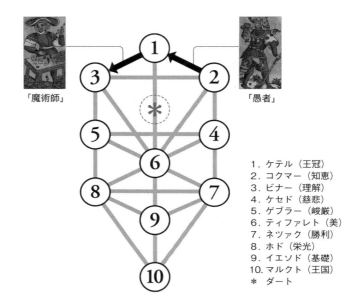

1. ケテル（王冠）
2. コクマー（知恵）
3. ビナー（理解）
4. ケセド（慈悲）
5. ゲブラー（峻厳）
6. ティファレト（美）
7. ネツァク（勝利）
8. ホド（栄光）
9. イエソド（基礎）
10. マルクト（王国）
* ダート

　世界の中に入る。世界の外に出ようとする。この境界領域を行きつ戻りつすることは、世界の中に細かく没入している生き方からすると、統括的で広い視野を持つ機会が増えてきます。

　「魔術師」のカードは、ビナーという子宮にたとえられる世界の中に、家の中に入りこむことですが、この家の中では机の上に四元素があり、つまりアジナ・チャクラの段階で、二つに分かれた後は、家の中で、四つの原理に向かうということです。世界の中に入るとは細分化されるということであれ、一つは、二つに、次に四つにと進みます。

アジナ・チャクラの覚醒

　ネットを見ていると、自分のアジナ・チャクラの覚醒について書いている人がいました。それによると、覚醒したという衝撃は少ないが、しかし強烈な、

千の太陽のような光が額にめがけて入ってきたと感じることは多かったそうです。

そもそもケテルあるいはサハスララ・チャクラは、外の大きなコスモスとの接点ですから、人間として狭い範囲で生きている人からすると、受け止めきれないような圧倒的な活力が入ってきます。入ってくると、それは世界内で、四方八方に放射していく光のようなものを生み出します。

アジナ・チャクラは能動的な要素はなく、源流はすべてサハスララから持ち込まれるので、この千の太陽の体験は、アジナというよりは生命の樹の、「愚者」のパスの体験です。すなわちサハスララ・チャクラとアジナ・チャクラの結びつきで生じる体験です。

強烈な光が入ってきた時に、あるいは光に自分が溶け込んだり、一体となったりする時、安堵感や幸せ感を感じるそうです。空気の幅の広いベルトを巻いている感覚です。この部分でいろいろな映像を見ている。何かの力が無理やり入ろうとしている。サハスララ・チャクラから響くように声が聞こえます。質問をすると、ささやくような返事が聞こえるのです。それは時には声としては聞こえません。

ネットで書いている人は、これを時には霊や神様ではなく、自分自身の奥に秘められた記憶や願望から来ているのではないかと書いています。

そこで、声に関しては完全に確信を持っているわけではないそうです。しかしサハスララから届く声は、外からのもので、自分の内側から発信されたものではないことも多くなると思います。

「それから、自分の身体から意識が外れた場合に、感じたり、見えたりするのは、そう、一瞬の間に数千キロメートルも飛んでいったり、元いた場所に瞬時に戻ったり、自分の希望する時代や場所に行ったりできるのです。そうですね、自分の子供の頃は何をして遊んでいたかなどの様子や、人類がこの世に誕生する以前と思えるような場合もあります。一般的な常識では計り知れないのですが、行ったり、見たり、感じたりも

> することができるのです。それはどうも、自分自身の脳内に、生物の遺伝子として何代にも渡り記憶された部分を、見たり、感じたりしているようにも思えるのです。」

　この著者は、瞑想していると、映像が見えます。寝ようとすると、すぐに肉体が消え去ったようになり、自分がどのように寝ているのかわからなくなるといいます。

> 「現在では、この額の部分に、自分の目の三倍ぐらい大きな目の形状と類似しているようなものが見え、その目の形状と類似しているようなものの中から、目には見えないのですが、色の付いていないエネルギーのようなものが、回転をしながら出たり、入ったりしているものが見えたり、感じたりする事があります。その他に、意識をすると、自分自身の意識自体をここと意識した場所に送ることができるようにも感じられるのです。不思議ではあるのですが、最近ではそのような気がしているのです。」
> 　　　　　　　　（「天啓気療院」より　http://www.tenkeikiryoin.jp/newpage21.htm）

　私達は孤立して閉じている存在なので、あらためて、源流となる大なるコスモスと、サハスララ・チャクラあるいはケテルで接続すると、意識は拡大してそれは身体内に縛られている私というものから、もっと大きな範囲にいる私というところに戻ります。そしてチャクラの覚醒というよりも、そもそもの人間の本来の宇宙的な位置づけを取り戻すということなのです。

多くの人は牡羊座をダウンサイジングレベルで解釈している

　今のところ、上にも下にもつながりにくい孤立した生存状態から、もともと

の自分の位置に収まり直すことで、ビジョンを見る能力なども出てくるでしょう。それは「魔術師」と「愚者」のパスワークで、このコスモスを出たり入ったりすることで、あたかも通路掃除のようなものが進行して、開発されることが多くなります。それはまた、牡羊座の力の本来性を取り戻すということにもなります。

　つまり、多くの人が考える牡羊座の解釈は、閉鎖され、前後も右も左もわからなくなったような狭い人間観にダウンサイジングされたレベルで、考えられているということです。

　12サインは単に感覚の種類の違いを説明しているだけですから、人間と人間の間の関係性で成り立つ価値観によって、12サインを解釈すれば、縮小された解釈をすることになり、そのため牡羊座に惑星を持った人も、特にそれがサハスララとアジナのチャクラの開発に関係しているというわけではないということです。

　しかし医学、科学で認識される頭部の機能に関係していることははっきりしており、個体サイズを超えた世界観、思想を持つことで、個体サイズを超えた頭部の潜在的な可能性を開くことができるということになります。

　牡羊座に天体を持つ人は、サハスララ・チャクラ、アジナ・チャクラを開発することに有利な面を持っていることは否定できません。ただし可能性だけです。

　なお、ネットを見ていると、松果体から分泌される神経伝達物質、エンドルフィンに著しい思い入れをしている人の記事も見受けられます。松果体は神経系とつながっていますから、松果体が優位に働いていない段階では、神経に支配されます。松果体の優位性を開発する段階で、肉体的に危険をもたらすのは糖質の摂取で、喉が渇き、何を食べても満腹感がなく、永遠のように食べ続けても次第に痩せていくという話ですが、喉の渇きと食べても痩せるというのは、糖尿病特有の症状です。

　この人物の書き込みでは、糖質の多い食事を続けていくと、脳の中の血管が破裂してしまう可能性があるということです。しかし血糖値を下げると、次第に脳内の神経伝達物質が現れ始めます。ランダムな様子で第七チャクラが頻繁に開くようになるとあります。

エンドルフィンは内在性オピオイドで、脳内で自然発生するアヘン、モルヒネと似た成分です。ただしエンドルフィンの鎮痛効果は、モルヒネの６.５倍あります。ずっと昔、私は瞑想会などを開いていたことがありますが、松果体に意識を集中するだけで、エンドルフィンは分泌されます。その場に参加した人が全員「こんなに気持ちよくなってよいの？」といっていました。
　松果体のエンドルフィンは、老化するにつれて減少します。そしてその分、年寄りはアルコールを飲むようになります。飲酒も、エンドルフィン分泌を刺激します。あるいは音楽を聴いても分泌されます。
　私はモーツァルトがあまり好きではありませんが、頭の真ん中をこすられたような、床ずれとか靴擦れのような感覚を味わうからです。刺激の過剰さがあります。他の人にとっては、それはむしろ気持ちよいのではないでしょうか。

2 牡牛座

顔の三つのインターフェイスのうち食物摂取を担当

頭部は牡羊座が表すとしても、下顎などは牡牛座の管轄になります。

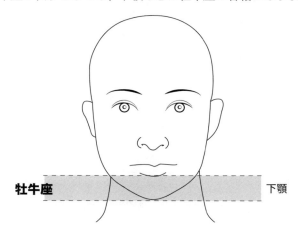

　顔に三つのインターフェイス、印象、呼吸、食物の扉があるのですが、目や耳という印象を受け取るものは顔の上の方にあり、呼吸と食物という、身体の三層の真ん中に属するものと下に配属されるもののインターフェイスはその下に並び、目、鼻、口は、そのまま印象、呼吸、食物の順番に並んでいます。

　牡牛座サインは、牡羊座という孤立し中空に浮かんだいまだ着地できないサインを、これ以後の12サインの流れの中に接続します。それは牡羊座を大地に引き降ろすのです。

　牡牛座の1度に清らかな小川というサビアンシンボルがありますが、牡羊座の活力は、山のてっぺんから下界に落ちる時にゆっくりとした流れではなく、急流を落下するように身体の中に落ちていきます。食べ物が食道を落下するようにです。

| SABIAN SYMBOLS 牡牛座1度 | *A clear mountain stream.*「清らかな山の小川」|

　ワンダ・セラーによると、牡牛座が示す場所は、喉、首、甲状腺、気管。小脳と下顎。口。歯の下側グループ。食道などといわれています。すると、三つのインターフェイスの中の口、食物摂取の部分は牡牛座に属することになります。しかし口を表しているとしても、自由に動ける筋肉のかたまりである舌は、牡牛座に属していないとみなした方がよいかもしれません。この自由性の高い器官は、とりわけ内臓から外界に興味を向けて飛び出してきた器官ですが、いつもは口に守られています。

　土の元素は、特定の場所の中に閉じたものを表し、この特定の場所に閉じるとは、ある領域に同化し、他を排除するということで成り立ちます。個体を持つということ自体が土の元素の作用です。火や風の元素は、このような個体的に固めるという性質に対しては対立しており、個体を分解する方向に向かいます。ですので、土の器の中にある火や風の元素は、身体内部においての活発な生命活動、新陳代謝などを受け持ちますが、いつも身体の範囲をはみ出しそうになっていて、この土の器を超えた火、風の作用はしばしば肉体を破壊する方向に向かいます。

牡牛座で外的なものが内的なものへと変化する

　土の元素としての牡牛座は、外界にある食物をこの土の器としての身体の中に取り込み、乙女座は、土・柔軟サインらしく、取り込まれた食物を選別して、吸収するものと排泄するものに分別し、また同じく土のサインとしての山羊座は、赤血球と白血球の血液細胞を生産する骨に該当し、免疫力を強めるとともに、また外壁としての皮膚を受け持つのです。

　山羊座は均衡感覚、すなわち立ち位置を決定します。人体を支える骨格でもあり、直立・静止するのは、定義すること、座標を決めること、そのことで他のどのようなものも、元の座標との比較の上で判断できるという基準を作り出

します。

　一つひとつ定義しないことには、何も決められません。すべてのものは相対的な位置関係によって、意味が決まるからです。私達は動物園で、いろいろな動物を見ることができますが、動物の種類や分類は、人為的に定義されたもので、そもそも、動物にそんな区別などありませんでした。

　乙女座は区分し、選別し、山羊座は一つひとつを定義し、牡牛座は固定サインとして、この定義を確保し、一つひとつを固めていきます。定義をより強化するといってもよいでしょう。そして変更に抵抗します。

　外界にある食物は、舌の上ではその味わいを感じることができます。この感覚は喉まではわかりますが、それ以後食道に向かうと、既に感覚としては受け取れなくなります。食物が移動する場所として口で取り込むのは牡牛座です。途中で蟹座の胃を通過し、腸の乙女座に到達し、骨や皮膚を表す山羊座に行き渡るプロセスは、既に感覚としては自分で感じることができなくなっています。

　外にある食物は、口で内部に入り、そこからはもう外的に見ることができなくなります。途中に、食物の味わいがあるけど、その後は全く認識できなくなり、食物は内的に同化して、身体の仲間になっていきます。外にあるものは見えるのですが、しかし内にあるものは見えず、内の感覚として感じるが、しかしそれも途中からはわからなくなるのです。いつでも、この外に見えるものが内に入り、見えなくなり、今度は内側で感じるものに変わるという転換に、私は不思議な思いを抱きます。外的なものが、内的なものに変化するというのは、とても驚くべきことです。

　頭は上部では、火のサインである精神が働き、下部になると、土のサインである牡牛座に向かい、そのまま首から胴体へと接続されます。人類の首は退化して細くなったけれど、例えば魚は水の中で自由に行き来ができて、餌の場所まで移動できます。しかし地上に上がった生き物はすぐには動けないので、その代わりに、内臓が外に飛び出したかたちで頭部が形成され、舌が発達し、また自由に動かせるように首ができたといわれています。

　この時に首は細くなるほど動きやすいのですが、同時に、このくびれは、頭部と胴体の逆相的な関係も作ります。つまりレミニスカートの記号に示されたように。牡羊座と牡牛座の関係でもこの逆転が生じます。牡羊座はずっと長い

間、牡牛座に入りたいと願っていたのですが、それができませんでした。牡羊座と牡牛座は天と地の対比にたとえられます。牡羊座が牡牛座に入るには、牡羊座の性質のすべてを犠牲にしなくてはならないのです。

牡羊座から牡牛座に向かうと、その溝の部分での気絶現象のようなものが起きます。それは食べ物が見えるものから、内的なものに変化するような大きな変化です。

牡牛座と思考感覚との関係

シュタイナーの12感覚論でいえば、牡牛座は思考感覚です。牡牛座は、これまでの占星術でのイメージでは、土・固定サインなので、いわば盛り土のようなもので、シンボルとしても山を使うことは多いと思います。山羊座は社会性を表すので、これは人工的なピラミッドのような山を思い浮かべてもよいと思います。頂点に社長がいて、底辺に社員がいるというようなものでもあります。

この牡牛座の物質的な印象からして、物欲、金銭的なもの、また身体の中に埋もれた財産、才能、感覚的な能力、所有欲、先祖から引き継いだもの、過去などを意味しています。

この物質的な要素と思考感覚はかけ離れた、つまり反対のように見えるのですが、これは思考とは何かを考えてみると、案外と遠くないようにも考えられます。

思考は細かく変化せず、安定性があります。180度対抗にあるのは生命感覚の蠍座で、思考はこの生命感覚に支えられています。密度の高い凝縮された生命感覚が得られると、そこで思考も水準が高くなります。生命感覚が希薄になると、思考力も停滞します。しかし思考に集中する時には、この生命感覚に支えられているということは完全に忘れます。言葉で何かを表現しようとする時、言葉そのものは消えてしまうかのようにです。

形態霊

物質とは、思考が認識した思考の形態でもあると考えることができます。聖

書の創世記では、「はじめに神は天と地とを創造された。地は形なく、むなしく、闇が淵のおもてにあり、神の霊が水のおもてをおおっていた。神は"光あれ"と言われた。すると光があった。神はその光を見て、良しとされた。神はその光と闇とを分けられた。神は光を昼と名づけ、闇を夜と名づけられた。夕となり、また朝となった。第一日である。」と書かれています。

　初めに天と地を分割したところから世界が始まると考えてもよいのですが、そもそも天と地など分離していないのに、ここで、天と地を分けるという思考の仕方が始まるのです。この天の地が分かれたのは、人類が見る地球世界の創世記です。もし、他の宇宙であれば、天と地を分けてはおらず、もっと違う形式のものになるはずです。

　私が行っている精神宇宙探索講座では、ここでは外宇宙に旅します。この時には天と地、あるいは上と下を分けるというスタイルではない宇宙があります。目に見える、物質的にも見える宇宙は、思考のスタイルの違いで違うものになるということです。

　シュタイナーは紀元４世紀に、西洋人の魂のあり方は変化したといいます。それまで人間の思考は個人の外にあり、思考を注ぐエクスシアイ、すなわち形態霊が担っていたといいます。しかし、４世紀に人格霊としてのアルヒャイに思考が受け継がれ、人間は自分を個体として認識するようになりました。思考を自分のものとみなすようになったのです。

　この移行は紀元前から準備され、14世紀までに完了します。つまり４世紀は、そのピーク点だということです。もちろん、宗教会議が関係していると思います。

　それ以後、人間は自分が思考していると錯覚するようになったといいます。思考については個人的なものは非常に少なくなり、多くの人に共有されています。それは、実は今でも変わりません。だからこそ、私達は同じ映像や思考のかたちを見ることができるのです。私は独特の、個性的な、その個人の所有になる思考というものを、まだ見たことはありません。

　考え事をやめると思考がやってくる。それはあたかも外から流れ込んできたかのように感じられます。思考をあたかも自分の持ち物のように考えるのは、思考の個体化、牡牛座の土・固定サインという領域に持ち込んだことを意味するのではないでしょうか。しかし牡牛座も、後になるにつれて、集団的ソース

に接触します。思考の共有性ということを認めるのです。

土のサインの三角形は相互補助の関係

　土の元素の三角形、すなわち牡牛座の思考感覚、乙女座の視覚、山羊座の均衡感覚は互いに密接に助け合っています。

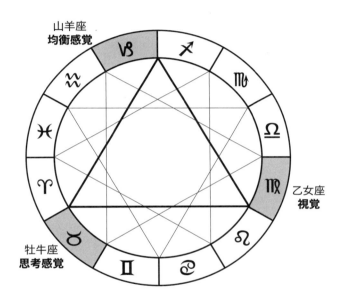

　三木成夫によると、人は幼児の時に、ものの形を把握するために舌で何でも舐め回すといいます。丸いものはずっと舐めていくことで、それが丸いというものであることを認識するのです。この舐め回しが不完全だと、ものの形がはっきりと理解できないそうです。
　幼児は次の段階で興味があるものを指差し、言葉にならない声を出します。口や喉は内臓がそのままむき出しになったもので、対象と声が連動し、ここで思考のかたちが形成されてきます。外的な映像と実感的な記憶が照合されます。外の表象を見て、自分の記憶の中の表象とつき合わせて、その意味について認

識します。内臓記憶と目で見たものを合致させます。

　外面的な事物を見た時、ときどき無機的に感じて、それが何の意味を持つのかさえわからないということがあります。これはひどく疲れた時などですが、外的な映像に、内臓記憶が結びつかなかった状態です。こういう時、とうの自分さえ認識できにくいという異様な状況に陥ります。緑の葉を見るだけで、身体の活力が湧き上がり、とても瑞々しい印象を感じる時には、内臓記憶がはっきりと励起されたことを表します。

　さらに私達は思考で概念を作り、この概念に基づき、視覚で何かものを見ます。例えば壁のシミのような不規則で乱雑な形の中にある秩序のある形を見るというのは、自分の思考を投影することです。

　私達は上下という区別をするし、左右あるいは前後などの空間認識をしますが、これも、概念を投影した結果のものです。上下など、もともとなくてもよいのに、誰もが上下という認識をするのは形作られ、また共有された思考の結果であり、また同じ地球に住む人はそれを使い回します。つまり物質を認識する、空間を認識する、形を見るなど、これらは思考が作ったものを見ていることになります。いったん概念を作ってしまえば、そこから逃れられません。

　世界の始まりでは、まだ水と空気とか陸地などがはっきり分かれておらず、流動的な環境の中を人間は四肢を使って泳いでいました。その時に環境と自分を分離もできてはいませんでした。そのため、世界の中に人間がいるというのでなく、人間は世界の中の一部として流動していたといえます。

　自我もありませんでした。こういうところから、次第にものが硬くなり、大気と水が分離し、天と地が分かれたというのは、人間の側の意識が固体化していく経過を経て、形成されてきたと考えるとよいでしょう。だんだんと思考が出来上がってきたのです。

　世界の見方は思考によるものであり、物質は思考によって作られた幻想であるときっぱり決めた方がよいでしょう。原子というものを古い時代にある人がイメージとして抱いたとします。すると、多くの人がこの考え方に乗ってしまい、あたかも原子が存在するかのように思えてきた。世界はこのようにしてかたちができてきたと考えるとよいのではないかと思います。

　山羊座は均衡感覚で、これは直立して、自分の位置を固定し、そこから「遠」

を認識します。ある場所からある場所を見ることは、比較によって、理解することです。

　逆説的な言い方になりますが、自分の位置を固定することで、遠くのものまでの空間の支配者になるのです。こうした遠いものまで含む領域の中で、乙女座は特定のものをフォーカスします。

天と地の分割

　腸は地球をひっくり返したような形をしていますが、この内側からの視点と外側からの視点をひっくり返して、いつでも入れ替え可能にしてしまうのが、レミニスカートの記号が表したものです。この見方でいえば、地球は巨大な子宮ともいえます。人間はこの中に暮らしていて、死ぬまで出て行くことができません。

　私達は地球の重力場に依存しており、6方向圧力をものにできないのです。この6方向圧力というのは、静止するには反対のものをぶつけるとよいという理屈で、前と後ろ、右と左は互いに対立する力がぶつかり、そこで私達は静止可能です。しかし上下というところでは、上からと下からの力をぶつけて中和できず、私達は地表に押しつけられています。

　もし6方向圧力を均等に獲得できたら、あるいは6方向からの影響を中和・無化できるならば、私達は中空に浮かんで暮らすことができます。海の中に住む魚は、水の中ですが中空に浮かんでいます。魚からすると水は意識されておらず、たぶん、自分たちは空気のようなものの中に浮いていると感じているはずです。

　地球という球体、子宮の内側の壁に張りついて、移動するのが人間です。どうして人間は地球に張りついているのか、というのを私はよく考えます。ここにいたいのか、よそに行きたいのか。どうしてここにいるのか。ですが、私達は地球から独立できていないことだけは明らかです。

　地球の場に引き寄せられ、引き寄せられた部分と、引き寄せられていない部分、つまり抵抗している部分があり、身体に二つの意見があって、互いに行きたい方向に行こうとして天と地という区分ができました。それは私達のこの

地球に引き寄せられていながら、そこから離れようとする二つの要素が作り出したイメージであり、はじめから存在する世界の形ではありません。そのため、天と地という二つがあるのは、私達の個人事情をそのまま投影したものです。

四つの元素の分岐

　タロットカードの本を書いている時に、「魔術師」のイメージを説明する際、生命の樹のパスとの関連で、外宇宙からやってきた存在が、このパスの名前であるベス（家）に入り、一度入るともう二度と抜け出せないということを私は説明しましたが、これはつまり、魔術師は外からやってきて、この世界の中に幽閉されるということです。魔術師は生命の樹のセフィロト、ビナーに入るのですが、これは母の子宮を表し、ユングのグレートマザーのイメージでいえば洞窟とか、大きな窪地などもあります。また巨大な怪獣というものもあるでしょう。これはグノーシスの文献に書かれている、巨大な蛇のような湿潤なるフュシスというようなものも類似しています。

　私達が地球に生まれてきたのは、このビナーの子宮の中に入ったということです。そして、とりあえず死ぬまでは出て行くことができません。この「魔術師」のカードでは、魔術師が机の前に立っている姿が描かれます。そして机の上には四元素が置かれています。地球にやってきて、地球の持つ四元素に興味を抱き、そこに同化して自分の存在を維持します。グノーシス文献では、人は神のそばにいたとされています。しかし世界造物主の技に関心を抱き、世界に関心を持ち、その瞬間、世界の中に存在することになったという内容です。

　アトランティスの初期、まだ空気や海、陸地などが分かれていない流動状態の時というのは、四元素がはっきりと分かれていない段階です。人間の思考が形成されるにつれ、それに合わせて世界はさまざまな領域に分かれていき、地球の地表はもちろん土ですが、また窪みには水があり、海があります。地表近くに空気、風があり、熱があるというふうに分岐しました。四つの元素は地球という球体の中で、さまざまな細かい区分を作り始めたのです。

　幼児はこれらの識別ができず、少しずつその違いを学習します。大人が見ている思考の世界を、その鋳型を、少しずつ模倣しはじめて大人と同じ世界に参

加してくるのです。

　私は自分の子供の頃のことを断片的に記憶していますが、ものとものの匂いははっきりと区別されていませんでした。そのため、ものを見るとは、その匂いを感じ取ることであり、匂いが空中を移動する経路のことも意識していました。まだ地と風がくっきりと分かれていないのです。地と風の間にある匂いが、ものの輪郭を曖昧にしていたのです。

　四つの元素の分岐のそもそもの始まりは、天と地の分割です。牡羊座の段階ではまだ何も分離していません。しかし次の牡牛座がやってくることで、天と地という対比ができます。天と地、すなわち上と下が決まった段階で、四元素が生まれます。私達は地球の重力場に依存して、地表を這って生きていますが、これは地球の持つ四元素に引き寄せられ、同化して自分を成り立たせていることです。この中には地へ、そして反発して天へという分裂が、その関係性を成り立たせる緊張感を維持させています。

　山羊座は、自分の立ち位地を決めることで、動くものと相対的な位置関係が決まり、またリズムなども発生します。自分は見る。何かを見るという主客の位置が決まります。ですが、これは全体の中の一部として成立するが、より大きな世界に対しては成立しません。つまり、一つの世界の中に、自分以外のものを見る、対象化するための、自分の立ち位置ができたけれど、この自分と対象を全部飲み込んでしまうコスモス全体からすると、自分の立脚点は確たるものではなく、かなり相対的なものでもあります。

　それに対して、人間は世界から独立したものであるというグノーシス的な見解では、アントロポースとしての人は神のそばにいたわけです。そして後に世界の中に入った。つまりは世界の中に住んでいる自分は一時的なものであるということです。この住んでいる世界という思考法をいつでも脱ぎ捨てる覚悟はあるということです。

牡牛座は地球を表す

　西暦紀元の後で、キリスト教は、人間は霊と魂と身体でできているのではなく、魂と身体でできていると定義し、さらに魂は生まれた後に発生するという

見解になりました。これはグノーシス思想の否定で、人は世界の中にあるというものです。大きくいえば魂はアストラル体。身体はエーテル体と肉体でできています。

例えば、脳が意識や感情を発生させます。脳が死ねば意識や感情も消える、これらは脳の随伴機能であるという考えは、人間は世界の中にあり、世界が人間を発生させたというものです。人間は物質から生まれてきたという見解は、世界の中以外に人は存在しえないというものです。

身体が意識を生んだ。これが人は世界とともにある思想で、人は世界に乗ってはいるが、同じものではない。いつでも離れる準備があるというのが、世界外思想です。

意識は脳が生み出したというのは、人を地球の土の中に生き埋めにする思想ですが、一方で、グルジェフがいうように、人間は自身の中に宇宙のすべての物質を含んでいます。より高次なものを体験するのによそに行く必要などないというのがあります。これは世界内思想ではありません。これは人を閉じ込めません。むしろ狭い中で自由があります。

天と地という初めの区分が牡牛座の思考感覚の中で生まれました。牡牛座は地球を表すとよくいわれますが、地球から浮遊する牡羊座と、地球に引き寄せられた牡牛座の間で、天と地という概念が発生しました。牡羊座の頭は、牡牛座以後続く12サインの肢体の上に、ちょこんと乗っているもの、土に縛られながら、かろうじて、その上に風船のように乗った天の縮図、紐につながれた風船のように存在する。そして実は、牡牛座と大地に反発しています。

宇宙人を考えると時に、私達よりも科学知識が発達し、優れた円盤に乗り、などと想像したりすることに、私は想像力の欠如を感じます。この科学技術、物理学法則、などはすべて、地球の重力場に依存し、この中でのみ成立する法則であり、外では通用しません。まずは、よその宇宙は、天と地の区分、上と下の区分が成立しないからです。

30代の頃、あまりにも苦痛で、そこから逃げ出したい一心で体外離脱しました。逃げ出したい気持ちそのものが射出のパワーを提供したようなものです。瓶からコルクを抜いたような音がして、気がつくと、明るい上と暗い下しかない世界がありました。どこまで移動してもこの二つしかないので、退屈して戻っ

てきました。その時、私は外宇宙知性を探していたのです。しかし、何一つありませんでした。

ネットでアジナ・チャクラの体験を書いていた人のように、この地球世界という思考の原初の部分に移動したのだと思います。この最初の天と地を認識していることは、外の世界には行っていないということを宣言されたも同じです。外には行かず、そしてこの地球の創世記に行ったのです。

数学は運動感覚と均衡感覚で形成されたと書きましたが、それは座標を形成し、この座標と座標を結ぶ定義ですが、この理屈そのものも、地球から出ると成立しません。数比的な考え方も、地球の重力場に依存したところでのみ成り立つものです。

外から来た存在は、これらの体系がみな違うのです。こう考えると、牡牛座の思考感覚は肉体的な資産と結びついたものだといえます。思考とは抽象的でなく物質的なのです。

ヴィシュダ・チャクラとの関係

牡牛座が示す喉のあたりは、チャクラでは上から三番目のヴィシュダ・チャクラに対応しています。12サインとチャクラは合わない体系です。チャクラは七つの法則を示したものだからです。しかし位置的には牡牛座とヴィシュダ・チャクラは重なるので、ここで論じてもよいでしょう。

一番上がサハスララ・チャクラ、上から二番目がアジナ・チャクラ。この二つは、ゾーディアックマンで考えると、両方共、牡羊座に所属します。牡牛座に所属するヴィシュダ・チャクラは、そもそも思考に関係します。このチャクラは16角形の中枢であるといわれていて、日本であれば小学6年生、中学3年生、高校3年生、大学4年生の16年分で、この知識・思考などの結晶が形成されるとたとえてもよいかもしれません。16角形は、その数字から推理すると、硬い、緊張度の高い性質です。

人間の首はどんどん狭く小さくなり、頭と身体を結ぶ形態が、あたかも8の字のレミニスカートのようになってきたのですが、仏教的な五つの元素ということでは、頭は空の元素、その下に、四肢の領域に四つの元素が配置されます。

　ヴィシュダ・チャクラは、もともと空の元素の下部分に対応するのです。上の三つが三角形を作り、これが空の元素の動作原理を作ります。その下のアナハタ・チャクラは風、マニプラ・チャクラは火、スワディスタナ・チャクラは水、ムラダーラ・チャクラは土です。

　第五チャクラと呼ばれるヴィシュダ・チャクラは、首のつけ根中央部に位置する青色で表されるチャクラですが、空の元素に関係するとなると、紺色や紫色なども関係するでしょう。

　シュタイナーは間違った見解を口に出すと、それだけでも喉のチャクラに破損が生じるといったので、シュタイナーの勉強会では、誰もが間違ったことを言ってはならないと口を閉じました。何を聞かれても答えない集団を何度か見たことがあります。確かに、ヴィシュダ・チャクラの不完全性は、偏見を作ります。ここは肉体的には、体の新陳代謝を促す甲状腺ホルモンを分泌する甲状腺も関連します。よくいわれるのは、やる気と関係しているということです。

　ヘリオセントリックの視点の方が牡牛座は思考感覚に近くなります。

　そもそも私は12感覚と関係づけた12サインは、ヘリオセントリック、つまり太陽中心主義の占星術で使いましょうと推薦しました。というのも、ヘリオ

セントリックのシステムでは、すべての源は太陽にあり、天から地に降りてきた創造の光線を考えます。芥川龍之介の「蜘蛛の糸」のイメージでいえば、お釈迦様の視点で、これまでのジオセントリック占星術のような、地獄に住むカンダタからの視点ではありません。

牡牛座のビジョンを見る能力

天から降りてきたものは、牡牛座的な資産も、概念的、思考的なものだといえます。ワンダ・セラーの『メディカルアストロロジー入門』では、牡牛座はビジョンを見る能力に関係する第三の目を司ると書いてありますが、牡牛座のビジョン能力は、特に数え度数の16度から20度、あるいは21度くらいまでに関わり、自身の肉体が持つ過去の資産が浮かび上がってくることを意味します。常に牡牛座とは過去からもたらされたものなのです。

牡牛座の20度に雲を作り運び去る風というシンボルがありますが、壁の染み、雲の形、ゴミの塊に、思考を投影することで、ビジョンを見ることができます。つまり自分の潜在的な資質を、無秩序な偶然できたような形に託して浮かび上がらせることです。明確な形を持つものは、内側から上がってくるビジョンを投影するには邪魔なので、乱雑なものの方がよいといえます。

SABIAN SYMBOLS 牡牛座20度	*Wind clouds and haste.* 「雲を作り運び去る風」

この点で、例えば、水晶球を見る時にも、綺麗な水晶よりもクラックの多い水晶を手に入れて、このクラックの中に、あるいはまた水晶の表面に写った背景の反射像などに、自分の内奥からやってくるビジョンを映し出すという方法も可能です。

視覚はすべて思考の投影であると考えるならば、思考の統一的な地盤ができて、この思考形態がさまざまなターゲットに自分を投影して、意味を考えます。自然界に対して自分の思考を投影して、その意味について考えるというのは科

学の姿勢です。まず理論があり、この理論に照らし合わせて自然なものの中にあるさまざまな事象を解釈するのです。

電子も初めからあるのではなく、電子という概念を作り、その後、現象に当てはめます。牡牛座の19度の新しく形成される大陸は、かなりまとまった大きな思考・思想体系であるといえるでしょう。

> **SABIAN SYMBOLS 牡牛座19度**
> *A newly formed continent.*
> 「新しく形成される大陸」

この思考体系に基づき、雲を見ても、そこに何かのビジョンを見るのです。

根元言語

牡牛座は21度で根元言語を発見します。サビアンシンボルでは、開いた本を指す指で、この本は、脳の古い領域、松果体をぐるりと巡る周辺位置に配置された言語体系です。

> **SABIAN SYMBOLS 牡牛座21度**
> *A finger pointing in an open book.*
> 「開いた本を指す指」

私達はこの古い言語、霊界文字、神代文字、根元言語を失っています。今日の日本語は大化の改新前後に、中国が日本の言葉を使うことを禁止して、中国の言葉を押しつけたものです。それは日本の根元的な霊と結びつきを切り離された言葉なので表層でしか働かず、いわば、大脳新皮質のみで扱うことのできるものです。中国は日本の魂を根絶したかったということです。

一つの民族は一つの大天使に象徴されます。そこに言語のルーツがあり、民族霊といってもよいでしょう。スイスには民族霊が存在しませんが、それは根源言語を持たないことと関係します。

古い脳と連動した言葉というものは、古いルーツを持つ言葉でなくてはならないのです。その言葉を使うことで、根元的な上位の次元と関わりを持つことができます。しかし歴史上、形として残っている資料は、新皮質的な領域で解釈可能なものしか存在しないので、資料を漁り、あちこちを探索して見つけ出してきても、それは必要な役割を果たしません。となると、私達は身体の奥にある資質や過去の記憶からしか発掘できないことになります。牡牛座の根底にあるものを引き出していくことで、この根元言語体系を見つけ出すことができます。

　精神宇宙探索講座では、あちこちの恒星や星座に出かけていくということを勧めていますが、この時に私は「この恒星や星座の文字を見つけ出してほしい」といっています。深くつながるとその星の文字がやってくるからです。

　グルジェフ水素でいえば、恒星は水素6、大天使を表し、それは高次思考としての象徴言語と思考に結びつきます。アメリカのUFOコンタクティは、ジョン・ディーが見つけ出したエノク語は、シリウス人の言葉であると主張していますが、真の言葉を発見するには、外の遺跡や資料を探索しても、何を得ることもできません。

　双子座は言語感覚といわれていますが、風・柔軟サインである双子座は、牡牛座で手に入れた言語体系を、応用的に活用し言葉にしていく段階であると考えてもよいでしょう。基本の言語の辞書はまず牡牛座で手に入れるのです。エノク語はだいたい19文字ですが、喉のチャクラの結晶の16に関連づけて、16の文字と考えるケースもあります。

　7と12の法則をそのまま当てはめ、母音は七つ、子音は12という考え方であれば、合計で19あります。星雲界の星に確実に接触すると必ず、その場所を示す文字がやってきます。どのサインも21度が絶頂状態ですから、牡牛座では21度で、書物を手に入れるのです。これが難しいと思う人は、最初は、試みとして、映像を簡略化した記号を作ります。

　精神探索で、例えば、アクルックスに行った時、この中で最も象徴的光景と思われるものを、映像的に記号にしてみるのです。映像の一部を切り取って、文字化してもよいかもしれません。このような作業をすると何度かのアクルックスの旅、すなわち境域の小守護霊の四つの顔を整えるという試みの中で、文

字の形は自動的に修正されていきます。

　牡牛座は喉のあたりの部位を表しますが、それでも、ワンダがいうように、額の第三の目にも関係するとなるととまどいます。ですが、ヴィシュダ・チャクラの結晶は文字盤のようであり、そして発達状況により根源言語と結びつく可能性もあるということを考えるとよいでしょう。牡羊座、牡牛座、双子座までは、脳の三つの層に関係しているので、身体の空間的な位置づけに従って考えると、多少理解に混乱が生じます。

　12サインの位置づけを、空間的な分布から、少しばかりファンクションの側に振った時に、このような違いが出てくるのでしょう。

3 双子座

外界の情報を象徴する空気と関係する呼吸に関わる

双子座は肺に関係しています。外面的には肩から指までのラインです。

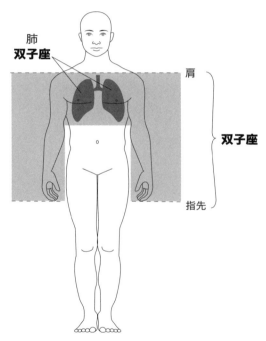

骨でいえば、鎖骨や肩甲骨などです。中枢神経系、大脳皮質などにも当たります。他には血中の酸素や気管、気管支、毛細血管なども関わるとワンダは書いています。

双子座の支配星は水星で、これは乙女座の支配星でもあります。つまり水星の識別や分別機能、分化する知性という性質は、一つは外界の情報を象徴する

空気と関係する呼吸に関わり、もう一つは腸で、食物を吸収するか排泄するかという選別に関わるということを示しています。

　乙女座は排他機能のサインですが、排他ということは、同時に吸収するということも含まれています。ですが、腸の働きは自動的で、意識的な管理ができません。もちろん、間接的には可能でしょう。

　一方で、双子座に関わる呼吸などは、自動的にも行われますが、意識的に呼吸の仕方を変えることもできます。双子座の側は随意的になり、乙女座の側は不随意的ということなのです。

　呼吸は外界の情報を取り入れることを表し、また指先は外界との接点です。肩は意志を示し、これが指先に向かうことで、より細かい方向に分岐していきます。双子座は風・柔軟サインなので、情報が細かく分岐するのが特徴です。

　例えば小学校の勉強科目のようにたくさんの項目があり、どれも深くは極めないのですが、均等に振り分けて学習します。これは初頭教育などを表す双子座の特徴なのです。指先は一つのものが五つに分岐します。両手を合わせると10本となり、10の数字は外界へのプレゼンという意味を持ちます。10本がきちんと整うと、これは外界に対して自分の考えをしっかりと伝えることができるのです。この時に援護しているのは爪で、爪が綺麗に揃っていない場合には、表現にトゲが出てきます。

　双子座の風・柔軟サインは柔軟サインらしく、知識がさまざまに分岐をしていきますが、この分岐というのは細分化されすぎると、本質からは遠ざかったものも増えてきます。限度を超えるとそれは無意味なものとなるということです。また、自分にとって有害な情報も取り込むことになります。双子座の性質がいきすぎるとすべてがばらばらになり、人間は統合化ということができなくなり、精神が危うくなります。

血液と深く関わる「呼吸」

　血液は外気を持ち込んで外界の情報を取り込みますが、そこには有害なものもあるといえます。私は2014年にインドのチェンナイに行きましたが、PM2.5は中国よりも多く、10日の滞在で肺が痛み、帰国後3週間は寝込んで

しまいました。大気汚染は、しばしば肺癌の原因になります。空気中から吸い込む細菌や雑菌、ほこり、化学物質、黄砂などは、最初気管である程度の分は取り除かれ、次に気管を通って入ってきたものは肺胞で除去されますが、ここで活性酸素が過剰に作られてしまうと、肺癌の原因になります。

　この肺胞はガスを溜める肺胞腔と、カバーの役割をする肺胞上皮からできており、肺胞上皮にある血液空気関門は肺胞内ガスと血液ガスの入れ替えをします。肺胞の細胞の層と、肺胞を取り巻く毛細血管の距離は平均1マイクロメートルというくらい近く、酸素はこの隙間を通り抜けて、毛細血管の血液の中へ入り込みます。そして赤血球中のヘモグロビンが酸素と結合します。

　酸素を含んだ血液は肺から肺静脈を通って心臓の左側へ向かい、その後、全身へくまなく送り出されます。酸素を失って二酸化炭素の比率が高くなった血液は、大静脈を通って心臓の右側へ戻ります。これは肺動脈を通って肺へ向かい、肺で酸素と二酸化炭素の交換が行われます。

　この酸素と二酸化炭素の交換量は想像を絶する量で、1分に10リットル前後の空気を肺が呼吸しています。そしてこのうち300g程度の酸素が血液に持ち込まれます。運動するとこの10倍の交換にもなります。

　身体の中にある体液というのは血液やリンパ液、組織液などを表しますが、グルジェフ水素では液体はH384で、空気はH192です。食物エニアグラムで、インターバルを表す3の位置は、二酸化炭素というガスを吐き出し、また酸素というガスを取り込む場所だといえるでしょう。

　とはいえ、H192という時、たんにそれだけを表すのではなく、ボトムがH192であり、この中により高次なものが含まれています。外気を吸うのはたんに空気を吸っているわけではありません。身体の中の空気192は、その後、熱を表すH96に上昇します。これはエニアグラムの4の位置です。

　血液の半分弱の比率を占める赤血球の主成分ヘモグロビンは、細胞が代謝するために活用する酸素を運搬しますが、酸素が減少すると熱エネルギーの産生が停滞します。血液は体重の約8％を占め、身体を一巡りするのに約1分かかるといわれています。

　四元素のうち、火は熱なのだということで考えると、血液、空気の呼吸、血液中での熱の発生は、水、風、火の関わったプロセスです。

熱を上げるには呼吸を上げること

 2014年の前半には、私の体温は34℃台で、これは今考えると異常な状態ですが、毎日20kmくらいランニングをしていました。ランニングすると、1分に100リットル程度の呼吸ができて、すると計算上1分に3リットルの酸素が血液中に持ち込まれます。結果的に体温が上がり、もしこの運動をしなかったら危険だったかもしれません。とはいえ慢性的な鉄欠乏性貧血の傾向があるので、酸素の取り込み効率は悪いとはいえます。

 主に体温は筋肉や肝臓、胃腸などで作られます。子供時代には、誰でも食事をするだけで汗だくになった時もあると思います。食物エニアグラムの身体配置図では、熱であるH96は、もっぱら身体の中層で形成されています。この体温は血液によって運ばれて、体全体が暖かくなります。平均的には、体の中心で38℃、手足の末端では28℃前後に落ちてきます。

 内臓、特に肝臓と胃が不活発になれば、体温は低くなってくるので、熱の確保のためには栄養の供給が重要ということにもなってきます。つまり、まともに食べて、そして呼吸をして、食物を高次な領域に上昇させる働きが大切だということです。

 科学的・医学的な見解では、それぞれの熱に違いはなく、機械的に扱われますが、猫にもそれぞれ違いがあるように、人は一人ひとりに違いがあり、持つ熱にも違いがあります。それは熱をH96と考えた時に、単純にH96の成分があるわけではなく、それを底にして、上位のすべての成分がそこに入っているからと考えるとよいのです。

 風の元素を表す空気H192が、火の元素H96に変換されるとは、情報を取り入れることで、意志や意欲、精神性が働き始めることを表しています。ここには葛藤や戦いがあります。呼吸の乱れはなかなか決着できない乱闘が続いていることを示します。

 身体オクターブのH96は、精神として内的に理解されるよりも、意欲や熱意というようなもの、押しの強さとして働き、第二の空気オクターブのレの音H96は、精神の暗い火として意識されます。食物工場の図では第二層ですが、

もっぱら太陽神経叢(たいようしんけいそう)あたりで働いていることになります。

空気の成分の中にもっと高次なものが含まれる

ウスペンスキーの『奇蹟を求めて』の中のグルジェフの発言を引用してみましょう。

「我々はみな同じ空気を呼吸している。空気は、科学で知られている元素以外に、知られていない、つまり科学では定義しがたく、また観察しがたい非常に多くの物質を含んでいる。しかし呼気吸気ともに正確な分析は可能だ。正確に分析すると、吸気は誰が吸っても全く同じだが、呼気は人によってきわめて異なっていることがわかる。我々の呼吸する空気が、科学の知らない20の異なった元素から構成されていると考えてみよう。これらの元素の一定数は、呼吸のときすべての人間に吸収される。その結果、呼気には15の元素が残る。つまり五つの元素が有機体を養うために消えてしまったわけだ。しかし、ある人々は15でなく10の元素を吐き出す。ということは、彼らは五つ多く元素を吸収したことになる。この五つの元素は高次の〈水素〉だ。この高次の〈水素〉は我々の吸う空気のあらゆる微粒子中に存在している。空気を吸うことによって我々はこの高次の〈水素〉を体内にとりいれるが、もし有機体がこれを空気の粒子から抽出する方法、またその保存方法を知らなければ、それらは空気の中に送り返されてしまう。もし抽出し保持することができれば、それらは体内に残る。このように我々は、同じ空気を呼吸しても異なった物質を抽出しているのだ。ある者は多く。ある者は少なく。

より多く抽出するためには、我々の有機体内に一定量の相応する物質をもっていることが必要だ。」

(P.D. ウスペンスキー『奇蹟を求めて』浅井雅史訳、平河出版)

ここでは第二の空気オクターブが作り出す最高の物質、シ6と分類された物質、あるいはその前のソ12、ファ24なども空気の中に含まれており、これらのすべての高次な物質を、呼吸によって取り込むことを示しています。空気とはH192ではなく、むしろH192以下の成分が少なく、H192以上のすべてを含んでいるものと考えてもよいでしょう。

そして、ある人は高次なものを取り込み、他の人はそれを取りこぼしてしまう場合もあります。これは身体の中に抵抗体、すなわち流れを堰き止める要素があるかないかということです。あることに対して、ある人は全く無意識に垂れ流してしまいます。もう一人はそのことに気がつき、それを止めてしまいます。体内にH12をある程度多く持っている人は、同じH12が空気の中から入ってくるとそのことに気がつき、それをつかんで離さず、体内にとどめるのです。

特定の地域において息をするだけで、そこにある高次な成分を摂取しますが、そのレベルの感情を持たない場合には、それは取りこぼされてしまうということになります。

H12成分はプラトン月の期間を生き延びる

私は、インドのチェンナイに行った時、PM2.5の多さで辟易(へきえき)しましたが、しかし、このインドの空気の中に、高次な、宗教的な空気成分があることを強く感じました。特に日の出とともに起床した時、それが圧倒的に押し寄せてくることは感動的でした。それに、リクシャーで雑多にごった返す街を通り抜ける時にも、何とも口ではいいようのない喜びを感じました。それは明らかにH12の成分です。H12は崇高でH24であれば軽快な明るい気分です。H48であれば、あちこちの印象に興味が出てくるというものです。

空気の中に含まれたこれらを不純物成分とともに吸い込むのです。私の身体がそれを精密に分離できればよいのですが、身体はそこまでのフィルター機能を発揮できなかったのです。

H12成分は、プラトン月の期間、すなわち2200年生き延びる成分だと考えています。それは100年や200年では風化しないのです。したがって私がH12を感じて、そこに何ともいえない懐かしさを感じるのは、インドのその場

所に共鳴する成分を、私も少量自身の中に持っていて、引き合っているということです。この場所のH12に共鳴して成立している施設はいくつかあると思います。聖トマスの墓や神智学協会もそこに含まれています。

　さまざまな瞑想では呼吸法を重視しますが、この時、呼吸する空気の成分の中から取り込むものは人によってみな違い、それをマニュアル作成して教えることができません。その人の生き方や目的、興味、暮らし方、哲学などの違いで、取り込みの仕方が違うのです。

　インターバル3で、受動的な空気と能動的な空気を混ぜることで、この中で精神の燃え上がり、火としてのH96が生産されるのですが、瞑想と呼吸法によって、身体の中の成分H96も内容が違ってきます。科学はこの内容の違いについては、あたかもなかったかのように扱います。つまり目の前の鉄も銅も存在しなかったように扱うという例で説明したようにです。個人によって、また呼吸をする場所によって全く違うということは、予想以上に重要です。

　空気の中に含まれる熱とは、H192の中に混じるH96として、大気という平均的な空間の中に、何か生命的な熱を感じることになります。それは空気の中にすべて偏在するというよりは、特定の場所に、ダマのように熱感が存在することもあります。それをイメージ変換または映像化した場合、あたかもこんな姿というふうに幻視すると、空間の中に見えない何者かがいるという印象になります。

　例えば何か非物質な存在を見るという時、この非物質の存在とは、H192の中にあるH96を下限の身体として、その上にH48からH1までを含む何かであったり、あるいはたんにH96の残骸、すなわち本質が去った後の、まだぬくもりの残る脱ぎ捨てた衣類だったりしますが、私達の中にそれを感受し、共鳴し、抵抗体を作る性質があれば、それを私達は認識します。

　私達の中に、その成分が弱いならば、そういう存在はないといいます。H192を私達は意識できません。それはずっと低い振動で、物質に属しているからです。しかしH96は暗い火ないしは情念として感じ取ることができます。イメージ能力はそれらを簡単に映像化しますが、何でもかんでもイメージ化する人もいれば、それをしない人もいます。

　自分が飼っている猫を偏愛している人は、猫の鳴き声をすべて人の言葉とし

て解釈したりします。実際にはそれは間違いではないでしょう。H192とH96とH48が地続きに進化する通路を身体の中に持っていれば、そして健全な人ならば、通路があるのは当たり前ですが、情念の塊を言葉であるH48に吸い上げることができるのです。

熱感を獅子座の感覚だとみなすと、双子座とは60度の協力関係です。呼吸することで、酸素がヘモグロビンと結びつき、熱感を作り出すのならば、双子座の風・柔軟サインという、有害性を取り込む危険を持ち、絶えず自分が外界に奪われ、ばらばらになってしまう性質を上手く中和することができるでしょう。有害な情報に妨害されるとは強すぎる風で、火が消えてしまうこともあるのですが。

牡牛座で、思考感覚として言葉の基礎を形成すると説明しましたが、これを応用的に組み合わせて、たくさんのメッセージや意味を作り出すのが双子座の言語感覚です。それは果てしない展開です。双子座は分岐ですから、少ない言葉を応用的に活用して、無数の意味に分化していくということになります。口や喉、肺を通じて持ち込まれたものと交代に、肺や喉、口から言葉が出てきます。

背後の射手座の運動感覚に支えられています。でなければ言葉を口に出すことができません。

オーラという身体性を双子座の段階で考えるべきか

ところで物質的に見える肉体は、モノとして金属・鉱物から水、あるいは気体と熱までの、H3072からH96くらいまでの範囲の物質の組み合わせを表しているので、それ以上の振動密度を持つ身体ということを考えた時には、身体の周囲にある、もう一つの輪郭について考えることになります。

シュタイナーは、身体について考える『オカルト生理学』で、講座の早い段階で、既にオーラのことについて言及しています。この段階で、人智学協会の会員にしか理解できない内容になっていくということです。このオーラのことを考えないで身体を論じることができるかというと、私はできないと思います。

身体の外には、卵型のオーラがあるといわれています。これが目には見えに

くいが磁力のあるエネルギーのようなものだとすると、それは底部がH96で形成されているということになります。それは空気の中にあるダマのような、熱のこもった分布をしている領域です。H96は火や動物磁気、また振動の低い部分は磁力とか光、もっと振動の低い段階では、時にはビタミンなども入れるようです。

身体の外に希薄なオーラがあるというふうに多くの人はイメージするかもしれませんが、私達の身体は、ヘレニズム時代の宇宙像のように、玉ねぎ状に複数の層を持ち、私達の視覚や触覚が、今の肉体の輪郭をメインの肉体と見ているにすぎません。つまり複数のラジオ局があり、もっぱら私達はある周波数ばかりを聞いているというような印象で、違う局に同調すると、今度はそれがリアルと感じられます。

しかし私達は地球に生まれてきて、かなり長い時間をかけてこの世界のルールに馴染んできました。この世界の見方を使いこなすのにひどく手間をかけているので、他の世界にチューニングしても、おいそれと馴染みません。つまりは成長の過程を経る必要があり、何年も毎日オーラを見続けるとか、ビジョンを見る訓練をしなくてはならないということになります。

例えば毎日２時間、数年間見続けると、それはもののようにはっきりと見えてくるのではないでしょうか。達磨大師なら９年間壁に向かっていました。そして違う輪郭を、この世界の見方に持ち込んできたということです。

他の天体に住むＥＴは、私達の肉体を認識できず、球体のように見るという話があります。それは彼らが彼ら自身の存在状態に応じて、物質を認識するからです。彼らから見ると、私達が見ている今の肉体は、球体としての身体の中にある骨のようなものであるといえるでしょう。つまりより重く、物質密度の高いボディです。

十牛図とエニアグラムの関係

肉体とオーラはどちらが重要かというと、肉体はオーラよりも短命でせいぜい80年くらいしか生きません。その意味ではより長生きするオーラの方が実体で、肉体は黒ずんだ影です。それに肉体は単独で継続さえされていません。そ

れは休みない食物の持込で継ぎ足し維持されているのです。

　オーラは練習すれば誰にも見えるのですが、それはこのオーラという輪郭部分に対して、注意力を向けずに垂れ流しにしたままにするのでなく、この流れてくるものに抵抗体を作り、その印象を注意力の中にとどめるという意味です。

　食物エニアグラムにおいて、第一オクターブは、目に見える肉体と考えてもよく、この中に高次な水素も含まれていますが、第二オクターブとしての空気オクターブの七つの音階は、一番下が空気なので、物質的な身体でないことは明らかで、つまりはオーラといわれるものに該当すると考えてもよいでしょう。

　それは物質的身体の位置よりも、少し外側に広がっており、物質的身体とぴったりは重なっていません。モノとして見えない身体が、なぜモノとしての身体に重なっているのか、それは空気オクターブの身体が、モノとしての肉体に強い興味と欲望を抱いているからにほかなりません。

　私は十牛図とエニアグラムを合わせて考える時に、第一オクターブを牧童で、第二オクターブを牛として説明しています。牧童には牛を見つける力はありません。牛が牧童を見つけて引き寄せたのです。牧童はふらふらと彷徨い、牛の場所に吸引されました。

十牛図　第一図尋牛（じんぎゅう）

十牛図　第二図見跡（けんせき）

　シュタイナーはある時代から、エーテル体は肉体とぴったり重なるようにな

り、額も肉体の額と同じ位置になったといいます。そして馬だけがまだエーテル体の額と肉体の額がぴったりと張りついていない、と。

　私達が呼吸する空気は私達の身体の周辺にあるもので、吸い込み吐き出しという運動の中で、身体の周囲に広がるものは、身体の周囲に滲みのように存在するオーラと密接な関係があると考えるのは自然なことです。吸い込んだり吐き出したりする運動の中で、空気の身体は肉体の中に沈んだり、またはみ出したりしています。

　口は内臓がそのままつながる空洞で、日本人は最近特にマスクをして歩く人が増えていますが、これは外気に含まれる汚染物質を吸い込みたくないということもあるでしょう、また反対に、自分の内臓から出てきたものを撒き散らしたくないということも含まれるでしょう。誰かが咳をすると、殴られたように感じるわけです。もちろん咳をすると、その成分の中に熱も水分も感情も情念もあり、それが漏れ出すのです。

時代の考え方によって視覚の輪郭も変わる

　時代によって、その時代の人が見る肉体の輪郭位置は微妙に違っていたのではないかと思います。例えば、諏訪大社の宮司を見て、肉体はごく普通の人でしたが、エーテル体というかオーラは、ミシャグジのような蛇でした。大社の祭神からするとそれは当たり前のことか、あるいはまっとうなことなのかもしれません。この場合、時代によって、人は、この人物を人間の形とみなさず、蛇の形を持った存在だと認識すると思います。

　ディヴィット・アイクは、前ブッシュ大統領が、人が見ていないところで肉体衣装を脱ぎ捨て、爬虫類人に戻ったのを目撃したといいましたが、それでいえば、私も諏訪大社で宮司がミシャグジに戻ったのを見ていたのです。戻ったというよりは、ずっと仕事中はその姿なのかもしれません。これは感情の身体の形です。

　現代では、それを視覚的には認識せず、何となく気配として感じるということになります。空気の中にある微細な成分を垂れ流しにせずに、注意力に引き止めるならば、身体の周囲のそういう姿をイメージ化するでしょう。私達の感

覚はセンサーなのだから、実際には興味を向ければどのようなものでも受け止めます。

　私達は外界の事物の印象を見て、そこに、自分の記憶の中にある表象像を結びつけ、そこではじめて認識します。ということは、空気の中にある成分に、何かひっかかりがあるものを感じ、そこで流れを堰き止めてしまえば、そこに自分の中の表象像を乗せてしまうことは、そう時間のかかることではありません。

　私達の視覚は思考の反映なので、時代の考え方によって、この視覚の輪郭が変化しますから、神話がまともに受け入れられていた時代、すなわちH12の神話的な意識がまだ封じられていなかった時代には、人を神話イメージで見ることもあったはずです。今日では、人を神話的に見ることはなく、みな同じ規格の機械と認識します。

　何よりも私達は、幼児期には、視覚意識が、もっとエッジの曖昧なところを見ていたのです。人間の成長は人類の歴史の再現なので、幼児期は、古代の時代を再現しているのです。

　占星術の12サインで活用される風のサインは、必ず土のサインの後にやってきて、土のサインを分解して、風化させたり吹き飛ばしたりして、土の元素の輪郭の外に広がっていきます。土の元素とは肉体そのものです。ですから、肉体の外の気配や輪郭の曖昧なものは風の元素に関わり、外の空気を吸う双子座に関係しないということはありません。

双子座の二人の子供

　双子座の中に二人の兄弟、すなわちカストールとポルックスがいるといわれていました。これは星座としての双子座であり、占星術で使う12サインは太陽と地球の関係で作られた幾何図形的な配置ですから、12サインには、星座のイメージは直接関係していません。ただシンボルとして関連づける人はいます。

　この二人の兄弟ということを考えた時、たいてい私はタロットカードの大アルカナの中にある「太陽」のカードを思い浮かべます。

　他に二人の兄弟を描いた図柄はないからです。これは上空に太陽があり、その下に二人の子供が立っているという図柄です。つまり、この二人の子供を一

体化させると、太陽に戻るというような三角形の配置です。この場合、三角形とは常に中和、陽、陰というものに分かれます。生命の樹の思想、ないしエニアグラムの思想と同じです。

「太陽」のカードについては、これまでは私はいつも肉体とエーテル体というふうに説明していました。シュタイナーは、血液から見ると、筋肉や神経を持つ人間は、別の人間であるかのように見えると話しています。つまり個人の中には、あたかも二人の人間がいるということです。

「太陽」

三木成夫は、身体の中には脳を中心にした動物系と、心臓を中心にした植物系があると説明しています。そしてシュタイナーは、エーテル体は植物を借りて、アストラル体は動物を借りているといいました。

単純に当てはめると、目に見える肉体的な存在としての私と、目に見えない気の身体でできたエーテル体という二つのボディは外壁的な人間と植物的内臓的人間というふうに分類してもよいのですが、それでは話が混乱するかもしれません。

三木成夫は、人間は動物の発展系であると考えており、シュタイナーはここでは人間は動物から進化してきたという考え方を断固拒否して、もっと複雑なプロセスを経て、五つの要素が重なっていると説明しています。

「太陽」のカードの二人の子供は、外壁系ならびにアストラル体としての子供として、それは物質的な肉体と重なっており、植物的なエーテル体としてのもう一人の子供と並んでいると見る場合には、ある時代からアストラル体は肉体を通じて自分を表すようになったという経緯を踏まえる必要があります。

三木成夫は、「思」という漢字は、脳が心に耳を傾けていることを意味すると説明しています。これは二人の子供の対話です。「太陽」のカードでは、二人目の子供には、尻尾が残っています。

「太陽」のカードが成立するには、その前の「月」のカードで新皮質の脳が眠り、古い脳が活性化して、脊髄からここではザリガニとして描かれていたもう一人の子供が上昇してくる必要があります。

脳の関門は目覚めた時には閉じており、眠った時に開きます。この関門が月のカードでは、二つの建物として描かれているのかもしれません。

生命の樹のパスでは、「太陽」のカードはエーテル体を表す腰のイエソドと、大脳皮質に関係するホド・水星に対応する中枢とのパスなので、パスから推理すれば、これは脳脊髄神経系的な人と自律神経系的な人という関係です。

「月」

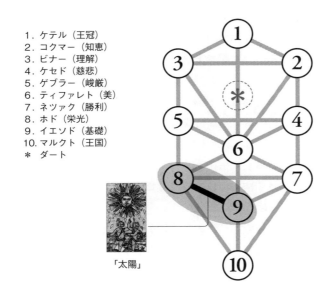

1. ケテル（王冠）
2. コクマー（知恵）
3. ビナー（理解）
4. ケセド（慈悲）
5. ゲブラー（峻厳）
6. ティファレト（美）
7. ネツァク（勝利）
8. ホド（栄光）
9. イエソド（基礎）
10. マルクト（王国）
* ダート

「太陽」

そもそも現代になるほどアストラル体は物質に対する興味を高めて、今日の商業や工業、資本主義的な発展や都市の多彩な展開は、アストラル体という欲望が物質界にすべての力を注いでいるという事態になっているという点からす

ると、アストラル体＆物質体という子供と、エーテル体という子供の２種類に分類してもよいのかもしれません。

　凝固したエーテル体として、血液が後に登場したけれど、それは三木成夫のいう植物系の系列です。

太古の時代からエーテル体を呼び出す

　私は別の本で、自分を宇宙意識とか高次な領域につなぐには、エーテル体しか架け橋がないので、このエーテル体をもっと活性化しようということを書き、このエーテル体を太古の昔から引き出すことを提案していました。これだけ読むとかなり奇異な内容です。

　これを身体の中にある内臓系の身体と結びつけるとわかりやすいと思います。

　ある日、横たわっていると、身体の中から人間というよりはまるで爬虫類のような形をした身体が四つん這いで起き上がってきたのを見ました。これは水分の多いぬめった身体で、茶色と緑色が混じっているような身体でした。この水分の多い柔らかいぬめった身体は、内臓のようなもの、あるいは腸のようなものだと感じました。私はこのボディは古代エジプトの時代までは使っていた。しかしその後、眠っていたものだと考えました。

　内臓は古代からずっと変わらず、宇宙と共鳴するリズムで活動しており、現代的な生活の中でもそう大きくは変化しない要素です。これを古い時代から生きているボディというイメージで考えてみるとよいでしょう。

　どうして古代エジプトの身体であり、ある時代から忘れられたのでしょうか。これはギリシャ時代以後、現代につながる時代の人類は、脳を重視した時代に入ったからでないかと思います。この時代以後、脳に結びつく外壁系の人間は心臓を中心にした植物系の身体よりも強い立場になってきました。

　私はギリシャ時代という時、見た目の世界に入ったと考えています。エジプトの絵は稚拙でエーテル体的です。ギリシャのミロのビーナスなどは、形がまとまり映像美に集中しています。ものの形にこだわるのは動物系の特徴なのです。

　三木成夫は、内臓こそが人の中心であり、体壁系の脳・脊髄側はその手足に

すぎないと主張して内臓の復権を主張しました。つまりエーテル体こそが生命の中心であることを述べていると翻訳しても構わないかもしれません。それはギリシャ以後、目に見える世界、脳が中心の世界に覆い隠されてきたので、立場を逆転させないことには、生命としての人間の生き方は復権できないのだと。

　私の肉体の内部から這い出てきた、ぬめぬめした身体は、内臓が飛び出してきたというふうに考えてもよいでしょう。三木成夫によると、顔は、内臓が脱腸したように、身体の外にはみ出したものだといいましたが、私の場合、エーテル体が肉体の皮膜よりも外に出てきたので、肉体よりもエーテル体の方が優位に、メインの立場になってきたことを目撃したのだということになります。カストールとポルックスという兄弟のうち、一人は不死ですが、もちろんこの不死の子供は肉体の側でなく、エーテル体の側です。そしてそれは宇宙的なリズムと共鳴して、種の記憶のようなものを持っています。

　内臓は身体の中にありますが、実際にはその面積は身体よりもはるかに大きい。つまり蟻が這うようにか、あるいは舐め回しにより輪郭を把握しようとすると、身体はあっという間にサーチは完了するが、例えば腸内をくまなく這い回ると、とてつもなく時間がかかるくらい広大です。

　脳脊髄神経的に観察すると、それは折り畳まれて小さいです。ところが、自律神経的（交感・副交感神経的）に考えると、身体の外にはみ出し、大きいのです。肉体よりもエーテル体の方が大きいという説明は、外殻的に見た視点でなく、這い回りの視点です。

　バイノーラルビートなどでθ波に入り、そこでものを見ようとすると、いつもの視覚ではなく、この植物系、エーテル体、這い回り視点に切り替わると考えてみましょう。エーテル体は身体よりも大きく、そして変成意識から日常意識に戻って、脳脊髄神経系的に見ると、エーテル体は身体内に折り畳まれています。

ギリシャ時代以後、エーテル体は身体の中に閉じ込められた

　外気を身体に取り込む呼吸をした時、グルジェフのいうように、空気192だけでなく、この中に含まれるより高次な成分を吸い込むことは、空気の中にあ

る「プラナ」と呼ばれるものを吸い込むといえばよいのですが、双子座は、風のサインとして、天秤座と水瓶座と120度で共鳴しています。

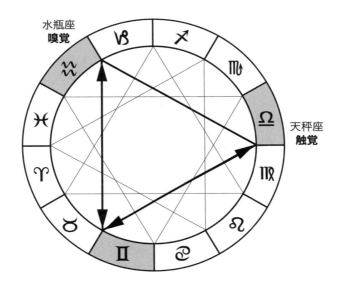

　天秤座は、輪郭に閉じ込められる触覚を表し、水瓶座は物質的な輪郭の外に分解していく匂いを嗅ぎ取る嗅覚を表します。つまり、天秤座が身体と外側の輪郭を作り、水瓶座はものの外にはみ出したものや空間的にはみ出したもの、時間的にはみ出したものに広がります。となると、双子座の二人の子供とは、天秤座的な内側に閉じ込められたものと、水瓶座的な外に拡散したものの両方を持つという意味です。つまりこの二つを比較し、行き来することは、柔軟サインらしい双子座の特質です。折り畳んで小さくしたり、広げたりするのです。
　シュタイナーによると、ある時代にエーテル体は肉体とぴったり張りつくことになったといいますが、ギリシャ時代以後は、むしろエーテル体は身体の中に閉じ込められたのです。そして、三木成夫がいうようにだんだんとこの内臓的なエーテル体の声を聞かなくなり、私達は脳が中心の、頭でっかちな生き方になってきたのです。

ケン・ウィルバーは、動物的なものと人間的なものを結合した意識を、「ケンタウルス意識」と呼びましたが、この二つのボディを両立させ、一体化させたものでしょう。頭でっかちの人間は、内臓の声を聞かない人間ということです。

　内臓が不健康な場合、これは痛んで臭いエーテル体というふうに想像してください。日本人はマスクをしていますが、これは内臓を外にむき出しにしたくないという意図の現れです。吐き出した息が臭い。咳き込んで、飛沫をあちこちに飛ばす。持ち歩いている菌を感染させる。これを嫌うのです。これは節度があることかもしれませんが、その前に内臓を健康にすることが重要でしょう。

　呼吸を通じて、身体の輪郭の外に自分を開き、肉体の輪郭の外にエーテル体をはみ出させる、つまり内臓が顔として外に飛び出したように、身体から、内臓的なものを引き出すこと。これがオーラの基礎の形を作り出すのではないでしょうか。

　植物の性質を借りたエーテル体には、エゴや運動能力がありません。エゴや運動能力がないということそのものの性質に、他のものとつなごうとする性質が備わります。つまり運動できないのならば、他のところにある同類と接続することで広がることができるからです。運動できるならば、単独で地球のあちこちを動き回ればよいのです。

　エーテル体は、大地の下にある植物の根が互いにつながっているように拡大していきます。アストラル体は動物の力を借りており、個体化衝動を持っています。そこで、アストラル体はエーテル体を抱き込み、それを人間の個体という場所に囲い込みます。身体の外にあるオーラは、身体から外にはみ出しているところがエーテル体的な性質で、しかし、個人のオーラとして、ある程度、球体の形でまるまっているということは、アストラル体的な作用によります。

　オーラは身体の周囲にエーテル体を持ち、その外側にアストラル体に刻印されたアストラル・エーテルとしてのオーラの輪郭を持つと考えるとよいでしょう。

　エーテル体は植物的な性質で、例えば、オーラを色とかで識別する方法は、エーテル体としてのオーラを見ていることを表します。アストラル体は表象的になってき、それは動物みたいな形とか象徴的な形を持ちます。

表象に意味を結合する印象オクターブ

　人が死ぬとこのコースを辿ります。
　これは世界の中に入る時には、反対に、潜り込んでいきます。あたかもそれは、身体の周りに重い衣類を何重にも巻きつけたかのようです。すると、中心にある自我は、アストラル体、エーテル体、物質の中に眠り込んでいき、やがては自分を取り戻せなくなってきます。重すぎる衣服で息も絶え絶えになります。グルジェフ式にいえば、肉体は地球で48法則。全惑星はアストラル体で24法則。太陽はメンタル体で12法則です。
　例えば、「ブディ体」と呼ぶものを星雲界、あるいは恒星で6法則と定義します。太陽が恒星でありながら、なぜ6法則でないのかというと、惑星をぶら下げているからです。
　占星術で活用している太陽は、地球の公転周期で働く太陽なので、これは法則48あるいは法則24の太陽であり、真の意味での太陽は、ヘリオセントリック占星術などで中心点と想定するものです。
　内臓を一つひとつ惑星とみなすと、このすべての内臓を総合的に結びつけている心臓は、全惑星意識である24に相応するとみなしてもよいでしょう。H24は三層工場の中心、心臓の位置に書かれています。従来のジオセントリック占星術はH96（月）とH48（惑星）までは扱うが、惑星に差別を持ち込むので、H24に統合化する意志の足を引っ張り、さらにH12とH6を否定したもの、あるいは体系から取りこぼしたものです。
　シュタイナーは、人間はメンタル界にいる時にこそ、真のやすらぎを感じるといいます。ですが、私達は太陽系の中心の太陽に相応する意識こそが、私達の本来性であることを忘れ去り、惑星意識に部分化していきます。そのため、その本来のものを復権するということのために、印象の中に眠り込む自分を叩

き起こしては印象と自己同一化したあげく、幼児が機関車になりきってしまうかのようになっている事態から、世界と分かち難く結びついて存在するわけではない人間を思い出す努力をしなくてはなりません。

　外界からやってくる印象に対して、自分の記憶の中にある表象像を合致させないことには、その人の意識活動は生じません。表象を当てはめられない印象を目の前にした時、その人は昏睡に陥り、自己が不在になります。

　何かに熱中して忘我にある時、この熱中している何かは、まだ表象を十分に形成していない段階にあると考えます。熱中を繰り返したあげく、もう飽きて、それに振り回されなくなったということは、表象を十分に形成し、なお表象を形成する時に借りた事物に依存しなくなったのです。その時に、その人はその印象に「食われない」または「自己を思い出した」という段階に至ります。少し自我が寝床から目覚めてきたのです。

　これを繰り返すことで、私達は世界の中に埋もれて不在になったという存在状態から、自分を奪還します。たくさん体験したことは、もう既に十分に知っているので、好奇心をかきたてませんし意欲も起きません。表象をいったん概念化してしまうと、表象の内部構造を二度と省みません。自転車を知悉すると、街でも自転車に目を向けることはないでしょう。

旧皮質と新皮質の出たり入ったりの運動

　双子座は血液と空気を接触させます。柔軟サインとして、外と内を出たり入ったりするということからすると、双子座が脳の新皮質の活動に加担しすぎると、その本来の機能が果たせないということにもなります。双子座を新皮質と関連づけることが多いのですが、これは双子座の活動を制限する可能性もあり、もう少し双子座の活動を熟慮すると、旧皮質と新皮質の出たり入ったりの運動を意味すると考えた方がよいのでしょう。

　双子座の1度にはガラス底ボートというシンボルがあり、2度には、クリスマスの靴下というものがあります。外面的な印象を取り込む1度と、それに対応する夜の領域の無意識の記憶をアクセスする2度は互いに情報を照合しようとしています。照合した結果、3度のテューレリー庭園では、理論化・概念化

が発生します。

| SABIAN SYMBOLS 双子座１度 | A glass-bottomed boat in still water.「静かな水に浮くガラス底ボート」 |

| SABIAN SYMBOLS 双子座２度 | Santa Claus filling stockings furtively.「密かに靴下を満たすサンタクロース」 |

| SABIAN SYMBOLS 双子座３度 | The garden of the Tuileries.「テューレリー庭園」 |

　右脳は月で、左脳は水星（双子座に関係）という当てはめがありますが、実際には双子座はその二つを行き来させるという意味です。「太陽」のカードは水星と月の間を行き来しているのです。
　また三木成夫の文章を引用してみます。

「動物では心がいわば眠っているので、その内臓波動の自覚はない。これに対して人間は、うねりを時の移ろいとして実感することが可能である。"春情"そして、"食欲の秋"などの言葉が示すように、人びとは季節の感覚として、食と性の推移を思う。それは人の心が"目覚めた"ことを如実に物語る。」

　動物は内臓波動を受け止めても、この内臓波動としての心の実感が大脳皮質まで登ってくることがありません。ですが人間の場合には、大脳皮質まで昇りつめます。秋の深さがしみじみと感じられるのです。この感じは大脳皮質の"細胞の放電"なしには起こりません。
　その前に、"はらわた"の共鳴の現象があったことが大切です。赤トンボが飛んでいるから秋。サクラの花が咲いているから春。これは、あくまで"あたま"

で考えることで、本当の実感は"はらわた"であると説明されています。

何かの形を認識する時、それはまずは幼少期の舐め回しによる舌という内臓触覚の運動像が蘇り、これは内臓記憶の再燃です。次に、手による体壁触覚による撫で回しの運動像、すなわち体壁記憶の再燃があります。あるいは目による認識も体壁触覚といえます。

この目前の印象像に、記憶の回想像が裏打ちするということに、人の印象活動があるというのが三木成夫の話です。そしてそこに言葉が伴います。何かを指差して、そこに呼称音が加わる時、言葉の最初の姿があります。私達の頭は、心で感じたものを、いわば切り取って固定する作用を持っています。幼児の指差しは、そのはしりです。

幼児の発達過程として、指差しや呼称音、次に視野拡大の衝動として、直立が始まるといいます。遠くを見る眺望の促迫が、人類に直立をもたらしたといいます。直立を生むのは狙う衝動ではなく、遠くを眺めようとする衝動です。「遠」に対する憧れは人間特有のものだそうです。

人類では、生命記憶の蘇りを映し出す鏡としての大脳皮質が発達し、しかも鏡の面は多数でなくてはなりません。心を映す鏡の多様性は、多数であるほど、それは多くの印象を作り出します。

印象活動は、内臓記憶と体壁記憶（目や手など）の二重映しが基礎ですが、この場合、多くの人にとって興味を抱くものとは、初めて接するイメージのつかめないものです。舐め回しの記憶にないものもあります。

記憶はシンボルとしてそれに名称がつくのですが、記憶にないものの場合、類似したものをそこに当てはめます。このものと名前の一体化した二者一組の体得を必要とします。この、ものと名前が一致したものを、古代インドでは「名色（みょうしき）」というそうです。見たものに、内臓記憶が合致するというか、似たものと認識された時、これを象徴とみなすわけです。この思考を「象徴思考」といいます。

日本人は象徴思考が多く、言葉の響きを重視しますが、ここからダジャレなども頻繁に活用されることになります。

食物エニアグラムで双子座を考える

　頭の中心を取り囲む文字盤である牡牛座21度の「本」と、外界の印象を新皮質から取り込んで、対応させる作業は、外界の印象が多様化するにつれて、そこに人工的な要素が加わります。

> **SABIAN SYMBOLS　牡牛座21度**　*A finger pointing in an open book.*
> 「開いた本を指す指」

　三木成夫は、「あたまはこころの目覚めを助ける。それは遠く指差しに源を発し、ついで言語修得の覚束ない舵を取りながら、やがて独り言が無声化していく三歳児の世界でついに一人立ちし、ここに"自己"が産声をあげる。」というメモを書いていますが、この自己あるいは自我が発達するにつれて、自然に対して手を加えずにはいられないクセが増えてきます。

　まず自然の一点を、いわば観念的に固定することから始まります。波は一つひとつが違いますが、しかし同類の指示をして、波の形の概念を作り出します。この概念としての波は、個々の波の顔つきが微妙に異なるのに対して常に同一の概念を打ち出すのです。もし、この概念思考がないなら、言葉を外国語に翻訳することができません。概念思考は、やがては自然科学を支える数の世界を生み出します。

　心優先の象徴的な思考から、最後の把握としてのあたまだけの概念的な思考へ、だんだんとエスカレートしていくのが人類の思考の歴史で、この思考は自然界へ手を加えるという方向に進みます。

　食物エニアグラムでは、インターバルの3と6と7を結ぶ三角形は、常に連動しており、どれかが孤立して働くことはありません。9で食物を取り入れ、あるいは上位の9では、宇宙的な何者かの食物になり、6で外界と空気交換をし、3では思考が外界の印象をとらえます。

　概念思考というのは、蛙という概念があると、蛙それぞれの違いというものを考えなくなるということです。関心がない人は一つのカテゴリーに入れて、

箱にラベルを張り、この内部を見ることはありません。空気オクターブのミ48は名前のつかない象徴思考で、象徴を受け取ってはいるが、それについて説明する言葉が見当たらないのです。

　脳は目覚めた昼には外界の印象を受け取り、眠っている時には、夢の体験として内臓が上がってくるものを受け取るという、外からと内からの両方の印象を受け取っていますが、身体オクターブの48は、ソ48なので、そこで停止することはなく、つまり、疑問も無力感もなく、そのまま身体の中で進化していきます。ソの音は飛び出す、高揚感を表しています。

　したがって、インターバル6で停止して、次のオクターブの介入の助けを求めているのは、第二の空気オクターブのミ48であり、「？」の状態で停止しています。

　私は関西のダンスユニット、エグスプロージョンのダンスが好きです。「どうしてー？　どうしてー？」のフリの時には、体をくねくねさせますが、それに対して回答する側は、しっかり直立します。直立は定義で、くねくねさせたものは模索ですが、同時に依存という姿勢です。つまりミの音は、「あれは何？どうして？」というもので、「こうだよ」という回答はドの音です。

　例えば、内臓から上がってくる印象が夢の体験だとすると、何か象徴的な夢を見て、そこには強い実感もあり、何か意味があると感じています。しかし意味がわかりません。そういう時に、夢を分析する手腕のある人を見つけると、「これはどういう意味なんでしょうか？」と質問し、納得できる回答が得られると満足します。つまり象徴思考としてのミ48は、概念思考の言葉ド48に付加ショックを与えられて、次のファ24、明るい感情に進むのです。

エニアグラムとオクターブの対応

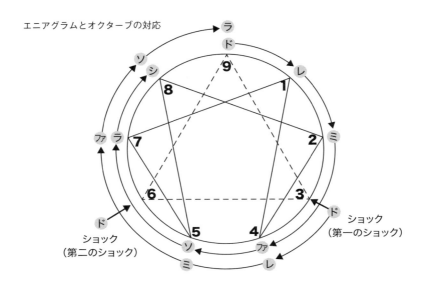

生きとし生けるものの図とオクターブの対応

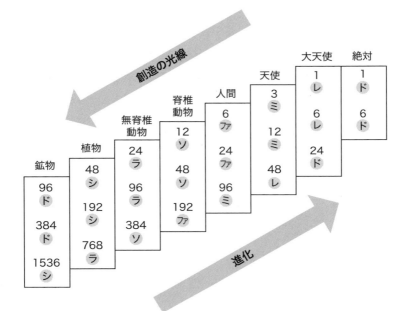

脳内を牡羊座領域、牡牛座領域、双子座領域へと進む

私は長い間、写真分析とか絵画分析などをしていました。そもそもタロットカード占いにしても、象徴的なものを解釈して意味を与える作業です。

「死神」のカードが出てきても、「死ぬんですか」という単純な質問に、その場に必要な適切な解釈をすることで、生きるための新しい意味を見つけ出します。

これらはみな双子座の作業だといえるでしょう。月の子供と水星の子供の会話です。

根底的な言葉の、思考の辞書は牡牛座にあり、また牡羊座は脳幹に近いところに関係していると

「死神」

考えます。古、旧、新皮質という分類は人工的にされたものではあります。ですが、内側から外側に向かって、牡羊座領域、牡牛座領域、双子座領域へと進んでいることは明らかではないかと思います。

三木成夫のいうように、人類では、生命記憶の蘇りを映し出す鏡としての大脳皮質が発達し、しかも鏡の面は多数でなくてはならない。心を映す鏡の多様性は、多数であるほど、それは多くの印象を作り出すということです。

グルジェフの自己想起メソッドは、私は何かを見ている。見ている私を意識する。さらにそれを見ている私。それを見ている私……と、印象に埋没した自分を引き上げ、だんだんと透明な自我を抽出する訓練ですが、これは同時に、印象の多様さを作り出します。というのも、特定の印象に飲み込まれている人は、常にその印象の持ち方しかできないので単純ですが、その印象との自己同一化から独立すれば、他の印象の持ち方や違う鏡を発見するからです。

印象を多数生み出し、しかもどれにも飲み込まれない。これが自己想起の練習の中で進んでいくことです。何か苦難に遭って沈没している人は、印象に同一化して、そこに溺れ、自分というものをそこから引き上げられなくなっています。つまり打開策を見つけられなくなっているということです。

双子座は、風・柔軟サインで、それはマルチに拡散する知性を意味しますが、

双子座の9度に矢筒というシンボルがあり、これはさまざまな角度で考える脳のループ構造のようなものを意味します。筒の中にたくさんの矢が入っていて、脳の繊維のようです。

SABIAN SYMBOLS 双子座9度	A quiver filled with arrows.「矢で満たされた矢筒」

誰が見ても同じに見えるとは限らないオーラ

　もう一つオーラのことについて説明したのでつけ加えると、物質としては認識できない第二オクターブの印象そのものに、第三オクターブからアプローチしているのが、オーラを見るということです。ものにではなく中空に浮かんでいるものを視覚化するということです。

　私達は現物のものを目の前にして考えるだけではなく、例えば、自分の感情に対しても考えます。私はこう感じる。私はこう思う。これを対象化して印象として受け取っています。そのような行為がオーラを見るということでもあります。

　オーラは誰が見ても同じに見えるものではありません。外界の蜃気楼に、内面の蜃気楼をぶつけてマッチングを取っているというのが私達なので、物質的形骸化をしていない、物質よりもはるかに柔軟性の高い、空気の中にある身体を見るという行為は、そこでの表象像の再形成がもっと柔軟に行われるからです。

　オーラ講座で、「自分が見たものは他の人が見たものと違う」と言って落胆する人がいますが、「オーラを見る」とは、相対的像を相対的に解釈する空中戦です。その場に、教祖のように、意味を全部取り決めする人がいれば、その人が正しいという雰囲気が作られ、正誤の基準が生まれてきますが、すべてが浮動形式であることを忘れてはならないでしょう。

　いわばこれは量子論のようで、見ている人のカラーで、見られたもののカラーが違って見えることもあるのです。赤い人は赤の人を赤と認識しません。それ

は透明です。あるいは見られている人が赤に染まってしまうこともあるでしょう。

　エーテル体に対して、アストラル的な表象像の再形成、意味のあるものに組み立てるという行為が進みます。そもそも私達は記憶を思い出す時に、その都度、表象を組み立てており、そのたびにビット落ちを起こしたり、新しい要素がつけ加えられたりします。こういう行為の中では、オーラほど流動的なものは激しい変形を起こすのは当たり前です。

　エーテル体は植物的な表現、建物でいえば骨組みの部分やジャングルジムのようなもの、グリッドなどにたとえられます。モンロー研究所のヘミシンク講座に参加した時、地球を見るというプログラムがあって、地球を見ているとそれは母親のような存在になり、「私を見たいの？」と聞かれました。私が「見たい」と答えると、地表を芝生のように剥がして、この中に、正八面体の骨組みが見えました。これが地球のエーテル体と考えてもよいでしょう。

　この図形について数学的に正確に作ろうとする人がいますが、エーテル体はゆるいエッジのものなので正確な輪郭を探すのは無意味な行為です。数学的・図形的な認識は物質界でのみ通用するものなので、このことにこだわってしまうことは、物質界のルールでエーテル体を見ようとするという本末転倒の行為になりますから、エーテル体を見ることができなくなります。エーテル体を見

るには、視覚で肉体の輪郭を認識しないようにした方がよいのです。

　エーテル体は肉体の皮膜の内側にあるのでなく、三木成夫のいうように、内臓の復権があれば、エーテル体は肉体の外に広がります。肉体とエーテル体の立場の逆転がギリシャ以後起きたのなら、今は、それをまた反対にします。

　シュタイナーのいうように、一時的に脳脊髄神経系の信号を拾うことを少なくしていくことですが、バイノーラルビートはそれがとてもたやすくできてしまいます。子宮系女子というのは、子宮を中心に考えるらしいのですが、これも内臓系ということです。

頭はH48で働き、心はH24で働く

　グルジェフの食物エニアグラムでは、頭部で受け取られた三つのオクターブの要素は、食物は三層のうち一番下に、呼吸は二番目に、印象は一番上に持ち込まれますが、水素24は基本的に中層に入り、つまり心臓でまとめられ、さらに高度になった水素12（高次な感情と同じ振動）は、一番下の腰の方に回っていきます。

　これらは既に科学・医学的な面では決して認識される成分ではないので、科学的な面から批判することも賛成することもできませんが、H12は極めて象徴的なもので、通常のレベルで発達してきた思考は、それを説明することができないばかりか、その前に、追跡することさえできず昏睡に陥ります。

　しかし高次な思考H6が発達すると、そのH12という異様に高速な振動を、まるでそこに置かれたレンガのように意識的に扱うことができるばかりか、運ぶこともできます。

　身体の中層では、主にH192とH96、H24が集まっています。呼吸はH192、そこから形成される熱がH96であり、そして動作・運動の速度としてのH24に至るには、一度、頭にH48として上がってこなくてはなりません。ここで印象の統合化が起きて、それから、あらためて心臓の位置のH24が確保されるのです。

　その場合、頭で三つの48がマッチングし、統合化しという作業がつつがなく進まなくてはなりません。頭と心の対話をする時に、頭はたいていの場合、

H48で働き、心はH24で働くので、通常の意味では、頭よりも心の方がはるかに優れています。

　いずれにしても風・柔軟サインの双子座は、行ったり来たりと出たり入ったりをして照合し、まずまず上手くいくとまた新しい印象へ向かうので、とても忙しい部位です。そうやって双子座の言語感覚が発達します。

有機体の集約的働きと、第一の意識的〈ショック〉の後の食物摂取から生みだされる物質の集約的産出の全体図

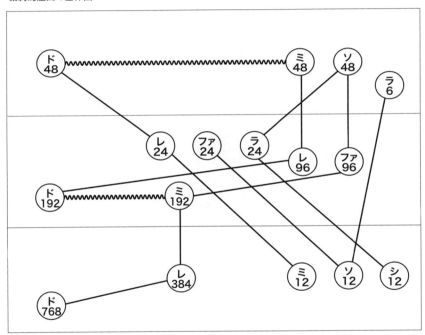

4 蟹座

差異性あるものを一体化させる働きとしての胃

蟹座が関わる身体の部位は胃です。

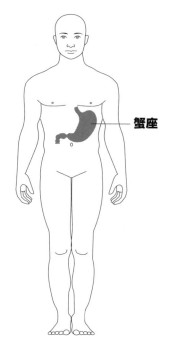

その他に関しては、ワンダ・セラーの著書からそのまま引いてみると、消化器系や食道下部、脂肪を吸引する大腸のリンパ管としての乳び管、食べ物を胃から腸に押し出す蠕動運動、消化液、食べ物の塊で半液体であるび粥、身体の中の粘液とか体液など、胸部、母乳、乳首、膀胱やリンパ系にもある程度は影響がある。血管を閉じ込めたものとして子宮、腋下、脳を覆う膜としての髄膜、

下肢部、脾臓、横隔膜、膵臓、肋骨、肘、胸管、脳下垂体後葉など多数列挙されています。

　12サインはたった12個しかなく、これを身体に対応させるというのは、単純に空間的な位置づけでしかありませんから、その位置にあるものは関連があろうがなかろうが列挙するという具合です。おおまかには蟹座の性質と関係しているような身体機能をセレクトしているようにも見えてきます。

　植物系としての腸管系・血管系・腎管系という吸収・循環・排出の働きの流れに関連して、胃は、内臓が外に露出したかたちとしての口を通じて食物が取り込まれ、最後に腸管につながるまでの途上にあります。

　胃の働きは食物の消化ですが、胃の入り口の弁である噴門は、食物の逆流を防ぐ弁です。胃の内容物が出ていくところの弁は幽門で、十二指腸への食物の通過を調節します。食物が入ると、幽門が閉まり、食物を胃の内部に閉じ込めて、蠕動運動が始まり、胃底部から胃液が分泌され、食物は細かくすり潰されていきます。

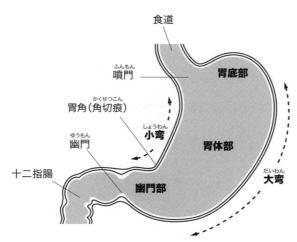

　胃液の中にある酵素のペプシンはタンパク質を分解し、食物が粥状態に柔らかくなると幽門がオープンして、ゲル状の食物は十二指腸に運ばれます。また食物と一緒に入り込んだ細菌を胃酸で殺菌します。

　食物が胃の中で処理され、十二指腸に至るまでの時間は、だいたい4時間く

らいだそうです。この場合、食物に脂肪が多いと、消化は遅くなる傾向があり、デンプン質のものが最も早く胃から出ていくようです。

　アルコールは、5分の1程度を胃が直接吸収します。これは分解されて、肝臓に転送されます。残りのアルコールは小腸に向かいます。

　アイヌ人の胃は、通常の日本人の胃に比較して縦方向に伸びていて、食物の溜め込みがしにくいので、固結物を食べるのが苦手というのを読んだことがあります。そのため鮭もスープにして飲み込むのだと。どの内臓もそうですが、民族によっても、また個人差もあるのが当然でしょう。

　蟹座の性質は水・活動サインで、水の元素は、差異性のあるものを一体化させようという働きがあります。特に活動サインとなると、自ら積極的に働き、異物を溶かして混ぜてしまうのです。胃は食物を取り込んで、さまざまなものをゲル状にしていきますが、このように混ぜて一体化させるのは水の元素の性質そのものです。

　水はH384で固形性が残るものはH768ですから、粥状態のものは、これらの中間状態だといえます。長く時間をかけるほど液状になりやすいでしょう。もちろん、ここにはより上位の成分もすべて含まれています。ここではH768とH384が重心であるということです。

蟹座は縦糸と横糸を緊張感をもって結びつける

　蟹座の4番目のサインという4の数字は、対立するものを融合するという意味が含まれています。縦糸と横糸を結びつける、あるいは四元素であれば、対立する風・火と、水・土を結びつけようとします。ですから、この結合作用には少なからず緊張感が伴います。葛藤が生じ、暗闘があります。

　胃から食物が逃げ出してしまうと、この融合のプロセスが中途半端になるので、入り口の噴門と出口の幽門を閉じて、どこにも逃さないようにしておく必要があるのです。

　この逃さず、器の中ですべての固形物の輪郭を壊して、混ぜてしまうというのは、12サインの作用としては、もともとは蠍座の性質に近いといえます。蠍座1度に満員のバスというシンボルがあり、2度に割れた香水瓶というシンボ

ルがありますが、満員のバスはたくさん食べて、胃の中に食物が詰まった状態です。しかもどこにも逃がしません。そしてそれぞれの個性ある食物素材が、2度で輪郭を壊されて、どろどろになっていくのです。

SABIAN SYMBOLS 蠍座1度	A sightseeing bus. 「観光バス」
SABIAN SYMBOLS 蠍座2度	A broken bottle and spilled perfume. 「割れたビンとこぼれた香水」

　もちろんどのサインの意味も単独で成立することはなく、すべて幾何図形的な関連性で連動して初めて一つのサインの作用も成立します。とりわけ、同じ元素の三角形は密接に協力関係にありますから、蟹座は蠍座、魚座という三つの水のサインの連動で意味が成立します。蠍座は死という意味があり、食物は胃の中に入ると、そこでいったん死ぬのです。
　体内に入る食物は、もともとそれぞれが個性を持ち、独自の性質を維持しようとしますから、体内に入った時に、人体に吸収されることに激しく抵抗します。この食物の個体維持力を打ち壊し、その後、他の食物と同居させ混ぜていく作業は、最初は口の中で歯を使って噛み砕くことから始まり、次に、胃の中でより細かく進行します。
　この場合、肝臓や脾臓、胆汁などの作用も協力して、寄ってたかって食物の抵抗をなくし、溶解していくのですが、肝臓、脾臓、胆汁などは、体内の独自のリズムで働いていて、宇宙的なリズムには同調していますが、身体の周囲にある外界には全く合わせていません。
　脾臓は、土星の作用と対応していて、有機体の活動リズムを外界から切り離し、独立させる作用です。この脾臓の働きに統括されて、肝臓、胆汁の他に、内臓領域は、外界からは閉じられた内的宇宙の営みを維持しています。
　体内に取り込まれた食物の個性と人体内部の内臓が戦った時、中間を取って平和的に解決するなどということはなく、食物を内臓のリズムに完全に従属させなくてはならないのです。外界に開かれ、外界に合わせる肺や腎臓のような

内臓機能もありますが、胃はそのような働きに属してはいません。食物の個性と個体維持性質が疲れ果てるまで叩き続けます。

例えば、ぶつけて壊すのは蟹座の5度のサビアンシンボルにも表現されています。

> **SABIAN SYMBOLS　蟹座5度**
> *An automobile wrecked by a train.*
> 「列車に破壊された自動車」

蟹座の手前にある双子座は風・柔軟サインで、これは兄弟の不毛な戦いということを表すサインです。それぞれ兄弟は異なる個性を持ち、他の存在と折り合いはつかず、誰が勝つか負けるかという価値観の中に生きています。蟹座を表す家族では、母がこの兄弟の争いを収拾し、家族的な一体化を促します。死んだ父をトーテムにして家族はまとまります。

人によって、吸収するもの、より多く取り込むもの、さほど必要としないものなど、食物の摂取の方法は違います。これはその人の目的、個性によって選ばれていくということです。これが死んだ父のトーテムを基準に選ぶという意味でもあるでしょう。このトーテムの旗印の下に、兄弟の小さな個性は押し潰されるのです。

サビアンシンボルでは、このトーテムは蟹座1度の船の旗として描かれています。

> **SABIAN SYMBOLS　蟹座1度**
> *A furled and unfurled flag displayed from a vessel.*
> 「巻かれたり広げられたりする船の旗」

エニアグラムの3－6－9の三角形

私は、2年～3年前くらいまでは、脳と腸は中国の陰陽魚図の白い部分と黒い部分のように、鏡関係にあり、人間は食べたものに対応したものしか考えることができないと説明していました。

従来の栄養学などでとらえられているような栄養素は、実際に有効な栄養素

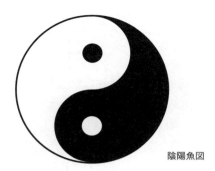
陰陽魚図

の一部で、何の足しにもならないようなキノコとかワイン、茶なども栄養の一つです。

　抗菌作用があるから、などというのは本質を表しているわけではありません。これらは精神に働きかける力の強い、ある種の高度な食料です。これらも含めて、食べ物を食すると、これらが持つ個性・特性に応じた思念が発生します。

　私はヴュッフェでマンウォッチングをするのが好きですが、全く同じものしか食べない人がいます。そういう人は、同じことばかりを繰り返して考えている生活をしているのではないでしょうか。ある日、パンとご飯とスパゲティしか食べない人を見て驚きました。

　エニアグラムでは、自由性を発揮する3−6−9の三角形は、3と6を足すと9になるように、連動しているのだから、食べることと、息をすることと、考えることは切り離せません。

　そうなると、何か新しいアイデア、新しい考え方を追求しようとすれば、これまで食べたことがないような珍奇なものを食べてみる必要があります。ですが、これは慣れていないので、消化することに手間取ります。食された側も目いっぱい抵抗します。

　目黒寄生虫館の館長の著書（亀谷了『寄生虫館物語』ネスコ）を読むと、寄生虫を見ると、どのような味がするのか、思わず食べてみたくなるということを書いていますが、きっと食べてみるとこれまで考えたことのないような新しい思念が出てくることでしょう。

　吸収する部分と排泄部分の選択の段階で、対象に対して、私としての位置づ

けから見た知識化がされるのです。これらは内臓系から上昇してくる情報ですが、インターバルの3－6－9の三つは、インターバル6の位置にある三つのH48とも対応しています。

　食物は外にあったのに、それが人体に取り込まれて、内臓がそれを消化し、情報を内部から上げてくる。これは目の前にニンジンがあれば、このニンジンという外面的な印象に対して、食べてみると、内側から自分との関係で変形されたニンジン情報が手に入り、この二つを照合します。この作業のためには、ニンジンを食べる時、ニンジンの中身を取り出すためには、その外的な殻を壊す作業では徹底しなくてはなりません。見ているニンジンはそのままでもよいのですが、食したニンジンは解体しなくてはならないのです。解体して、ニンジンそのままではなく、私という生体との関係からあらためて再構築するのです。

　蟹座の胃はこの解体プロセスを進行させますが、どうしてもそれが無理な場合には、それをサークルの中から追い出します。蟹座は仲間でないと思ったとたん、排除の姿勢を強めます。胃は消化できないものがあると判断すると、それを嘔吐するのです。何か妙なものを食べて戻しそうな気配がある時、しばらくは立ち止まって、胃に何とかなりそうか問い合わせします。頑張ればできると胃が答えれば、忍耐強く刺激を与えないようにして、消化していくのを待ちます。とうてい無理なものならば、瞬時に嘔吐します。受け入れられるものの下ごしらえが済むと、食物は、腸管系・血管系・腎管系という吸収・循環・排出の作用の場に送られていきます。

月のリズムを食生活のリズムに取り入れる

　三木成夫は、胃はお腹が空いたら、食物を要求するという機械のような動きをしておらず、日リズムや年リズムなど宇宙のリズムに共鳴して、働いているといいました。蟹座は支配星が月で、もちろん支配星の動きに影響を受けます。

　12サインは時間リズムの中になく、空間的なもので、サインに時間リズムが発生するとしたら、それは支配星の時間リズムなのです。胃は、月のリズム、そして地球のリズムに同調しているということになります。ですが月は地球の周りを回っていますが、地球が太陽の周りを回っていることは知りません。

知らないがこのリズムにも月は従属しているのです。食欲の秋などという話は、この年リズムの中で出てきた特徴です。太陽リズムと月リズムがぴったりと噛み合う太陽太陰暦などで生活すると、胃はより健康になるということも考えられるでしょう。

　過食とか、あるいは長い時間食べずに、突然ドカ食いするなどの不規則な生活からくる食生活の乱れは、この太陽太陰暦などのリズムに従わない暮らしからくるということです。

　それに季節とか、年リズムに従うのならば、季節ごとの食べ物も変えた方がよいことになります。春は芽のもの、夏は水のもの、秋は実のもの、冬は根のものなどです。

　月は2.5日で一つのサインを通過します。また1週間で90度進みます。

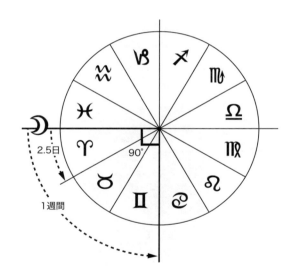

　これらのリズムを考慮に入れて、食生活をリズミカルに変化させていくのがよいということです。多くの家庭でも、食べ物はバラエティを持たせて同じ繰り返しがないように工夫していると思いますが、こうした細かい変化は月の速いリズムにふさわしいといえます。

　人は生まれた時、大きな自己が分散して複数の小さな自己になり、この小さ

な自己は外界に、まるで解体した宇宙船の部品のように散らばっています。どのような外部的なものも、自分が分散したものの何かで、もともとは自分だったものです。それを取り戻し統合化するには、この異物の中に自分が浸透し、自分の意識と共通しているということを再発見する必要があります。

そしてそれは、かつては自分だったもので、ある時から外界にあり、自己とは無関係に見えるようになってしまったものです。この点からすると、何か未知の食べ物を見て、それを食べてみたいと思う時、この意図は胃からではなく、まずは太陽としての心臓から、そして味わいを求め、拡大が本性の肝臓から発信されます。胃は月の性質を持っているとすると、単独の胃は、これまで慣れてきたものを、そのまま繰り返し食べるだけの性質で冒険はしません。冒険心は太陽や火星、木星などから生まれ、月から生まれるものではないのです。

糖質は身体を動かすためのエネルギー源として、ブドウ糖に変換され、血液中に流れ込みます。食事をすると血糖値が上がります。膵臓からインスリン・ホルモンが出ることで、このブドウ糖は細胞の中へ取り込まれます。

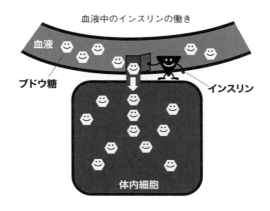

【ケーススタディ】 ギャル曽根

今、本稿を書いているのは2015年の年末から2016年の新年までの間ですが、テレビで大食い世界一決定戦を放映していました。

以前こうした大食い大会で、有名だったギャル曽根ですが、どのようなもの

を食べても、血糖値がほとんど変化しないということで医師から驚かれたようです。つまり、食物の栄養をあまり取り込まないということです。そして、幽門が他の人に比較すると大きく、食べたものが、素早く十二指腸に移動するために、あまり満腹感を感じないということになります。

　たくさん取り込むが、その栄養分は効率的に取らない。食物の無駄遣いです。全く節約主義ではない贅沢な性質です。

　ウィキペディアに掲載されているギャル曽根の誕生日で、ホロスコープを作成してみます。生まれ時間が不明ですが、午後6時前後よりも遅い時間に生まれた場合には、月は乙女座に入ります。

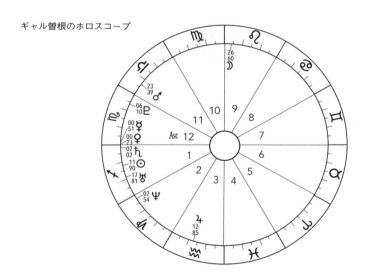

ギャル曽根のホロスコープ

　蟹座の支配星として胃に関係する月は、見せる獅子座にあります。胃をショー的に披露する性質と考えてみます。もし、この月が獅子座の29度であったりすると、多くの人に知らしめるということです。もちろん月が獅子座にある人がみな胃を披露しているわけではありません。逆はないのです。胃を披露している人の月は獅子座にあったということです。

　獅子座は固定サインなので、型にはまった儀式的演出をしたい。しかし大食

い王大会は戦いの場です。ここでは、バトルを意味する射手座の１度に水星と金星があり、金星は美しく見せるということで戦いの場であり、ギャル曽根の食べ方は綺麗だという評判です。

土星は射手座の３度なので、チェスゲームのように戦略的です。しかしこの射手座の柔軟サインの、状況に応じて次々と手を変えていく方針は、固定サインでありたい胃に対してはストレス、すなわち90度の関係です。

本来、月に対する土星のスクエアというと、これは月に対する過剰なコントロールであり、しばしば抑圧です。月はのびのびと好きにはできません。この制限は、土星が射手座の初期にあることから、戦いのために働くように、という制限です。のんびり好きに食べるのでなく戦うために食べる。ということは、例えば食べたくない時でも食べなくてはならない。

幼少期から家庭ではたくさん食べたという話ですが、月は０歳から７歳までの年齢域に関係しており、その頃に、既に戦闘的な食べ方をしなくてはならないという規制が親から入ったのかもしれません。急がされるとか、駆り立てられるように食べたのかもしれません。土星は調・不調の波を許しませんから、調子が悪いから食べないというのもなかなか許されない。軍隊訓練を受けた胃ということになります。

このホロスコープの例は、月の項目で紹介するべきですが、月が蟹座の支配星であり、しばしば胃を表すということで、ここで取り上げました。

太陽と月のアスペクトを考えると、例えば太陽と月がスクエアの時に、太陽の意図に反するものを月・胃が食することもあります。占星術の太陽、すなわち地球の周囲を月が回っているので、月は地球の範囲から決して逸脱することはないという点で、月が地球を台無しにすることはありません。いわば、地球の家の中でおとなしく回っており、外に出ることはありません。ですから、地球の意図に沿った食べ物の範囲の中で、ちょっと違和感のあるものを取り込むということです。

犬が、ときどき、主人たる人間よりも自分の方が主役だと勘違いするケースがあります。そういう時に、その犬は散歩の時に、主人を引きずり回します。これは太陽＝地球に依存して、その周りを回っているという自分の位置を自覚せず、地球は自分という月の周りを回っているのだと見ることです。これは占

星術で使われる天動説、つまり地球の周りを太陽が回っているという視点と同じです。人間はみなそうやって生きています。

　月のアスペクトに、拡大天体の木星、海王星などが、あるいは限界を超えてしまう作用の冥王星などが過剰に働いた（つまりハードアスペクトの）場合、糖尿病などになりやすいと個人的に思いますが、データをたくさん集めたわけではありません。

　糖尿病で失明したオーラソーマの創始者ヴィッキー・ウォールの月は過剰拡大の月でした。月、蟹座、それに関連する胃が、分を越えて、素材を過剰に取り込むのです。太陽が管轄であり、自我が流れていく川としての血液、血管などを傷つけます。

【ケーススタディ】　アメリカの建国記念日

　蟹座の15度に過食を楽しむ人々というサビアンシンボルがありますが、これは文字通り、胃が限度を超えて食べてしまうということで、アメリカの建国記念日の太陽はこの度数にあります。

> **SABIAN SYMBOLS　蟹座 15 度**
> A group of people who have overeaten and enjoyed it.
> 「過食を楽しむ人々のグループ」

　アメリカはどのような世界も食べようとして、そもそもアメリカとはかなり異質なハワイも食べてしまったという具合に、自分の力を世界中に広げていました。肥満した国と考えるとよいのです。世界で肥満大国というとアメリカとイギリスですが、アメリカは肥満する人が多いのが自然体だということです。

　太陽は生きる目的を表しますから、それが蟹座15度にあれば、たくさん食べるということが意識的な目的であり、うっかり食べてしまったという月の暴走を表してはいません。

　月は太陽の目的に応じてその働きがあるため、太陽の性質を考えて、そこから食べるものを選択するというのが理想的です。太陽がどでかい目的を持てば、月はその分、食べるものを増やすでしょうが、12サインにおいては、この順番

は反対となります。

　月に関係する蟹座が先にあり、次に、太陽に関係する獅子座があるのです。母の保護の中で、太陽という子供が育つのですが、これは時間の流れの方向であり、意図としては反対に流れていることになります。進化論のように、生物は後になるにつれて進化するというのは、蟹座から獅子座への流れです。しかし、そもそも霊性というものがあり、それは地上の哺乳動物の中に入って、人間となったというような意図の流れからすると、この向きは反対です。意図はたいてい時間の流れとは反対に動いています。

　いずれにしても、この月と太陽の関係、あるいは蟹座と獅子座の関係は、密接に絡み合っていて、能動と受動のセットとして身体では胸の位置に配置され、獅子座の象徴としての心臓の周囲を、蟹座の象徴としての胸腺が取り囲んでいます。地球の周囲を月が回っているように、心臓の外側に胸腺があるのです。

胸腺の作用について考える

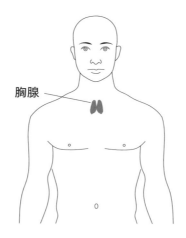

　リンパ系は組織液の恒常性を保つ役割があり、リンパ液が流れていくラインをリンパ系と呼び、脾臓、胸腺、骨髄、消化管など多くの組織に付随します。組織液から回収された体液であるリンパは8割が血中に回収され、2割はリン

パ管に入ります。食後の乳び血清は、脂肪がリンパ管で吸収された後で血中に入るので、腸リンパ本管は脂肪を運搬するということです。

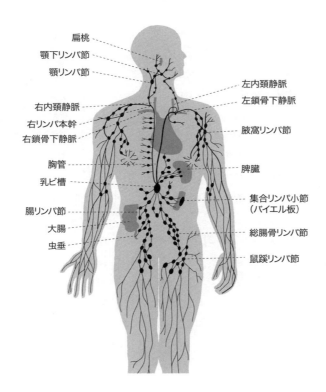

　いずれは血管に変化するかもしれない、いわば血管の原始的な進化段階にあるリンパ管は、骨格筋の圧力で流れており、組織から組織液を取り除き、吸収された脂質を乳糜として循環系まで運び、また免疫細胞を作り出します。
　胸管はリンパ系の代表管といえるもので、下半身と左胸部のリンパを集める太い管です。乳び槽から始まり、最終的に静脈に入ります。さらにリンパ本管は、右上半身にもありますが、これも静脈血に混ざり込みます。
　心臓の鼓動が動かしている血液と、筋肉が動かしているリンパは、両方とも川の流れにたとえても、一方は植物系、一方は動物系に結びついていて、最終的に血液で統合化されます。

タロットカードの大アルカナ、「世界」のカードでは、中心に両性具有の人間が立ち、その周囲に楕円の形の輪があり、人間を守っています。

私はこれを象徴的に、「えな」と呼んだり、秦河勝の説話から、「うつぼ舟」と呼んだりしていました。あるいはまた、世界卵の殻を表します。

私が中学生の朝礼の時に、貧血で倒れてしまったことがあります。その時に、自分が収縮して、胸の真ん中に卵あるいは楕円の形で存在しているということを見ました。亀のように感覚の手足を伸ばすと、見たり聞いたりできるのですが、手足

「世界」

を引っ込めてしまうと、この中心の卵に戻り、外界を何一つ知覚しなくなるのです。

これは植物系としての心臓に自分の中心点があるという見方です。もう一つの動物系としての自分は、ルネ・デカルトのいうように脳の中心に小人として住んでいます。植物系、心臓、「こころ」としての自分は宇宙的なリズムとは同調しますが、自分を取り巻く身近な外界には同調していません。心臓を流れる血液のリズムは、外面と接触する生活の中でも、さほど大きくは変化しない、というよりも、大きく変化するタイプの人と、そう多くは変化しないタイプの人がいます。これは良心に関係するといわれています。良心は外界の状況に振り回されてはならないのです。

卵には殻があるように、柔らかい実体は、外界との間に殻があります。それが中心にあるものを守っているのです。

アリストテレスの思想であれば、月の上に第五の元素があり、月の下には四つの元素がある。これを描いたものが「世界」のカードです。太陽は月の上にあります。

すると、地球＝太陽の周りを月が回っているというのは、心臓＝太陽という卵の外の防衛膜を作っているというイメージにもなります。それは太陽（地球）を取り囲み、それよりも下にある四元素が、この中心の場所に入ることを許しません。四元素はそれぞれ噛み砕いて、柔らかくして、有害でない状態に柔ら

かくしてからでないと、この室内には入れないのです。まず太陽があり、その周囲を月が回り、月は外界の四つの元素の侵入にフィルターをかけるという城壁を作ります。

胸腺はリンパ球の教育機関

　胸腺は胸骨の後ろ、心臓の前に位置し、心臓に乗るように存在しており、これは鎧として、外側の胸骨の次の内側のもっと柔らかい鎧のように見えます。胸腺は被膜に覆われ、中に胸小葉があります。小葉は皮質と髄質でできています。胸腺の中には、ホルモンを分泌する上皮細胞と、リンパ球としての胸腺細胞、大食細胞があり、胸腺内で、退化したリンパ球を食べます。

　よくいわれることとして、胸腺は免疫細胞としてのT細胞を教育する防衛学校にたとえられ、超スパルタ教育が行われているそうです。骨髄で産出されたリンパ球は、胸腺で分化成熟した後に、T細胞になるのです。厳しい選抜が行われ、この段階で、全体の95%が取り除かれるそうです。残ったT細胞だけが、正当な機能を発揮しますが、末梢血中のリンパ球のおよそ8割がこのT細胞です。

　胸腺は、このようにリンパ球の教育機関でもあるのですが、同時に、体外と体内からの情報を精密に分析し、その情報を中枢へ伝達します。脳幹の信号を末梢に伝達する中継点として胸腺を鍛えると、リンパ球の働きが安定し、さらに増加させ、自律神経も安定するということです。

　人間の免疫力を支配しているのは胸腺といえますが、驚くことに、免疫細胞である白血球は、誕生後100日、FBIのアカデミーであるクワンティコのような胸腺に滞在し、この100日の研修期間の間に対ウイルス戦の訓練を受け、教育組織を卒業すると、血管に送られ、7日で死んでしまいます。胸腺は癒し力に関係しますが、物質的な面で見えるのはリンパであり、医学・科学では認識されない非物質的な面では感情をハッピーにすることなどで強化されます。

　テレビドラマなどで、例えば、数年前であれば、アメリカの『24』などが有名でしたが、この手のドラマは、国家を守るエージェントなどが題材です。日ごとに強まる国家の危機に立ち向かう人々を描くドラマなどを見るのは、当然

胸腺やリンパ機能、T細胞などを活性化する刺激にはなるでしょう。

アメリカが蟹座国家だとすると、テロに立ち向かい国家を守るドラマが好まれるということでもあるのかもしれません。蟹座の示す、仲間は守り、異物は徹底して排除するという性質がここに強く現れています。

アナハタ・チャクラとの関係

おそらく胸のアナハタ・チャクラということを考えた時、心臓というよりはこの胸腺の方がより関係が深いと思う人は多いでしょう。

免疫力の育成、またそれを鍛えた後、身体の各々部分に送り込むというのは、心臓が心だとして、心の力を強くするという意味にとらえてもよいでしょう。精神と身体を結びつけるのはアナハタ・チャクラです。これは上の精神の三角形と、下の物質的三角形を結合する六角形の中心点のような図形で考えてもよいし、このイメージは、平面的な図式ですが、立体にすると、星型正八面体としてのマカバの中心点ともいえます。

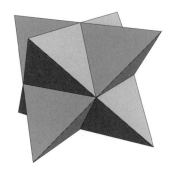

星型正八面体

誰でも、対人関係ではどう頑張っても、傷やダメージを受けます。ちょっとした会話でもダメージを受けたりします。自分らしくない思いなどにも振り回され、自己分裂を起こしそうになります。

蟹座は極めて敏感なサインだといわれていますが、特に蟹座の支配星の月は、惑星レベルよりも一つ下の次元にあるものなので、惑星のさまざまな影響に対

して、抵抗する力がありません。そうした時には、内側にある心臓から、能動的な力づけを受け取る必要があるともいえます。

　チベット式では、下から五つのチャクラは、土→水→火→風→空のタットワと連動していますから、下から4番目のアナハタ・チャクラは、風のチャクラで、青い円形を象徴にした、「ヴァユ」と呼ばれる元素に関係しています。

　アナハタ・チャクラは本来あらゆる対立したもの、つまり二極化のものを統合化する場所で、人間の中心点です。ヨーロッパ式のオクターブ、ないしは色彩を機械的に当てはめたチャクラでは、赤色→オレンジ色→黄色→緑色→青色→紺色→紫色の順番になりますから、ここではアナハタ・チャクラは緑色です。しかしこれは実体験的に決めたものではありません。

　タントラの教えでは、アナハタ・チャクラの下の場所に、願望実現の木があるという話で、「アナンダ・カンダ・チャクラ」と呼ばれ、ここが強くなると、どのような願望も実現できるといわれています。このためには悲観的にならず、楽観的に生きなくてはならないといわれています。

　上の精神の三角形と、下の物質の三角形の結合点がアナハタなので、それよりも少し下にあるということは、バランス点から、物質領域へと力を引き下ろ

すことに関係するということになります。つまり下アナハタ部です。ここで悲観的になると、下の三角形の勢力に負けてしまったという意味になりますから、当然、願望実現ではなく、これまでの現状がより支配権を握り、何一つ変化しないということになります。

免疫疾患と心の関係

　生命の樹は、チャクラのいくつかを左右に陰陽に分けたもので、外界に対して、あるいは下の次元に対しての働きかけが右側に、より高次なものを受け入れる、あるいは外界からのものを取り込むのが左側なので、願望実現とは右側で、ラマナ・マハリシによると、アナンダ・カンダ・チャクラはハートの右側にあるという話です。生命の樹の、タロットカード対応のパスでいえば、「悪魔」のカードの場所です。

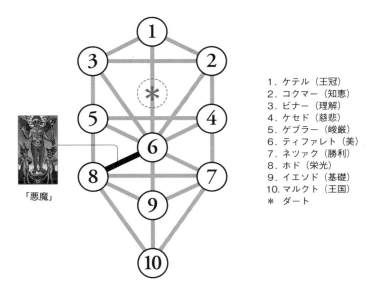

1．ケテル（王冠）
2．コクマー（知恵）
3．ビナー（理解）
4．ケセド（慈悲）
5．ゲブラー（峻厳）
6．ティファレト（美）
7．ネツァク（勝利）
8．ホド（栄光）
9．イエソド（基礎）
10．マルクト（王国）
＊　ダート

　それは自分という太陽を自己分割して、その1本の糸を外に矢として投射する行為です。

ヨガの修行者は、このチャクラを瞑想した時に、大きな湖の真ん中に金色の木が立っている光景を見るそうですが、アナハタ・チャクラ、そしてアナンダ・カンダ・チャクラは胸腺に結びつき、免疫細胞は悲観的にならず、いつも明るい希望のある気持ちを維持することに関係し、T細胞はあらゆる否定的なケースに対して、どう戦い打ち勝つかを、長い間、この胸腺で訓練されるのです。

　低次のアナハタ・チャクラは、過剰に活発になると、利己的な愛によって人を苦しめます。例えばコントロールマニアなども生み出します。蟹座も狭量になると、自分の言う通りに従ってくれない人に対しては残酷になり、人を息苦しい環境の中に閉じ込めます。

　太陽の拡大する光に対して、蟹座ないしは月は、周囲から間合いを詰めてくるし、外界の有害成分を撃退するという意味では、この蟹座の器が小さいと、同じことを考え思ってくれない人を非難するような姿勢が出てきます。

　東北で震災が生じた後、東北のあちこちに、「絆」という文字が書かれた看板が登場し、そして誰も同じ心を持たなくはならないと強制され、個人としては自由に判断してはいけないし、違いに監視し合うムードが強く出てきましたが、これは狭量な蟹座が発揮されたということでしょう。

　免疫疾患を持っている人は、心の面であまりオープンではない人が多いといわれています。ある程度、雑菌に晒されないと免疫力は強まりません。藤田紘一郎のように、花粉症の激増は、寄生虫を駆除しすぎた結果だとか、O-157の感染は、滅菌しすぎた結果だなどという説は、戦う相手がいなくなった軍隊が、暇になって自分を攻撃しているということです。

　胸腺は最も老化が早いといわれていて、30歳までに萎縮し、脂肪組織に置き換わるといわれています。脂肪は守る作用ですから、つまりは閉鎖的な守り精神が発揮されるという意味です。それに比較して、幼児期は免疫系を強く発達させる時期なので、子供の胸腺は肥大することが多く、1950年代までは病気と診断される傾向がありました。病とみなし、病院ではこれを破壊することが多かったといいます。大人になると無益な組織だといわれていたのです。

　松果体にしても胸腺にしても、硅素系の成分が重要な役割を握る組織は、シュタイナー式にいえば、高次な宇宙原理を地上に引き降ろす性質なので、物質的観点からすると、役立たずに見えることが多いのかもしれません。

私がホロスコープを読む時に、12サインのコンディションは、たいていはそのサインにある惑星のコンディションやアスペクトなどを考えます。あるいはその支配星のアスペクトなどを考慮に入れます。
　蟹座に置かれた天体が、ハードなものが多く、過剰にストレスを感じていると、そもそも蟹座イメージそのものが明るくなりにくくなります。ですが、後天的に、感情の持ち方をとりわけ重視して、その許容度を大きくすることはできるでしょう。

5 獅子座

獅子座は心臓であり熱感覚である

サインの時間的な順番としては、蟹座の後に獅子座が来ます。蟹座は母で、獅子座は子供にも象徴されます。時間の順番としては蟹座から獅子座へ。しかし意図としては、獅子座から蟹座へと向かいます。

身体対応では、代表は心臓。動脈と静脈。胸腺が存在する胸の前の方が蟹座だとすると、獅子座は背中を示すことも多いようです。しかしそうなると、脳と結びつく脊髄との関係を考えることにもなるでしょう。

シュタイナーは12サインを12感覚に結びつけようとして、試行錯誤を繰り返しましたが、獅子座は熱感覚であるということだけは変更しませんでした。これを軸にして、あちこちを入れ替えていたのです。獅子座は熱感覚という点では、体温の維持に関係し、血液熱を身体中に送り込みます。

獅子座は火・固定サインで、自分の中心から光を外に広げていくという点で、外界からの情報をあまり受け取りません。それを受け取るのは反対にある水瓶座で、獅子座が自己中心的であるなら、水瓶座は非自己中心的で、より広い範囲からの情報を受け取ります。そのため、動脈は獅子座で、静脈は水瓶座です。

獅子座のサビアンシンボルの7度に空の星座というものがあり、これは恒星とか星

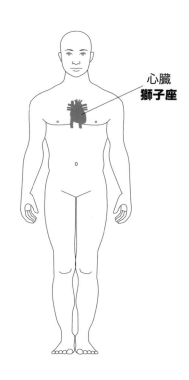

心臓
獅子座

座を基準にして生きたいということを意味しています。

SABIAN SYMBOLS　獅子座7度　*The constellations in the sky.*
「空の星座」

　地上では遊星が支配権を握り、時間の経過の中で世界は次々と変化していきます。それに対して恒星や星座は永遠性を表すように変化せず、自ら光を放っています。惑星は自ら光を持たず、暗闇の中を彷徨っています。つまり獅子座の火・固定サインというのは永遠の火としての恒星を理想にしているのです。地上の変化には振り回されたくないと考えています。いつの時代でも変わらない理想を打ち出そうとするのです。

　獅子座の支配星である太陽は、心臓にたとえられていますが、いろいろな状況の変化にはあまり関係なく、規則的なリズムで血液を送り出したいと思っているということです。三木成夫の考えのように、内臓系の中心である心臓は、宇宙的なリズムには従うけれども、身近な世間の変化にはあまり対応せず、心拍数などは存在の基本的なビートみたいなものです。

　それに比較して、循環の基調リズムを持たず、筋肉の収縮の力で移動するリンパ液は、さまざまな細かい状況に対して柔軟に対応し、異物を撃退し、外界に対して鈍感な獅子座、心臓とは明らかに違うということになります。

　身体の内外に向き合い対処するリンパの川と、宇宙には同調するが身近なことに関心のない血液の川は、蟹座と獅子座の対比になってくるのです。蟹座は獅子座の外縁を守るのです。

　人間の自我は血液の中にあり、それが身体のあらゆるところを巡って情報を受け取ります。血液の成分の混濁は、この血液の中に住む自我の働きに対しての妨害、濁りのようなものをもたらします。例えば判断力の混濁、またブドウ糖の過剰は、自分に都合のよい考え方しかできなくなるなどです。

　心臓も胸腺も、あるいは獅子座も蟹座もアナハタ・チャクラに属すると考えた時、心臓・獅子座は内側にあり、外界に面しておらず、胸腺・蟹座が、外界に面しているので、対人関係でも細かく対処するのは、蟹座の側であり、獅子

座はそうしたことに無関心で、自分の内側から出てくる創造精神や遊び、楽しさを外に広げていくことに興味があります。

チャクラの立体型であるマカバの形である星型正八面体では、頂点は八つあり、チャクラは七つです。そのためアナハタ・チャクラが二つあることになり、これは上の男性型四面体の一つに属するものと、下の女性型四面体に属するものがあることになり、下に属するものが外面の防衛、「えな」や「うつぼ舟」に関係することになります。

獅子座の15度において、この内的なリズムによって受けとった宇宙的なものを外界に表現する活動がピークに達し、そこで力尽きると、16度以後、対抗にある水瓶座の侵入によって、外界の情報も受け取り、受容性もないことはない獅子座が生まれてきます。つまり動脈と静脈の力関係の折り返し点が、16度にあるということです。

循環器系とは、心臓と血管系からできた血液系と、リンパ系の二種類ですが、リンパ系は胸管から、首の下方の静脈につながっています。リンパ節は濾過器として働き、リンパ系の中に入った異物はリンパ節にとらえられます。ただし、そのおかげで、身体のあちこちで生じる弊害を防止しています。これはその都度変わっていくということでもあり、外界に無関心な心臓と血液の流れは、帰路でこのリンパの作用と合流して、獅子座は、人の話を聞くことのできる獅子座に変わります。

糖尿病は心拍数が不安定

通常、心拍数は自律神経系によってコントロールされており、交感神経系が優位になると、心拍数は上昇し、副交感神経が優位になると、心拍数は低下します。ですが、糖尿病は自律神経を痛めやすく、自律神経障害が発生すると、心拍数が安定しにくくなります。安静時は副交感神経が心拍数を低下させていますが、この機能が阻害された場合には、いつでも心拍数が予想しないところで高めになるということになります。

糖質の含有量の高いものを食べると、この栄養分の中から生産された過剰なグルコースは、血液中に放出され、その後、インシュリンで血糖値を落とすこ

とになります。糖質の多い食べ物を食べすぎてしまうと、インシュリンが追いつかない場合もあり、食事のたびに、血糖値が乱高下します。

　神保町のいきなり！ステーキというお店で、ステーキを待っている間、となりにいる中年男性が、いかにも待ちきれないという状態で、体をどたばたと動かし、目線も定まらず、このまま放置していると暴れ出すかもしれないという気配で、周囲のお客は警戒心を募らせていました。いわゆるキレる寸前です。ですがステーキが来ると、急に猫のようにおとなしくなりました。

　私はそれを見た時、この男性はステーキを食べる時、ライスやつけ合わせのニンジンとかジャガイモなどを食べているし、日常の生活でも炭水化物をたくさん食べていて糖質中毒になっており、血糖値が極端に上がり下がりするので、空腹時には危険な人物になっていると思いました。糖質を食べないで、いわゆるケトン体質になっていれば血糖値の変動がなくなり、気分的に変化しなくなり、まず、倒れそうなくらい空腹という体験もしなくなります。マラソンをしてもハンガーノックの体験をしなくなります。もちろん心拍数がさほど大きく変動しないのです。

　自律神経症状は低血糖になった時、インシュリンと反対の作用を持つインシュリン拮抗ホルモンが出て、わけもなく心臓がどきどきしたりします。この状況は犯罪を起こしやすいという報告もあります。犯罪者の多くが低血糖の時に行動すると。

　血液中の成分に異常が起こると、それらを送り出す心臓のリズムに大きな異変が生じることになり、心臓が表す「こころ」の状態に異常さを作り出します。

　もし織田信長が糖尿病でなかったら、意味もなく癇癪を起こすこともなく、本能寺の変も起きなかったという人もいます。

ソーラー・プレクサス・チャクラ

　アモラ・クァン・インは、人間のチャクラを七つでなく、13に分けています。実際にチャクラは音階のようなもので、もっと増やす人もいます。ある種の共有プロトコルなので、数が変わると、同じタイプの人としかコミュニケーションできません。いわば音律システムの違う音楽を聞いたようなものです。

アモラのいうチャクラでは、通常第二チャクラといわれるスワディスタナ・チャクラが、第四チャクラになります。これは人生においての感情、情緒の反応に関係します。

次に第五チャクラが身体の臍(へそ)にあるチャクラで、臍の緒の役割です。物質的に臍の緒がなくなっても、エーテル体のレベルでは、まだ存在しています。

この上に第六の太陽神経叢チャクラがあり、英文の本では、「solar plexus」と書かれています。胸腺よりも下にあり、個人のエゴにも関係します。個人のエゴと関係したところで、世界に自分の力を広げていくものだといえるでしょう。

胸腺チャクラ、つまり旧来のものでは第四のアナハタ・チャクラあるいはハートチャクラといわれるものは、アモラ式では第七チャクラです。ここに魂の本質である聖なるサウンドが保管されており、魂から喉のチャクラまで伸びる小さな導管を振動させることで、内なる音声チャンネルが機能すると説明されています。

太陽神経叢チャクラと、臍チャクラを分けてしまうのは、なかなか合理的に見えます。太陽神経叢チャクラは、みぞおちの奥にありますが、そもそも交感神経は遠心性と求心性の繊維から構成され、神経叢は三つあります。胸の心臓神経叢、みぞおちの太陽神経叢、もっと下の下腹神経叢です。これらは内臓に結びつけられます。

医学分野ではあまり言及されることなく、東洋医学とかヨガでより知られている太陽神経叢は、かつてよく「第二の脳」といわれていました。脳下垂体よりもより内臓の臓器に近いので、直接、臓器の働きをコントロールする現場作業所という印象になるのでしょう。

腎臓の上の副腎は、危機状態の時にアドレナリンを放出し、また恐怖感というのも、このあたりで感じます。そこで腹が据わっているというのは、強いソーラー・プレクサス・チャクラの代名詞です。

身体の中の小さな太陽といわれます。ただし、本人のエゴにも関係しているので、ここの場所の過剰な働きは、わがままに押し切るという性格を作り出します。それもまた獅子座の働きに関係しているといえるでしょう。

そもそも獅子座は、アナハタ・チャクラらしくありません。よほど蟹座の方がそれにふさわしいという人からすると、ソーラー・プレクサス・チャクラが

獅子座なのです。

　グルジェフの食物エニアグラム対応の身体工場では、H96の集まる場所がこの太陽神経叢とその周辺と考えてもよいと思います。

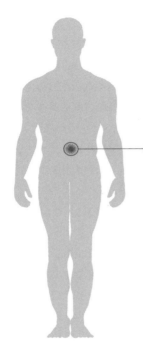

ソーラー・プレクサス・チャクラ
生命力、信念、個のチカラ、
消化を司る

6 乙女座

乙女座は部分的なところを強調して他を排除する

乙女座が管轄する身体部位は大腸と小腸です。小腸とは十二指腸、口腸、空腸です。また消化器官全体とする場合もあります。

ワンダ・セラーによると、リンパや乳化脂肪球から構成される乳白色の液体、乳びも消化酵素として乙女座に関係するそうです。その他、脾臓、門脈(もんみゃく)、幽門(ゆう)、膵臓、横隔膜、盲腸、臍。太陽神経叢、自律神経も関係しているといわれています。

太陽神経叢については獅子座で扱いましたが、12サインは空間的な配置なので、これは獅子座にもまた乙女座にも属するということになるのでしょう。性質として考えた場合には獅子座です。身体の12サイン対応は、そこそこアバウトだということを意識しておくとよいかもしれません。

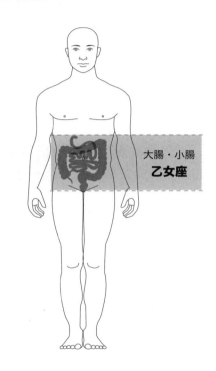

大腸・小腸
乙女座

乙女座の支配星は水星であり、水星は分離すること、分化すること、選ぶことなどに関係した天体です。水星は知性を表す天体ですが、知性は分化することで発達します。水星を支配星とするサインは双子座と乙女座ですが、双子座においては外界との接触、またその代表である呼吸によって外気を取り入れる肺などが重要な役割でしょう。もう一つの乙女座は腸の部分で、吸収するもの

と排泄するものを選り分けます。地獄に落とすものと、天国に回収するものとの選り分けです。

　乙女座は部分的なところを強調して他を排除していきます。つまりは排他的な作用が強く、部屋を整理して、いらないものを部屋の外に捨てるようなものというふうに考えると、これは腸の中での栄養の吸収と不要なものを排泄するというイメージは理解しやすいでしょう。

　シュタイナーは、排泄器官はとりわけ物質的で、霊的な要素が少ないと語っていますが、土のサインとしては、そして調整機能の柔軟サインとしては、腸は比較的、物質的な要素です。

　乙女座は12感覚では視覚です。私達の視覚は、狭い範囲にフォーカスするようにできています。世界全体を見ることなど決してできません。視野の中心にあるものに意識を集中させ、あとはあらかた意識の外に追いやります。

　例えば、壁のシミや雲の形、曖昧でよくわからないノイズのようなもの。この中に、思考の反映として何か意味のあるものを認識し、その輪郭を明確に抽出して、それ以外のものの形の可能性を隠し持ったものは意識の外に追いやります。

　私達は動物とか植物とかを分類します。これは猫でこれは犬と。ですが、自然界の中で、これらははじめからそう系統立てられているわけではなく、私達の思考がそのように分類し、いったん分類すると、その取り決めでしか見ることができなくなります。これは概念思考ですが、概念思考は見る対象に投影されて、その見方から逃れられなくなります。

　全体から輪郭を切り出し、それ以外のものは、あたかもなかったかのようにしていきます。ランダムな模様の中に特定の意味ある形を切り出す。これが乙女座の性質です。この視覚は牡牛座の思考感覚と連動しています。

掃除は明確な輪郭の視野をくっきりとさせる

　私達が食べ物を食べた時、ある人は特定のものを他の人よりも多く吸収し、また他の人は違うものを吸収します。それはその人の個性や体質、目的などによって違うといえます。思考や感情などと、低次の物質や食物などは、それぞ

れ異なる振動密度の重心のものですが、個性などにおいては共通するものがあります。

鉄は高次なものになると、物質的な身体を失っても鉄を意味する象徴的な意義を持つものとなり、また低次な領域に降りると鉄になるというわけです。宇宙的な領域や霊界と、地上の世界が同期しなくなって断絶するとは、個性ある物質的なものが、その本来の象徴的なものと結びつきを切り離されるということです。

メースが批判するような科学の姿勢とは、物質を要素分解し、数比的なものとして考えることで、この象徴的な個性やエッセンスとの関係性を断ち切ってしまうということでした。上にあるものと下にあるものは似ているということでは、ある個性の人は、その人らしい食べ物があり、その目的に応じて、吸収する食べ物も栄養も変わります。

腸内には大量の細菌があり、この腸内フローラは栄養分の吸収に関係しており、個人差が大きいといいますが、乙女座の吸収と排泄の仕方は、個人の個性に応じて違うということです。

特定の範囲のものに集中し、それ以外を排するという乙女座は、土のサインという点で、牡牛座や山羊座と連動しています。山羊座は均衡感覚で、自分の位置に直立します。そのことで外にある遠いものとの位置関係も明確になり、さまざまな対象を理解できる能力が生まれます。リズミカルな運動も支点が一つあることで可能となります。

つまり、山羊座とは自分の位置の中に収まり、そこで活動サインらしく、この自分の位置のものを活動的にさせるという意味です。牡牛座の思考概念を、乙女座でものに輪郭を作って形あるものにしていき、この中のものを山羊座が活性化させるのです。

お掃除というと乙女座を思い浮かべるのですが、それぞれのものの個性の自立性を強調し、まっすぐに立つことを重視したところで整理するということでは、山羊座も関連しているのかもしれません。つまりお掃除とは、崩れたものや曖昧なものを取り除くことです。そして乙女座の明確な輪郭の視野というものをくっきりとさせるのです。

お掃除や整理で有名な近藤麻理恵（こんまり）のホロスコープでは、乙女座

の天体はなく、山羊座に太陽、木星、海王星があります。

近藤麻理恵(こんまり)のホロスコープ

　乙女座はもののくっきりした輪郭を強調しますが、山羊座はものそれぞれの直立性、正確な位置づけを重視します。したがって近藤麻理恵の掃除が山羊座的なものだとすると、部屋の中の混雑を避けるというよりは、ものそれぞれの定義を重視することで整理していくということになるわけです。ものそれぞれの意義を確認するために一つひとつを見て、「ときめく」かどうかを確認するのです。
　乙女座の反対の魚座は、乙女座が作る輪郭を溶かしてしまい、境界線をなくしていきます。ですが、それはより大きな象徴的な領域において輪郭の再構築をするという前提です。しかし物質的には整理に役立ちません。
　胃が蟹座を表し、食物のそれぞれの特質やこだわり、自己保存性をいったん反故にして、すべてかき混ぜて粥状にしていくというプロセスならば、ここか

ら乙女座の十二指腸や小腸、大腸などに受け渡す境界線は幽門です。蟹座で混ぜて、あらためて人間の個性や目的、気質などの基準によって、乙女座で選別するということです。幽門を経て、この異なる作用に受け継がれることになりますが、ここで水の元素のサインから土の元素のサインに移るということになるわけです。つまり混ぜた後は分別するのです。

腸の中で吸収されるもの、肛門から排泄されるもの

　内臓の働きと情報は、直接はわかりません。信号は大脳皮質に上がってこないのです。それが理解できるようになるには、脳脊髄神経系とのつながりをオフにして自律神経系に接続し、そこから出てくる情報を受け取る必要があります。いつもはわからないので、私達はこの腸でのドラマを、軽く見過ごしがちだと思いますが、私はこの腸での出来事にいつも興味があります。

　臨死体験した人の話では、暗く長い道を通ってやっと花畑に出るという体験を語っているものがあります。これは肛門から外に出る排泄物というシーンとは反対に、長く暗い洞窟を経て、天国の世界に入るというものです。ですが、いくらでも逆転します。

　カバラでは、太陽の光に満ちたこの世界は、暗黒の世界であるといいます。霊的な光を重視するということからすると、この光に満ちた世界は物質の世界であり、暗黒の世界なのです。

　私は自分が生まれる時のイメージを記憶していますが、それは山の上にいて、そこから崖の下に落ちていくというものです。崖の下に落ちると、そこで出生するのです。

　また、古い宇宙に住んでいて、そこから追い出されたという記憶もあります。そこにいる住人は大きな鷲のようなもので、ただ個人的には私は彼らを雲雀(ひばり)と呼んでいました。この雲雀が私を嫌って、追い出したのです。そこで私はそこから下の次元に降りたので、アセンションではなく、ディセンションです。それは非常に長いトンネルの中を果てしなく、いつまでも落下する体験です。果てしなく落ちて、この世界にやってきたのです。おそらく誰もがこの記憶を持っているはずです。

腸の中では吸収される栄養もあります。しかしそれ以外は、肛門から外に排泄されます。大きなコスモスで考えてみると、私は排泄されたと見ることもできます。人間として生まれてきたというのは、この世界に排泄されてしまったのです。もし、自由を求める生き方をするのならば、上位の宇宙法則から孤立して、宇宙的な法則が働きにくい領域に逃走しないことには、自由意志を発揮するというテーマは果たされません。地球には月が一つしかないので、上位の宇宙の法則が精密に再現されず、地球は秩序のない荒れ果てた僻地です。しかしここなら上の次元との結びつきを切り離して、隠れて生きることができます。

　自由になる代償に意味を失うのです。古い言い方ならば神と切り離されるのです。胃から腸に転落するのは幽門です。腸から外界に転落するのは肛門です。口から取り入れ、いらないものは肛門から排泄する。つまり取っては選び、取っては選びということを繰り返しているのですが、候補として選ばれましたが、最終的に落選しましたというのが、口から入り、肛門から排泄されたものです。体内に摂取されたものは、体内工場で、より高次な領域へと昇華していきます。

　腸に関して、昔から私がこだわるのは、最も低い世界に最も高度なものが同居しているという考えです。

地獄のような長い腸とセンチネル

　人間の知性H48を転回点にすると、より上に、H24、H12、H6、H1と続き、この反射像として、下にはH96、H192、H384、H764があります。マイナス1とプラス1は絶対値として似ているという考えからすると、H24とH96、H12とH192、H6とH384、H1とH768は共鳴します。

　腸から排泄されるのは固形物H768と水分H384の混合を重心にしている物質ですが、これは救済しないで、外に追い出したとしても、実際は、この中により高次なものも含まれます。つまり、個人の目的に合わなかったもの、仲間にできなかったものは、高次なものであれ排泄するのです。価値があるとわかっていても自分には合わないのでそれに乗らないということはあるでしょう。

　私は20代終わりくらいにある夢を見ました。それは暗い洞窟の中に天使のような存在がいて、それはこの洞窟の暗い環境に汚染されることなく、軽快に洞

窟の中を移動しているという光景でした。そして、私はこのような存在になりたいと思いました。低い世界にいながら汚染されない。そしてあちこちを移動できるということです。

いつの間にか、私の頭の中ではこの天使がセンチネルになってしまい、暗い洞窟は腸の象意なので、腸に住むセンチネルという図式になってしまいました。地獄に落とすかどうかは、このセンチネルが決めるのです。その意味ではセンチネルだけでなく、ケルビムのような役割も混じっています。

H12はグルジェフの説明によると（占星術で扱われているような太陽ではなく、真の）太陽のレベルを表し、H24は全惑星レベルです。もしH12の重心があれば、これはH24領域では不死であり、環境に影響を受けることはありません。つまり汚染されないということです。またH24の重心を持てば、惑星環境としてのH48レベルでは不死であり、決して環境に汚染されないということです。H12のボディとは神話・元型的な存在性で、腸がH768やH384、H192などが充満している場所でも、それに振り回さないだけでなく、むしろ、それらに対して、整理・分類する力を発揮します。

この場合、H48という人間を転回点にすると、H12は空気H192の中に反射の鏡を持ちます。つまり、空気の中のすべてに、自分を浸透させることができる。しかし、それよりも低い振動密度の水H384や土H768あるいは鉱物、金属に対しては、完全に浸透することができません。H12の意識の内部に存在し指示しているH6にH12は完全従属しますから、言われたことを守るという姿勢で、自分の系列に合わないH384やH768を排泄すると考えるとよいでしょう。

身体が作り出すシ12は、主に性センターに関係した物質で、性センターは、個人の個性や神話的なかたちを表すものだと考えます。それは宇宙から降りてきたH6の力によって初めて永遠性を与えられますが、既にあるものというよりは、身体が進化して、この世界の中で最終的に形成してきた新しい個性であり、それを降りてきたH6が承認することで結晶化します。

当然のことながら、空気オクターブとしての感情の特質と思考の特質も、これに共鳴し、その人の神話的な個性と共同して働きます。その人らしい気持ちや心の持ち方ということです。ただH12は、日常的な意識で考えて、日常的な気持ち、心情などで推理してはなりません。

「食」と「性」は似ている

　ユングは神話・元型意識を通常の知性で分析し、理解しようとしてはならないと書いていますが、ユングの後継者のような立場にある人々は、元型を性格とかタイプなどというものと混同して分析的に扱う失敗を犯しましたが、そもそもH12は知性でつかまえようとしても、触れた瞬間に昏睡状態になり、体験の前と後の残滓(ぎんし)しか記憶に残らないものです。思考の速度が追跡できないからです。感情はそれを記憶することができるでしょう。

　グルジェフの説明によると、性センターは、H12で働いていますが、この力があまりにも高速なので、思考や感情はこの力を盗み出そうとします。思考や感情が盗み出してしまうと、強迫的な思想とか、何かに夢中になるという行動になります。

　例えば、阪神ファンとして熱狂的に応援する。これは性センターの高次な力を、感情が盗み出して、もともと自分のエネルギーでないものを使ったということと、性センターのH12があまりにも高速なので、感情は暴走するというわけです。H12の速度よりも思考や感情が遅い場合には、性センターの力を盗み出すと、すぐさま感情や思考は本来の力を失い、乗っ取りされるという事態になります。制御しきれない馬力の乗り物に乗って運転できなくなったということです。盗んだのに乗っ取りされてしまうのです。

　身体オクターブの頂点としての性センター、感情と思考のそれぞれのH12が集まると、象徴的な身体が形成されます。それは神話的ボディといえばよいでしょう。

　錬金術の言葉で、金を作るには少量の金が必要であるという話です。つまり身体の中で、ある物質を集め、吸収するのは、もともと身体の中に少量の同質のものがあり、同じものが増えようとして、それに関係した食物を吸収することになるということです。したがって、栄養の吸収の最終的な司令塔は、この三つのH12です。体内に取り込まれたすべてのものは、ここをめがけて進化します。そしてそれに合わない成分は、たとえそれが高次なものであれ、腸から排出されます。

つまり神意によって、地獄に落ちるものと救済されるものが選ばれるのです。キリスト教世界のような一神教では、神は一つの種類しかありませんが、古神道のような八百万の神の世界観では、種々の神話的な個性がたくさんあり、人はこの神のどれかのグループでこの基準に従い、選別が行われるのです。

食べ物の種類を選ぶということもあれば、同じ食べ物でも、この中で吸収する成分と吸収しない成分が異なるということになります。

もともと食と性はとても似ています。三木成夫は、内臓系は、食と性のリズムを持っているといいました。

> 「まず、からだの真ん中を腸管が貫く。ついで、その背腹に沿って血管が走る。この腹側血管の中ほどが膨らんで心臓になるのですが、これが血管系の中心であることは申すまでもありません。おわりに、この腸管と血管を包む、体腔の池の、左右の向こう岸に一対の腎管が通る。
> 　この配列は、（中略）"食の相"のものです。これが、ひとたび、"性の相"となると、まるで大改造です。」
>
> 「腸管の両脇腹に巨大な性腺が生まれ、これが腸を押し壊してしまう。そして腎管が性管に変身するわけです。」
>
> （三木成夫『内臓のはたらきと子どものこころ』築地書館）

高次なH12の成分と、むしろ最も低い位置にありそうな腸が近い場所にあるというのは、世界の境界線、果てということで共鳴しているからということもあります。腸は腎管に、腎管は性管に親近性があります。

このH12を、大天使H6の命令によって世界の中に送られた小天使とイメージしてもよいかもしれません。役割を果たせば、やがて元の場所に戻ることができるといわれました。それは世界の終わりの時にです。この世界の終わりまで、下界の低いところに待機して仕事をしているということです。

乙女座は善悪を決める役割を持つ

　乙女座は特定の枠を選び、それ以外のものを排除して、明確な意義を作り出します。つまり、ここで光と闇、善と悪が決まります。あるいは真偽です。

　これらは人工的に作られた仕分けですが、その決定の根拠に、その人の生きる意味としての元型的な個性の萌芽が関与しているということを書きました。社会集団においては社会単位で善悪がありますが、これは個人の個性や本性をあまり考慮に入れないで考えたもので、便宜的な取り決めです。それに二転三転します。しかし、集団的に同じ価値観を持ちます。これを太陽神信仰といいます。それぞれ個人の特質を考えるというのは星信仰です。

　太陽が輝くと、その背後にあるさまざまな恒星は見えなくなります。社会においては、全員に共通の考え方を押しつけますが、しかしH12が育成されると、高次の神話的・元型的個性が形成され、それは低次の集団的な画一性に飲み込まれなくなり、その存在にとっての善悪の基準が力強く発生します。そこからフィードバックされて心臓H24の「良心」が生まれます。もちろん結晶化して、恒久化するには、H6が降りてこなければなりません。

　私達の腸内にはたくさんの細菌が住みついています。これら腸内に住んでいる腸内菌は100種類以上、数にして100兆個以上だといわれています。主に、回腸（小腸の終わり）から大腸に、腸内菌の共同体のようなものが作られ、密集地帯になっています。グループごとに集団化している点で、「腸内フローラ」と呼ばれているようです。

腸内フローラ

　この腸内細菌の範囲は驚くべきもので、排便した時の半分は腸内細菌であるともいわれ、また大人一人の腸内細菌重量はおよそ1.5kgとも考えられています。腸管内容物1gにつき100億個から1000億個存在するといわれています。

腸内細菌にはそれぞれ個性があり、この分布や性質にしても、個人の生活習慣や性格、年齢、あるいは感情状態、ストレス状況などで、日々変化すると考えられています。それに基本パターンは、母親から引き継ぐともいわれています。この腸内細菌は乳酸菌などのような善玉菌、ウェルシュ菌などのような悪玉菌、そしてどちらにも転ぶ日和見菌（ひよりみきん）に大別できます。

腸内フローラを構成する腸内細菌

種類	働き	代表的な細菌
善玉菌	腸内の運動を促し、悪玉菌の侵入と増殖を防ぐ。人体に有用な働きをする菌。	乳酸菌 ・ビフィズス菌 ・ラクトバシラス 　（乳酸桿菌（にゅうさんかんきん）） ・フェーカリス菌
悪玉菌	腸内の物を腐らせ、有毒物質を作る菌。	ウェルシュ菌
		大腸菌
日和見菌	善玉菌とも悪玉菌ともいえないが、体調が悪いと悪玉菌として働く菌。	バクテロイデス等

　善玉菌と悪玉菌の理想的な比率は３対２などといわれていますが、悪玉菌が優勢になると腸内腐敗が進行し、身体の有害物質が増加します。時にはこの有害物質が腸管から吸収され、肝臓や心臓、腎臓などの内臓器官に弊害をもたらし、癌を引き起こすともいわれます。

　善玉菌と悪玉菌は常に激しい勢力争いをしており、それは私達の住む地球の世界情勢のようなものです。ある国が攻撃されたり、難民ができたり、国の勢力図が変わったりというような状態に似ています。

　たいていの場合、加齢によって悪玉菌の影響が強くなり、老年期には善玉菌としてのビフィズス菌が減少するともいわれます。食物を身体に取り入れた時、口から食道を通って胃に入り、そこから小腸で栄養を吸収されつつ、大腸、直腸へ移動します。これらを通過する都度、食物に含まれる要素は変わってきます。そして身体の下に向かうほど、腸内細菌が酸素を消費して、腸管内酸素濃度が低下し、大腸の段階で、ほぼ嫌気性環境になります。

場所によって、栄養、酸素環境、他のさまざまな条件が違ってくるので、そこに住む細菌の性質も違ってくる、つまり地域ごとに住民の暮らしぶりは違うのです。

　小腸の上側では、腸内細菌の数が比較的少なく、呼吸と発酵の両方を行う通性嫌気性菌が多く、下部にいくと、腸内細菌の密度が高くなり、酸素のない環境に適合した偏性嫌気性菌が増えてくるといわれています。

人類は腸内フローラ

　腸は形態論的に、地球に似ているという説があります。球体をひっくり返してしまえば、腸のように見えるということです。地球にある成分は、腸の中にあります。

　グルジェフは、人類が創造された理由は、太陽の光を地表に届けるための触媒が必要だったからということを挙げています。月が重すぎて、地球は下の次元に引き込まれ、その結果として太陽と地球の間には隙間ができてしまい、太陽の創造の力が地球には届きにくくなった。だから、その隙間を埋めるための触媒、細菌のようなものとして、人類が地表に苔のように繁殖したという話です。人は太陽の代理人として、地球上で創造的な活動をしていき、このことで地球の活動を活発化させるのです。

　腸内フローラとして知られる細菌の集まりは、腸の中で、栄養の吸収などを助けます。この無数の細菌は、地球を腸に似たものと考えると、人類と似た役割だといえるのです。腸内細菌には善玉、悪玉、日和見などがいます。人類も悪者、良い人、日和見な人などいろいろです。

　善玉人間は太陽の力を地球に持ち込もうとします。それは創造的で、明るい未来を作ろうとします。反対に悪玉人間は、太陽の光が地球に届かないようにします。人を閉じ込め、場所を暗いものにしていきます。そして日和見な人達は、状況によって態度を変えて右往左往します。

　地球も地域によって土地の特性も変わり、そこに住む人々の国民性や食生活、生活習慣などさまざまに違ってきます。腸内細菌が人類の役割と似ていると考えた時、そして内臓とは、より大きなコスモスと共鳴すると考えたりすると、

世界情勢は、腸内状況と共鳴する面があるとも考えられます。

休みない勢力争いがあり、ひとときも安定しないというところは似ています。もちろん、善悪を決めるのは国ではありません。国は違う国を悪だと言い出すし、キリスト教圏はイスラム圏を悪とみなし、イスラム圏はキリスト教圏を悪と考え、つまり国としての善悪の判断の確固としたものは何一つ存在しないし、しばしば子供の喧嘩のような事態が、国同士で起きているのです。

それに悪と見えたものが、実は善であったとか、その裏も出てきます。星信仰の生き方においては、個人の核としての神話・元型的なかたちが、すべてを決めるのです。太陽神信仰においては、国とか国家連合などが決めます。集団の中の個人はみな同じ考えでなくてはならないという思想によってです。

多くの人の食生活を聞いてみると、驚くほどの偏食傾向が見られます。実際、青汁しか摂取していないという人の話が有名になりました。世界を見てみると、泥以外は食べていないとか、1日に小指サイズの芋を3個しか食べないとか、ずっと大高酵素だけとか、さまざまです。セルロースを分解する細菌が腸内にあれば、人でもパンダみたいに竹を食べたり、また牛のような草を食べたりできるといいます。これらはその人のエッセンスが決定しています。一番低いものを、一番高いものが仕切っています。

ペイジ

コリン・ウィルソンは、人類の5%は能動的な人々で、指導的であり、また反抗的であると述べています。これは刑務所で脱走しようとするのがこの比率であり、彼らを黙らせれば、残りの95%は、羊のようにおとなしく従い、何もしないということからきています。

ナイト

人類の平均的な知性の振動はH48です。これは決断力がなく迷いのある知性で、タロットカードの小アルカナの人物カードでいえばペイジです。能動的で指導的な存在とは、H24の知性であり、これはナイトのカードです。ナイトはクイーンのH12の受け皿です。

クイーン

H12は女神を表すので、その意志を受けて実際行動するのは騎士のH24なのです。腸や性管、腰のあたりにH12の司令塔があるのならば、それを受けて反抗的なH24ウイルスもいるはずだと思います。ただし本来のH24の居場所は心臓のあたりです。戦闘チームということでいえば、胸腺あたりに配置されるということでもあるでしょう。

　民主主義は、この5％の影響力を無力化するために作られたという考えを語る人もいます。95％の意見を正しいとするシステムを作るのです。そしてこの95％はプロパガンダに簡単に乗せられてしまう、自分の意志のない存在です。つまり民主主義を作って5％を黙殺すれば、集団を支配できるということです。日本の織田信長から徳川家康まで、確かに、そのように5％の行動力を奪うという巧妙な集団社会が形成されました。

　この能動的な5％が働くと、その人の真の意味での吸収・排泄体系が出来上がるでしょう。善玉菌の中に、特別な、女神（H12）に従う円卓の騎士団がいるのです。

黄金分割としての臍の位置

　乙女座には16度の破綻（はたん）部分があります。それまで排他的に進んでいたのが袋小路に入り込み、それまで排除していた影の領域が侵略してくるのです。乙女座が腸だとすると、この破綻部分はどこに位置するのでしょうか。

　私はレオナルド・ダ・ヴィンチのウィトルウィウス的図像の話を頻繁に持ち出します。

　これは臍の位置が、身体の中では黄金比の位置にあり、ここを重心にした例としては、ランニングをしている時の姿勢があります。図像の中で円形に取り囲まれた人物が表しているもので、臍を中心にした動きになるということです。この時に、その人は黄金比的な精神状態になります。

　黄金比は五角形の図形の中に表現されていますが、つまり、中空に浮かんで高揚する精神になることです。四角形も三角形も自然界の中に存在するもので、それに従属した生き方というのは、環境に密接に関わる「べたな」生き方です。五角形はそこから遊離し、大地から浮遊するのです。

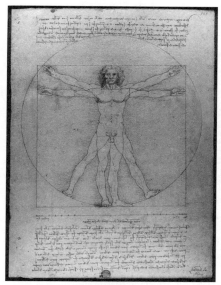

レオナルド・ダ・ヴィンチのウィトルウィウス的図像

　この0.618という比率を持つ臍の位置は、ゾーディアックマンでは、乙女座あたりに該当してきます。単純に360度の12サインで、足から0.618の比率を考えると、これは137.52度で、獅子座の17.52度になります。意味としては獅子座の18度前後。しかし実際の身体位置としては乙女座になるということです。

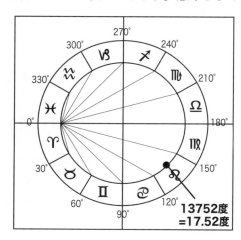

　通常の意味では、身体的に、臍は人体の中であまり役割のない場所です。へこんでいる内側はすぐに腹膜につながっていて、この腹膜は臓器を包んでいる膜でもあり、その下にはそのまま臓器が存在する。胎児の時には母親とつながっていたのですが、成長した後

に、この臍の役割が存在しないのです。

　これはエーテル体の領域であれば、アモラ・クァン・インのいうところの臍チャクラであると考えることができます。物質的に臍が母親とつながっている場所だとすると、エーテル体レベルでは、その構造はそのまま非物質的に、ハイヤーセルフや母なる神につながる一種の緒でもあると考えられます。それは目が脳の前面に飛び出した部分であると似たようなもので、臍は内臓が飛び出した部分です。それは内的なものと共鳴するのです。

　とりわけ腸は臍と直結しています。腸は乙女座だとして、この乙女座という土のサインの自己閉鎖が打ち破られる、つまり表の人格を作るために背後に追いやった影の領域が逆襲してくるのは、乙女座の16度です。

　皮膚表面の防衛が崩れてしまうのが乙女座16度であると考えると、脆弱で、触りすぎると危険な身体の破綻部分が臍だともいえます。それは乙女座の真ん中にあるのです。

　乙女座16度は反対側にある魚座が侵入してくる場所です。魚座は、シュタイナーの12感覚対応では味覚で、舌の上に食物を乗せて、食物は輪郭が溶けていき、人は舌の上で食物と一体化していきます。黄金分割の臍の位置は、魚座の舌や味覚と関係したものだといえます。

臍から舌が出る

　三木成夫の『内臓のはたらきと子どものこころ』を読んでみると、例えば、子供は膀胱が満タンになっておしっこに行きたくなるということをまだ感覚として理解しておらず、こうした内臓感覚は訓練することで身につけるそうです。ただ内臓感覚は素直に発達するとは限らず、歪曲されて伝わることもあり、お腹が空いたということを直接感じ取ることができずに、機嫌が悪くなるというかたちで現れることもあるそうです。

　形態論的にいえば、人間の顔は内臓が露出したもので、いわば脱腸したように、上に向かって内臓が飛び出したものです。内臓が外界に飛び出した領域の顔で、さまざまな感覚が発達していますが、特に鋭敏に発達しているのは、唇と舌です。

この舌は、外界から食物を取り入れる時に、それが毒なのか栄養分なのかを識別しなくてはなりません。ですから、ここでは鋭敏なセンサーが必要だということなのです。これも内臓感覚ということになります。そして、喉の奥までいくとぼんやりして、だんだんと大脳皮質まで上がってこないことになります。

　カメレオンなどでは、舌は外に伸びて、食べ物を取る働きを持っています。内臓から飛び出した器官が、外界の食物を捕まえるのです。

　この点では、母体の中で母親とつながっている臍は、下半身にありつつ、舌や口と似ていると考えてもよいでしょう。成長した後、臍は無用の器官だというのは、物質的な領域においてはそうです。しかし、エーテル的な領域では、まだこの臍の機能は残っており、外界のより大きなものにつながっている紐だということです。母体の中では母親につながっていました。この母体の中は、形態論的に地球をひっくり返したもので、私達は大人になってもこの地球に張りつき、地球から出ることはできません。母親から外に出た後に、より大きな母親としての地球と、臍で結びついています。また外界のさまざまなものに、臍から出た紐、すなわちシルバーコードで結びつきます。

　生命の樹では、心臓を表すティファレトから、臍のマニプラ・チャクラを表すホド、ネツァクのホドの側をつなぐパスとして、タロットカードの「悪魔」のカードに当たるものがあり、これは太陽の自己分割と、その一つを外界に投射する絵柄です。イメージとしては、太陽の周囲にある輝く矢のようなものが、この分割された一つのものを表します。

　理屈としては、太陽の光は、七つに分岐します。太陽と月という関係であれば、これは12ないし13に分割されます。この分割されたものの一つが、臍から外に飛び出していくのです。「悪魔」のカードの絵柄では、悪魔が持つ鎖が手下につながれています。太陽が、自己分割した小さな一つである惑星につながれていると考えるとよいのです。あるいは地球の自己分割の一つが月にです。

　錬金術では人間は生まれた時に、自分が環境にばらばらに分散しており、これを一つずつ取り戻すことが人間の完成を意味するという考え方があります。胸の太陽から伸びたものは、外界の何かに結びつき、この外界の何かは自分の一部に共鳴するものです。内的なものが七つに分岐して、外面的なものになっていくというのは、そもそも図形的には、原子の構造と似て、中心的なものは

陽の要素として真ん中の軸になり、分割されたものは周囲の外壁的な要素とか外界というものになります。自己分割はすなわち、外への投射そのものに変わり、この外のものは外周的な要素となります。

左右対照の配置として、ティファレトからネツァクのパスは、「死神」のパスです。

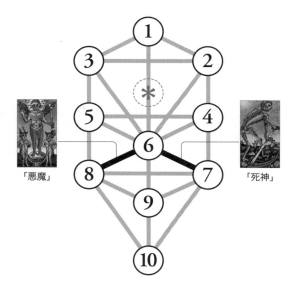

1. ケテル（王冠）
2. コクマー（知恵）
3. ビナー（理解）
4. ケセド（慈悲）
5. ゲブラー（峻厳）
6. ティファレト（美）
7. ネツァク（勝利）
8. ホド（栄光）
9. イエソド（基礎）
10. マルクト（王国）
* ダート

　これは絵柄では、鎌を持った死神が、地上にあるものをざっくりと切っています。これは「悪魔」のカードで、悪魔が外界に対して紐を伸ばし、さまざまなターゲットに紐づけしたことに対して、その反対に、その紐を一つずつ切断することを表します。

　外界に分裂して、ばらばらになった自己は、この外界に依存する関連性や紐を次々と切り離すこと、回収することで、自己の部品を取り戻し、太陽という統合的なものに戻っていくのです。

　「死神」のカードは上手くいかなくなることを意味しますが、外界に自己を託して外面的な生活において、発展や幸運、成功、欲求の充足などが進行するのですから、切り離し、自己を取り戻すとは、この外面的な生活においての発展

が止まること、停滞などを表すのです。上手くいかなくなるのは、統合化目的からするとよいことなのです。あるいは余分なもの、本質的な意図に沿っていない、無駄な欲望によって結びついたものを整理するともいえます。

この外界のものと結びつける、無駄なものは削除するという両翼的な作用、「悪魔」のカードと「死神」のカードは、黄金比としての臍の位置のパスの二つ分と考えてもよいのかもしれません。

獅子座が心臓で太陽を表すとしたら、これを分割していき、小さな自己としての一部を拡大し、それ以外を排除するという乙女座の排他機能は、何かを選び、他を捨てるということです。吸収するものと排泄するものは乙女座、腸の領域で区分されます。

惑星グリッドとつながることで善玉菌の役割を果たす

ダ・ヴィンチのウィトルウィウス的図像では、歩く時には、腰が中心になって、正方形の中に取り囲まれた人になります。走る時には、臍が中心になり、それは円の中に囲まれた人になります。

この円の中に囲まれた人は、ランニングしている時の状態です。惑星の地表よりも少し浮いたところにある惑星グリッドとは、惑星のエーテル体の神経網のようなもので、それはパワースポットやレイラインなどに関係していますが、これは地表から少し浮いたところにあり、これが「天国への綱」を表しています。つまりは太陽の影響がより強くなっている場所です。

ランニングをする多くの人が主張することですが、走っていると、頭が冴えてきて、いろいろなアイデアを思いつくのですが、しかし歩くとそれが止まるというのです。私は数年間、ランニングをしていますが、必ずそれを体験します。空気をたくさん吸うということも関係します。

『哲学者とオオカミ』のマーク・ローランズ式にいうと、考え事をやめると思考がやってくるということですが、これは走ることで惑星グリッドという天国との綱と回線がつながり、そして太陽の光を地上にもたらす善玉菌になる、というふうに考えてみるとよいでしょう。

地球において、太陽の光を持ち込む仲介的な成分とは、H24のことで、これ

はジョン・C・リリーの定義であれば、専門家的サトリの振動密度です。言葉をH48とすると、これはH24の働きかけ、H96を素材にして、H48は常にあらたに生産されます。つまり、H24は新しい知恵や発見、可能性の発掘などを休みなく行うことであり、ランニングをしていると、常に新しいアイデアと発見は生まれてきます。ランニングすれば知識において無尽蔵ということでしょう。

思考はH48と考えた時、これは上にあるH24が、H96を素材にして産み出すものですが、H24もH96も、心臓から臍あたりに分布していますが、ここで生産されたものは、アイデアとか知識として頭のH48に転送されます。

臍は生命の樹ではホドとネツァクの位置に対応していますが、水星に対応するホドのパスは、「悪魔」のカード以外にもいくつかあります。惑星グリッドにつながっていくというのは、「吊られた男」に対応するゲブラーとのパスです。「吊られた男」の絵では、男が上空の横木に足をひっかけています。そして地面からは離れています。

この横木が、天に通じるヤコブの梯子の一番下の段を表していて、惑星グリッドに対応します。ゲブラーとケセドはチャクラではヴィシュダ・チャクラを示していて、これはアカーシャのタットワに対応しています。つまりアカーシャのタットワに刻印されているレコードを読むことも、この「吊られた男」のカードに対応します。

男は地上に接しておらず、つまり地上の記録を照合していないのです。地上に残された記録は変形や改竄、歪曲されたものも多く、アカシックレコードを読む時に地上のデータを証拠として役立てようとすると、しばしば混乱します。実資料を確認しない方がよいことは多いのです。例えば、『日本書紀』で書かれているツクヨミという神は、政治的目的で人為的に捏造されたもので、実在しないといわれています。

シュタイナーはキリストのゴルゴダの秘蹟（ひせき）をアカシック領域で読んでいた時に、聖書と違う内容を見てとまどい、何度も確認したといいます。臍を通じて地球という母につながり、この母の持つ記録域を読むのに、「吊られた男」のカードのパスワークをすると、その力が鍛えられるということです。

ランニングは、惑星グリッドにつながるという特別な効果があるとしても、それ以外の緩慢な運動をすることも善玉菌を増やすといわれています。運動を

すると体温が上がり、血流が活発化し、身体の老廃物を排泄しやすくなります。特にランニングは腸や内臓を一定時間継続的に揺すぶるので、これらも活発化します。ランニングすると便秘になる比率が激減します。善玉菌が活性化するとも考えられています。もっとゆるい運動とは歩くことで、地球においての善玉菌になるには運動すればよいのだという話です。

臍には魚座の侵入があり、魚座は舌と味覚を意味します。舌は他に肝臓の外部器官でもあります。舌は額、口の中、そして臍にあります。実はさらに魚座が表す足も、大型の舌です。舌が身体から飛び出るのでなく、舌が身体ごと運びます。そもそも舌がそのまま形になったといわれる魚は、首を動かすこともなく、身体全体で食べ物に寄っていきます。足を使うと私達は魚になるという印象です。

「吊られた男」

7 天秤座

12感覚論では天秤座は触覚に割り当てられる

　天秤座が管轄する身体の部位は、背中の腰椎、胴、腎循環。腎臓に関係するという点では、泌尿器、膀胱にも関係が出てきます。身体のすべてのバランスに関係すると同時に、生殖器、臍、副腎機能などにも関係します。皮膚とその分泌にも関係します。

　身体の12サイン対応は、身体を上から下に順番に割り当てたものなので、臍なども乙女座と天秤座で共有されます。生殖器は蠍座と共有された部分です。

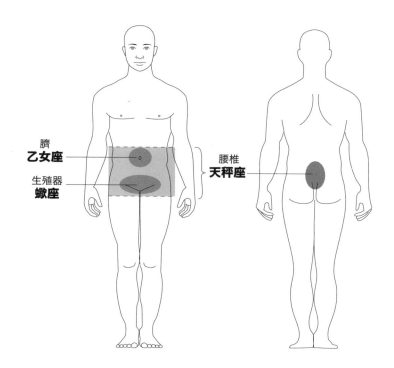

しばしば天秤座は享楽的、好色の傾向があり、楽しさを求めて怠け者になるといわれていました。これは古い占星術の考え方ですが、私はなかなか理解できない内容でした。

12感覚論では、天秤座は触覚に割り当てられます。牡羊座は春の種まきで、これは夏の蟹座で内側から膨らみ、成長します。そして秋分から始まる秋、天秤座で作物は完成します。それははっきりした形として成果が現れることで、冬の山羊座では、この作物の形は乾燥保存され、輪郭は固まります。

牡羊座の外に飛び出す自我感覚は、鏡としての天秤座で明確な形として結実し、その形に閉じ込められていきます。この形に閉じ込められるというのが触覚に関係し、その時、人は宇宙から追放され、狭い枠の中に幽閉されるのです。そして、閉じ込められた人は外との交流を求めるようになり、これが天秤座の、人との交流をしたいという欲求を作り出します。それは個人の中に幽閉された人が外に広がり、元の宇宙とのつながりを取り戻そうとする行為です。

宇宙と一体化していることを実感している人は、まず外との交流に関心を抱きません。外などないからです。天秤座の享楽的、好色というやや特殊な説明は、偏った考え方を持った時代の趣味を反映したにすぎないかもしれませんが、外の交流に興奮と楽しみを感じているということになれば、一人で部屋の中で何か楽しむということは天秤座の享楽にならず、やはり他者との関係に快楽を感じるということになります。

天秤座の次の蠍座も、他のものとの一体化という意味があります。水・固定サインで、水は一体化、結合であり、固定サインとはその関係性を固定するという意味です。

しばしば蠍座というのは、孤独性があるといわれています。これもまた古い占星術で考えられている特性で、これも私にはなかなか理解しづらい事柄です。というのも、蠍座は他者とか他との一体化だからです。

蠍座の意味するものには死と死の彼方ということがあり、実際には蠍座の性質は、死の向こうにあるものとの一体化です。それは形成された人の形、人格に死をもたらし、境界線が防衛できなくなったところで、外部の何かと一体化するからです。具体的に人の死ということもあれば、象徴的な死でもあります。そもそも個人という輪郭をどこに設定するかで、死の定義も変わってしまいま

す。

　それに比較して、天秤座はこの輪郭が壊れておらず、むしろ触覚として輪郭を形成することですから、個としての輪郭を持ったまま、個の意識で見える地平面で、他者との交流をするという意味になります。決して人格をぶち壊しにはしません。

　蠍座の一体化は、異次元的なものとの一体化です。なぜなら、個の輪郭を蠍座の１度や２度という初期段階で壊してしまうために、個の意識の地平で見えている形が変質してしまい、違うものが見えてくるからです。

　人間の形を持った上での他者との交流という点では、例えば男性や女性の身体の形を意識した上での接触もあります。容姿が美しいとか、魅力的とか、異性の身体に惹かれるなどということは、天秤座が持つ興味のあり方ということになります。

　蠍座であれば、フォーマットを壊して、内的なものと一体化するということですから、外的な形や輪郭などが、天秤座ほどには興味の対象になりにくいこともあります。また蟹座のように、内的共感から見るということであれば、外の形はどうでもよいどころか、自分の気持ち次第で外側の形も違って見えてきます。蟹座も蠍座も一体化による生命感覚の密度の高まり、充満感が重要なのです。ところが形にこだわる人は、内的な充満感が不足し、内的な充満感を高めるには、できるかぎり形を見るという方向に興味がいかないようにすることが必要です。

美しさは内側からくるのか？

　輪郭に閉じ込められるというのは、当然、形にこだわることになります。美容とか肌のケアなどは天秤座に大いに関係した事柄ですが、肌質を向上させるには表面にこだわるよりも、まずは内側から作るべきなのだとはよくいわれます。

　口から取り入れた食物は、その栄養を小腸が吸収し、血液が運び、肝臓に搬入されます。食物が持つ有害物質は、さまざまなフィルターで除去されますが、肝臓もまた、取り込んだ栄養に含まれる不要物質を分解します。そしてそれでも無理なものは腎臓に転送されます。その後、排泄物は体外に排出されます。

肝臓や腎臓の負担が大きくなりすぎると、蓄積される栄養も減少し、必要なものが身体に送られにくくなります。これが肌質を悪くする原因だといわれています。悪玉菌が増殖すると有害な物質は内臓に吸収されてしまう可能性があり、これはアレルギー体質になりやすいと同時に肌荒れを作り出すのです。
　天秤座の支配星である金星に関係しているといわれている腎臓の濾過機能が停滞すると、皮膚の美しさが保てません。また運動感覚としての射手座は、筋肉、肝臓などに関係し、これも、身体のフォーマットに大いに影響を与えます。
　天秤座の触覚、また輪郭を形成するということからすると、身体の外側の皮膚のコンディションなどは天秤座に最も関係した内容です。身体の骨格や皮膚など、形を形成するのは山羊座ですが、これは直立すること、位置決めすることがメインであり、土のサインが塊を作ると、この塊の内外を点検するのが風のサインになるのです。閉鎖された結果、外との交流を求めるのが天秤座という点では、土のサインは閉鎖することそのものに関わり、風のサインはこの閉鎖の壁の内外で風が吹いたり、曲がったり、分岐したりするのです。
　食と性は似ていて、排泄器官と生殖器官はとても近いところにあります。古い時代には人間が排泄した便を堆肥として畑に撒いていました。今日ではコンポストは牛や豚、鳥の糞を使います。ホピ族は、畑が豊かに実るように、男性の精液を畑に混ぜる風習がありました。外に排泄するというのは、自分の中から外に排出されるという意味で、男性の側のスタイルです。
　女性の側は外から自分の中に取り込むという性質ですが、これは天秤座の支配星である金星が関連づけられた腎臓が、蓮の葉と茎を象徴としており、蓮の葉に、上空から降りてくる雫を受け取るというイメージにも関連づけられます。
　この場合、男性は下に向けて排出し、女性は上から降りてくるものを受け止めるという凹凸関係ですが、吐き出すとか飛び出すというのは、胆汁に関連づけられた火星の性質で、引き寄せるとか受け止めるというのは、腎臓に関連づけられた金星の性質です。あるいは鉄と銅です。
　天秤座は支配星が金星であることから、腎臓に関連づけられ、また蠍座と共有した状態で性腺、生殖器に関係します。蠍座が死に関係し、外界との接触、接触するがゆえに、それまでの有機体の死を意味するということでは、性には深く関係しているとしても、古い時代の蠍座の支配星である火星は、男性的な、

外に出るという性質なので、蠍座が示す性的な意味には男性的な要素がより強いことになります。

シュタイナーは、火星はマクロコスモスへの誘いと説明していますが、つまり外から侵入されるのでなく、自己を外に吐き出すのです。

疾患をきっかけにして人生に変化を与えたいという表れ

チャーリー・シーンは、天秤座に、腎臓を示す金星があります。彼がHIVに感染しているということを発表したのは、2015年の末近くです。HIVは免疫の働きを助けるCD4陽性T細胞に感染し、免疫力を破壊するウイルスです。

金星には、近年世界中をかき回して変動を与えている定番の冥王星と天王星のスクエアが関わり、金星とTスクエアのアスペクトを作り出していました。HIV感染は、徐々に腎臓が壊れていくということも報告されており、腎臓＝金星の危機です。

天秤座と金星が表す愛情問題、男性からすると異性関係、生体としての恒常的バランスなどに関して、何らかの異変はあるでしょう。腎臓の浄化機能にこれまでと違う簡単には処理できない無理難題が発生したのです。

そもそも本人の出生図では、金星は穏やかで、チャーリー・シーンのトラブルメーカーとしての性質は、ほとんどが太陽に関係するアスペクトで発生する問題です。それは独立心（太陽・天王星）と、従うこと（太陽・土星）の揺れ動き（乙女座と魚座という柔軟サイン）が震源地です。

乙女座は個人として自閉し、魚座はこの小さな枠を壊して、もともとの大きな自己に戻そうとします。その結果として、魚座は、乙女座にとって影となる要素を持ち込みます。つまりは捨てたはずのゴミを、また部屋の中に投げ込んでくるのです。

乙女座16度では、この排除したものをオランウータンというシンボルで表現していました。

| SABIAN SYMBOLS 乙女座 16 度 | *An orangutang.*「オランウータン」 |

　ここでは冥王星がこの度数です。乙女座の太陽には土星よりも大きな範囲の天王星と冥王星があるのだから、土星が持ち込む影の範囲よりも、もう一つサイズの大きなところでの閉鎖人格を形成し、そのことで、魚座の侵入に打ち勝とうとしましたが、冥王星がそもそも影を持ち込むことに積極的になってしまったのです。

　さらなる問題は、時代として、この図の魚座の土星に徐々に、トランシットの海王星が近づいており、これまでの乙女座の防衛力の輪郭を溶解させています。

　出生図の特性から、その人が病気になるかならないかを予測することはあまり有意義な作業ではありません。人間は、三つの自由因子が関与しているために、宇宙的な機械の作用に歪みを与えているので、宇宙的な天体の配置から、具体的な状況をそのまま言い当てることができなくなってしまっているからです。

　三つの要素がおかしなことになっていて、例えば、ジャンクな食べ物を食べて、汚染された空気を吸い、ひねくれた考え方をしていると、健全なホロスコープの持ち主でも、あっという間に病気になってしまうでしょう。

　そもそも、病気になる、あるいは何らかの疾患を抱え込んでしまうというのは、それをきっかけにして人生に変化を与えたいということが多いのです。つまり、それは前向きなものの萌芽です。

　人間を受動的な、たまたま作られた生き物であるとみなせば、いかなることも偶発的に発生します。しかし人間を意図や目的を持った存在と考えると、疾患には狙いがあるのです。そこで、全く同じ状況でも、ある人はＨⅣになったり、他の人は無傷だったりします。

　私は太陽にトランシット冥王星が 90 度になった時に骨折しましたが、それには H24 の信念体系を緩和するという H12 の意図がありました。表層自我の H48 は、なかなかそれには気がつきませんでしたが。

8 蠍座

吸収と排泄、外に排出するものと外から入り込んでくるもの

　蠍座は支配星が冥王星で、冥王星は太陽系の外宇宙との扉作用です。この場合、外に排出するものと、外から入り込んでくるものという双方向の作用が働きます。もし、蠍座の支配星を火星とするならば、それは内惑星グループから、地球の外側に飛び出る方向性です。しかし蠍座という水・固定サイン、つまり偶数サインということからすると、それは外から取り込んでくる側にもなってきます。

　いずれにしても、外に吐き出す、外から持ち込むという呼吸作用に関わるのならば、太陽系を一人の人間と見立てた時には、外界から食事を取るということにも対応しています。外界から食物を取り入れるというのは危険なチャレンジで、間違えて毒物を摂取すれば生体は死にます。また吐き出すというのは排泄です。取り入れること、吐き出すことの境界線を蠍座が管轄していることになります。

　ワンダの対応表では、性器、子宮、前立腺。膀胱、尿道、泌尿器系。Ｓ字結腸。排泄器官として鼻、鼻骨も含まれると書かれています。

　呼吸においての吸収と排泄は鼻から行われるので、これも蠍座領域と考えられるのかもしれません。

　この取り入れ口は、身体の上の頭部か、あるいは下半身にしかありません。私はよく生命の樹と結びつけて、外界との扉は上と下の二つがあると説明していましたが、この上と下の扉を植物的にではなく、より有機的に、時に開けたり閉めたりと柔軟に働かせるには、それぞれが三つの法則で成り立つ必要があります。

　モーツァルトのオペラ「魔笛」ならば、上の扉には三人の天使がいて、下の扉には、三人の侍女（魔女）がいます。これは生命の樹ならば、上のケテルと

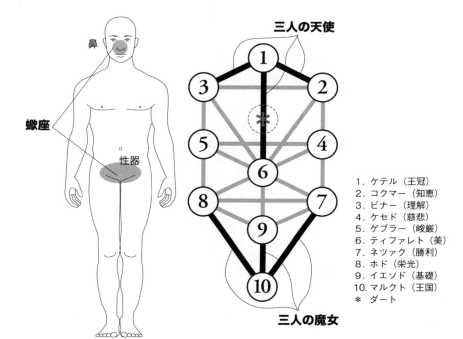

いう扉には、ビナーからのパス、コクマーからのパス、ティファレトからのパスの三つに当たります。下のマルクトという扉には、ネツァク、ホド、イエソドからの三つのパス（通路）があることで説明されます。

　真ん中に一つあり、これが基準点を作り、片方は開けて片方は閉めるのです。太くなったらなったで、真ん中がこれをゼロ地点、すなわち基準と設定します。

　例えば、上との扉であるケテルを冥王星と決めた場合、右側にはビナー土星があり、左側にはコクマー海王星があります。土星は、有機体を閉鎖し、保護していくという外皮的な作用があります。それはビナーの母の子宮にたとえてもよく、子供を外界から守っています。そしてそれぞれのコスモスは、単独で孤立します。

　ビナーの作用だけが働くと、日ごとに外との扉は狭くなり、むしろビナー、土星の意志としては、外界との通路は存在しないといいたげです。

　反対に、コクマーの側の海王星は、外との扉をもっと大きくしてくれと要求

します。海王星は輪郭が曖昧になること、明確な枠がなくなることを表しており、ビナーの子宮の皮膜は脆弱にされていきます。

いずれにしても、この収縮と拡大という働きかけを伴って、中心のリファレンスでは、その人なりの扉の大きさが決まってきます。

生命の樹は縦長の筒で、エニアグラムはそれを円形に表示しますから、このマッチングには多少とも変換が必要でしょう。

食物エニアグラムでは、外との接点は、唯一9の数字の位置で、これは下のドの音の次元ではＨ768の食物取り込みであり、上のドの音としては、外宇宙との扉です。有機体は単独で進化している場合には、8の場所で停止します。

内部コスモスには一切の関心を持たない

グルジェフは人体の三層工場の一番下の層にある性センターは、その本性として、外部とか他人に対する完全なまでの無関心というものを挙げています。性センターは身体オクターブの最後の華であるシ12に該当するでしょう。

外部とか他人に全く無関心ならば、何に関心があるのかということになりますが、身体オクターブの頂点にあり、既に自力の進化の極限まで来てしまったものは、次の段階に行くということにすべての関心を集中させています。つまり内部コスモス、下にあるものには一切関心を払っていないのです。対人関係も、内部コスモスの中での身近なものであり、性センターはそこに構っていられません。そもそも、このコスモスで最高速度の物質であるということは、内部コスモスにあるもので興味を惹かれるものはなく、すべてが退屈なのです。

性センターが関心を集中させているのは、エニアグラムの9でつながる次の宇宙であり、Ｈ6の意識です。Ｈ12は伝達性質、法灯明（ほうとうみょう）のグループなので、結晶化していない次元であり、放置しておくとそれはやがては分解します。Ｈ12が進化してＨ6まで行けば、それは結晶化して自灯明（じとうみょう）となり、自立的になるのです。Ｈ12は高次な感情の速度でもあり、神話意識のようなものであり、Ｈ6は高次な思考であり、象徴をそのまま、まるごと扱う思考でもあります。象徴を理解するのでなく、それを作り出す知性です。

例えば聖書の中でのイエスの言葉は、分析的言語ではなく、象徴的です。つ

まり一つの事象を説明しているものではないのです。これもＨ６の知性です。この宇宙の中、身体の中での頂点としてのＨ12は、神話・元型的な存在状態を示す意識ですが、しかし自立しておらず、風化するべき世界にさらされており、完全体になるには、Ｈ６に至らないといけません。これは緊急問題です。

　伝達性質、法灯明というのは受容性ということでもあり、Ｈ６の受け皿として、外宇宙に対して、口を開いたまま待っているというものです。腎臓が受け皿の形をしている組織の集合体であり、受容性であり、腎管は性管に変貌するという点では、これは金星にも関係するということになります。

　赤ん坊はコウノトリが運んでくるという話がありましたが、コウノトリはヘルメスのシンボルで、ヘルメスは異界との橋渡し、越境などを司るもので、違う地域に品物を持ち込む商業の神でもありました。ヘルメスは、赤ん坊を外宇宙からこの世界の中に持ち込むのです。ケテルの外からビナーの中に持ち込みます。

「我を忘れる」とはどういうことか

　食物エニアグラムでは、呼吸オクターブはミとシの段階での限界的停滞を免れて、エニアグラム９の外にまで飛び出すことができます。そして外宇宙の恒星領域と接触して、そこで共鳴し、Ｈ６の力を得て、あらためて食物エニアグラムの中に、すなわちこの宇宙の中に戻ってきて、口を開けて待機している身体オクターブのシ12と思考オクターブのミ12に付加ショックを与えます。思考オクターブに十分なショックを与えられなかった場合には、思考はその顛末、体験を認識することができず、何も理解できないままになります。しかしミ12にまで十分に発達してきた思考は、命をかけてこれを受け止めようとするので、「よくわからなかった」ということはないはずです。

　外部から戻ってきたＨ６のドの音を受け止めると、元型になろうとする性センターは、Ｈ６の結晶化をすることができます。自立した神話的ボディを手に入れると考えてもよいでしょう。その存在は永遠性を持ちます。とはいえ、ある限定された宇宙範囲においての永遠性です。降りてくる空気オクターブのＨ６は、上空からやってくるコウノトリと考えてもよいということになります。

それは星雲界、恒星に行き、戻ってきた呼吸オクターブです。
　このＨ６に至らないのならば、シ12はやがては分解し、跡形もなくなります。もし、志のない、目的のない人生を生きている人ならば、こうした外宇宙のＨ６の受け皿になろうという切迫した欲求は持たないでしょう。この世に生まれてきて、目的もなく、そういう時には目前の小さな、一時的な楽しみなどに熱中したりして生きることになります。Ｈ12の性センターの力を盗み出すと、思い切りハマれる道楽などが発生するのです。地上にあるものの中に我を忘れて熱中するのは、すべてＨ12の盗用です。
　Ｈ12意識は夢見心地や法悦、我を忘れる、崇高さに打たれる、とでもいえるような意識状態で、特に性センターの他には全く関心を持たないということが加わると、他の人が何をいっても応じることもなく、何かに我を忘れて熱中します。
　我を忘れるというのは、実はＨ12の特質ではなく、思考力がＨ12に追従できず、Ｈ12のあまりに高速な意識に飲み込まれてしまう現象です。また感情が飲み込まれた時には恍惚感を抱きます。Ｈ48の思考は鈍重で、言葉に引っかかる知性です。Ｈ24の知性は言葉一つひとつの違いにとらわれず、真意を理解できる知性、いわば察する力です。
　例えば、夢を見て「これはどういう意味ですか？」と聞くのは、Ｈ48の知性です。Ｈ24の知性ならば、メタ言語的に類推します。言葉の違いや事物の相違を乗り越えて、そこに共通したものを見出す知性です。Ｈ12の知性は、シンボルをそのまま受け取るようなものです。Ｈ48はさまざまな事物の違い、意味の違いに振り回されるので、旅をしようにも障害物が多すぎて、小石の一つひとつにぶつかり、倒れてしまうような知性です。何か言い方を変えただけで、もう違うものだと考えてしまうのです。
　古代において、人間は最初、単性生殖をしていたといいます。ヘルメスが持ち込んだ外宇宙からの種を自身のシ12が受け止めたということです。人間の身体の中には、この宇宙のすべての要素が含まれています。ということは、外宇宙に行かなくても、自身の中に内在するＨ６の要素が、自身の中のＨ12に産みつけてもよいのですが、人はあらゆる要素を持っているといっても、この持ち方の比率が違い、それぞれどの位置に自分の重心があるのかというのは個人差

があります。

吐き出す男性、受けつける女性

　人間の成長のプロセスの中で、自身の中の女性要素を強めていく人もいれば、男性的な要素をクローズアップして強めていく人もいます。若い女性は人間というよりは、哺乳動物であると整体の野口晴哉はいいましたが、哺乳動物の12・48・192のセットが強いという意味です。すると、男性は6・24・96が強めになり、男性の中にある無意識的なH6が、女性のH12という受け皿に、種を持ち込むということも可能だということでしょう。とはいえ、この三つのセットでは、それぞれ上位にあるH6やH12は何に食べられているかという基準なので、人間が自分で所有しているわけではありません。つまりは宿り木として働いているにすぎません。

　男性はしばしば性的な感覚を排泄感覚と混同します。吐き出し衝動で、失うことの喜びというものを持っています。人によっては競馬でお金をすべて失った時に、何ともいえない楽しさを感じることもあります。女性は反対に、取り込む、受けつけるというかたちになります。そもそもは、この二つは男女を問わず、人間の中に内在しており、そのどちらかを後にクローズアップしたということなのです。

　排泄器官の至近距離にある生殖器官は、その近くに身体の中にある最も高次な成分、性センターとしての物質シ12が集合しているのですが、グルジェフの水素工場の図で見ると、高次な思考センターH6は三層の一番上、脳の部分に置かれています。

　火星はシュタイナーによるとマクロコスモスへの誘いという作用であると説明されていますが、外部に野心的に飛び出す、攻撃的に向かうというようなものです。かつて蠍座の支配星は冥王星でなく、火星でした。すると火星が支配星となるサインは、牡羊座と蠍座の二つということになり、泌尿器、排泄器官、生殖器のある蠍座位置だけでなく、遠い縁として、牡羊座の示す頭にも関連するということになります。

　空気オクターブのラ6は、松果体周辺に宿るというふうに考えてもよいと思

います。H６はまずはH12の受け皿が十分に発達していないと、成長しません。私達の心身には宇宙のすべての要因が内在し、十全に機能していますが、受け皿がないのならば、それらは知覚に上がってこないのです。H６を理解はしないが、しかし感じることのできるのは唯一H12であり、H48ならば、それを推理することも想像することもできません。H48が憧れているのはH24です。

シ12とミ12のオクターブの限界性を突破するのは、唯一、呼吸オクターブですが、これがエニアグラムの９の位置から外宇宙に向かうには、離陸できる条件が満たされなくてはなりません。対人感情とかこの世界の中で体験に関する部分に感情が夢中になっていると、この外宇宙に向かうことはないので、それがH６成分を捕まえることはありません。また、もし外宇宙に関心が向かったとしても、この世界に足を引っ張られている場合も、ロケットの力不足です。

どこかに飛び出すにはしがらみを切り離さなければならない

ある講習会で、ヒプノセラピストのTさんのヘリオセントリック図を見ました。地球ポイントは獅子座の５度にあります。つまりジオセントリックで水瓶座の５度です。これは水瓶座の場合には、霊的なネットワークに飛び出すことを、獅子座の場合には、個の意識として崖の向こうに飛ぶことを意味しています。

同じ意味ですが獅子座では、自分から飛び出ることが主眼で、水瓶座では、ネットワーク（先祖委員会）の方に目が行くのです。そしてヘリオセントリック図では、火星と天王星の合が地球ポイントに60度のアスペクトを持っていました。火星と天王星の組み合わせは、しがらみを切り離して孤立行動ができるという意味です。あるいはより普遍的で、ローカルでないものに火星の行動力が同調するということです。より大きなものに同調するとは、身近なしがらみを切り離すことと同じです。

どこかに飛び出すには、この身近なしがらみを切り離すということは絶対に必要です。たいてい飛べないのは、周囲との関係性に絡め取られて、一人で勝手に何もできないということになってしまうからです。

私達の感情は、常にこの地上的な絆の中で喜んだり怒ったり、細かく反応しており、想像力のみであれ、宇宙に飛び出そうものなら、寄ってたかって食い

止められます。これは穀物栽培するようになってから作られてきた社会集団の特徴でもあります。

便秘はS字結腸で内容物が止まってしまうからだといわれていた時期があり、その証拠に、内視鏡で検査された人は、かなりの比率で便秘が治ってしまうことが多いという話もありました。S字結腸の場所の詰まりがパイプ掃除されてしまうからです。

腸の中の長い旅は、まるで地獄の中のような体験だという印象がありますが、S字結腸はその中で最後の難関です。蠍座の最後の段階は、切り離そうとして切り離せないという悶々とした状態を表します。蠍座29度のインディアン女性の命乞いというシンボルは、便秘の人が最後のS字結腸手前で塊が出せないという情景を表しているともいえます。

SABIAN SYMBOLS 蠍座29度	An Indian squaw pleading to the chief for the lives of her children.「酋長に自分の子供達の命乞いをするインディアンの女」

自由な火のサインの射手座の直前にいる。しかしまだ蠍座の中にあり自立できない。これが、排泄できそうで、出てきてくれないもどかしさと似ていると考えるとよいでしょう。

しかし、腸そのものは乙女座の管轄で、蠍座は外界にさらされた部分に限定されます。この点では、腸というよりは肛門部分に近い方が、より蠍座の領域であると考えられます。

ワンダの分類では、とりあえずS字結腸は蠍座に属しています。

コーヒー洗腸の効果

難所のS字結腸カーブで便秘という話になると、どうしても思い出すのは、ドイツの医学博士マックス・ゲルソンです。末期の癌患者用に開発されたゲルソン療法は、腸内洗浄と肝臓強化を目的にしたもので、体内毒素を強制的に取り除く方法でした。

自然療法的な透析といわれていますが、私の知っているものは、初期のゲルソン療法とは少しばかり違うもので、珈琲を煮出して水で薄め、34度程度にして、中にオリゴ糖と自然塩を混ぜたものを、器具を使って腸に注入するものです。
　この方法を提唱している針治療院は、しばらく続けると3kgくらい体重が減ったり、お腹が凹んだり、また血流とかリンパの働きが活発化するので、肌のきめが細かくなったりすると説明しています。もちろん便秘はしなくなります。
　珈琲の中の成分は腸壁から吸収された後に直腸の静脈に集合します。そして門脈から10数分程度経過したところで肝臓に到着。また直腸の血管と門脈、胆管が拡張し、胆汁が増加します。
　この療法を使うと、有害毒素を含む胆汁液の再吸収がほとんど起こらない。これについて批判する人は、自力排便する力が失われてしまうといいます。体験者の話を読む限りでは、そういう例は少ないようで、医師で20年も続けている人もいます。この方法を推薦する新谷弘実医師は、むしろ自力排便の力が強まると書いています。
　コーヒーエネマで宿便が取れるといわれることがありますが、現代医学で、宿便というものは存在していないとも考えられています。また器具を使って、先端部を直腸に挿入する時に、上手く挿入しないと傷つけるというのもあります。おそらくこのあたりは不注意だとリスクは高いでしょう。
　便秘で死んだ女性の話を読んだことがありますが、詰まった便はコンクリートのように固まっていたそうで、これを思うと、コーヒーエネマの方がよほどよいのではないかと思います。
　私の父親は、死ぬ直前には食物摂取を拒否し、しかも排泄をしないということで、食物を外から取り込む、外に出すという蠍座的領域をほとんど使わなくなってしまったような症状でした。そもそも直腸癌で、完治してはいなかったのです。食べない、出さないというのは1か月近く続きました。
　生命は、自分が住みたい場所から取れるものを取り込む、余分なものを吐き出すという呼吸作用によって、宇宙的な生命圏の中で、自分にふさわしい所に居場所を取ります。これが第一オクターブの身体です。人間よりももっと高度な振動密度を持つ生命存在がいるとしたら、例えば、人間からすると知識とか思考に見えるH48の物質を、エニアグラム9の位置で飲み食いする生き物がい

ても不思議ではありません。もちろん、そんな存在は私達には見えません。

　グルジェフ的にいえば、何に食べられ、何を食べているかで、存在の場所が決まるのです。生きとし生きるものの図表では、生物を三層のH物質で表現していますが、これは、食べられる、存在の重心、食べるという三つのセットです。取り込む、吐き出すという扉を閉じてしまうと、存在はそのコスモスに居座ることはできません。どこの世界にも所属しないという状態になりやすいということです。

　私達も、この世界にいたくなかったら話は簡単で、ずっと食べなければよいだけです。そのため、私は自分の父親を見て、出羽三山などで流行した絶食修行のようなものだと思いました。この場合、大切なのは、この世界に居座らないのならば、それなら次はどこに行くのかということを決めなくてはならないということです。その計画なしに中空に浮かぶとしたら、これは宇宙環境に迷惑です。父親は夢の中で、進路は私に決めてほしいといってきました。なんて甘えんぼうなんだと思いましたが、そういう人間も世の中にはいるということです。

恒星の力は冥王星を通して二極化される

　性センター、あるいはH12が命をかけて取り込もうとするH6は、星雲界や恒星領域の意識です。それは自分が結晶化できるかどうか、永遠性に関わることができるかという最も重大な問題に関わっています。蠍座の支配星の冥王星は、太陽系の外との接点であり、恒星の力は冥王星を通じて、さらに太陽系の中のどれかの惑星にバイパスされることで二極化され、すなわち限定された時間、空間の中に住んでいる「個」に受け取られます。

　儚い、一瞬で終わってしまう人生の中に、永遠性を持ちこむこと。H6やH12は誰でも既に持っています。問題は下の領域で、それが調整されるかどうか、ということだとグルジェフはいいますが、つまり下の世界が、孤立して、宇宙的な法則に合わせない独自のガラパゴス的価値観の中で生きていれば、この上位のものと同期を取れないということなのです。

　恒星が特定の惑星とバイパスされる例としては、ブッダが悟りを開いた時、

金星が関与していたといわれています。金星、ネツァクが天空の星の力を受け取り、下の池に流すというのは「星」のカードの絵柄です。金星はバイパスするのに適しているのです。金星的二極化へというのは、芸術とか音楽とか舞踏など、わりに身近なところでの楽しみが多くなります。また火星のバイパスは、修験道とか、極限修行のようなもので、シリウス・火星という回路は、山岳宗教です。

　排泄作用には、その背後に排泄の意図、選択の仕方、どういう基準で取り込み、排泄しているのか、その目的意識や個性があり、それは性センターの、自分の個性の永遠化の欲求と相似象であると書きましたが、外宇宙にあるH6の物質が、人体の頭に降りてきます。それは上の宇宙が堆肥として落としてきたもので、そのH6の意志を受け止めようとするH12は、排泄器官と接近した腰の位置にあって、このH6基準に応じて取り込むものと排出するものを決め、上の宇宙がしたことと同じことを、もっと小型のかたちで行います。

　上のものを受け止めるのがH12なら、自分がH6になるためには、上から下に落とすという行為に変えなくてはならないのです。受動が自身の中で能動を発見するとは、神の真似ごとをして神を内的に宿すことです。

　アメノウズメとして天下った高次意識は、北斗七星として知られています。これは羽衣伝説とも大いに関係しています。下で迎えたの猿田彦で、これはアンタレスと関連づけられていますから、北斗七星、アンタレスという連鎖で、地球に下りてきたことになります。しかし猿楽ということでいえば、バイパスしたのは金星です。

　この北斗七星の高次水素H6を持つのならば、この個性が身体の高次な領域から低次な領域まで軸を作り、その個性に浸透されますから、それによって吸収する食べ物も、また排泄するものも変わってくることになるということです。上から下までまっすぐに柱が立たなくてはならないというわけです。

頭の中の小人、背後にバッタ

　高度に発達した松果体、あるいはその周縁が、H6で機能すれば、それは外宇宙との通路になります。生命の樹では、これはケテルですが、私はしばしば

ケテルには冥王星を割り当てました。これは機械的に、ケテル冥王星→コクマー海王星→ビナー天王星→ダート土星という順番の当てはめです。

　天王星以遠の惑星は、西欧においては発見されていなかったので、古い時代の樹には、ケテルとコクマーに惑星の当てはめはなく、コクマーには黄道十二帯が割り当てされていました。

　松果体はあらゆるコスモスのサイクルに同調する能力があります。生命の樹のケテルも複数の樹があるので、複数サイクルのケテルがあるのです。日リズムに同調するケテルとは、最も小さな生命の樹のケテルです。私達はカレンダーと時計を持ってしまったために、社会の中で一生を過ごすなら、松果体は不要です。通常のこの範囲の小さな松果体の働きはハイテンションの頃から衰退し、石灰が蓄積していきます。

　衰退の原因は、添加物、水銀、成長ホルモンなどが原因ではないのです。社会は一つの閉鎖的な世界を作っていて、それは宇宙からは遮断されたリズムで活動しています。ということは松果体が働く方が、むしろ社会適応には不都合だということです。それに松果体が活発化していると、男女に分割されているよりは両性具有的で、つまり小さな子供のようで、メラトニンでリラックスしていつもぼうっとしており、エンドルフィンで、それ自身いるだけでハッピーになるような性格と想像してみると、なかなか社会的でありません。未開民族が山歩きをする時に松果体は使われるでしょうが、地図とGPS受信装置を持って登山すると、この機能は必要がありません。またノートやパソコンに記録したりすると、天然の記憶力、集合場に書き込みし、そこから読み込みするような資質は衰退しますから、ますます不要です。

　腰のH12がH6を受信し、そこに浸透していく段階で、H6の高次な思考の速度の意識は、もっと深い松果体の作用を揺り起こします。生命の樹は四つの階層があるということになると、大まかには4種類のタイプの松果体があると分類できるのかもしれません。

　数年前に、私は不思議な夢を見たことがあります。頭の中に吉田戦車が描いたような小人がいて、それは死んだような感じのバッタにもたれかかっています。死んだというよりは、もともとはじめから生きていないのです。小人の顔は丸顔で、その周囲にひまわりのように、放射状にヒダがあります。このひだ

は細かく震えています。

　小人はときどき、身じろぎします。すると小人がもたれかかったバッタは少し動きます。バッタに自立的な動きはありません。常に小人の動きを受けるだけです。この夢を見ている時に、非常に奥まった感情が刺激されていました。秘密の深層の何か、限りなく原初的なものを見ている気がしました。

　この頃、私は『先代旧事本紀大成経』に興味を持っていました。これは古代のことを書いた本で、あまりにもとっぴな内容が書いてあるので、偽書とみなされている本でした。日本の旧家に残された資料を編纂したものです。内容として考えると、まだ日本ができる前からの歴史を書いたものにも見えます。

　神話的な内容というのは、そもそも世界中に共通したものがあり、特定の国の資料ではないことが多いと思います。そういう神話的な時代のことを書いたものだと思えます。

　つまり、歳差リズムで回転する周期のレベルでの歴史と考えるとよいのです。プラトン月の2200年周期のレベルのものではないことは明らかに思います。なぜといって、天皇は初代から三代までは人の形をしておらず、龍だったという内容は、明らかに歳差サイクルのスパンでしか考えられないことです。

　2200年の文明期のスパンでは、それぞれの時代の人間の精神の違い、発達の違い、思想の違いはあり、また人間の形もずっと同じではないのですが、しかし龍と人間の間の段差を、文明期のレベルでは乗り越えられません。人間型の人類は琴座ベガが北極星だった時代、1万2000年前くらいから始まった流れというふうにとらえてみます。この書物を日本の旧家と関係した日本の歴史と考えると内容を勘違いするはずです。世界中で共有されたもののごく一部が、日本に残っていたと考えるとよいでしょう。

　こうした内容を科学的、医学的、学術的に取り沙汰するのはとうてい無理です。科学的・医学的には、H96以下の見えるもののみを対象にするということと、「個」の意識を中心にする視点、特に脳脊髄神経的に考える体系を重視しており、古い時代でも視覚は今日と同じはずだと考えるし、そもそも飛躍した考え方をすると、仲間から攻撃されます。

上と下が組み合わさり真ん中が生まれる

　松果体の歳差サイクルへの同調などというのは、どうみても、エビデンスを確立できません。エビデンスは誰にも同じものでなくてはならないという意味では、思考がH48の速度の人、24の人、12の人、6の人などの違いは認められないし、一般的とは、最大公約数的な、最も低速なものを基準にします。H48とは察することのできない鈍い知性です。あらゆることは、このH48レベルを基準に考えなくてはならないのです。この基準で生きていると、早寝早起きするという程度しか役立ちません。

　周期は地球の自転、地球の公転、月の動き、諸惑星、つまり最大265年程度の冥王星までです。そして歳差のプラトン週、プラトン月、プラトン年としての2万6000年などです。

　私達の思考が、高次思考センターに基づくようになれば、より長いスパンのものに同調範囲が拡大するのは当然です。すると、そのレベルでの思考、ビジョン、世界観、イメージ、理解力、夢、楽しみなどが強く現れてきます。ただし、サイクルは複数同居するのは当たり前です。むしろこの複数の輪が、同期をとり、同心円に重なることが大切でしょう。

　古代アトランティスのことを考えながら、松屋で牛丼を食べることができるようにするには、この複数サイクル同居が正確でなくてはなりません。大江戸線の電車を待っている間、ホームの閉じられた扉に、異次元の光景が映っているというのは何の問題もありませんが、小さなサイクルの世界でまっすぐに歩けなくなるのは困ります。

　松果体を目覚めさせると、超能力が出てくるといいますが、そもそも目覚めが、どのサイクルにおいての目覚めなのかが肝心です。日リズムにおいては、もう私達は幼児の段階で目覚めています。そして後に眠ったのです。

　私としては高次な思考H6はプラトン年の寿命、高次な感情H12は2200年のプラトン月の寿命というふうに考えています。プラトン日は計算上、72年ですが、これに近い84年の天王星周期が人の一生くらいの寿命のもので、この周期に同調する松果体は、目前のことに振り回されず、人生全体を運営するパイロット波に同調して生きるということになります。これでも、細かい細部の

体験の中に没入して、全体が見えなくなるということはなくなります。

　思考がどのクロックに同期しているか知ることは大切です。企業で成功して、仕事が長期的に伸びていくというような計画的人生は、土星クロックでの進展です。そこの青写真のビジョンがはっきりとしているのです。

　瞑想の一つの方法として、生殖器から、脊髄に沿って頭にラインを通すというようなものがありますが、これはH12がH6の受け皿になるという回路を作り出すことに貢献するかもしれません。性センターの力を他のセンターに盗ませることなく、H6への結晶化に集中させる回路を作るということでしょう。龍は大地に向かうと毒になるというのは、思考や感情がこのエネルギーを盗んだことを示します。

　高次な振動が分割されて低次なものを作り、この分岐したものがたくさん組み合わされて物質的な世界が作られているのだから、高次な領域においての異変は広範な範囲に影響を及ぼします。

　創造のプロセスは、上にあるものと下にあるものが組み合わさって、真ん中のものが生まれます。創造の順番では1と2と3の順番となるものは、振動密度においては1と3と2です。そこで、6は24に働きかけて12が生まれ、12は48に働きかけ24を作り、24は96に働きかけ48になります。48は192に働きかけ96をというふうに段階的に下降してきます。H12の破壊力は極めて大きいのです。

額の中で映像を見る

　額の中で映像を見るということについてシュタイナーの『オカルト生理学』を教科書にして説明すると、まず過去の思い出などを例にします。外の印象は、魂の中に蓄えられていて、それを再現することができるのです。これが過去の思い出です。

　自我は外界の印象を受け取ることができます。それをアストラル体の中で消化します。しかし記憶を継続するには、自我によって獲得され、アストラル体によって消化された印象をエーテル体の中に刻印づけなくてはなりません。でないと一瞬で消えてしまい、目の前の光景が変化すると、維持できなくなります。

心臓を通して流れる血液は自我の物質的な表現ですが、自我が外界の印象を受け取り、それを記憶表象にまで濃縮する際、血液は上に向かってエーテル体を刺激します。このエーテルの流れは頭の中に集まり、陰極と陽極のように二つの極が対峙します。烈しい緊張のもとにエーテルの力が働いているのがわかります、とシュタイナーはいいます。それは記憶表象に今なろうとする印象が呼び起こすエーテルの力であり、印象をエーテル体に刻印づけるのに必要なエーテルの力です。

　強い緊張は1か所に集まって、電気の陽極と陰極がショートするかのように、エーテル体の中にまで押し入ろうとします。さらに胸の下方から、リンパ管その他からも流れてきており、それらが合流して、もう一つの流れとなって、上述の流れに対峙しているのです。

　脳の中に記憶表象が作られようとする時は、これら二つのエーテルの流れ、上からものと下からのものが最大限の緊張を伴って、二つの電気の流れのように対峙するのです。そしてショートする時に、表象が記憶され、それがエーテル体に組み込まれますという内容です。

　人体内の超感覚的な現実であるエーテルの流れは、記憶のための身体器官を作り出しています。エーテル体の二つの流れの対峙は、松果体と脳下垂体で生じます。これは魂と身体が相互に働きあっていることの可視的な表現です。

　外の何かを見ているのでなく、脳内での松果体と脳下垂体の対峙によって、松果体は受け取ったものを、脳下垂体に書き込むことで映像化します。

　私は水晶スクライングの講座をしていましたが、その時に、まずは映像を映し出す黒板としてのエーテル体をはっきりと意識化することから始めてもらっていました。これは光の渦、蜘蛛の巣のような線の集合、グリッド、レーダーの画像のように回転するものとして見えてきます。

　エーテル体を見ている時には、映像は見えません。放送が終わった後のテレビの砂嵐のようなノイズのみが残されています。しかし映像が刻まれた時には、エーテル体は見えてきません。ちょうど言葉を意識している時には、この言葉を使って何かを表現することはできないのと同じことです。表現している時に、私達は日本語や英語を意識していません。それらは何か意味が表現されている時には、その表現をするための基盤として働いているが、意識からは消えてい

ます。そのように映像を見ている時には、エーテル体は見えていないのです。

そこに具体的な映像が書き込まれた時には、映像がくっきりと見えてきます。それはとても神秘的な感じです。水晶や黒曜石に、なぜこんなに繊細な映像が見えるのかいつも不思議な思いにとらわれます。しかし映像が流産するか、川の流れの中に漂流しているような時には、それは一瞬の映像で消えてしまいます。次々とさまざまな断片が出てきて、それらはすべて不完全で、ヒルコのように、手がなかったり、足が足りなかったりするのです。

テレビの電波が上手く受け取られたら、映像ははっきりと見えます。しかし不完全な時には、それはゴーストのようにさまざまな映像が重なったり、出たり消えたりします。このような印象です。何かもやもやしたものが見えていて、そこに一瞬ライオンが映像化される。ところがすぐに壊され、また台風の時に氾濫した川に流れる残骸のように流れ去る。いったん映像が安定すると、中断しても、立ち上がって戻ってきても、まだ続きます。

ずっと昔、夢の中でスクリーンに映像を見ていて、そのまま目が覚めてしまいました。ですが映像は続いていました。それは額の前のスクリーンに映し出されていたのです。その時、この映像にするためのエネルギーは、腰から上方に送られていることがわかりました。腰にバッテリーがあり、その電力を消費して映像が作られています。

この上方に送られる音がゴーッと聞こえていました。著しい消費量なので、腰の力が強くないとすぐに不足してしまうだろうと思いました。シュタイナーのいう下方からのエーテルの流れというものでしょう。それは胸の下に加えて腰からです。下から供給されるエーテルの流れに、上からのものがぶつけられ、そこに映像が作られるのです。

身体の上と下は、意図と物質化・映像化の関係

身体の上と下は、意図と物質化・映像化の関係のようなものですから、映像化するためのエネルギーは下からやってきて、それに上からの意図が映し出されるというのは、シンプルな構造で、この身体の上と下の関係がそのまま脳内では、松果体と脳下垂体の関係に再演されているのかもしれません。私はいつ

でもこの構造を、真空管モデルとして説明していました。

　頭の中に住んでいる小人は、映画『メン・イン・ブラック』では、頭の中に住んでいる小さなETとしてパロディ的に描かれていましたが、H６の振動密度が重心で働いていると、それは太陽系の中でも破壊されない星雲系の振動密度で生きていることになり、太陽系の中において不死、星運系においては普通に寿命を持っている生き物ということになります。

　私達の身体は地球の持ち物をレンタルして作られているので、地球から外に出る時には、返却しなくてはなりません。というよりも、この思考形態＝肉体は、外に持ち出すと消滅してしまうホログラムです。でも額の中に住んでいる小人は、星雲界までは飛び出していくことができます。ミとシの限界を持たない空気オクターブのボディは、そこに行くことができるのです。

　肉体的な面では、松果体は脳脊髄神経系を通して血液にもたらされた知覚内容とか、また他の側から人間に入ってきた内的体験が結びつく場所です。その一方で、脳下垂体は人間の内的生活を意識の上に上がらせない最後の前哨点として働きます。脳の中で、この二つの器官が相対しているか、小人とバッタのように寄り添っています。この二つの間には常に緊張関係があります。

　脳脊髄神経系は、外的印象を自我の道具である血液に書き込みします。反対に自律神経は、内界の情報を扱っているが、内界系の情報を血液から引き離そうとします。ここでいう血液は、目覚めた自我のことで、内界系の情報が、ここに書き込まれると、私達は食物を食べた後の、さまざまな部位での激しい戦闘やドラマを見るはめになり、大変な苦痛を味わいます。外界を見る暇などありません。

　松果体と脳下垂体の働きが一方を妨害した時、例えば消化器官が不規則な働きをしたら、それは不快感となって意識されます。あるいは反対に激情が、消化、呼吸、血液循環などの識域下の生体機能を妨害する場合もあります。

　食物水素図では、脳の場所で、身体オクターブ、空気オクターブ、印象オクターブが三つ揃います。それまでは身体オクターブと空気オクターブの二つの関わりしかなかったのです。エニアグラムの６の場所以後は、常に三つのオクターブが働き、二層生物の動物から、三層生物の人間の特質がスタートします。

　食物の第一オクターブがソ48にまで上がってきた時、それは内臓的な印象

Ⅳ　身体と12サインの関係性〜詳論〜【蠍座】

を持ち込み、さらに空気オクターブのミ48は外界の印象を刻み込み、これに対して印象オクターブのド48は、ドの音、すなわち能動的な書き込みをします。夢は内臓や脊髄から上がって、脳の中心部に届いた情報ですが、自我が目覚めている明晰夢の時には、印象オクターブのド48が働いています。二層でできている動物はちょうど人間が夢を見て、そして自我が働いておらず、夢の印象に流されるままになっているような状況で生きているというふうに想像することもできるでしょう。印象の流れを止めてしまうことが記憶するということにも結びつきます。

　印象オクターブのド48は書き込みのペン先部分のようなもので、自我は血液の中にあり、それは心臓を拠点にするというところで、自我の基本的な振動密度はH24と考えられますから、それはエニアグラムの7の位置、十牛図の人がいて牛がいなくなり、人が家の縁側に座って月を拝んでいる絵が示す領域を示しています。上から下に降りてくるコースも当然考えるべきです。

十牛図　第七図忘牛存人(ぼうぎゅうぞんにん)

9 射手座

まだ明らかになってない目標に向かって彷徨う

射手座は、脚全体を示すこともあり、腰、太もも、筋肉などを表します。
　ワンダによると、ハムストリング、臀部（でんぶ）、尾骨、仙骨、骨盤、腹膜、動脈系、特に腸骨動脈、伏在動脈（ふくざいどうみゃく）、肝臓などと書いてあります。
　射手座は12感覚の中では運動感覚を表しますが、個の意識に閉じ込められた視点では、運動というのは、自分からどこかに行くというイメージでとらえ

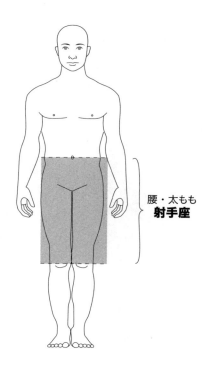

腰・太もも
射手座

られます。運動の出所もまた出発点も自分です。独立動力の機械がどこかに動くというのは著しいエネルギーを必要とします。

　もっと大きな範囲から見ると、個人の肉体が、どこかに行くというのは、自分の場所ではないところにあるものが外から引っ張って、身体はそこに引き寄せられたと考えることもできます。A点からB点に移動するのは、B点がA点にあるものを引っ張ったのです。さらには大きなフィールドの中で、全体の流れに誘発されてAはBに漂っていくのです。この場合、満身の力を込めて運動する必要などありません。

　未来の到達点を意図と解釈します。まだ自分でわかっていない意図に引き寄せられて、ある方向に運動するのです。このように考えると運動は、本来的な運動の意義に戻ります。運動する時にタイムを計測したり、決まった道を動いたりすると、運動には機械的要素、偶発性が増加して、本来の意義が次第に損なわれていきます。

　まだ明らかになってない目標に向かって彷徨うのは、タロットカードの「隠者」のカードの性質で、これを「処女性の男根」といいます。

　処女性とは、自分の本意ではないものに誘惑されないということです。本意はなかば無意識で、しっかりと自覚しているものではありません。この未知のものを求めて旅をするというのが、9の数字、あるいは射手座の本性であれば、それは決まりきった運動しかできないような体質でなく、柔軟サインらしく、自由に動けなくてはなりません。

　自由に運動すると、自分がもっとも求めるもの、真の到達点を発見します。しかし頭で決めつけて、特定の信念体系が強すぎると、それを探し出すことはできません。射手座の7度と8度のシンボルを見ると、信念体系から逸脱する、こそこそした後ろめたい行動が、やがては真の意図に到達します。裏側で糸を引く双子座の7度、8度の価値の転覆、裏切ったり裏切られたりする性質も協力して、本当の到達点が明らかになってくるのです。

「隠者」

SABIAN SYMBOLS 射手座7度	*Cupid knocking at the door.* 「ドアをノックするキューピッド」
SABIAN SYMBOLS 射手座8度	*Rocks and things forming therein.* 「岩やその内部で形成されているもの」
SABIAN SYMBOLS 双子座7度	*An old-fationed well.* 「古臭い縦穴」
SABIAN SYMBOLS 双子座8度	*An industrial strike.* 「産業労働者のストライキ」

　処女性の男根を誘って、旅を止めさせようとする誘惑はこの世の中に満ちていて、意図にまっしぐらに走るよりも、多少はふらふらしながら移動した方が、より正確な場所に到達するのかもしれません。英雄の旅、あるいは長旅で、さまざまな妖怪が邪魔をしてくる中を切り抜けて行く「西遊記」のようなストーリーは、本来の射手座にフィットしています。

　シュタイナーによると数とか数比、数学などは運動感覚と均衡感覚で成り立っているといいます。運動感覚の射手座が彷徨ったあげく、到達するのは山羊座の均衡感覚で、つまり自分にふさわしい立ち位置を見つけ出したことです。これはタロットカードでは、「隠者」の旅と、その到達点である「運命の輪」を表します。

　「運命の輪」は複数のサイクルやコスモスを内包しており、旅人はこの中で自分に最もふさわしいサイクルに到達するのです。運動感覚は未来の目

「運命の輪」

標地点に移動することだとすると、山羊座の均衡感覚は、その節目を作ることで、運動に目安や座標をつけます。数のカウントなどは、この運動→静止→運動→静止という組み合わせで作られていくということになります。

炭水化物とタンパク質と脂質を渡り歩く射手座

　三大栄養素は炭水化物、タンパク質、脂質だといわれます。しかしこれは三種類の違いを分類した後に、思考がこの三つがあると決めた結果、三大栄養素があると思えてきたのです。それを知らない人が教えられた時、わからないことがわかった、知恵が増えたということでもなく、そういう考え方や見方が伝染したということです。それは人工的に作られたスタイルにすぎません。

　そもそも、初めは分類も区別もされていなかったものです。こうした場合、この三つの違う立ち位置は、山羊座の均衡感覚による定義だということです。それぞれの栄養素の意義、意味、立ち位置があります。均衡感覚の山羊座は、土のサインなので、これは思考感覚の牡牛座と、視覚の乙女座と連動しています。

　炭水化物の地点とタンパク質の地点と脂質の地点は、均衡感覚が定義するとして、この三つを分類する時には、この三つの間を渡り歩き、運動感覚としての射手座が関連の糸をつなぐことになります。炭水化物とタンパク質の共通点や違い、良いところと悪いところなどを識別します。

　射手座の運動感覚が、この三つの間を彷徨っていたのです。あるいはまだはっきりわかっていないところを彷徨い、一つが判明したら、そこに山羊座としての旗を立てる。そしてそれを基にして、また次の場所を模索する。そこにまた旗を立てるのです。つまり射手座は彷徨い模索しますが、そしてその結果として、山羊座の均衡感覚がポイントや節目をつけてマップを完成させるのです。

　射手座は動いていき、そして山羊座は静止する。静止するとは、他の影響に振り回されず、自立することで初めて達成されます。これがフィードバックされると、静止するポイントが運動の方向性などを支配することになります。既に定義されたものに向かって走る。目標地点、またレールやコースなどがあり、この範囲で運動・移動するのです。これは射手座の自由が、山羊座によって奪われたものになったということです。

温泉に行きたいと思い、草津温泉の場所を確認し、どうやったらそこに行けるかを調べるとします。これは山羊座に決められた射手座の行動で、確かに、温泉が目標値であると決め、途中弁当も買わず、よそ見しないのは処女性の男根の行動ですが、射手座の本来の、まだ未知の、自分でも十分に自覚していない意図に向かって彷徨うという行為は上手く果たされません。この射手座の彷徨う行為は、まだ定義されていない新たな山羊座に向かっての旅で、そこには発見があり、楽しみがあります。自由な射手座ならば、険しい山の中にまだ猿しか知らない新しい温泉を発見するのです。

　射手座は火のサインで、これは自我感覚の牡羊座と熱感覚の獅子座に支えられています。拡張欲求と自分の熱によって動くのは内的な衝動でもあり、この火の元素は、占星術では必ず次に土の元素のサインに落ちていきます。つまり動くものはつかまるのです。牡羊座は牡牛座に。獅子座は乙女座に。射手座は山羊座にです。その時に熱は土に奪われます。火は熱・乾ですが、土は冷・乾です。

　この熱が土の元素の冷の状態に吸い込まれず、いまだに熱を帯びている時には、旅はまだ終わらず、落ち着きどころや着地点が見つからないまま彷徨うことになり、それは鎮魂されないものでもあるといえるのですが、人体でいえば、骨、皮膚などを表す山羊座に飲み込まれることは、運動機能が衰え、老化、冷え、静止のバリエーションである停滞現象などにつかまり、身体は硬直し、やがては死に向かうことになります。

自分の位置が決まれば他の位置も判断できる

　精神がメースのいうように火の象徴でもあるということは、山羊座に飲み込まれすぎない射手座ということが、老化しない自分を作るという意味になります。

　骨や皮膚は適切な範囲で必要です。しかしそれがいきすぎてしまい、運動感覚を奪うならば、それは生き物でなく、何か土の塊の静物になってしまうということです。稼働する部分が錆びついて固まった、自動車の残骸のようになってしまったのは、射手座を山羊座が飲み込んだのです。

　山羊座が適切に働いた射手座であれば、それは正確に動くことのできる均衡

のとれた運動能力です。骨の位置も正確で曲がっていません。背筋も伸びています。思考においても、それぞれの正しい位置が決まっているということです。そして何といっても最大の能力は、ぴたっと静止することができるということです。

　自分の位置が決まると、他のものの位置も判断できます。自分がぐるぐると揺れていると、他のことを全く判断できなくなります。鮪はどこかに向かって意図的に動くことはできません。自分の位置がわからないのです。

　射手座の支配星は木星で、山羊座の支配星は土星です。ヨハネス・ケプラーの考えでは、土星に外接し、木星に内接するのは正六面体、すなわちキューブです。この点からすると、射手座の運動範囲は、山羊座の決めた土俵の中でのみ動くことができるということになります。

　プロレスのリングは山羊座が示し、レスラーはこの中でのみ戦うことができます。ときどき場外乱闘するのは、山羊座をはみ出した射手座です。ただし、タロットカードの「隠者」の旅の後の「運命の輪」は、決まったサイクルを示しておらず、射手座の探索者の意識の範囲にふさわしい山羊座の範囲があることを表します。

次々と手を出して枠からはみ出そうとする木星

「運命の輪」のカードで、最大のサイクルとは、表示塔がスフィンクスを描いている場合には、2万6000年の歳差周期です。それは1万3000年の夜と1万3000年の昼という範囲で動く輪っかです。1回転29年で回転する輪っかに到達するのは、就活の旅です。

　キューブを管理する土星の枠を逸脱することができるのは、土星よりも公転周期の遅い天王星と海王星、冥王星のみですから、これらが土星にハードアスペクトであれば、土星の枠は壊れやすいといえます。ここではハードアスペクトとは、限界を超える力であるという意味です。

　一方、本来ならばそれだけの力がない木星を、この天王星と海王星、冥王星などが過剰に助長させて、つまりハードアスペクトで関わって、木星が場外乱闘するように仕向けると、土星の「締める」作用よりも、外に「拡大する」効

果の方が勝っていることになります。

　木星は大きくするという意味でもあるので、肥満するというのも木星作用です。それは洋服の枠からはみ出すのです。肥満したレスラーが、トランスサタニアン惑星の挑発に乗って、リングの枠からはみ出してしまう光景を想像してみましょう。どのような惑星も怖くない、最も遅い惑星とは冥王星ですから、木星と冥王星のハードアスペクトならば、態度の大きな肥満レスラーが場外乱闘するということになります。

　そもそも枠が弱かったので自然的に外にはみ出してしまうのか、それとも、枠は正常に働くはずだったのに、土星よりも強い天体が加担して、木星に土星を踏み越える力を与えてしまったか、つまりは、枠は丈夫だったのに思い切り強く押したあげく枠が壊れたなど、さまざまな組み合わせがあるでしょう。

　自分の限界点を忘れて、他のことでもやりすぎてしまう人は、こういう土星の枠を超えて木星が働くというスタイルになりやすいのでしょう。

　もし、土星と山羊座が支配力を握っていれば、それは無理なことはしないということにもなりますが、長い目で見ると、それが停滞や硬直を生み出すということもあるでしょう。肝臓が多機能であるように、射手座の支配星は次々と手を出して拡大していきますが、土星作用とのバランスが必要です。肝臓肥大などは、木星の増長しすぎという意味にもなります。

　例えば、時には胃を表すこともある月と木星がハードアスペクトでも、これは食べすぎになっても、土星の枠の範囲内に収まれば、危険にはなりにくいということです。

　足腰や筋肉が射手座に該当するものだとして、特に射手座が強い場所として太腿もよくいわれることです。脚が衰えると急速に老化し、いろいろな問題が生じるとはよくいいます。しかし、射手座の運動感覚は決まりきったところを動くのでなく、いまだ自分でよくわかっていない意図に向かうための放浪ですから、こうした自由な動き、他要素に振り回されすぎない目的追求行動が重要です。

　決まったコースを決まった時間で、ウォッチを持って運動することは、肉体面ではよいかもしれませんが、射手座の本質を生かしたことにはならないでしょう。柔軟サインは常に不測の事態に柔軟に立ち向かうことですから、旅先

で思わぬアクシデントに遭うとか、スポーツの試合で相手からの反撃などを受けるのであれば、反対に燃えるでしょう。

　獅子座はリズムを一定にしようとして心臓の鼓動を安定させます。牡羊座は隙あらば自分を押し出します。

10 山羊座

地球依存の上でのみ成り立つ山羊座

　山羊座が担当する身体部位は骨格、膝、関節、腱、靭帯、結合組織、上皮組織つまり皮膚細胞、粘膜表面、髪の毛、陰毛、胆嚢、脾臓、脳下垂体前葉などです。脾臓は土星と関連づけられ、土星は山羊座の支配星です。

　ズスマンは、山羊座が均衡感覚を表すということのイメージを説明するために、異例に狭い場所の上でも平気で直立するヤギを例にしています。テレビで

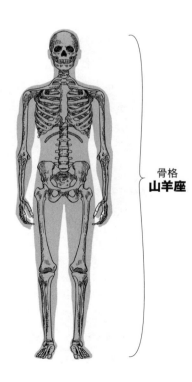

骨格
山羊座

木の枝の上に立つヤギの集団を見たことがあります。

　高所恐怖症の人は崖の向こうに、自分が満たされていません。すると、そこは未知の恐怖を与え、また身体はそこに引き寄せられる。空間に均等に自分が広がっていると、この空間の中で自分は直立できます。

　例えば、さまざまな仕事にチャレンジした経験があると、後に、ささやかな仕事であっても満足して行うことができます。過去にミュージシャンをしたり、飛行機に乗ったり、作業員をしたり、管理職になったり、旅行会社に務めたり、さまざまな仕事を体験すると、その後、コンビニの店長をしても、そこに不満を感じることはなくなります。広げたからこそ、後で、自分の位置づけが明確になるのです。

　不安や欠落意識は、自分がそこに不在であるものに対して感じることで、それがいつでも気になり、結果的に自分がまっすぐ立てない状況に陥ります。自分を取り巻く空間を均等に満たすことで、やっと狭い場所でも不満を感じないで、まっすぐに立つことができるのです。

　牡牛座でも説明しましたが、山羊座の均衡感覚を形成するのには、すべての空間に均等に自分が満たされていなくてはならない課題からすると、私達は空間の6方向のうち、上下の一つである大地に対しては空間の支配者となっていません。5方向が自由になっているというよりは、上と下が共に所有されておらず、地球に引き寄せられていて、そこからいつまでも逃れることができません。

　自由になっているのは4方向だけです。大地を離れて上空に航空機やロケットで行くことができるではないか、という反論は考慮に入れられません。存在状態として、全方位空間の支配者になっていません。

　今のところ、私達の山羊座は地球依存の上でのみ成り立っています。

骨格は法則を宿す

　身体はあらゆるところが基本的には三つの要素に分かれています。頭部、胸部と両腕のついた肩帯、両脚のついた腰帯という三つ。これら三つの要素は、一つひとつの中にも三角形の法則が息づいています。

　生命の樹の基本構造は、中心があり、それを分岐させた左右があるという

もので、中心はゼロ地点、すなわち中和原理で、これが陰陽分割されることで、左右の中枢が生まれます。生命の樹では、中心の柱にあるものは必ずその下にある左右を統合化したものです。基本原理は、ゼロとプラス、マイナスです。したがって、身体が三つにグループ分けされ、さらにその内部が三つに分かれているとなると、それは生命の樹の法則と似ています。あるいはエニアグラムも九つの法則で、それは３×３です。

　身体は大地から自然生成的に成り立ったものではなく、むしろ、精神が地上に降りてきて、それに合わせて大地から引き寄せられた素材が、精神を模写するように形成されてきたものだと考えるならば、あるいは上から降りてきたものが、下から上がるものと合流し、互いが譲り合いながら、互いの意図を人間という中間存在に反映させたものだとすると、身体は生命の樹のようになるということなのでしょう。

　何かを観察する時には二つの見方がありました。一つは脳脊髄神経系のものの見方であり、そこでは物質のエッジは明確で、そしてどのようなものも物質的に観察されます。

　一方で、自律神経的に見た場合には、生命力のかたちとして見ること、すなわちエーテル体を見る視点になります。ここでは物質的なエッジを細かく追跡して、その形態を考えることは誤った判断法になってきます。物質は生命を閉じ込める形骸であり、生命そのもののかたちを見るのならば、物質的なかたちから見てはならないからです。

　芸術においてのものの見方は、しばしばこのエーテル体の視点を考慮に入れています。例えばピカソの絵を見ると、それは具象的なもののかたちでなく、生命の形で見ていることも多くなります。現代ではこのエーテル体と物質体を混同するか、同じものとみなすので、テレビの放送はテレビの中にある電気回路が作っているのだというような誤認の仕方を繰り返します。思考も脳が作り出しているのだという誤解です。この脳脊髄神経系の視点からすると、人体に宇宙法則など宿っていません。

　人体について考える時に、もう一方のいつもは視界から覆い隠された自律神経系の視点から考えると、シンプルな法則性が見て取れるのです。惑星と惑星の間にプラトン立体が成り立つというケプラーの見解は、物理学的に考えると

破綻しており、それは何か妄想のたぐいにさえ見えてきます。エーテル体の側からすると、明らかにケプラーの法則は意味を持った深い考えなのです。

骨は、身体の中では比較的安定したもので、それは新陳代謝が遅く沈着した部位です。それは宇宙の法則が降りてきて、そして地上で、少しずつ固まったもので、細かい生命活動にはなかなか反応しにくくなった鈍い要素です。それはゆっくりと変化します。反応しないのでなく、ゆっくりと反応しているということです。

山羊座の支配星は土星で、古典的な定義ではそれに対応する金属は鉛です。これは死なせること、不活性にすること、安定させることに関係した金属だといわれています。かつて鉛は印刷機械では活字に使われてきました。文字を刻むということも、定義するということから、この鉛の性質に共通しているといわれています。骨は身体の中にある鉛のような性質をした要素です。

人間を哺乳動物の一種とみなして研究する時には、実際に適用できるものとできないものがあります。『シュタイナー医学原論』の著者メースによると、動物は上空に開かれていないということです。

グルジェフは虫を一層生物、羊を二層生物、人を三層生物とみなしました。この三層のうちの一番上の部分が天に開かれた部位、あるいは天から降りてきた部位で、哺乳動物はこの領域が弱い、あるいは存在しないということです。

頭部の骨と四肢は対比的な関係にあります。頭部は丸い閉鎖された集中形態を持ち、四肢は線的な要素を多用し、また長骨で形成されています。頭部は移動する車の中で、クッションに包まれて保護された乗客のように静止しており、それでも四肢は運動することが可能です。静止と運動が出会うところで、規則的なリズムや、また意味というものが生まれます。静止する座標がない場合には、運動は無秩序となり、この運動の性質を安定させているリズムというものは現れてきません。運動の意味もなくなってしまいます。つまり運動は無意識に沈んでしまい、それを意識するための抵抗点がなくなってしまうのです。

動物は休みなく動き、そのことを自分では意識していないことが多いので、例えば鮪が回遊している時も鮪としては、自分が動いているつもりはないと思っているでしょう。人間の骨格は、動きに対して振り回されないで、頭部を静止させることに貢献しています。結果として動きを動きと認識します。人間は動

物と違って、呼吸と運動を切り離すことができる。そしていつまでも走り続けることができることから、人間の体は走るために生まれてきたということを主張したのが、クリストファー・マクドゥーガルでした。

山羊座と四肢の関係

頭部は、形の上では額の領域、鼻の領域、口と顎の領域の三つに分かれています。

また脳は三つの領域に分かれています。メースによると、胸郭(きょうかく)は三つの部分で構成されています。最上部は固定部分で下部は可動する浮遊肋骨です。この中間に、軟骨によって胸骨についている典型的な肋骨があります。

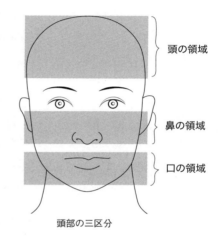

頭部の三区分

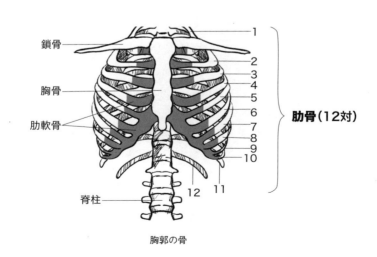

胸郭の骨

12の肋骨は、胸郭を閉鎖、しかし腕は固定されていない四肢です。12の胸椎と肋骨は、12の小さな要素の単位を形成しています。
　腕は、1本の上腕骨と2本の前腕骨、手首の手根骨でできています。
　この手根骨は、後ろから見ると、明らかに列をなした3本の手根骨と列をなした4本の手根骨を示します。そして列をなした5本の中手骨があり、ついで目に見えて外に放射する5本の指骨があります。この放射は、1－2－3－4－5の連続にはっきりと表出された前進的放散として見ることができると書いています。
　四肢が下向きに放射しているのに対して、頭部である円蓋は、上方に向けられています。人間の姿の総体を大腿骨と比べる時にも、それと同じ現象が見えてきます。上腕骨と大腿骨において、円蓋の形態をした頭部はてっぺんにあり、四肢になぞらえることのできる部分は下にあります。

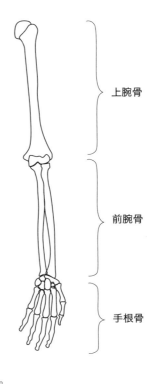

上腕骨

前腕骨

手根骨

　私達の頭部で、外側の世界に目を向けているのは目であり、耳です。四肢においては、それは手の指と脚の指の仕事なので、メースは、私達の2本の手は10個の小さな「頭」を持っていると説明しています。もちろんそうなると、足の指も同じことです。
　射手座は運動に関係し、そして筋肉に結びつくので、どこかに着地しても、すぐにそこから離れる反発力もあります。その後にある山羊座は、到着した場で静止し、直立することが可能です。この射手座と山羊座の組み合わせで、広い地域に移動することもできるし、その場所を認識もできるし、そしてたくさんの定義や分類、知識の拡大などを行っていきます。
　それは伊能忠敬の地図づくりを思い起こさせます。歩幅を基準にして、距離を確認したのです。そして小さなところからだんだんと拡大していき、大きな地図が出来上がるのです。身体の中では、たいていの筋肉は、支点と支点の間

に張られていることで、その筋肉は２点間の相対的な相違によって作り出した特定の役割に閉じ込められています。つまりそれぞれに役職があるのです。これは山羊座の範囲の中にある射手座です。しかし舌などは、支点は１か所のみで自由に放置され、山羊座の縛りが少ない射手座になります。

　射手座と山羊座の交互の働きによって、私達は世界を知りました。ですが山羊座は物質的な身体や骨、皮膚などを表しており、物質的に到達できない遠いところを、射手座と山羊座は上手く覗くことができません。その時に、山羊座の後の水瓶座が登場して、山羊座の枠を超えることのできない射手座の衝動を未来的な方向で再生させ、身体の届かない遠くに行こうとするのです。それはまた言い方を変えると、合意的現実観を超越した知識を求めることでもあります。

　ところで、シュタイナー説の奇異なところは、頭部の形態は前の受肉の体軸骨格の形態が変態したものだということです。私達の胴体は次の生で頭部になり、この生で私達が持っている頭部は死後に消滅するということです。ですので、私達が誕生時に持つ胴体は新たなものです。

　体軸の骨格から変態した形態が頭蓋骨の形態に認知できるということになり、メースの説だと、肢帯(したい)と四肢が椎骨‐肋骨(ついこつ)の単位の変態であったように、元型的主題――二本の肋骨を伴う一本の椎骨――は四肢を伴う肢帯に変容し、最終的には頭蓋骨の中心部分、顎を伴う側頭部に変容するのだと。

　また四肢原理の残余、つまり指が、歯の位置する両顎の溝に見出せます。手足のくぼみは一緒になって口のくぼみになります。乳歯は10本の手の指の爪と10本の足の指の爪の変態として見ることができます。

　乳歯は生え変わる時に拒否されます。つまり乳歯はそれまで一つの世界を表していて、自らの言語を持つ過去の世界を表象していることになります。永久歯は新しい胴体の生命の、言い換えると新しい体の生命の活動を表していることになります。

　また、四肢の筋肉が顔の筋肉になります。丸顔の人は、以前は肥満していたかもしれません。かつて身振りであったものが今や無言の仕草になり、心臓は上下の顎の間にある舌に変態して生き続けます。心臓も舌も筋肉だけでできています。一番興味深いのは、腸は脳に変わるということです。腸の中になかっ

たものは脳の中にもないので、食べていないものについて考えることはできないと書きましたが、腸は未来的な脳なのです。

占星術のサインで説明すれば、頭部は牡羊座ですから、肢体の形態を総称する山羊座は、次回には牡羊座に移り変わるということです。そもそも12サインは、牡羊座から始まった活動が三つのリズムを繰り返した後、四番目で死に体となり、そこで蟹座が生まれます。蟹座が三つの活動をした後に死に体になった時、天秤座が生まれ、この繰り返しは山羊座、牡羊座と続きます。山羊座で始まったものは、死に体の牡羊座で新しい意義を持って再生するのです。

レミニスカート

メースが『シュタイナー医学原論』で書いていることで一番興味をひいたのは、身体の中に潜むレミニスカートです。

身体には二つの閉鎖された空洞があります。背面に脊髄管で、前には胸骨を含んだ肋骨のアーチがあります。これを上方に追うなら、ますます大きくなり、最後に脳の空洞に到達し、それに溶け込みます。逆方向に行くと、下に狭まり、尾骨で行き止まりになります。

前面の弓は逆です。上に上がると第一肋骨の最小の弓で終わり、反対方向に下りていくと広がり、最後に弓は遊走肋骨で前に開きます。開いていく弓は自らを大地に向け、脚に続くとメースは書いています。

最近、私は太陽中心主義のヘリオセントリック占星術を展開していますが、旧来の地球中心主義の占星術では、惑星は地球から見るとみかけ運動によって逆行し、レミニスカートの運動をします。

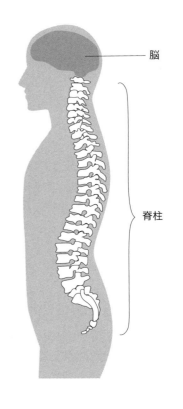

メースは、次のようにいっています。

> 「私達の体に見出されるレムニスケート形態もまた、私達の地球上の体にだけ有効なものなのです。見かけのレムニスケートが惑星の世界の異なる側面を提示しているように、人間のレムニスケートも異なる次元の世界の誕生前と死後の異なる側面を啓示しているのでしょう。」

地球から見ると、レムニスケート運動をする惑星は、私達が地球の上の場所に入ったから見えてくるもので、外からでなはく、内側から見る視点に切り替わった時に、レムニスケート表現が現れてくるのです。

レムニスケートは視点の交換をする図形です。例えば、同じ土のサインの牡牛座は口とか喉などを表していますが、頭部と胴体のつなぎ目の首も、レムニスケートの交点です。食物を外で見ている。しかし食べるとそれは視界から消え去り、内側で感じるものとなります。そして排泄して外に見えるようになります。

私は、この食物が外面的に見えるのに、視界から消え去り、次には内部にあるという転換に奇跡を感じます。外にあるものはずっと外で、内にあるものはずっと内でなく、どこかですり替わってしまうというのは驚くべきことです。私達の内面と外面はレムニスケート的な関係なので、それは常に相対的な関わりにあり、主体は客体に変わり客体は主体に変わります。骨格がそうしたレムニスケートを形成していることで、地球においてのお客様としての人間は、部外者でありつつ、内部にいるものでもあるのです。

このレムニスケートは、1回転を2回転分にしてしまいます。もう少し複雑なかたちとしては、エニアグラムでは4と5の間で、閉鎖された三角形は交じり合ってしまいます。つまり本来は1-4-7の三角形と、2-5-8の三角形は独立し、3-6-9の三角形とともに、三つの三角形がそれぞれ独立して配置された法則になるはずなのに、4と5が交換されて、1428571……という循環小数を作ります。つまり1-4-7にいたつもりのものが、いつの間にか2-5-8

に紛れ込み、また2-5-8のものも気がつくと1-4-7にいるのです。

見たものが見られていることになり、見られているものが見ているものになる。さっきまで反対していたのに、いつの間にか、そちらの側についている。

否定したものを、すぐその直後に実行しているというおかしな体験をします。

山羊座が示す骨格や人体形態に、レミニスカートが定着しているということに、山羊座の特異な役割が現れています。それは天と地を結ぶことです。また外面と内面を結びつけることです。またレミニスカートの交点は、意識の逆転場なので、この交点を通過する時に誰もが気絶します。それまでの自分を維持できない。気がつくと反対方向に回転しています。

ユリ・ゲラーが超能力を実験室で証明しようとした時、それを観察する科学者達は、一時も目を離さず、ずっとそれまでの意識状態を維持しようとがんばっていました。この意識の継続の中では何事も起こりません。ユリ・ゲラーは周囲から否定的に見られることに振り回されるタイプで、実験は上手くいきませんでした。

レミニスカートのような線路があれば、交点で一瞬の気絶があり、気がつくと、事態が反対になっています。目を見開いて、じっと凝視している時にはレミニスカートは成立しません。

インターネットで、回転するダンサーは右回りか、左回りかということが一時流行しました。人によって右周りに見えたり、左回りに見えたりします。それによって右脳派か左脳派かということが取り沙汰されましたが、ちょっと目線をそらしたりすると、すぐに反対周りに見えてきます。レミニスカートも、右回りだったものは、ふと左回りに変わるのです。

山羊座の確立

山羊座は骨格を作り、人を地上的な存在にし、まるで大地の上の植物のようにしてしまいます。ゲーテの、葉は飛べない蝶、蝶は飛ぶ葉という詩でいえば、人は動くことはできるが、飛べない蝶です。しかし内的には飛ぶことができるのです。内面と外面は反対の性質です。

山羊座は90度の角度では左右に牡羊座と天秤座を持ち、それは拡張する自

我感覚と、それを反射して形に閉じ込める触覚の境界線です。

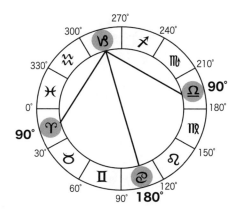

　一方で、180度反対側には内的なものが成長する蟹座があり、山羊座はそれを外から骨、皮膚で閉じ込めます。山羊座という小さな物質的な枠を基盤にして、対立するものが対峙しています。広い空間の支配者になることによって、小さな自分を安定して成り立たせるとか、個性的なものこそ普遍的な理解を呼ぶなど、一見、矛盾したものも山羊座の特徴です。
　射手座は放浪する火ですが、それが山羊座の土に取り込まれる時、それは射手座の火よりも大きなものでなくてはなりません。そうでないと、射手座の火は漏れてしまい、どこにも行きつかず、定住する場所がなくなります。
　イスラエルの民が定住した場所を見出した時、それは射手座が山羊座に吸収されたことを表しますが、この決着を見出すにはレミニスカートが必要です。しかし、この射手座の衝動を、山羊座を越えてもっと広い範囲に拡張しようするのは魚座です。魚座は山羊座よりも広い視点を持ち、山羊座を越えた射手座の遊び場を作ってしまうので、山羊座の檻に入れられた射手座を開放し、自分の住処を捨てて、もっと広い世界を放浪しようと促します。
　ひずんだ骨格と防衛力の弱い皮膚。これらは山羊座の欠陥を表します。山羊座の支配星の土星のコンディションは大いに関係します。土星に関係する脾臓は、栄養の司令塔として生体の活動の独立性を保っています。山羊座は骨格の

独立性、バランスは他に寄りかかりすぎることもなく直立することを可能にして、その人が長い間活動できる明確なリズムを作り出します。個人としての地上においての理想的な位置づけが、山羊座で形成されると考えてもよいのです。

ずっと射手座で生きている人は安住の地を見出していません。安住の地を見出すことは、身体の中では、正確な骨格の確立、レミニスカートを持つことです。どこの地でも正確に天をつなぐのです。どこかに移動すると、もう天とつなぐことができなくなったというのならば、それは山羊座が獲得されていないのです。

私個人は、この山羊座の確立というのが若い時期になかなかできないと感じていたことがありました。それは世代的に山羊座にキロンがあることも関係するのかもしれません。

キロンは、宇宙的なリズムと地上的なリズムをつなぐ部位に裂け目ができたことを表しています。それにまた山羊座は11ハウスにあるので、自分の考えは常に未来に定着するという実感があります。定着した時には、私はもうそこにいないのです。これは小学生の時の体験と結びついています。

私は小学生の時に、蒸気船の模型を作ったり、リモートコントロールのレーシングカーの模型を作ったりしていました。忘れた1年後くらいに、旧友がそれに夢中になっていて、その時に、私は彼が夢中になっているという感情を共感できていませんでした。自分としては、それは既に楽しめないものでした。

自分にとって山羊座の着地点は、いつも時間がずれているわけです。そこで現在では、まだ環境に馴染まないという実感はごく自然なものだと思うようになりました。

山羊座の自覚と確信と自信。これは自分が正確に着地しているという手ごたえとともにあります。そしてレミニスカートの役割を果たしているのだと。未来でなく、現在、どこでそれを実感できるのかということで、地図でサーチしてみて、山羊座の支配星がMCに来るインドのチェンナイならばそれは可能なものだと予想しました。とはいえ空気がよくないので、長く居座ることは、とうぶんは無理でしょう。

山羊座は空間的に落ち着くだけでなく、それは時間にも適用されます。限られた時間の中での活動をしていくので、長く居座ってはいけません。山羊座の支配星は土星で、それは29年の公転周期を持っています。活動は29年が一つ

の単位で、それ以上にとどまるとレミニスカートが壊れてしまい、ゆがんだ骨が形成されます。

山羊座という固い骨の中で保護される骨髄

赤血球と白血球、血小板は骨髄の中で作られます。

幼児の場合には、あらゆる骨の骨髄で、そして大人の場合は頭蓋骨や脊椎、肋骨などの骨髄で血液が作られます。年齢が後になるほど、胸骨や椎骨・骨盤での産出比率が高まります。

血液中の割合は、血球類が40％〜45％、養分を含んだ黄色っぽい液体である血漿(けっしょう)が50％〜60％です。1滴の血液の中には赤血球が500万個、白血球が1万個、血小板が25万個含まれています。

骨の中は空洞になっており、骨髄はその中を埋めています。脳の構造では、硬い頭蓋骨に保護されて、この中で脳が働くように、血液の製造過程も、硬い骨に守られています。人体の臓器の中で骨髄は2.6kgの重さ、身体最大の臓器だというわけです。

赤血球は老化すると柔らかさを失います。この老化した赤血球は、山羊座の支配星が関係していると思われる脾臓の細胞内皮系細胞による食作用で分解され、ヘモグロビンはビリルビンとなり、肝臓で胆汁の中に含まれ、十二指腸へ排出されます。その後、ほとんどは糞便と尿に含まれて排出されます。

分解した血液の中から抽出した鉄は肝臓や脾臓から骨髄へ送られ、新しい赤血球形成に再利用されます。白血球や血小板も老化すると脾臓で破壊されます。

そもそも山羊座は冬至点から始まり、反対にある夏至点から始まる蟹座を保護しています。家とは固い壁が山羊座。この中に住んでいる家族を蟹座の象徴とします。タロットカードでカップは水を意味しますが、しかし水はこの中の液体であり、カップそのものは土の元素のシンボル、つまり山羊座そのものです。

液体状の血液は、山羊座という固い骨の中で保護され、作られているのです。180度というのは互いを反射板、鏡にするという意味では、蟹座は山羊座に、山羊座は蟹座を鏡として働きます。この相手がいないなら、それぞれまともな働きはできません。

日本語の言葉で、骨髄に徹するとは、心の底まで染み込んでくることを表します。骨髄に入るともいいます。恨み骨髄とは、恨みが根底まで染みついたことを示します。何か契約する時に血判にするのは、心の底から、生命の根底からの契約であることを示した行動です。

　個人の最も深いところにある自我は、血液の中に入っています。そして物質肉体の中で最も根底にあるものとは骨です。この対極にある似たものが、骨髄の中で作られる血液というものに描かれています。

　骨髄に徹するというのは、感情や意志、心が骨髄の中の血液の中にしっかりと宿ることを、はっきりと実感したものです。そこまで行ったことで初めて徹することができたと実感します。そこまで行かないものはすべて中途半端で、途中で消失してしまいます。

　確実な記憶は、純血種の民族ならば、血を通じて子孫に伝えられます。血で伝わる病を書き換えるためには、意識が根底にまで行き渡る必要があります。あるいはもっと簡便なものとしては、混血をすることで特定の特徴を曖昧にしてしまいます。真の魔術活動は血にまで書き込むことをします。

　私が山羊座感覚を不十分だと感じた時、それは自分の精神が、地上の特定の場所にある肉体の奥にまで入りきっていないという実感でした。骨髄にまで徹していないという意味です。山羊座は、とことん、物質的で限定されたものの底部にまで浸透することを表します。となれば、それはチャクラでいえばムラダーラ・チャクラなのでしょう。

　多くの人が、精神がまだ一番下のムラダーラにまで着地していないことを感じます。そうなると、この一番下の物質的な領域は、自分のものとなっておらず、集団に所有されたものであり、借り物であり、自由にならないものや居心地の悪いもの、自分の本質とは切り離された縁のないものと感じます。そこに自分が浸透しないと、人は全く浮かばれません。

　一般的な性質を持ち、決して個性化されず、偶発性が介入してしまう場所を、心身のどこかに残して置くことは人生の失敗です。地上に生まれてきたことの目的がしっかりと果たされていないと感じるのです。意図が骨にまで至り、意図が骨髄に徹するなら、自分の血を作ることができるでしょう。

天と地の間に直立する山羊座

　山羊座はローカルな場に結びついていますが、このローカルな場を、具体的な土地でなくてはならないと考える必要はありません。身体は神殿といわれますが、身体を着地点にすればよいでしょう。骨格にレミニスカートがあります。それは精神であり物質なのです。

　最終的に個体を取得するには、６方向作用力のすべてを手に入れるべく、地球への依存を克服しなくてはなりません。イスラエルの民はイスラエルの安住の地を求めたということそのものが、自分でなく地球のどこかに求めたことになり、それ自体が地球依存であり、不完全なことです。

　シュタイナーは、７度の音は今日の人類ではまだ獲得できないと述べていますが、この７度というのは天蓋のこと、上のドの音で、この獲得は上下の圧力均衡をとること、上のドと下のドで蓋をすることを表し、天と地という区別を乗り越えることで、私達はこの時に地球に依存する山羊座でなく、自身の中に山羊座を持つことができます。

　牡牛座は天と地という原初の思考感覚の始まりを作り出しました。山羊座はこの天と地の間に直立します。天と地に引き裂かれることで、ここには全体と部分を選別するような区別が生まれ、部分に集中する視覚の乙女座も働くことになりました。ですが、もっと大きな土のサインの三角形が獲得できたら天と地から自由になり、私達は、ローカルな惑星に依存しない生き方を獲得することができます。それはまだずっと未来的なことですが、シュタイナー式に考えるならば、後アトランティス第七文明期ということから計算すると、およそ3000年後という話になります。

　それよりももっと前の段階で宇宙船を作り、宇宙に旅しようとすると、地球に依存して初めて成り立つ人間存在であるまま、飛立つことになるので、旅の途中で自分がばらばらに分解していく現実を目の当たりにするかもしれません。６方向圧力をものにしていると、私達は心身の結晶を維持できます。つまり宇宙旅行用のマカバ（光の戦車）を手に入れたことになりますが、今の段階の人類は、六つのうちの一つを地球に依存し、なおかつそのことに全く無自覚なので、ばらばらになる現実を目の前にして、初めてそのことを知るということに

なるのでしょう。

　土星は木星を取り囲むキューブの軌道を持っているとケプラーはいいましたが、土星は６方向圧力を牛耳っているのです。生命の樹の大地、マルクトはキューブをシンボルにしていますが、今のところ、私達は大地に立つキューブしか手に入れません。

　グルジェフ式にいえば、人類の集団進化という流れに従わず、抜け駆けして、早めに７度の音（星雲界を表すＨ６）を手に入れることも可能だということになりますが、そのためには人類が共有するホメオスタシス的均衡の圧力を打ち破る独自フィールドを構築しなくてはなりません。

　グルジェフが要求する無理難題とは、世捨て人になるのでなく、世俗の中で、それを達成する第四の道を歩めということで、集団の中での孤独というものでもあります。地球重力に支配されないことと集団意識に支配されないことは同義語です。というのも、大地からは一人残らず独立できない人類が、集団で作り出す総意は、誰も決して独立はさせないというものになるからです。

11 水瓶座

遠い未来を見る力と関係する水瓶座

　水瓶座の身体対応は、循環に関係することすべてです。抹消循環、血管の緊張の調整、細胞の酸化作用、神経やニューロン、脚、ふくらはぎ、足首、頸骨(けいこつ)・腓骨(ひこつ)などと書いてあります。

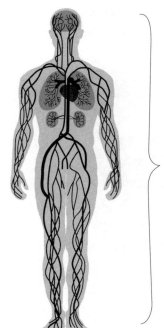

全身の血管
水瓶座

　ワンダの記述では、水瓶座は霊妙なビジョンに関わり、その結果として目に関係するのではないかと書いています。
　私は霊妙なビジョンを見ることはできますが、これは物理的な目と関係して

いるのかというと、あまり関係しているようには見えません。あたかも目で見ているかのように見えますが、しかし目は外からの光を受信して、物質的な外の映像を見るものであり、ビジョンは目の位置に重なったエーテル体の作り出す別組織の働きだということになります。

これについては水瓶座の項目からは外すべきではないかと思うこともありますが、しかし、確かに水瓶座は、遠い未来を見ている力に関係します。

ヨガのチャクラでは、最終的な場所とは腰のムラダーラ・チャクラです。それ以後のものはありません。脚の方に向かっては既に埒外なのです。日本ではかつて北海道などは蝦夷地であり、それは日本ではないと考えられていました。脚は蝦夷地に似ています。

この埒外とは、常駐するコスモスの範囲を超えたもの、日常の生活では考慮に入れる必要などないもの、いずれ来世があるとすると、そのために準備するようなものです。地上に生まれて、精神の意図が地上の骨髄にまで徹したのは、山羊座の段階です。そのため目的はこれで完了であり、それ以後、考える必要などないのです。10は十進法の最後で、ここでまとまるとまた新しいサイクルが始まりますが、それは連続しているものでなく、次のサイクルはその前のサイクルが死んだ後にしか始まりません。身体が頭に生まれ変われるようにです。にもかかわらず、十二進法の12サインでは、その後、水瓶座と魚座という十進法から見て不要なサインが続きます。

十二進法と十進法は決定的な思想の違いがあるのです。東洋占いでは、十干十二支という10と12の組み合わせを考えようとしますが、西洋占星術は、生命の7の法則と感覚の12の法則の組み合わせなので、10の数字は十二進法の位置づけの中に強引に組み込まれており、十進法はサブセットでメインではありません。

10は完成なのに完成ではないのです。ですから、完成した後に、11番目の水瓶座はこの固着を突き崩そうとします。これは直立するものを円環形態に変えようとする試みです。もし山羊座までしかないのならば、これは生命の樹の10個のセフィロトのように、樹木のように立っており、その樹木はどこにも移動しないはずだったのです。

直立する樹は、水瓶座と魚座の介在によって車輪のように丸められ、すると、

車輪は、特定の場から次の場へところころと回転し移動を始めます。山羊座までならば、この回転については意識していないのかもしれません。しかし、まるで天中殺のような、余分な二つのサインがあるので、回転し、牡羊座の出発点に戻ることになったのです。

土星までしか扱わない古典占星術でならば、腰以下のことは検討するに値しないという考え方と同じです。つまり、ヨガの七つのチャクラは古い時代に考えられましたが、その頃は惑星も土星までしか存在しなかったのです。地球の狭い世界の中で、よそを知ることもなく幸福だったのです。

外界の情報と交流する手足のうち、手の側は自分の周囲のことしかわかりません。それは呼吸作用とともに、せいぜい自分の周辺１メートル程度しか扱えないのかもしれません。ところが脚は、身体をどこかよそに運んでしまいます。つまりは水瓶座と魚座、脚と足は、山羊座をどこかに運搬するのです。それは山羊座をあちこちに飛石的にコピーし、同じものを違う場所に植えつけます。

水瓶座と魚座は山羊座を越えて働きます。しかし、思想として、山羊座の枠組みの範囲の中にある水瓶座と魚座は、本来の働きを発揮していません。今日の占星術、あるいは通俗的な星占いでは、この水瓶座と魚座は、どうやら山羊座の範囲の中に収まった範囲で考えられており、もともとの意味が死んでいるということもあります。合意的現実の範囲の中で、それなりに馴染みやすいキャラクターと役割を担っていますが、本来的には、12サインは円環型宇宙像であり、水瓶座と魚座は山羊座を終わらせて、山羊座そのものを持ち運び、次のサイクルにつなぐための準備的なサインであるということを忘れてはならないし、円環型宇宙像は今日の社会では、あまり受け入れられていないということにもなります。

水瓶座の働きと魚座の働きを山羊座の持つ輪郭、すなわち身体内に閉じ込めてみると、この小さな水瓶座はまずは循環器官となるでしょう。特定の部位から外に出て、身体を循環していくのです。

普遍的にどこにでもあるという生き方に拡大しようとする

山羊座の範疇(はんちゅう)の骨髄の中で血液が作られます。この血液は、水瓶座が示す循

環組織で、あちこちに運ばれていきます。血液の循環は心臓によってだけでなく、筋肉の収縮によって運ばれています。心臓ポンプは全身に血液を送るほどの力はありません。つまり筋肉である射手座の力は、骨格である山羊座の髄質を挟んで、水瓶座に山羊座を超えた自分でありたいという未来的な意図を託しました。これは身体内の、山羊座の範囲の中においての循環です。古典的な占星術では水瓶座の支配星は土星であり、骨髄で作られた血液を身体の枠の中のあちこちにデリバリーするものだったのです。

ある時期から、水瓶座の支配星は土星から天王星に変わりました。土星は公転周期が29年ですが、天王星は人の一生に等しい84年です。これは肉体を示すわけではなく、肉体の新陳代謝という記憶の途切れがちの継ぎ足し運動に対して、人間全体を統括するパイロット波です。つまり物質的身体の範囲を超えた、身体全体を包み込むオーラのようなものに該当します。水瓶座の支配星が天王星になった段階で、水瓶座の循環機能は物質的身体の外に飛び出したと考えてもよいのです。支配星が土星の時には、それは身体内循環でした。

水瓶座の5度に先祖委員会というシンボルがありますが、これは個人を超えて、ネットワーク的な意識に拡大すること、例えば惑星グリッドに進展することを表しています。生命の個を超えて生命圏ネットワークに拡大したのです。

SABIAN SYMBOLS 水瓶座5度	*A council of ancestors.*「先祖の委員会」

水瓶座が循環器などに関係するというのは水瓶座の性質を理解するのに好適です。それは特定の身体の部位に所属するのでなく、拡大し、分散し、移動するのです。自我は血液の中に住んでおり、自我は身体全体を統括するべきで、そのためには血液が特定の内臓の位置に居座ることは許されず、身体のあちこちに運ぶ必要があり、水瓶座は血液を山羊座の骨髄の檻の中から連れ出して、身体内の世界を旅するように仕向けます。

土のサインというのは特定の場に立ち、そこで輪郭を閉じます。風のサインである水瓶座は特定の場に立つのでなく、普遍的にどこにでもあるという生き

方に拡大しようとします。風のサインは必ず土の元素のサインの後にやってきて土の塊を風化させます。塊をばらばらにしていくのです。したがって、山羊座の直立した場所性から解き放ち、どこにでも通用するような拡大をしていきます。あるいは山羊座を複数化させ、あちこちの異なる場所に、たくさんの山羊座を植えつけます。

山羊座で作られたローカルな独自性を水瓶座は破壊する

私は、2014年は毎月いろいろな国に旅行しましたが、アジアのどこの国に行っても日本の六本木にあるビルと同じようなものが建てられていることを発見して、退屈しました。ビルの中にあるメーカーはほとんど同一です。これが水瓶座の悪い癖です。山羊座で作られたローカルな、それぞれの地域においての独自性を水瓶座は壊していくのです。

水瓶座の1度の伝道所というサビアンシンボルは、一つの思想が西欧だけでなく、世界中に拡大していき、その思想がどこにでもあるということを示したものです。

> **SABIAN SYMBOLS　水瓶座1度**
> *An old adobe mission.*
> 「古いレンガ造りの伝道所」

キリスト教は土着的なローカルな宗教だったのに、それをアジアとか南アメリカとか世界中に持って行こうとする試みは無謀でした。特定の場に偏らず、すべての場所に広がるという水瓶座の理念は、血液をすべての場所に循環させ、狭い路地にも僻地にも届くように働きかけることなので、水瓶座のサインにある天体がアフリクトされていれば、循環に偏りが発生します。

血液は自我の乗り物とした時に、この血液が身体の先端部に届かないとすると、それは「ささいなことを軽視する」とか「自分を中心にして見た時に、そこから遠ざかりすぎたか、異質感のあるものを取り上げない」という姿勢になります。これは獅子座を中心にした動脈の側の論理です。しかし、水瓶座は静

脈の側の論理です。

　例えば、あまりにも狭い暗黒の路地、まるで昔の九龍城跡のようなビルにまで自我を引率したあげく、事件に遭う手がかりさえ見つからなくなったとしたら、もう血液は回収されません。血液は情報を拾ってはいたが、情報が重すぎて、身動きがとれなくなったのです。自我はこの循環する血液に乗っていて、心臓が作り出すリズムに沿って動く時に自我意識が働きます。ということは、僻地の毛細血管で停止した時、自我意識は分断され、その場所で働かなくなり、昏睡しています。動くからこそ意識は働くからです。

　水瓶座は脚やふくらはぎ、足首などを表し、同時に静脈を表しますから、足の裏の静脈瘤は、水瓶座領域においての水瓶座の挫折です。

　作家の斎藤栄は、著作をするために特製の堀コタツを作ったらしいです。しかしあまりにも居心地がよいので、そこで毎日長時間、同じ姿勢で書き物をして足がダメージを受けて、手術するまでに悪化しました。射手座の運動感覚と水瓶座は60度で、この二つのサインが上手く働くと、あちこちをうろつき、足に疾患が出ることはないでしょう。

　射手座が山羊座の範囲内で働くのなら、ローカルな場所を意味する山羊座の町内で、それは例えば駅前の南口とか東口とかの近所をうろつくことになりますが、山羊座の後の水瓶座が優勢になれば、この町内から飛び出してもっと広い範囲をうろつきます。いずれにしても、斎藤栄が著作の合間にそのようにうろついていたのならば、手術はしなくてよかったことになります。

　最近、一部で、貧乏ゆすりが流行しています。若い女性のモデルが、努力して貧乏ゆすりをしているという話も流行する原因だったのかもしれません。また医師も貧乏ゆすりした方がよいとアドバイスします。貧乏ゆすりをすると足の血行がよくなるので、しないよりはした方が健康によいのです。

　私が講座で話をしている時、参加者の中の女性ヒプノセラピストは、激しく貧乏ゆすりをしていました。後で、どうして貧乏ゆすりするのか聞いてみたら、「自分は高揚感を感じると貧乏ゆすりをする」と説明していました。

　旅先で心臓に戻れなくなりそうな血液・自我が、筋肉の働きかけで戻れるようになるというのは、言語感覚の双子座と運動感覚と筋肉の射手座の連動で、話を聞き身体はそれに呼応して動くからです。そのことで、これまで謎だった

ことに解決がついて理解が進んだという意味ですから、貧乏ゆすりは高揚感なのだといえるのかもしれません。

　貧乏ゆすりは高揚感の現れだという説明は、豊臣秀吉が竹中半兵衛の貧乏ゆすりを叱った時、「これをすればいつでも戦に行くことができる。そのための備えなのだ」という返答と同じくらい、その場かぎりの言い逃れにも聞こえます。

　貧乏ゆすりが正当な価値があるのならば、名前を変えなくてはなりません。健康ゆすりがよいでしょう。

水瓶座と循環器の関係

　循環器は、血液とリンパなどを輸送する働きを示しています。これらを運ぶ器官は管状態になっていて、栄養分を運び、次に老廃物を受け取ります。ヘレニズム時代の宇宙観では、ヘリオスたる太陽は周囲を回転する惑星からの否定成分を受け取りますが、それは情報でもあり、食料でもあるので、血液やリンパが受け取る老廃物とは、より創造的な部位からすると栄養でもあります。

　惑星は太陽から受け取るものを栄養とみなし、太陽は惑星から受け取る、低いものを栄養とみなしています。私達は精神活動をより活発化させるために、物質的な食料を栄養分として受け取っています。

　血液を運ぶ複雑な管は太いものから細いものまで身体に張り巡らされているので、これは都市に走る道路、鉄道や地下鉄網のようなものです。多くの人は、自分が仕事をする会社などに朝元気に出かけ、そして疲れ果てて帰ってきます。運ばれていく人は、自我を象徴していると考えるとよいのです。時間通りに運行する鉄道は血管のようなもので、決まった予定がなく、その都度移動する車が走る道路などはリンパのようなものだと考えてもよいかもしれません。

　また管ということは、ある場所からある場所をつなぐので、この管のラインは、二つのものの共通点によって結ばれるということになります。関連性がないということは管が通らない。ある面で共通した意味を持つが、違う側面では違うのだという２点をつないでいくのが管です。

　水瓶座はネットワーク的な結びつきを広げるということもあり、山羊座という特定の場所性から異なる節目、これも山羊座が意味するものですが、その間

を結ぶという点では、山羊座の限界性を超越するということです。それぞれの器官を、そこにとどまる山羊座的な山とみなすと、複数の山を行き来します。

　結節点と結節点を移動するのが射手座だと説明しましたから、すると水瓶座の場合には、この射手座的な意義の側を主体にして、射手座と山羊座の立場を逆転させたのです。結節点そのものを外に拡張していくのです。つまり山羊座の価値、定義が明確になった上で次の水瓶座が働くのです。

　風のサインの三角形、すなわち双子座、天秤座、水瓶座ということからすると、水瓶座はいろいろな場所に荷物を届ける宅配業者のようにも見えてきますが、実際に行き来するという行為は双子座です。水瓶座はネットワークを広げていくことが主眼です。それは固定サインだからです。

　風のサインの共同関係は、柔軟サインの双子座が行き来し、天秤座は触覚で、これは閉じ込められることで、逆に外に対して心を開こうとすること、つまり差異性の高いものに近づこうとする作用です。閉じ込められたものが解放されようとする欲求です。天秤座の意欲によって水瓶座の経路ができ、双子座が行き来するのです。

　水瓶座は偏りを嫌うので、どこかに山羊座的な意味で山があり、そこを偏った信念体系が支配していると、それを崩すことに意欲を燃やします。極めて小さな山羊座の山は、血管の中のプラークなども意味するでしょう。水瓶座はそれを突き崩そうとします。水瓶座の力が発揮されすぎると、どこでも同じになり、圧力関係が成立しなくなります。圧力はあるところに力が蓄積され、滞りがあり、それが他に流れていく時に作られるものです。水瓶座が阻害されたりすると、血栓ができたり、反対に貧血になったりします。

　血液が流れていく力は心臓の力にかかっているわけではなく、むしろ心臓は複数のところを流れる血液を統合化していくセンターのようなものです。心臓ポンプ説が間違っているという説は、まず血管があり、その後で心臓が作られたということからきています。血液はたくさんの理由で抹消血管にまで届かない場合があり、筋肉が助ける筋ポンプはもっぱら静脈の側で働きます。心臓は太陽あるいは獅子座にも象徴され、これは12サインでは熱感覚ですが、体温は抹消の血管では28度程度にまで落ちていきます。

　熱感覚は、生き物の環境から独立した、その生き物の独自の活動力を維持

しますが、これが四方に放射されることでやがてはこの熱感覚は消耗していき、毛細血管から心臓への戻りコースでは、ほとんど熱感覚が奪われています。つまり気力も尽き果てて、自分が何のために生きているのか、もうわからないというような困憊状態です。獅子座の熱感覚は外界に無関心で、外界の情報に気がつかないのですが、そうして送り出された血液が、あちこちを巡回して、意見を聞いたあげく、戻りコースに入る頃には意気阻喪して、自分がどうしてよいかわからなくなっているということです。

　静脈の戻りコースで、なかなか上手く戻ってこられない場所があるとすると、その身体部位は人生の中で何に対応しているのかを考えてみるべきです。身体の部位のマトリクスは生命の樹を参考にするとよいでしょう。

　何かをする時に、獅子座ならば自分の熱感覚で、自分の意欲とエゴで行動しますが、水瓶座の場合には、自分の熱感覚は奪われているし、偏ったところにある熱は嫌いますから、例えば多くの人の意見を聞いたら、アンケートをとってそれによって意志決定する、というような姿勢です。それが獅子座の熱感覚を否定することもあります。他人の意見をたくさん聞いて、自分の熱意はげっそり失われてしまったのです。

　体内の各組織に、毛細血管から滲み出た組織液が満たされていて、浸透圧によって血管中に再度回収されますが、1割程度はリンパ管を通ります。リンパは規則的な運行リズムがなく、もっぱら筋肉の力で移動しますから、定番リストに入らない特例的な課題をこなしています。ただし、これはどちらかというと魚座に回した方がよいテーマかもしれません。

水瓶座と透視能力についての考察

　ワンダ・セラーは、透視的なビジョンなどを水瓶座に関連づけますが、視覚を表す乙女座は土のサインで、これは特定の場に閉じ込めることを意味しますから、乙女座の視覚とは思想の反映としての視覚であり、その人はその人の考え方に沿って特定のものだけを見るというものです。

　私達は視覚を通じてすべてを見るわけではなく、あるところのみ強調し、それ以外のところはあたかもなかったかのように見るのです。その背後には、牡

牛座の思考感覚と山羊座の立ち位置という均衡感覚が関連づけられます。

　水瓶座は山羊座の特定の場所性というものを突き抜けます。水瓶座は、土という限定性を突破して、すべてに広がりたいと願います。そこで、土の範囲の及ばない場所、つまり乙女座が視覚化できない領域に視野を広げます。「いま・ここ」だけを見るという枠から外に拡大させ、空間的に遠く、時間的に遠くというものを見ようとするのです。

　水瓶座は12感覚では、嗅覚を表します。物質的な嗅覚でなく、いわゆる超感覚的に嗅ぎ分ける力です。匂いは物質の周囲に漂います。物質が分解した結果なのか、それともこれから物質になろうとするのか。ともかく物質の周囲には、見えるような見えないものが漂い、水瓶座の嗅覚はそれを嗅ぎだすのです。

　水瓶座の障害は、循環機能において貧血になったり、血栓に負けたり、低体温になったりするということからすると、状況によってはこの霊的なビジョンには歪みが発生します。そもそも水瓶座は未来のビジョンを象徴としています。過去のビジョンは牡牛座です。それは90度の関係で、既に持っているもの、未来に持つものという対比です。未来ビジョンは、獅子座を遠くに押し出してフィードバックさせたもの、つまり自分の見たいものを予感するというものでもあり、この自分の夢の投影を少なくするには、獅子座の熱感を奪う必要があります。

　熱感は外部情報を寄せつけない作用なので、これが冷えていくにつれて、外界の情報は入ってきますが、自分はそれに損なわれていく傾向も強まるのです。

　いずれにしても、水瓶座を物質的な身体内機能に閉じ込めるのは、理屈としては無理があります。水瓶座の支配星が土星だった時代には、狭い教区の中で循環する水瓶座があったと思いますが、水瓶座の支配星を天王星にすると、もはや山羊座範囲に閉じ込められなくなります。水瓶座は身体の枠（山羊座）からはみ出したがっており、ビジョンは遠くに未来に向かいます。

　水瓶座に天体を持つ人は等しく霊的ビジョンを持ち、遠くを見ることができるようになる能力を、水瓶座的常識として持つべきでしょう。山羊座が仕切る12サインというものでなく、山羊座を超越する水瓶座になることで、十進法が偽装した十二進法でなく、正しい十二進法の中での11番目、すなわち円の中での位置づけを取り戻すことができます。

12 魚座

身体の中の液体や粘液を表す魚座

魚座が管轄する身体の部位とはリンパ系、免疫類、足全体です。また水分や粘液なども、水のサインとして関係しています。

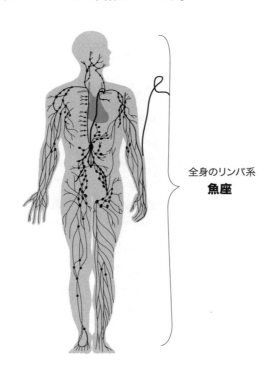

全身のリンパ系
魚座

　身体を三つの層に分けた時、足は頭とは対極にある領域です。真ん中に内臓があります。足は頭と反対にあるので、足は最も頭脳的ではないともいえます。
　身体の12サイン対応は、頭から足まで直線的に配置されますが、そもそも

12サインは円環構造で、魚座が終わると次の牡羊座に入ります。ゾーディアックマンは、直立する絵ではなく、輪っかになった人物を描きます。

縦に配置すると、牡羊座が示す頭と魚座が示す足は最も離れてしまいます。しかし魚座が終わると牡羊座が始まり、魚座と牡羊座は終わりと始まりで隣り合わせにならなくてはいけないのです。ただし、12サインの円は同じ場所を回るのでなく、螺旋回転しているとみなし、魚座は違う牡羊座につなぐと考えるのです。魚座はより大きな範囲においての牡羊座に接続するということです。それはかつての牡羊座とは違うがどこか似ている、つまり性質は似ているが範囲が違うのです。魚座が場所を探索し、そしてそこに移住して、新しい牡羊座がそこでスタートすると考えてもよいのではないかと思います。

12サインの意味について考える時に、たいていの場合、十進法に二つつけ加えたような考え方をしてしまうので、水瓶座と魚座を正しく理解できていない教科書が多いのです。占星術は科学でもないし、むしろ全くのところ非科学的で、合意的現実におとなしく収まっているような体系ではありませんでした。

山羊座の範囲の中にダウンサイジングした水瓶座と魚座は、どうみても解釈が歪んでいます。むしろ突き抜けていくものや突破していくものと解釈しなくてはならないのです。土星までしか発見されていない時代には、水瓶座と魚座は理解しがたいものだったので、その説明はいびつなものになっています。

水のサインは、身体の中の液体や粘液を表すといわれていますが、川を流れるように移動するので、特定の部位に固定するのは難しい面があります。体内の中では移動します。これが山羊座（身体の枠と皮膚）という範囲の中に収まった魚座です。しかしもちろん山羊座を超えたものが、水瓶座と魚座なので、川の水のように流れる特質を、身体内ということから開放して、山羊座の身体性を運んでいくような水の流れと考えてもよいでしょう。

くまなく舐め回すことで理解する

私の個人的な体験では、何度かの引っ越しのコースは、中沢新一が『アースダイバー』（講談社）で取り上げた縄文時代の川に沿ったものでした。しかも原宿に引っ越した時には、1か月近く、毎晩ボートの音で眠れず、自分がずっ

とボートで移動しているのではないかと疑いました。その川の途上で交通事故にも遭って骨折し、運ばれた病院も川の流れの中にありました。ある時期に、この川の移動コースから離脱することを決めました。つまりそのレベルのコスモス範囲に住むことをやめてしまったのです。それは次の螺旋に入るということです。

　この川下りとか川登りは、意識的には行うことができません。その知識も地図もないからです。未知のものを探索するには、三木成夫のいう、幼児の舐め回しによるしかないのです。くまなく舐め回すと、それが丸い球だとわかる。大地をまさぐると、それがある法則を持っていることがわかる。

　足は２本あり、つまり二極化されています。右足、左足と交互に踏み出す時、常に発信と受信を繰り返すということです。踏み出した側が確認する段階に入った時、もう一つがさらに踏み出します。足の上にある身体は、外を歩くことに直面していません。それは上になるにつれて、この移動の衝撃が弱まり、頭の段階では、静止しているようにも見えてきます。

　自分は移動しているのに、頭は静止しているつもりです。結果として、自分はじっと安定しているが、周囲の環境が変化しているように見えるのです。電車の窓から外を見ると、景色は動いて見えます。しかし動いているのは自分です。

　私達は、この結果として、歩き回ることが連続する体験の変化というふうに受け止められます。支点があると、動きには意味が発生するのです。頭が静止していないのならば、動きは連続性と意味の発展という働きが失われ、認識は支離滅裂になるし、歩く都度、自分は直前の自分と同じであるという自覚を失います。しかし足はそうはいきません。それは動きの現場に、大地にさらされています。

　大地は、私達からすると全く別の世界です。頭は静かなオフィスで、椅子に座って、状況を判断しています。しかし足は現場で、小石につまづいたり、爪がはがれたり、膝をどこかにぶつけたりします。手はどちらかというと頭に従属していて、中空に浮かび、狭い範囲でしか動いておらず、足が晒された現実には触れていません。

　幼児の舐め回しでは、口の中にある舌が動き回ります。これは口の中にあり、しかも二極化されておらず、独立した筋肉組織です。この舌は内臓が飛び出

たものであり、つまり内臓が外界に対して関心を抱いているということです。

　舌は肝臓の小型というか、インターフェイスで、舌で確認した情報は肝臓に送られているといいます。しかし東洋思想の五行説での五臓六腑の解釈では舌は心臓の出先器官です。おそらく舌も心臓も随意筋で作られて似ており、未来には心臓は意識的に動かす器官に変わるということを予感させます。

大地を舐め回す足

　足は二極化されたもので、実は身体の中では最も大きな舌と考えてもよいかもしれません。魚座は味覚といわれ、舌は魚座のシンボルであり、水の中を泳ぐ魚は舌そのものが泳いでいる姿だとズスマンはいいましたが、舌が肝臓に関係するのだとすれば、魚座の支配星も海王星でなく、木星にした方がよいかもしれません。巨大な舌ともいえる足は、大地を舐め回し、そこにあるものを溶かして、一体化しています。

　足は内面に引き込まれず外にむき出しになり、大地に実際に触れているのはこの足以外にありません。魚座と180度側にあるのは乙女座です。乙女座はどこか特定の範囲に意識を集中させ、それ以外は見ないという、木を見て森を見ずという特性を示すサインです。漠然とした模様の中に特定の輪郭を見るという点では、雲が人の姿に見えたりするような見方です。

　このあるものをフォーカスし、他を忘れるという性質に比較すると、魚座はこの乙女座の特定フォーカスに集中する緊張を解除して、より広い視野を取り戻します。視野の中心を使うだけでなく、その周辺視野に意識を向けるには、意識の緊張を解かなくてはなりません。

　例えば脳波がβ波の時、人は警戒心が強く、個の意識に集中するものですが、α波やθ波になるにつれて、この狭い範囲に集中するという緊張感が緩んで、いろんなものを全体的に見るようになってきます。個に閉じこもり緊張の中にある人はオーラを見ることはありませんが、のんびりぼうっとして、視線を鋭く集中しなくなれば、オーラがだんだん見えてきます。

　人間個人は、個人という意識に集中している時だけ成立します。夜眠る時にこれを解除しますが、また朝目覚めると、この緊張の中に自分を投じていきま

す。寝ている間、自分は消え去っていたのです。人間は特定の部位にフォーカスし、そこで食物を摂り、だんだんと身体が固まり、疑いようがないくらいに硬いものになります。それは鉱物質を借りて、固いものになれるということです。牡牛座、乙女座、山羊座という土のサインの共同で、この固い人間存在が形成されます。

　足を使って歩くことは、自分以外の場所に、意識を広げていくことです。リフレクソロジーなどの知識によれば、足には身体のすべての要素が集約されているという話ですが、牡羊座から魚座までの12サインは、確かに魚座という最後のサインにすべて封入されています。次のサインの始まりである春分点に向けて、引っ越しの時に荷物をすべてまとめるようにオールインワンにしなくてはならないのです。

　魚座の最後の30度では、個人の個性は、岩のように固く形成されます。魚座の中にすべての要素が含まれる。この状態で外を歩くのは、すべての荷物を抱えて旅をすることです。その場合には、戻ってこなくてもよい旅なのです。

　冬眠する熊はシャーマンの象徴で、睡眠中に異次元を旅します。しかし春になると戻ってきます。冬眠する亀は半分くらいが地中で死んでしまうといいます。「亀は万年」という言葉がありましたが、亀はより大きなサイクルのコスモスに戻りたがっており、つまり楕円の世界卵は、手足を引っ込めるとまた楕円の玉になるように、この世界に深入りすることに躊躇しています。ですから、冬眠後、また戻ってくる亀もいれば、その気がなくなってしまう亀もいるのです。亀のように生きている人は外界の動きに対して敏感でないし、しばらく食べなくてもよいと思っています。

魚座の足は危険領域にも踏み込んでいく

　乙女座は腸に該当しています。そして腸内フローラは人類に対応していて、人はこの腸内細菌の一つだと考えましたが、魚座は外の世界で、地球という腸をひっくり返した大きな領域で、腸内細菌の一つのように、つまり地球内細菌として歩いています。そして善人になったり悪人になったりしますが、たいていは日和見します。小さなコスモスからより大きなコスモスに自分を投げ出す

こと、これが魚座の足に関係しているということになります。舌は口の中で動くが、足という舌は身体をまるごと運んでしまいます。

他の身体はこの現実に直面しなくてもよいけれど、魚座は、人体がもう一つ大きな世界に接する現場にさらされています。人は魚座の段階では、内面に引きこもることは許されず、世界に投げ出されています。

乙女座が自分の人格に集中し、それ以外の要素を排除するというプロセスは、魚座では、あるレベルにおいての乙女座的人格の集中を解除して、乙女座が排除していた他の要素をすべて取り込み、もう一つ大きな範囲においての、自分の位置づけを復元するということが重視されています。つまり七つのうち、ソの音の人がいるとします。すると、七つの音をすべて統合化した一つ上の世界でソの音になるのです。このためには、まずそれまでの自分の次元において、すべてになり、そのことでその上の世界に入り、すると、そこで大きなソの音の存在になるということです。

乙女座の緊張を緩和して、乙女座が排除していたものを取り込みます。それは害悪とみなされていたものも取り込むことです。乙女座は狭義の、人格から見た善悪を決めていましたが、これは大きな自己というところからすると無意味な尺度です。

乙女座の16度にオランウータンというシンボルが出てきますが、こぎれいな子供を作るために、排除していた影の要素が、オランウータンとして出現するのです。

SABIAN SYMBOLS 乙女座16度	*An orangutang.*「オランウータン」

魚座がこのオランウータンを呼び込んだことは間違いありません。

一つ上の次元に上がるために魚座に託された役割には、特有のリスクもあります。魚座の足は、危険領域に踏み込む可能性はあるし、また怪しげな食べ物を口にしたりもします。数年前、千葉県の海岸で怪しげな水のある場所を歩いて、私は感染症になりました。

小さな自己の崩壊の危険。それは大きな自己へ回帰するためのきっかけを作るが、しかし失敗すると、小さな自己の範囲のままで、小さな自己を壊してしまいます。そして有害な影の成分に出会うのです。この影は大きな自己からすると、今の小さな自己とは違う別の小さな自己であり、もともと自分の部品ですが、これは今持っている小さな自己を壊してしまう力を持っています。魚座はそれを、オランウータンを連れてくるようにして取り込むのです。

魚座はリンパに関係します。血液に関わるところでの浄化機能は自動化されていますが、リンパはまだ原始的で、筋肉の力によって送り込まれ、自動化されていません。つまりその都度の処理ということです。前例がない、慣れていない、未知のものを吸収、整理、排出しなくてはなりません。いつも食べているものなら自動的に処理してくれる。しかしまだ食べたことがないものはおそるおそる点検しながら処理するのです。リンパ球は一度戦った細菌やウイルスについては、そのデータを記憶し、同じ病原菌が再び侵入した時に抗体を作り出します。

陸亀を初めて飼う人が、その亀の首に触れたことで、未知の雑菌が体内に入ってしまい、しばらくの間病気になりましたが、やがて慣れてくるともう二度と感染はしなくなりました。

老廃物は、通常は静脈に取り込まれて心臓まで戻ってきますが、静脈に入りきらない溢れた分の老廃物がリンパ管に流れ込むのです。静脈では回収しきれない老廃物を回収するのがリンパで、予定外のものを処理するということです。

フォアフットで走ることの意味

メースは、足の真ん中が浮かんでいて、足の裏全体が大地に触れていないことを重視していました。もし、すべてが触れることになるのなら、人間は完全に地球に支配されていただろうと書いています。

脳は三つに分かれ、耳も三つ、身体は3層で、手や足もだいたい三つの部位に分かれ、真ん中は内臓的なもので、それは直接外に触れることはありません。ある程度、保護されていなくてはならないのです。

足では、先の指の側はセンサーになり世界を探ります。かかとは自分を支え

ています。真ん中のものは内臓的な領域で、内的なものです。この三つは、新しい世界を探り、自分との位置関係を確認し、そこに新しい意味を見出すということです。

　身体全体としては、この三層は天、人、地にたとえられます。人は、大地の舐め回しとして、散歩して思わぬものに出会います。足が魚座だとすると、これは結合力としての水のサインとして、一度張りついた場所から去ることはできません。しかし射手座は火のサインとして反発力を持ち、魚座がはまった場所から筋肉の力によって反発し、次の場所に移動する力を与えます。足は太ももの筋肉の力によって、移動可能な能力を与えられます。魚座は同化し、射手座は反発して、次の場所を彷徨うように促すのです。

　走ることはべったりと地面につかないで移動することです。またいつもよりも速い移動は、いわば速読みのようなものです。読書においてのスキミングとは、蚊が飛ぶように要点を点々と移動して読むことですが、歩くことに比較して、走ることはスキミングのようです。射手座の火の力は、魚座にスキミングすることを促します。歩くのではなく走るのです。しかし、かかとの直立性は、ないがしろになりますから、その都度、自分との位置関係の比較によって意味を探るという山羊座的な要素が十分に発揮できず、速読みはじっくりと味わうことがないつまみ食いです。

　魚座は1度で市場というシンボルがあるように、あらゆるものを集めます。

SABIAN SYMBOLS 魚座1度	*A public market.* 「公共の市場」

　この世にあるものすべてを集めようとしていると考えてもよいでしょう。柔軟サインの四つは双子座、乙女座、射手座、魚座ですが、魚座が集め、乙女座がその中の一部を強調し、射手座はそれぞれ集めたものを戦わせます。それぞれのものの反発力を重視するのです。そして双子座は、その集めてきたものの違いに対して好奇心を持って見ていくのです。ここからすると、魚座が狭い範囲でしか動いていない時には、双子座、乙女座、射手座に十分に栄養を与えな

いことになります。

　足ではなく手で考えてみる。これは双子座の管轄です。手は開いたり、閉じたりできます。手の平は外界から保護されています。握手する時に、相手に手の平が触れることは失礼なことだといわれています。握手する時に直接触れず、相手の手の平と自分の手の平を照合します。しかし直接触れることはありません。手は人と接触しますが、足は大地と接触し、ほとんど人と接触することはありません。つまり手は人の世界に開かれており、足は人というよりも自然界、もっと大きな世界に開かれています。そして手と同じような働きが足にもあるのです。

　手は「小手先」というように、身体全体に及ばない、小さな作業とか部分的な行為ができます。しかし足は小手先が難しい組織です。

　例えば双子座の９度では矢筒というシンボルがありますが、これは脳のループのようなもので、頭脳的な活動の鋭い、高速な処理です。しかし双子座が大脳皮質といわれたように、深部に至らない、知性の表層的な活動に特化されています。小手先的なのです。

SABIAN SYMBOLS 双子座９度	*A quiver filled with arrows.* 「矢で満たされた矢筒」

　同じ柔軟サインの魚座の９度は騎手です。

SABIAN SYMBOLS 魚座９度	*A jockey.* 「騎手」

　騎手は矢筒の中の矢の一つに化けてしまいます。そして身体まるごと飛び込みます。小手先で処理している時は机の前で何か作業していますが、魚座の足になると、全身飛び込みになるのです。

　足の前部分で走ると、この外界に対する飛び込みは積極的で、かかとに重心

を置いた走り方は、まだ防衛的で、自分を守るという姿勢が重視されています。騎手になるには足の先を積極的に使い、かかとが地面に触れるか触れないかの時に、もう次の行動に出ているということが特徴になります。

　地球は人間よりも大きな範囲のコスモスで、人間は地球の表面に張りついた触媒、細菌のような存在です。魚座はより大きな自己へ回帰するために、外に向かい、小手先で生きることを放棄します。頭は足から最も遠く、内部宇宙から、窓の外を見るように観察できますが、足はそれができません。靴を履くと、それは窓ガラスのように遮蔽できるかというと、そう強固なガードではありません。むしろ靴を履き、しかも厚いソールの靴だと、大地を足の裏で感じることができにくくなります。

　こうした厚い靴を履くと、足は故障しやすいといわれています。つまり足の裏には精密なセンサーがあるが、分厚い靴はそのセンサーの働きを奪ってしまうからだということです。裸足に近い方が、戦う射手座の筋肉も、腰も、本来の正しい機能を取り戻しやすいということになるのでしょう。毎年新しい靴が開発され、その新しい靴を使う方が、足を壊す確率が高いというのは、私達は日ごとに、自閉する方向に向かっているということでしょうか。保護する靴は、本来は不要なのです。

新しい可能性を発見するために魚座は足を伸ばす

　乙女座は自分の思考によって世界を切り取り、一部をフォーカスし、強調します。魚座はこの固着を緩和して、他のところに目を向けさせますが、するとまた乙女座は新しい区画にフォーカスして、そこに目線が集中し、他はなかったかのように振る舞います。

　土のサインは自閉する本性なので、関心が集中した場所に固まってしまうのです。そして自分が集中したものを正義とし、それ以外を悪と考えます。

　メイソン・カリーの『天才たちの日課』（金原瑞人・石田文子訳、フィルムアート社）という本の中で、ある作家はカメラで写真を撮影するのが趣味で、しただし撮影するのは常に街の中のゴミ置き場で、汚い光景を見ると写真に撮りたくなるという内容が書いてありました。私はこの人物は私と好みがとても似て

いると思いました。中学生の時修学旅行で、他の多くの生徒と同じに、私もカメラを持参しました。そして有名な観光地や寺に行ったりしても、実は、そこにあるゴミのバケツなどを撮影していたのです。今でも撮りたくなるのは、薄暗い、混乱した、汚い場所です。金属を撮影する時には錆を撮影します。

　人物写真を撮影する時に、綺麗なシーンを撮ってほしいと思う人が多いと思いますが、私は、その相手が最も綺麗でない時、例えば気を抜くとか、うっかりと崩した瞬間に撮りたいと思います。それは、その人が最も無防備な姿を見せてくる瞬間だからです。

　綺麗な写真を撮影してほしいと要求されても、そもそも「綺麗」という定義がいいかげんです。何を綺麗かと感じるかで、その人のお里が知れると思っていました。時代によっても変化する主観的な基準は、後の時代になると、そうした美意識を持ったことを恥ずかしく思うのです。

　この綺麗と思われる輪郭は、乙女座の切り取り、天秤座の輪郭のまとめという基準から来ていますが、それは全体的ではありません。不完全さをどう取り繕うかということに、美意識があると考えることもできます。そして魚座は、この乙女座、天秤座のまとまった綺麗な輪郭をわざと壊そうとしますから、すると結果的に、綺麗な部分を取り除いた汚い方に注視することにもなるかもしれません。

　綺麗な洋服を着た子供よりもオランウータンを見る。新鮮なものより腐ったもの、整理されたものより混乱したものです。ただし、これはいいすぎで、綺麗に整った部分的な輪郭プラス、それ以外のものを取り上げようとするのです。

　魚座は乙女座の破綻する場所を狙います。そして乙女座は16度で、魚座によってフォーマットが溶解し、その後は、残骸の山の中で乙女座を再構築しようというむなしい試みを続けます。ですがこの段階で、それまでの小さな自分に固執する心を捨てていますから、乙女座を再構築するという試み、すなわちより大きな乙女座の再構築作業として、例えば複数の人と協力しあって、能力の持ち寄りで全体像を構築しようということに路線転換していくのです。それは21度の女子バスケットボールチームです。複数の少女が、一つのボールを追いかけるわけです。

SABIAN SYMBOLS 乙女座21度	*A girl's basketball team.* 「少女のバスケットボールチーム」

　魚座は広げて乙女座は狭いところに集中し、まとめようとします。魚座はまたそれを引き剥がします。引き剥がしの反発力と筋力を射手座が提供します。魚座が未知の新しいところに踏み出し、その都度、危険な雑菌を拾うと、乙女座はそれを善悪概念で分類して、害悪と思われるものを排泄するという行為をします。

　魚座が足を伸ばすと、これまで知らなかった新しい可能性が発見され、しかし同時に処理しづらい有害菌が見つかり、それを工夫して駆除する時に、リンパ球はその都度、記憶して次回同じものが来た場合には、それを自動的に駆除します。つまり、魚座の探索の中で、乙女座は少しずつ善悪の区分けの仕方を変化させます。

　それまで悪だったものは、今はもう悪ではありません。善悪は乙女座のフォーカスの境界線の問題で、輪郭の内と外の関係なので、それは常に相対的です。それによって腸内フローラの勢力バランスが変化するといえるのではないでしょうか。

カメラを持って風景を撮影する

　街に出て、写真を撮影してみましょう。常に同じ形、姿勢でしか撮影しないとすると、それは乙女座の性質の硬直です。乙女座は魚座がフィールドを広げる都度、新しく狭い整理された区画を作り、それを綺麗にまとめようとします。異なる対象を見つつも、自分の同じ姿勢をつらぬく人は、いろいろな絵を描いても、いつも描き方が同じだということです。中心視野は乙女座で周辺視野に広げるのは魚座です。ぼうっとするといつもは気がつかないものに気がつきます。頭でなく足に任せてあちこちをうろつくことです。そして、ときどきカメラで画像を切り取るのです。

　私はメガネをかけないと人物やものがくっきりと見えないので、くっきり

輪郭を見ることを諦めています。すると、事物のオーラを見ることになります。解像度の高いカメラはものをくっきりと写しますが、それによって犠牲になるものはあるでしょう。むしろ解像度の低いカメラで撮るというのもよいかもしれません。ものよりも空気感を重視するということです。ものよりもその周辺の空気というと、それは水瓶座の嗅覚の得意分野です。ものよりも匂いでターゲットを選ぶ。これは水瓶座視点で対象を選ぶという行為です。

　自分の立ち位置を維持するかと、山羊座が虚弱であれば、この広がる視野の中で、いろいろな対象に対する定義や意味づけの力が弱体化します。動く都度、その場所で自分を思い出し、この自分との位置関係によって、外界の事物に意味を与えるのが山羊座です。これは射手座と山羊座の共同です。どこにいってもそこに自分の立ち位置を正確に見出すことができるとしたら、その人の山羊座は素早く力強い山羊座を持っています。

　魚座は自分を超えたものに自分を差し出す性質です。かつてカメラ用の標準レンズというのは、焦点距離が50ミリというもので、これは少し視野が狭いので、コンパクトカメラなどでは、人の目線に近いものとして、35ミリ前後が一般的になりました。

　しかし写真学校などでは、わざと50ミリの単レンズで練習します。ある程度狭い範囲の視野、つまり少しばかり閉鎖性の強い乙女座というものに重点を置くのです。人間的な節度のある視覚です。広角レンズなどでは多くの範囲の映像が入るので、それは一つひとつに深入りせず、多くの範囲のものを見るということで、それはより魚座的といえます。

　アボリジニーは大地のソングラインを辿ります。そこで肉親の父とか母でなく、地球的な、より大きなコスモスにおいての父と母を発見します。こうした人間の肉体の範囲を超えたコスモスを歩き回り、舐め回すのは、魚座の足がなせる技です。

　魚座は舐め回しの舌であり、それは肝臓のインターフェイスであるというイメージからすると、魚座の支配星を木星とみるのもよいですが、今日では、魚座の支配星は海王星です。これは太陽系内意識においてのぎりぎりまでの可能性を拡大します。つまりは特定の時間、特定の空間の障壁を乗り越えて、太陽系内記憶の、すべての時間とすべての空間においての可能性を探査するのです。

リチャード・P・ファインマンのいう自由電子は、未来にも過去にも自由に移動し、最短の可能性を見つけ出してくると説明されていました。それと似ています。

太陽系外の宇宙との接点は冥王星で、ここでは太陽系秩序が破綻します。その手前の領域を扱う海王星は、土星や天王星ではとうてい無理な、太陽系内の意識の裾野をぎりぎりまで拡大するというものです。個人としては、外にあるものです。しかし集団無意識という意味では海王星は内輪のものです。

ここで注意するべきことは、太陽系の外郭や輪郭は、実ははっきりしていないということです。果たして個人の輪郭とはどこまでを示すのかという問いと同じく、太陽系の輪郭はいくらでも仕切り直しされる可能性があります。今は冥王星が外郭に見えても、まだその外に惑星があります。暫定的に、今、太陽系は冥王星の輪郭が太陽系であると考えます。私達の信念体系が、今はこのあたりを輪郭にしています。しかし江戸時代に住んでいるような精神構造の人は、土星あたりを輪郭にしているかもしれません。

魚座の支配星を木星とみなしていた時には、魚座が示す舌＝大きな足は、見える土地を歩き回っていますが、支配星を海王星とみなした時には、太陽系のアカシック領域を歩き回り、過去も未来もおかまいなく、情報を拾ってきます。同じ土地にある過去のもの、これらをピックアップするのは容易でしょう。

特定の土地で土地にまつわる過去の歴史などにアクセスする

個人意識に閉じるというのは、脳波でいえばβ波です。α波はある程度集団意識に広がります。リラックスとは、個人意識の閉鎖を解くことを表すからです。θ波に行くと、まるで幼児のように閉じることのできない意識になり、ここで非時間性に入ります。こうした意識状態で、特定の土地に行くと、その土地にまつわる過去の歴史などにアクセスすることは多いでしょう。

脳波による心理状態の違い

β（ベータ波）	〰〰〰	14Hz～38Hz	不安・ストレス・緊張・恐怖・覚醒状態
α（アルファ波）	〰〰	8Hz～14Hz	安静状態・リラックスしている時の脳波
θ（シータ波）	〰	4Hz～8Hz	浅い睡眠状態・リラックスが深い状態

例えば、私が片瀬江ノ島駅から龍口寺に行き、そこでバイノーラルビートを使って日常意識から変成意識に入ると、山を上がってくる小男を見ました。それは日蓮です。こうしたビジョンは海王星の舌が触れたものです。

身体は小さなコスモスで、当然のことながら、その許容度は極めて小さいものです。したがって、海王星が構わず拾ってきたものでも、特定の時間、特定の空間の中に枠を作って存在する肉体からすると、とても受け止めきれないようなものもあります。それが計算外の雑菌をもたらすということもあります。あるいは、また霊的なビジョンには12分の1原則というものがあり、その範囲を超えてしまうと、自分が外界の食料を食べる、舌で味わうのではなく、むしろ相手に食べられていくという立場の逆転が起こるということもあります。

こうした場合には、表向き事故で死んだりするということもあり、注意が必要だということです。何か謎の死に方をしても、合意的現実の世界では、この世界観の中にある理由で説明仕切る必要があります。説明できないのなら、やがてはその世界は次第に壊れます。

足の傷から雑菌が入って、感染症になったことがありますが、この感染症になっていた間、私はいつもならば決して受け取ることのなかったような情報を受け取りました。この情報は、私の日常的な意識の防衛が働いている間は、おそらくはじかれてしまうようなものです。ですが、もしこれが私の許容度を超えていた場合には、感染症が治癒せずにそれが原因で死にました、というようなことになるのかもしれません。

ホムンクルスの移動

牡羊座で始まり牡牛座で地に落ちた12サインの流れは、魚座で最後になり、次の新しい牡羊座の準備をしなくてはなりません。その時に、魚座はこれまでの12サインという全領域をまとめていきます。つまりこれまでは12サイン体験とは、この一つひとつを体験することでした。ですが、最後の魚座の段階になると、このばらばらなものをまとめて、最後に魚座の30度で、叩いても壊れないくらいに固めて春分点に向かいます。ここで球体世界から脱出する準備をします。この時、魚座の範囲にしたがって、次の牡羊座の範囲も決まるという

ことになります。

　魚座の範囲よりもはるかに大きな範囲の牡羊座が始まると、そこでその人の意識の連続性は保てず、その人は春分点通過の途上でいなくなってしまいます。魚座と牡羊座は同じ大きさでなくてはならないのです。あるいは少し範囲を大きくするにしても、それまでのその人の痕跡が失われないようにしなくてはならないのです。

　魚座が支配星の海王星によって、とても大きな範囲のアカシック領域を歩き回っている場合には、それに合わせた範囲の牡羊座が始まり、松果体の同期範囲を持つはずです。たとえそれが初期的には無意識であってもです。

　デカルトは、頭の中にホムンクルスという小人がいるといいましたが、これは「魔術師」のカードの魔術師そのものの姿です。

「魔術師」　　　　　　　　「愚者」

　この小人は、外宇宙から、この世界の中に入ってきたもので、つまり落ちてきたアントロポースです。高次思考センターＨ６が働くと、目覚めたホムンクルスになります。ホムンクルスはこのビナーの世界内に閉じ込められたという「魔術師」のカードの状態から、「愚者」のカードに乗り換えて、元の場所に脱出しようとした時、魚座の末端から牡羊座の間の春分点の隙間を狙う必要があります。12サインのレールから外れるには、その瞬間しかないのです。

　今まで住んでいる世界よりももっと大きな範囲のものを舐め回し、探索し、

そこで得たものの総量が、次に自分が住む世界を決めていきます。

　精神宇宙探索講座でケンタウルスに入った時、もともと天にいたのに地に転落したことで助けてくれない天に怒っている、というビジョンを見た人がいました。ケンタウルスは、火が水蛇の毒に侵されて、土に落ちるプロセスです。これは神々のたそがれです。この小型のものが太陽系内のケンタウルス小惑星群です。

　こうした体験は、恒星レベルＨ６を受け止めるＨ12のレベルで見ることのできるもので、長いスパンでの神話レベルにおいての体験です。

　恒星に飛ぶことのできるのは空気オクターブだけで、それはエニアグラム９から外に出て、そしてＨ６になって戻ってきますが、それが思考ミ12と身体シ12をＨ６に引き上げた時、脳の中で身体、感情、思考の三つのＨ６が揃い、そこで結晶化します。空気オクターブ、つまり感情身体が宇宙に飛ぶことは、感情の浄化に貢献します。

　恒星に飛ぶことで自身の潜在的なＨ６要素が刺激されます。例えば、シリウスに行った時、自分は地球に入植した初期のシリウス族で、というようなものを見た人がいましたが、いずれにしても、Ｈ６の高次思考センターやＨ12の高次感情センターは個人的なものではありません。自分一人だけの体験などは何一つないのです。

　大天使Ｈ６の意識は、個人には接触していません。しかし、個人をドットにして、民族という単位でならば認識をします。このレベルにおいての記憶が目覚めるのです。そのため、自分は地球に入植した初期のシリウス族で、などという記憶も誇大妄想でもないし、それはその人が所属する高次思考センターの記憶なのです。このレベルではすべて神話思考であり、個別の具体的な思考能力は、下の四元素に浸された中でしか働きません。分析的で、科学的な思考というのは、より下に降りて、土の元素に浸された時のものです。

13 サインの折り返し

直立ではなく円環構造として12サインと身体を考える

　12サインは尻尾を噛む蛇のような円環構造で、身体を直立させた形で対応させるものではないという考え方からすると、人間は直立しておらず、海老のように折り曲げた車輪のような形をしていると仮定してみます。脳脊髄神経系の視点でなく、自律神経系から見た視点では、そのように見えるということです。

　この見方からすると、天秤座の腰あたりでサインの身体の上から下までの対応は終わってしまい、そこから身体の裏側に回って上昇していきます。腰から下は下半身であると同時に、上半身に背後から重なります。カンガルーの母の袋の中にいるカンガルーの子供の姿勢です。いつも顔のところに足が飛び出しています。舐め回しで身体を見ていると、足まで進んだ後で、頭に行き着くのです。

　12サインに対応する身体位置に、時折チャクラを対応させてきましたが、そもそもチャクラは七つの法則で、12サインは12の法則ですから、同じ法則ではなく、チャクラとゾーディアックを対応させることはできません。これまで部分的にチャクラをサインの説明の時に挿入したのは、たまたまその位置にチャクラがあるから、という理由だけでした。

　7の法則と12の法則は古い時代には連動していましたが、しかし後になるにつれて、12は形骸化したものとなり、7の生命法則からは離れていったのです。

　一番下の第一チャクラが尾骨の下の会陰部にあり、ここが基礎になって、背

骨と足に活力を供給しています。これは物質生活においての基盤です。チャクラと12サインは対応しません。それでもあえて、このチャクラを12サインに対応させるとしたら、どこに当たるのでしょうか。尾骨チャクラが十分に発達していない場合、その人の性質としては地に足が着かない、安定性がない、お金儲けができないなどが挙げられます。

アモラの13個のチャクラ

　生命の樹では、一番下にあるセフィロトはマルクトで、これは足の下、大地のあるところに該当します。ヨガのチャクラは、基本的に腰で終わっていますが、生命の樹とチャクラの対応ではこの足の下のマルクトが第一の尾骨チャクラ、すなわちムラダーラ・チャクラに該当します。

　生殖器を蠍座に対応させてしまうと、この尾骨からさらに上の生殖器の位置に対応する第二チャクラ、すなわちスワディスタナ・チャクラに該当することになります。スワディタナ・チャクラは、水の元素が働く場所で、それは川を象徴としています。また人との感情的な関係などに関わります。

　第二チャクラは腎臓に関わり、対人関係に悩まされるケースは、スワディスタナ・チャクラの問題といわれますから、この部分では天秤座対応です。性腺は腎管と連動します。天秤座は腰椎までを管轄します。尾骨の第一チャクラも、12サインでは天秤座に近いでしょう。しかし、また位置を度外視して意味として考えてみると、人間を直立させて安定性を作り出すのは、骨格や皮膚を示す山羊座です。おまけに山羊座は土のサインです。私個人としては、第一チャクラは比較的山羊座にも関係しやすいと考えます。

　アモラの13個のチャクラは、12の法則に近づけたものかというと、むしろ、たんに七つをオプション的に増設したものにすぎないので、ここで12の法則に近づく手がかりがあるのかというと、あまり期待はできません。そしてアモラのようにオプション的に増やす場合には、13個どころでは済まなくなります。チャクラの理論は、宇宙的な七つの法則ということを重視した結果の体系ですから、増やすべきではないといえます。

　生命の樹のセフィロトは10個ありますが、チャクラのいくつかを左右の陰陽

に分割したもので、基本的に七つのチャクラととても似ています。それに七つの法則にインターバルを組み込んだものがエニアグラムですが、これと生命の樹は似た体系なのだと考えるべきです。

また生命の樹もチャクラも、純粋に物質肉体に関係したものでなく、その次のレベルである第二の肉体、生命体と訳されるエーテル体に根づいたものです。

ところで、7の法則と12の法則を関連づけるものとして、音律では、7音階をすべて半音に分けて12音にするという考え方があります。

人智学では、プラトン月である2200年単位を七つ重ねると、そこで文明期という単位が終了し、歳差の2万6000年のうち、残り五つのプラトン月を残すという思想があります。12の文明期でなく七つで終わってしまうのです。初めの七つを使い、残りの五つは、放置してしまうのです。

これと似た考え方として、ゾーディアックマンも牡羊座から天秤座までの七つを頭から腰まで対応させ、その後、背後に回って折り返すという考え方を、私は捨て切ることができません。

ヘリオセントリックでは、惑星の公転は円回転です。しかし、私達がこの太陽系の中の一つの惑星である地球に住むと、他惑星はレミニスカートの動きをしているように見えます。これが、外で見ている存在が、この見ているものの内側に入ると、一つの円は二重円に見えるということでした。

直立の12サインと円の12サインは重なっている

12サインは身体の中に入り、ここから見ると、二つのオクターブに見えてくるということもあります。7音とは1オクターブですが、12サインとは、実は2オクターブ含んでいるのではないか、という考えもあり、私は20代からずっと揺れ動いています。牡羊座という種まきから始めて、その成果が作物のかたちになるのは秋の刈り取りの天秤座であり、天秤座とはムラダーラ・チャクラ的なのです。

天秤座以後を折り返すとしたら、蠍座以後から身体対応でどのように対応しているのかは詳しくはわかりませんが、最終的に魚座は、頭の方に回ってきて、そして頭を取り囲んでいるというイメージを考えています。

魚座は、アジナ・チャクラの陰の側に属しているのではないかと思ったのは20代半ば頃からです。脳脊髄神経系の視点と自律神経系の視点が二つあるとしたら、直立する12サインと円の12サインが両方重なっていると考えるべきでしょう。

牡羊座の松果体、頭のセンターの周囲に、リング状に魚座が配置されるイメージです。水の中から聖なる剣であるエクスカリバーが現れてきて、これを牡羊座とみなすのです。火のサインは、静謐（せいひつ）の水を叩いて波を作り出すことから始まるのです。火はもともと放置しておけばそのまま消えてしまい、凪になって存在しなくなります。魚座という水の領域の池の中に、まっすぐに立つ潅木（かんぼく）があり、この水の中の潅木とは、折口信夫が「水の女」の中で提示した象徴です。アカシックの海に囲まれた中に、ホムンクルスが立つことになります。

松果体の周囲にある記憶域は、松果体の設定する範囲次第でサイズが変わります。よく松果体あるいは第三の眼を目覚めさせると、霊的なビジョンを見るといいますが、ビジョン機能は松果体と脳下垂体との関係で開発するものです。そして松果体はさまざまな周期のサイクルに同調するので、まずはビジョン能力を育成し、次に、何に同調するかを考えるとよいのです。

死ぬ直前に、人生全体を走馬灯のように見るという視野は、一生を80年程度とすると、84年の公転周期を持つ天王星の周期に対しての同調です。このスパンであれば、種を植えて、社会の中で経歴が固まるのは、63歳から7年間くらいです。残りの14年は次のサイクルの準備です。

私は数年前に、新宿の十二荘通りで交通事故に遭いましたが、これは、室町時代に、新宿の池にいた小笹という蛇が噛みついたのだと解釈しました。2200年単位で考える時、今は後アトランティス第五文明期ですが、これは室町時代から始まっており、このプラトン月単位で世界を見た時、室町時代の蛇は今でも生きているのです。

日、月、年、土星、天王星などの周囲で考えると、これはずっと古い時代に失われたものです。ゆっくり動く時計ではまだ死んでいないものでも、早く動く時計からすると遠い昔のもので、海王星が過去のものでも拾ってくるという作用と関係しています。

四つの折り返し地点

　占星術理論が持っているように、小さな円も大きな円も構造が似ているとすると、小さな速い回転の円の中での体験は大きなゆっくり動く円の中にあるものの小さな再現で、古い時代の民族の因縁が、今、極地戦を作り出したというような推理なども出てくることになります。1万3000年前に始まった夜、没落は、今の時代には朝になる、というような考え方は、歳差の円で考えていくようなことです。

　この松果体の周辺にあるリングは、牡牛座が示す過去の記憶であり、文字盤であり、ヴィシュダ・チャクラに関係すると書きました。牡牛座はもっぱら古い記憶であり、既に確立された思考の鋳型です。しかし同時に、魚座の探索した、時空を超えた情報はこの周辺に雲のように取り巻いています。牡牛座と魚座は、同じ位置に重なっているという見方もできます。

　この重なりは、以下のように考えられます。

　この重ね方をすると、重なった二つのサインは、元素的には仲がよいと見ることができます。

　水と土は補い合います。風と火も補い合います。土の物質的な組織は、その背後に、水のかたちにならない作用が補完しています。あくまでもこれは仮説ですが、私は個人的には、この設定を活用します。

　12サインをサインウェーブにして考えていく時に、四つの折り返し点は、最も重要なポイントです。陰陽中和のゼロ地点として、春分点の牡羊座があり、それから夏至の蟹座でプラスのピークになり、秋分点の天秤座でまたゼロ地点

になり、冬至の山羊座でマイナスのピークになります。
　頭と腰は、牡羊座と天秤座という端になり、陰陽のピークの蟹座と山羊座は、真ん中の胸の位置になるのです。蟹座は胸の前、山羊座は胸の後ろで、これは背後のガードでもあります。あるいは胸の中枢を取り囲んで守っている骨です。

14 頭の中の水晶

シャーマンの頭の中には水晶がある

私は頭の中心に、六つの扉がある六角柱があるといつも考えていました。

　ミルチャ・エリアーデの本を読んで、シャーマンの頭の中には水晶があると述べているグループがいるということを読んで、私だけの体験ではないのだと思いました。頭の中の六角形は水晶という対応で考えてみると、水晶と松果体の共通点とは、珪素が多いという点です。自然界に単独では存在しにくいのですが、本来、純粋な珪素は八面体の形をしています。
　正面はこの世界で、他のどれかの扉を開けてそこに降りると、異なる次元に入るのです。六つのガラスに取り囲まれた中に、ホムンクルスとＨ６の高次思考センターが住んでいます。Ｈ６は法則６に対応し、６の法則には六つの局面があり交換可能であるということも示しています。
　中心にいる存在は、この六つのどこにも切り替えることができます。しかし、今の私達の低次な自我はこの扉の一つの中に同調しており、そしてその世界の

中においての四つの元素に同調し、同一化し、この世界のリアリティがどこよりも強くなり、他の世界の印象が薄くなって、やがてそれは真実ではないと感じるようになり、この世界だけが真実である、というふうにだんだんと沈着し、固まっていきます。この世界の食べ物を毎日食べ続け、日々、この世界がリアルになります。空気の体は、地球から取れる食物の身体に深く接続されるのです。

　一つ目のホムンクルスが特定の世界に入るには、まずは二極化が大切です。すなわち天と地が分かれるという思考の形態の中に没入することです。そこから意識の細かい分岐が進展します。そこで、違う扉に入ることは、今、私達が住んでいる世界の創世記、天と地が分かれたという領域の前に戻って、違う扉の中に入ることです。

　精神宇宙探索講座でケンタウルスに行った時に、自分は地に落とされ、天に対して怒るという体験をした人の話ですが、まずは天と地が分離したという思考構造に同一化したから、天にいる私と地にいる私という区別が生まれます。つまり、天と地に分かれた世界の後で自分が地にいるというのは、天と地に分かれた思考の中に入ったからであって、創世記の前に戻ってしまうと、地にいる私が天を見ることもなくなります。

　1が2に分かれて、次に4に分かれるプロセスで、私達は世界に深入りします。牡羊座から牡牛座へと移動し、このまま体験が続き、そして最後に魚座の終わりの段階に到達することで、「次の違う世界に行くか、それともここに止まり、もう一度サイクルを繰り返すか」という選択を迫られます。

　変成意識においての探索では、私はいつもこの六角形の扉の正面から見て左隣にある場所に降りる癖がありました。そして左に着地した時に、飛び降りて、しゃがんだ格好になります。それから立ち上がります。飛び降りた直後は、しゃがんでいるので、腰の位置はかかとに近くなります。

　特定の世界に着地する力がかかとを表すとしたら、それは水瓶座です。それはいつでも移動する準備があります。どこかに着地する力は水瓶座で、そこに均衡を保って立つのは山羊座です。水瓶座は山羊座を持ち運ぶのです。特定の場所にまず腰を入れる。これは天秤座の触覚、形に閉じ込めるという作用が、かかとに乗ったか、似た位置になることです。水瓶座と天秤座が近づきます。ヨガのチャクラは、牡羊座から天秤座までの七つで、この天秤座の場所で

足を降り畳んだ座った姿勢になるので、天秤座、蠍座、射手座、山羊座、水瓶座、魚座は同位置になると考えてもよいでしょう。

　中腰の場合、太ももは折り畳まれていますから、まだ射手座の筋肉の反発力、どこかに移動する力は仕舞い込まれています。立ち上がり歩く段階で、魚座の足の舐め回しと、次に移動する筋肉の射手座などが交互に働きます。しかしまずは、着地した時、腰の天秤座が足に近づき、この世界の中に腰を入れるということが重視されています。

太陽を中心にしたプラネタリウムの座標を黄緯と黄経に対応させる

　ある時期から、六つの扉をそのまま黄経としての12サインに対応させることにしました。これは太陽を中心にしたプラネタリウムの座標を黄緯と黄経に対応させることにしたからです。すると、いつも使わない右側が何かということもわかりました。

　精神宇宙探索講座でシリウスを探索しようとした時、始まりの段階で、急に身体を右側にねじられました。つまり右に降りて欲しいということです。計算上、シリウスは私の正面から60度右です。このことはわかっていましたが、完全に忘れていて、何者かにねじられた時に思い出しました。

　ずっと前から、私は正面の扉と隣の扉の間に隙間があり、いわば建てつけの悪いドアになっていると指摘していたのですが、これはアルクトゥルスの影響で、わざと接合線に漏れができるように作られていたのです。その結果として、この世界においての生活に異次元が漏れ出てくるという体験を、何度かしています。ときどき空間の歪みが発生するのです。

　この六角形の回転ドアは、グルジェフの食物工場でいえば、頭の部分がH48で動作している時には地球の地図に対応します。ここが星雲界を旅できるようにH6で機能するようにしていくには、その土台のH12が必要で、H12を育成するには、H24の心臓・太陽センターが開発されなくてはならず、このH24は、思考と感情と身体という三つのレベルで調整していく必要があり、というふうに連鎖していきます。結局、ちゃんとご飯を食べないといけないという話にまでなります。身体はすべての要素を連結して、高次な成分を育成するのです。

身体工場で、水素はジグザグ状態に進展しています。身体の下部に土のH768と水のH384があり、胸でH192の空気に上がり、同じ場所でH96。それは頭に上がると印象のH48となり、あらためて真ん中に降りて心のセンターとしてのH24、腰に行き高次な感受性のH12、その後、頭のH6へと向かいます。

一つの身体の中で直線的に水素が進行しないのは、複数のボディ、すなわち肉体、エーテル体、アストラル体、メンタル体、また高次思考センターはブディ体ですが、これらが身体に重なっているということとも関係するでしょう。

見える身体は物質的な肉体にすぎず、それを中心に見ると、この宇宙地図は乱雑な無秩序なものに見えてきます。私達の物質的な視点は、ごく一部の元素の視点から、自分では到底把握できない領域を見ようとしており、物質的なところで、綺麗に整列されるべきという考えを押し通すことはできません。

物質的視点とは、山羊座と射手座の、均衡感覚と運動感覚のセットによる位置座標、直線的な移動の組み合わせからなる図形的、数比的発想と述べましたが、これで押し通せるものは極めて少ないといえます。

回転ドアの頂点から、23度くらい傾斜した位置に北極星があります。地球の2万6000年かけて回転する歳差運動では、2200年ごとにおおまかに北極星が変わります。人の魂によってこの北極星は違います。それを探索しないことには、回転ドアは明確に作られません。

太陽を中心にしたプラネタリウムでは、回転ドアの真ん中は、太陽系の太陽です。太陽系の太陽は、H12と定義されていますが、惑星を畳み込むとH6に戻ります。つまり太陽はそれ自身を惑星という小さな自己に、皿を割るかのように自己分割することで、全惑星H24と恒星H6の中間状態のH12、つなぐものという存在段階に移動するからです。それは太陽がそのことで弱みを持つということにもなります。

H12は結晶化しにくいので、固まらない、中途半端な状態にとどまることを示します。太陽を中心にした六つのドアの回転扉は、そこに惑星が配置されることになるのです。H12でなくH6が中心になれば、扉には恒星が配置されるのです。

6方向の扉に体躯を投影させる

　最近になって、この6方向の扉は、上から見ての体躯投影をするとよいと思いました。前方の左右には両手が対応します。後方の左右には、翼があります。そして後方中心は尻尾です。翼を持ち尻尾のある生き物と想定してみると、それぞれの6方向の役割はわかりやすいと考えました。

　私は1999年に翼を持つ漆黒の巨大な生き物に会い、「私が母親だ」といわれましたが、それは今思うと、アルシオンから来た存在です。私の6方向の扉では、アルシオンは右後方の扉の中にあり、この存在とは右後方の扉を開けて会ったのだということになります。

　この漆黒の生き物を今は「ヤサカノトメ」と呼んでいますが、後に、精神宇宙探索でプレアデスに行った時、同心円ではあるが、クラインの瓶のようになった存在を見ました。

　これはレミニスカートの三次元的表現でもあります。七つのうち一つが大地に降りて、戻れなくなったという神話がプレアデスです。ヤサカノトメの「トメ」とは、止めるとか止め具の意味がありますが、七つのうちの下の七番目は、内にあるものが外に、外にあるものが内にという転換を表しているのでしょう。クライン瓶のようなものの中心の空洞に、龍の尻尾の部分が上に飛び出しています。

　天に戻れなくなっているのは、内が外に、外が内に、精神が物質に接続された交点があることですが、私達はその部分を自由に行き来できるような能力を身につける必要があります。これが7度の獲得でしょう。ドはシまで上がるが、次のドまでは上がらない。ところが、下のドを通じて上のドには行くことができる。

　プレアデスに行くと、多くの人は、そ

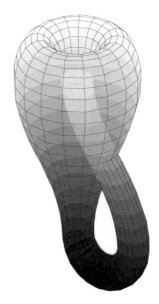

クラインの瓶

こは退屈だとか単純労働とか、中には「飼いならされた豚」というメッセージを受け取る人もいましたが、プレアデスの七つのうちの一つは地上に降りて、地上で農耕文明を作ります。狩猟民族でなく農耕的な民族を作ると、人々は定住し、穀物の増加は糖質依存の体質を作り、多くの人は休みなく食べなくてはならなくなり、結果として長時間働く人々の住む世界が生み出されます。プレアデスは、労働者のいる世界を作るのです。そして人々は地を這うような生き方をしていきます。

　ロバート・モンローは体外離脱で、自分が元いたプレアデスに、100回近く行ったと書いています。そしてなぜ地球に来たのか、理由の一つが元の古巣が退屈だったからだと説明しています。

V 惑星と身体の関係性

1　惑星

精神や気として惑星と身体の関係を見る

　12サインは12の感覚の法則で、惑星は7の法則の対応です。身体の中の惑星作用について考える時、一番参考になるのはシュタイナーの『オカルト生理学』です。

　内臓を内臓系の視点で見ると、それは惑星に見えるということですが、この視点は、より東洋医学の見方に近いように思えます。物質として解剖学的に見るよりも、精神や気、生命力として見ていった結果、似たような考えになったのでしょう。

　血液の中に自我が宿り、この血液は身体のすべての場所を循環しており、あらゆる情報を取り込んでいます。外界の情報を取り入れるのは頭の側で、心臓から頭に向かって小循環があります。同時に、身体の内部に向かって大循環があり、土星—脾臓、木星—肝臓、火星—胆汁などというところの情報が血液に持ち込まれます。特に脾臓は有機体の活動リズムを外界から切り離し、独自のリズムにしていきます。つまり体内にある活動は、外の情報に一切振り回されないで運営されています。しかし、これは目の前の外界に閉じているかわりに、より大きな宇宙に開かれています。しかしまた肺臓—水星は空気に接しており、血液は、この外界の空気と直接交流をします。

　目の前の外界に開かれそこから持ち込まれる情報と、遠い宇宙に開かれそこから持ち込まれる情報には相違があります。

　これらの関係は惑星の並びに対応しています。

　地球（太陽—心臓）を中心にして、内

惑星と身体の対応

水星	肺臓
金星	腎臓
地球（太陽）	心臓
火星	胆汁
木星	肝臓
土星	脾臓

側に金星−腎臓と水星−肺臓が。地球を境界線にして外側に火星−胆汁と木星−肝臓、土星−脾臓があります。

　占星術で使う太陽は、地球の公転周期のリズムで動いていますから、ここでの太陽とは地球のことです。身近な外界に接しているのは水星です。地球（太陽）、火星、木星、土星は身体の内的なリズムによって活動しており、身近な外界には反応しません。そして外界に反応する水星と、地球以後の惑星群とのつなぎを金星がしているというふうに考えるとよいでしょう。

　メースは『シュタイナー医学原論』で、それぞれの惑星に該当する金属も対応関係にあるといいます。これは古くから活用されている対応です。

惑星と金属の対応

内側		外側	
水星	水銀	木星	錫
金星	銅	火星	鉄
地球（太陽）	金		
月	銀	土星	鉛

　内側と外側で、水星−水銀と木星−錫が対比。金星−銅と火星−鉄が。また月−銀と土星−鉛。地球（太陽）−金は心臓に関係しています。

2 太陽-心臓、金

金は天の力の受け皿

　精神宇宙探索のチームが、ある時、恒星のアルケスに飛ぶという練習会をしたことがあります。私はその話を聞いて、アルケスに飛ぶ時に、より効率的に行うには金を持参するとよいとブログの雑記に書きました。

　アルケスは天からのギフトを持ち運ぶことで、天からもたらされるとは、象徴的に虹がかかった場所の麓にいることです。そこには金の壺があります。金は金属の中の頂点にあるもので、頂点にあるものとは、次の次元の底部になるのです。中国の錬金術的にいえば、金属の頂点の金は龍に化身します。金はより高次な世界に開かれています。

　古代の王は金に取り囲まれていましたが、それは、金が天の力の受け皿になるからです。ブログに書いた後、私もその気になってしまい、新宿の田中貴金属に行くことにしました。その場所に行く途中に、結婚したばかりの杏と東出昌大が嬉しそうに手をつないで歩いているのを目撃しました。ヘリオセントリックでは、アルケスの近くにトランジットの金星と火星が合で接近している時期で、金のありかの近くに楽しそうなカップルがいるというのは、なかなか合致しています。記憶ではクリスマスイヴの日でした。

　そもそも金は、アルケスというよりも太陽や心臓に関連づけるもので、金を持つことは、心臓の働きに貢献するでしょう。古い医術のように金属蒸気を使わなくても、持っているだけで効果があると思います。

　鉱物は自灯明で、金属はそれよりも一つ次元が下の法灯明であり、伝達性質です。宝石は自灯明として自立するので、それは縁を引き寄せません。しかし、金属は伝達性質なので、それは縁を作り出します。ダイヤモンドを持ったりすると、誇り高いが寂しい人生を送ることになるかもしれませんが、金は権威や立場、代表者としての姿勢、特別なギフトが与えられることになるのです。こ

れらは共鳴、類感ということです。

例えば法灯明の連鎖では小天使、哺乳動物、植物、金属が共鳴します。自灯明の連鎖では、大天使、人、無脊椎動物、鉱物が共鳴します。

金属が惑星意識を刺激するという意味では、例えば産鉄族のオオ氏などの足跡をたどる旅をしても、それは体内の鉄成分含有を刺激することになります。つまり食物の中からより大きく吸収できるようになるということです。科学的には、物質と精神を切り離し、それは関わりがないと判断しますが、本来は精神、感情、心、気、物質は相似象で共鳴し、これらの違いは、グルジェフ的に同じスタイルのものの振動密度の違いであるということなるので、胆汁、火星、鉄分、実際の鉄、鉄に関係する精神作用、オオ氏の記憶などは共鳴するのです。

私は中学生の頃から鉄欠乏性貧血の傾向があり、食物で取ってもそんなには効果がないので、最近は毎日鉄分の錠剤を飲んでいますが、この場合も、体質というよりは、鉄が表す要素が人生観の中でさほど重視されていなかった、あるいは鉄に対比する銅を強めるような人生観が強いために、相対的に弱まったと考えた方がよいでしょう。

占星術の太陽は真の太陽とは全くの別物

音楽を聞いたりするのは金星的です。それは銅を強めます。結果的に行動的な鉄が、やや弱まってしまうというのはあるのです。

惑星の作用について考える時、占星術で使われる月、水星、金星、太陽、火星、木星、土星、天王星、海王星、冥王星の扱いでは、月と太陽の扱いは別物とみなすべきでしょう。というのも、月は地球の周囲を回る衛星であり、惑星と同格のものではありません。さらに惑星作用で、見えないもの、つまり天王星と海王星、冥王星も、身体の作用には直接は関係しないと考えた方が妥当です。

グルジェフの水素でいえば、惑星をH48とすると、月はH96から192に当たるもので、全惑星はH24です。月の不思議さは、惑星と物質をつなぐ中間にあるもので、精神としては低すぎる、物質としては高すぎるというつなぎ要素です。私達は感情とか精神で月に同調すると孤立し、自分だけが不当に扱われているという不満の塊になり、叫び、常に否定的な感情に支配されている気分

になります。

　しかし、月の示す領域の振動密度を、私達の感情や精神という領域から外界に吐き出し、物質に属するものとみなすと、それはものとしてはとても希薄で、濃厚な気のような状態を表し、繰り返すことで物質化します。しばしばヨガのチャクラなどで、一番上のサハスララ・チャクラを月に対応させるケースがありますが、これは精神や感情としては、月は低すぎますが、しかし物質の階層になると月は最も上にあるということから来ています。

　十五夜のお月見で、まん丸の月を見つめることは、月を愛(め)でているのでなく、これは帝釈天の使っている鏡で、そこに人の行いが記録され、帝釈天はそれを見て、人を地獄に落とすか、それとも保留にするかを決めるので、私は正しい行いをしていますとお祈りする行事でした。つまり月は、精神とか感情の行いを刻印するのです。

　鏡は銀で作られ、銀は反射する性質で月の対応金属です。それはやがては、顔に現れたり、身体的な特徴になったりもします。毎日繰り返しているものはかたちになっていくのです。精神活動は、繰り返すとやがては精神としては意識しなくなります。この意識しなくなって自動化されていく領域が月です。

　一方で、太陽の扱いも惑星と同格に扱えません。まず太陽は、太陽系の中心であり、惑星はその周囲を回っています。理屈としては、太陽は大きな自己を表し、それを分割したものが惑星であり、惑星は小さな自己です。

　私達が見ている太陽は1年で1回転する天体であり、地球が公転しているのに、私達は地球に住んでいるので、自分が回っているのでなく、太陽が回っているとみなします。すると、静止し、何のサインの色づけもなく、太陽系の中では絶対であり、無である太陽に、地球色を投影していることになります。したがって、占星術で活用する太陽は、真の太陽とは全く別物であることを認識しなくてはなりません。

　もっぱら占星術で活用するジオセントリックの太陽は、人間のエゴに関係します。無の鏡に自分の色を投影したという意味を忘れてはならないでしょう。

3 月－内分泌腺

精神と肉体の中間媒体として働く月

古典的な惑星と身体の当てはめでは、しばしば月は生殖器などにも関係します。

男女の生殖器

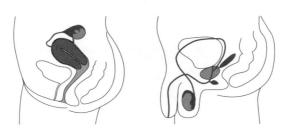

身体の90％は水分だといわれていますが、この水分に関係していると考えられています。水分というよりもこの中に漂うものです。あるいはまた、月は右脳で水星は左脳ともいわれていますし、脳の奥の部分は月で新皮質に近い表面は水星ともいわれています。蟹座の支配星という観点からすると、蟹座が胃に関係しているところから、月を胃に関係した天体と考えることもできるでしょうが、事例としては少なめです。

太陽、全惑星、惑星、全月、月という順列で考えた場合、月は天体の中では最も低い位置にあり、精神と物質の中間にある位置づけです。精神や感情を、物質的な肉体とつなぎ、精神と肉体の中間媒体として働く月は、現代的な知性では定義できません。

私達はそれについて科学的にも、知識を持たないのです。科学は物質だけを見るという視点に専念しているので、この曖昧領域については判断できません。何か考える時に、ターゲットを対象化して考えるという姿勢を続けるかぎり、

永遠に月の示す境界領域について理解することはできないでしょう。また月の作用は明らかに心理的な範疇から逸脱しますから、占星術は必ず月を扱うのだとすると、占星術を心理と結びつける心理占星術は成り立ちません。心理として月を考えると、月の作用を誤解します。

　感情は繰り返されたあげく、やがては形骸化し、意識的な要素がそこから抜け出します。意識は目覚めていなければ意識といえず、繰り返されたもののなかで、意識的であり続けることはできません。変化がないからです。そのため、刺激を求めて、繰り返しの中からは抜け出そうとするのです。繰り返しの感情は、外化されることで、徐々に物質とみなされる領域に吐き出され、つまり落ちていきます。私達は繰り返された内面を嘔吐するのです。内側で感じ取るものでなく、吐き出し、外にそれを自分ではない何かしら外的なものとして見るのです。

　身体の中でこの精神と感情が繰り返されて、やがては物質的・身体的なものに定着してしまうという領域は、身体では、例えば血漿などです。少しずつ固まり乳濁したもの。細胞液や粘液などにも関わります。月の象意である胃は、反対に固形のものを長時間揉み解して、物質を物質とも気ともいえないような曖昧なものに変えていきます。

月が関与するかぎり精神と感情は身体に影響を与える

　月がしばしば無意識と関係しているといわれるのは、精神とか感情としては繰り返された結果、意識できなくなり、中身が去った後も、自動的に動いているものだからで、こうなると本能的な反射行動をする要素に関係し、人間は0.3秒しないと意識が目覚めないということでは、0.3秒以内の素早い反射行動は、月が表していると考えてもよいでしょう。

　月は精神と物質のつなぎという意味では、月が関与するかぎり、精神とか感情は身体に影響を与えます。気分によって体調が振り回されるのは、月の作用です。そして月はより精神とか感情に近いものと、より物質に近いものと、実は七つの階層を考えた方が現実的なのではないかと思います。この場合、地球には月が一つしかないことが地球の特殊状況を作ったという考え方は、本来な

らば、月は七つあるとちょうどバランスがとれるものであることを示しています。月が七つあれば、地球にも宇宙法則が正確に降りてきます。しかし月は一つしかないので、地球は宇宙の中でいびつな、まともに扱われない場所となります。ですから、何か他のシステムで補完しなくてはならないという面があります。私は自身の著作の中で、月に対してさんざんな言い方をしたりもしますが、それは月に対してではなく、月が１個しかなく７個ないことを非難しているということです。

　一番大きな特徴としては、精神と物質が切り離されてしまったことです。東南アジアで、あたかも龍の形のようにコウモリの集団が飛んでいる時に、誰かが「龍だ！」と叫ぶと、それは間違いです。あれはコウモリが複雑系科学の法則で集団的に飛んでいる光景であり、龍とは何の関係もないし、龍は迷信であると答えたとします。構成要素はコウモリです、そして全体として組み立てられている、もう一つ上の次元のものは龍のフォルム。科学の場合には、コウモリの集団であり、龍は存在しないというふうに考えます。コウモリの集団という物質的現実と、龍という象徴的なものはここで切り離されます。これが地球的な世界においての法則の断絶、精神と物質の亀裂を端的に表したものかもしれません。

　月の気のエネルギーが不足していると考えてもよいかもしれません。気のエネルギーがもっと充満すれば、物質の周囲にもやもやとした気配が立ち上り、物質の輪郭が際立ったエッジを持つことも少なくなります。

　一つの形あるものを見た時、それははっきりとした輪郭があり、寸法を正確に測ることができます。これが物質の定義です。それはミリ単位、あるいはもっと鋭く計測できます。しかし、月はものと、もの以上の気、エーテル物質などをつなぐので、何か物体を見た時に、その周囲にある滲みの領域を見ることになります。ここではものの寸法を測ることができません。測ることができるのかもしれませんが、天気の日や雨の日、気分がよいとか気分が乗らないなどで、この周辺の寸法が変わります。地球上においては、物質は物質界に閉じ込められており、それを気分で変化させられません。ランプに消えろといっても、ランプの明かりは消えません。これが地球においての法則の断絶です。

近くには同一化するしかない

　月の影響が強い人は、感情や思念が、容貌にそのまま現れます。月が精神を物質につないでしまうからです。感情の安定は身体の健康をもたらします。感情の乱れは、身体の不整脈的な特質を作り出します。

　精神活動を自由にしたい人は、月との関わりを少しばかり遠ざけようとします。月の影響が強いと、地球の周囲の月の軌道から外に出ることができません。つまり他惑星には到達しないのです。月のボディを持つと、これは魂魄の魄の部分ですが、月の軌道の中には住むことができます。

　女性は男性よりも月の影響が強いといわれます。女性は男性に比較すると、肌がきめ細かく艶があります。それは金星の影響が強いともいえますが、同時に、物質的な身体に対して月が影響力を持ち、この月により親しいからということでもあります。栄養分が行き渡るのです。月から離れると、私達は物質的世界、物質的身体に対して遊離してしまい、身体に直接影響力を発揮することができないのです。

　しかし月に親しむということは、今度は、惑星などの活動レベルからより低次元化してしまい、視野は狭くなり、社会性を失い、身近なことしかわからないという人格を作り出します。身体は感情や精神とか、その人の本質により近くなり美しい。しかし、その分、精神は広い視野を失ってしまうのです。もっと広い視野を手に入れたいのならば、いっそのこと月、あるいは金星から離れてしまい、火星や木星、土星に近づく方がきっぱりしているともいえます。離れる、近づくというのは、同一化するかしないかという意味です。

死んではいるがあたかも生きているかのように動く

　生命の樹では、月はイエソドという場所に該当します。

　マルクトが物質。ティファレトはアストラル体といわれていて、イエソドはエーテル体。ですので、ティファレトとイエソドのパスは、アストラル・エーテルといわれます。つまりアストラル体が、エーテル体に刻印するということです。

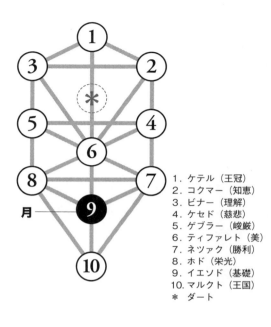
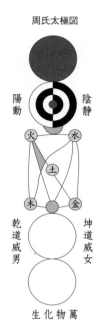

1. ケテル（王冠）
2. コクマー（知恵）
3. ビナー（理解）
4. ケセド（慈悲）
5. ゲブラー（峻厳）
6. ティファレト（美）
7. ネツァク（勝利）
8. ホド（栄光）
9. イエソド（基礎）
10. マルクト（王国）
* ダート

　イエソドは身体では腰に当たり、特に生殖器の位置がそれに該当するといわれています。チャクラではスワディスタナ・チャクラです。月の公転周期は28日くらいで、1年間に13回地球の周りを公転します。天体の一つの回転は、天体が示す意味においての寿命であるとみなされ、月の作用の寿命は28日だということになります。28日程度で蓄積できるものとは、「気」などもそうでしょう。気のエネルギーを操作するには、月の運行リズムをかなり積極的に活用します。

　例えば西欧魔術のゴールデンドーンなどでは、新月前の1週間は座学に活用し、実践活動はしないといわれています。気が痩せ細ってしまう時期、というか、気が分解されていく時期だからです。次第に充満していく時期とは新月から満月までです。

　生命の樹と全く同じ図だといわれている道教の図（周氏太極図）では、イエソドとマルクトは物質の中にある陽の領域と陰の領域です。

　神はイエソドまでしか降りないというのは、このイエソドは精神の刻印を受

けるが、マルクトは硬直しすぎていて、精神の影響を受けるには、あまりにも時間がかかりすぎるということです。でも無反応でなく、非常にゆっくりと従属します。つまり人体では骨や皮膚などに対応します。

イエソドの力は生命的であるが、しかし実体は死んでいるという意味で、死んではいるがあたかも生きているかのように動くといわれています。魂魄の魄なので、キョンシーです。

マニラでの心霊的な体験

私は2015年の後半にマニラに旅行しましたが、マニラに到着した2日目の日に、私が2014年にスカイプで英語を習っていた英語教師が自殺したことを知らされました。スカイプの履歴が残っていて、英語教師の家族が、このアドレスで、私にメールをしてきたのです。

その夜から、ホテルのベッドで寝ていると、眠りかけに、その教師の顔が出てきます。水膨れして、ずっと昔テレビで見たアサハラショウコウの顔のようです。それは日ごとに濃厚になりました。帰国する前の日の夜、眠りかけぼんやりしている時に、夢うつつで見た光景では、私は飛行機に乗っています。全日空の客室乗務員が3人、この英語教師を取り囲み、私から遠ざけようとしています。しかしCr（英語教師の名前）は振動密度が濃すぎて、この小綺麗に整った、物質密度の薄い、小天使といえる三人の包囲網を軽々と突き抜けて、私に迫ってきます。

そうした光景をぼんやりとみながら、私は眠りに入ります。すると、騒がしい音も伴って身体が激しい痙攣（けいれん）を起こし、ベッドが激しく揺れました。一晩のうちに痙攣、揺れ、目覚める。また眠りそうになる。痙攣、揺れ、目覚めるを何度か繰り返して、私は疲れてしまいました。それに、右手を大きな黒い鳥のようなものに噛まれ、激痛が走りました。

物理的にベッドが揺れたということは、もちろんないでしょう。人は、眠る時に、身体からエーテル体が少し拡大します。眠る時にエーテル体は身体と共にあり、アストラル体が遊離して、夢の体験をします。しかし身体とエーテル体が昼時のようにぴったりとくっついているわけではなく、エーテル体は身体

から少し外に拡大するのです。つまり眠り始めの、まだ夢の体験が始まる前の境界領域では、肉体に支配されていないエーテル体独自の体験が出てきます。

　死んでしまったが、まだ肉体から縁を切っていないCrは、空気の中にいます。それは空気H192の中にある熱気H96です。その下の身体は既に切り離されており、それはモルグ（死体安置所）に放置されています。彼女の家族はお金がないので、Crの遺体をモルグから引き取れないのです。メールで連絡してきた話では、Crの母はCrの死を聞いて、急いでやってこようとしていますが、そのための交通費さえままならないらしいのです。

　Crが私が眠りそうになるのを、ベッドを揺らしてまで叩き起こそうとしていたのは、私に何か要求があるからでした。私はそれを夢うつつの中で聞きましたが、Crからすると、私はお金持ちの日本人なので、自分をモルグから引き取って、墓に入れて欲しいということでした。ですが、それをするのは筋違いです。物質領域では、Crは、私のスカイプを通じての英語教師にすぎず、彼女は、私に甘えすぎています。

　私はモルグから引き取る処理をせず、その代わりに、Crの心霊体を、より高次の領域、ロバート・モンローがいうフォーカス27につなぐ試みをしました。私に甘えるということ自体が、Crが、自身では十分には天国につながれないことを証しています。甘えるというのは軸が上空に伸びない、エニアグラム式にいえばミの音なのです。頭のてっぺんに、チベットの古い風習のように、キリで穴を開け、パイプをフォーカス27の天国につなぎました。「金払うより、この方がプライスレスで、価値のあることなんだよ」とCrにいいました。

　この時から、痙攣と、ベッドを映画『エクソシスト』の一場面に出てくる光景のように揺らす現象は止まりました。この体験で理解したことの一つは、キリスト教のいうように、自殺者は天国に上がれないというわけではない。自殺者には正当な理由もあるし、救いもある。Crは、ちょっとだけ私に甘えてきましたが、それは脇に置いといても、天国に行くことはできる。「何とかなる」これが、私が夢うつつの中で思っていたことでした。

　月の身体、すなわちエーテル体は、この中にアストラル体、自我を含んでいます。しかし、死後、人はエーテル体から離れ、アストラル体から離れ、自我に戻り、また新しい目的を抱いて、アストラル体、エーテル体と身にまとい、

さらに身体を手に入れて、次の人生をスタートさせます。ただしブッダなどは、もう肉体を持つことが不可能になり、最低限の身体が「応身(おうじん)」、すなわち集団意識に働きかけるエーテル体どまりです。

例えば役行者(えんのぎょうじゃ)などもそういう身体にしか降りることができません。身体の七つの階層が、全体として一つ上にずれたというふうに考えてみるとよいでしょう。

私がマニラで遭遇したのは、死にたてほやほやの、まだ命が中に在留しているエーテル体、濃い月の身体です。月の七つの階層があるとしたら、この一番低い部分、まだ身体から抜き去った直後の切れ目が処理されていないものです。限りなくものに近い密度です。それは私がぼんやりすると、目の前に現れてきます。

空気があるところ、どこにでも移動してきます。海の水があるところならば魚はどこにでも行くことができるように、空気があるところでは、Crはどこにでも移動可能です。私はこの空気の中ならどこでも出現できるという現象は、いくつか見たことがあります。くっきりした意識でなく、ぼんやりしたものが多いです。

このマニラでの心霊体験は、現代的日本人からすると、あるいは西欧人からすると、信じられないことで、迷信的な体験です。しかし量子論のようなもの、あるいはアーノルド・ミンデルの思想からすると、そんなに不自然ではないです。

Crが、ミンダナオ地域の中にあるダバオで生まれ、そこに住んでいるということも大いに関係すると思いました。ミンダナオ島はレベル4領域で、日本国家は、日本人が渡航することに懸念を抱いています。それでなくても、フィリピンは、日本人を殺害する可能性がかなり高い国です。

フィリピンでは今日でも呪術師は各地に存在しているそうですが、この中で最も有名なのは、ブードゥの島といわれるシキホール島、ビサヤ地方とミンダナオ島のクワク、パナイ島などで、呪術師は女性が多いと聞きます。かつては心霊治療の場として有名でした。

マニラにいる間、私は1週間近く、毎日、ある人とスターバックスの同じ席で会話をしていたのですが、そこでフィリピンの話をたくさん聞きましたが、ある村は、夜のうちに、村ごと地盤沈下して、消失してしまったそうです。こんな話は日本でなら冗談だと思いますが、フィリピンならありそうだと思いま

V 惑星と身体の関係性

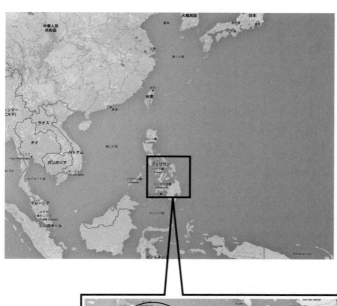

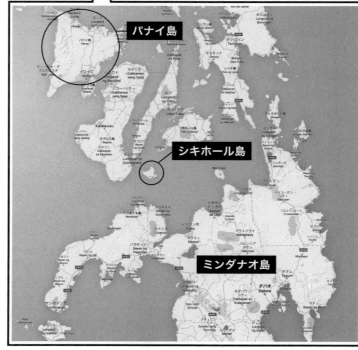

した。ある日、村がまるごと地獄に飲み込まれたのです。

　世界の中で、フィリピン地域は、物質と精神が切り離されておらず、それをつなぐ不思議な場所であると考えられます。台風がこの近くで発生して、世界で最も台風が多い場所というのも無関係ではありません。ある80代の日本人の老人が、危険を承知で、毎年何回もフィリピンに行くという話を聞きました。そこに行くたびに元気になるそうです。フィリピン、特にミンダナオ島は月の場なのです。死んだ後に、生々しくエーテル体で出現するCrは、ミンダナオ島生まれだからこそ可能だったのではないかと思われます。

　ちなみにCrは、日本人生徒がインスタント食品を送ってくれることを喜んでいました。ラーメンとか炭水化物のインスタント食品の袋を、スカイプ映像で見せてくれました。ですが、それはCrの身体を悪化させることは目に見えていました。おそらく糖尿病、そして心臓の病です。心臓が悪化したけど、病院に行くお金がないと再三聞いていたのです。あまりにも身体が辛いので、自殺したと想像しました。日本人生徒がそのように追い込んだのだと思いました。その意味では、日本人の私がちょっとだけ協力するのは必然かもしれません。

　私が体験したこの心霊的な現象を自分もリアルに感じたいと思う人がいるなら、月に近づくと体験できます。これは月の世界です。そして私達は月が重すぎるので、意識が身動きとれなくなるので、そこから離れて生活します。すると空気は密度が薄くすっきりして、どのような不思議なことも起こらないように感じます。月に近づくと空気は次第に濃密になり、空気なのか、気なのかわからないような充満した気配に取り囲まれます。スティーブン・キングはそれを「ミスト」と呼ぶのです。

　日本に帰国する時に、空港にカップルがいました。女性は男性にぴったりとくっついていますが、その接近の仕方が尋常でなく、体重をかけて寄りかかり、男性は首をまっすぐに立てることもできません。ですが我慢強く無表情です。顔色一つ変えない男性に、呪いの人形が張りついているように見えます。

　地球にぶらさがる月はそのような位置関係にあります。

オーラの内側の領域

　月が示す H96 までは感情として感じられます。この痛みとして感じるものを外界に吐き出して、すなわち同一化することをやめてしまえば、これは物質の最も上にあるもの、物質とさえいえないような、気、エーテル成分などになります。きっぱりと外界に吐き出してしまえば、今度は非物質的な気の領域を認めざるを得ないということになります。重苦しい人は、この気のレベルを認めない。なぜなら、それは内的な重苦しいものであり、自分であり、外に対象化していないのです。重苦しさから自由な人は、自分の中に重苦しさを保持しておらず、それを非物質的な気の成分として認めるのです。月を内にするのか、外にするのかの違いです。

　多くの人は、この月の示す振動密度の成分を、内側にあるものにしてみたり、また外に吐き出したりと揺れ動きます。月を内側に、すなわち同一化すると、夢遊病的に行動し、発言します。そして良心の不在の時間も増えます。少しずつ意識が目覚めると、目覚めることそのものが月を外に吐き出したことですから、その月の感情を対象化し、意識的に見つめることができるようになります。あの時どうしてそんなことをしたのか、わからない、と。

　この月に出たり入ったりするような生き方は、細かいことに熱中して、全体が見えてこない生き方ですから、必ず誰かに依存的になります。ヘリオセントリックの精神、つまり太陽を中心にして、全惑星意識に重心を置く生き方をすると、月は視野に入らなくなり、月に同化する比率は著しく減少します。しかし人間は生きている間は、月、さらに身体を捨てることもできませんから、外化された月として、犬や猫を飼うのは素晴らしいと思います。

　地球の周りを月が回転しているという意味では、月は地球の大きな輪郭です。それにたとえると、月は、私達の肉体の周囲を取り巻く磁気の膜のようなものを形成していると考えるとよいでしょう。人体の周囲にあるといわれるオーラは、何層かに分かれていて、これは、人間は太陽系の小型のモデルでもあると考えて見れば、複数の層は複数の惑星の公転軌道に対応します。

　そして月は身体の最も近いところにある膜にたとえられ、オーラとしては一番内側のものだといえます。生命の樹の考えでいうと、太陽はアストラル体。

イエソドと月はエーテル体で、オーラの内側にはエーテル体の層があり、その外側には複数のアストラル体の層があるというふうにイメージします。

ドランヴァロ・メルキゼデクは、身体の外側２センチから３センチくらいの範囲に、青白い膜があると説明していますが、これが最も濃いエーテル体の層で、月に関係します。「オバム」という言い方もあるそうです。アストラル体は象徴的な性質があり、エーテル体はそういう象徴性がありません。アストラル体は動物の形のようなもの、エーテル体は植物の伸びた姿のようなものです。

私はしばしばエーテル体をグリッドのようなものや、構造体として説明します。つまり、例えば、ねぶた祭りの張りぼて人形では、人の形はアストラル体の部分で、その骨組みがエーテル体です。

本来ならば月は七つあるべきですが、もし七つあるとしたら、この七つの違いは、上位にある七つの惑星の性質を、そのまま月のレベルに縮小コピーしたものとなるはずです。この七つは惑星に比較すれば、より振動密度が低く、物質密度が高いもので、それらはより人間の肉体に働きかける要素を持っています。感情や気分が直接身体の働きに影響を与えると、身体のことを考えるには便利ですが、ここに関心を集中させてしまうと、ある種の迷路に入り込みます。

バイクに乗っている時に、道路を見ていると、転倒します。目線はもっと遠くにしなくてはならない、というたとえのように、この月の身体に与える影響力に関心を向けると、それに振り回されて、体調は不安定になるのです。

いつでも調子が悪いといっている人の中には、自分の気分とか感情とか、身体の調子に常に興味を向けすぎているので、この部分を、エキスパンダーをかけたように拡大し、揺れを自分で大きくしている人が多数います。土星の意識、つまり細かいことを気にせず、安定性に興味を向けている人は、結果的に月の揺れを緩和できます。

ホルモン（内分泌）

月は内分泌に関係しているという点では、七つの月は７種類の内分泌系に関係しているとも想像できます。地球において月は一つしかないので、この一つの月が七つの領域を代弁しますが、同時に七つの働きがあるのでなく、一つ

の月が七つの役割を交代することになるので、ぎくしゃくした動きになることは避けられません。これが気分の変化というものを大げさにしてしまうのです。休みなくホルモン（内分泌）の働きが揺れ動いているというのは、猫の目のように変わる性格を作り出していきます。一つの月が、七つの月の作用を代理するというのは、実際には、月に対しての、七つの惑星のアスペクトということに代弁されるともいえます。

微量で大きな生理活性を持つ物質というのがホルモンの定義で、内分泌器とはホルモンを分泌する器官のことです。ホルモンは特定の場所にある器官に所属せず、血液中に溶け出して全身を移動します。そして分泌量は必要に応じて変化し、ホルモン分泌の器官も他のホルモンの影響を受けます。

現代では、ホルモンは内分泌器だけでなく、全身のいたるところで作られているといわれています。そのため、体の中で生命と活動性の維持、成長、生殖機能などを担って、いろいろな情報を伝え合う物質を総称してホルモンと呼びます。身体の中に100種類以上のホルモンがあるといわれていますが、さらに増える可能性があります。しかもホルモンに関しては、いまだに全貌(ぜんぼう)が判明していません。

4 月のアスペクト

月は惑星に対して常に受動的存在

　月は惑星よりも一つ下の次元で、つまりは惑星に対しては受動的で、惑星に対しては影響を与えることができません。占星術では、月と惑星のアスペクトは、月に次々と刻印していくものとみなすことができます。月はそれを拒否できません。
　身体の周囲数センチの範囲にあるバイオプラズマの領域にオーラの影響が持ち込まれ、月を通じて、身体の内分泌腺に作用すると考えます。

月と水星

　水星は公転周期が88日くらいで、これは惑星としては公転の速度がとても速く、月の28日に最も近い惑星公転周期といえます。ですので、月と水星には、多少似たものがあります。実際にヘリオセントリックの占星術では月は存在しないので、水星を月に似たものとして扱うことが多くなります。
　月は地球の周囲を回りますが、水星は太陽に最も近い場所を回転していて、太陽に近すぎる場所で、太陽にまとわりついています。しかも自転運動が不完全という意味では、水星の独立性は不足しており、いつも太陽の顔を見ているということです。他の惑星はもう少し遠巻きに、太陽に依存しています。依存していることに間違いはないが、しかし遠ざかって、依存していないふりをしています。しかも自転しているので、自分のことに忙しいのです。しかし水星は身近なところで、絡みつくように接近し、自立性すなわち自転は不十分で、いつも太陽の顔色を見ています。
　忙しいのでそばでずっと話しかけないでほしいと太陽は思いますが、どのようなことも聞いてきます。「出かけてよいか」とか、「ご飯を食べてもよいか」とか、

いつまでも話しかけます。水星は太陽の自己分割の最初の割れ目なので、太陽に対しての依存性が強く、自分のすることが太陽の意志に沿うかどうかを問いかけます。

月は2.5日程度で、一つのサインを移動します。水星は平均的に、1週間くらいで一つのサインを移動します。この2.5日と1週間の違いということを、月と水星の違いを考える時に参考にするとよいでしょう。

水星は双子座の支配星で、それは呼吸とか、肺などに関係し、また手足の指など、身体に近い距離での外界との細かい接触を表すものです。

月が三日坊主というような性質であれば、水星は一週間坊主で、何か外界の新規なテーマ、関心事などに興味を抱くということです。そしてその空気を取り入れるのです。

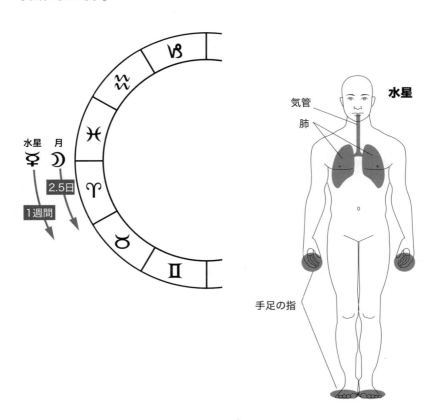

どこかの国に興味を抱いて、海外旅行でそこに行くとします。例えば、私ならば、毎月海外旅行していましたが、だいたいその期間は１週間です。10日だと長いと思うし、５日だと短いと感じます。そして海外に行っても観光はしません。その国の空気を感じ取れば満足です。これは水星のサイクルに従った行動だと考えてもよいと思います。毎週の予定やテーマを考えるということです。

月はエーテル体であり、生命体の輪郭で、それは身体の周辺数センチにあります。水星は、この生命体の輪郭よりもう少し外側の範囲にある空気を吸い込みます。１週間ごとにサインが変わり、その都度、違うことに関心を抱くのがよい、というふうに考えてみると、オーラの呼吸作用のようなものが、このアスペクトでは活発に行われるというふうに考えられます。同じものが続くことは少ないでしょう。

また双子座と水星は、左脳的であるとすると、脳幹から上がってくる情報に関しては、あまり敏感ではないという面はあります。脳幹の情報は、右脳を通じて伝えられるといわれるからです。

一方で月は脳幹に近くなり、それはあまり意識的ではない要素に関わります。月と水星がアスペクトを作ると、このつながりにくいものがスムーズにつながる可能性はあります。

不規則な呼吸や興味によってリズムが変わっていくような変化などは、水星が受け持ちます。それは月の律動を乱すことでもあります。神経コンディションによって、月のリズムが乱れるという場合、これは月と水星のアスペクトに関係することだといえるでしょう。

月が12サインを回り終えるのが28日前後だとすると、水星は、その月に四つのサインを移動し終わったということです。月が３回公転すれば、それは水星が１回公転したことになります。水星は月を三つ分です。これは、天王星は土星の三つ分ということと似ています。月は３回生まれ変わると水星になれるのです。

月の発達の年齢域は０歳から７歳で、８歳から15歳までを水星と考えた時、松果体は、７歳くらいまでが活動のピークで、その後、石灰化に進みます。そして８歳から15歳というと、少しずつ男女が分かれて、思春期に近づいていく段階で、これは下垂体ホルモンに関係するともいえるでしょう。単独の月は松

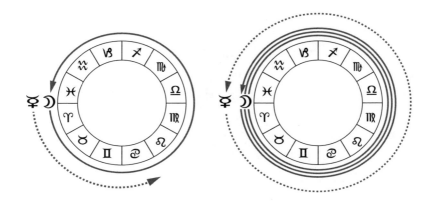

果体のホルモンに関係し、水星は下垂体ホルモンに影響があるということになります。

　天王星は高度に発達した水星だといわれます。その点では、土星は高度に発達した月です。月は覚えたことを繰り返して続けようとします。繰り返すと、意識はそこから脱落し、後には自動運転の繰り返し行動が残りますが、土星はやはり決まりきったことを維持しようとする性質です。

　天王星は習慣に染まったところから抜け出して、意識的な啓示に至ろうとします。眠り込んだ意識に対して目覚めた瞬間です。小さな範囲では、月の律動に対して、水星は不規則で、知的な興味によって不随意的な作用に、変則的な刺激を与えると考えるとよいでしょう。興味が変わるたびに、私達は呼吸が変化し、揺れ動きます。

　私は双子座の説明の時に、空気との呼吸という点で、身体の外のオーラなどにも関係するといいましたが、肉体の周辺に近い皮膜は月の管轄であり、エーテル体の臨界線だとすると、この臨界腺を外に拡大したり、縮めたりする要素が水星、双子座などに関係するとみるとよいでしょう。

　興味を身体の外に向けるとは、もちろん、オーラを外に広げることです。そして呼吸すると、空気の中にあるプラナが吸い込まれ、それはオーラを満たし拡大することになるのはいうまでもありません。反対に、風・柔軟サインの双子座は有害情報も持ち込みますから、生命体の輪、「小屋」に、有害な成分も

持ち込みます。

　私はインドに10日の間滞在して、そこでとても神聖な、感動的な空気を吸いましたが、同時にPM2.5の影響で、帰国後、3週間ほど寝込んでしまい、仕事の締め切りに珍しく遅れてしまいました。

　月と水星のアスペクトはそのように、月の示すホメオスタシス的安定性をかき乱す要素が含まれているということです。水星が乙女座の支配星で、それが整理・整頓に関係するとしたら、月は自分の部屋のことであり、部屋の中を細かく掃除するという行為も、月と水星のアスペクトです。

　かつて私の占星術勉強会に来ていたある中年男性は、月と水星が180度で、考えていることがすべて顔に現れていました。あらゆることに、快と不快感を表し、月のエリアを揺すぶっているという印象でもありました。空気の成分をエーテル体に持ち込むということでは、素早い細かい調整もできることになります。

　どちらにしても水星が持つ神経の苛立ち（いらだ）などが、そのまま生命体に影響を与えるので、気分によって体調が変化するということに大きく関わります。喘息（ぜんそく）に関係するといわれていますが、これは生体の状況が呼吸にフィードバックされてしまうということもあるのでしょう。考えること、知ること、受け取る情報によって、いちいち健康が影響を受けてしまうのです。

　月と水星のスクエアは、悪い評判や噂、悪口などを意味すると説明している研究者がいます。水星が持ち込む有害情報が、月のエリアにまで入り込んでしまうということでしょう。月の防衛網を水星がたえず脅かすという点では、確かに、喘息に関係があるといえるかもしれません。この組み合わせでハードアスペクトがある人は、全員に喘息の可能性があるということはいいにくいとは思いますが、因果関係はないと断定できません。

　占星術を考える時、惑星やその組み合わせは、広範な範囲に及ぶ象徴的な意味を持ち、これを具体的な事象に落とし込む場合、1000以上の具体的な事例に当てはまります。したがって、喘息という一つの事象は、そのまま月と水星の象徴的な作用をまるごと取り込むことができるとは決していえません。多数の事象と象徴的な作用の組み合わせ関係は、固定されていません。

　印象は多角的に分岐し、多角的であるほどよいのです。占星術の教科書で、

惑星の対応リストにさまざまなことが書かれていたとしても、それは時間の経過とともに古びてきます。

月と金星

　私はしばしば月と金星の合のアスペクトはアンチエイジングのようだと説明してきました。天秤座は触覚で、それは形の中に人が閉じ込められることです。壁があり、通り抜けることができなくなり、人は人の形の中で思い、考えるし、同じ輪郭に閉じ込められている人に共感が生まれます。

　輪郭を意識する人は、輪郭を意識しない人に比較して、自分の形、容貌、境界線により関心を持ちます。そして自分の容貌を気にするとは、「どうして自分はこんなものに閉じ込められているのか」ということに問いを発していることでもあります。

　美意識は人と人の関係で成り立っており、多くの人が美しいというと、それは人と人の関係で作られた基準で考えているのであり、普遍的などこでも通用するようなものはありません。時代によっても変わります。

　太めの女性に、インド人男性が盛んにアプローチしてくるのは、インドではそれが美しいからです。人と人の間でのみ成り立つ価値観は、例えば、人と猫の間には成り立ちません。猫や犬は、人の美意識を理解できません。同じようなものの間での微妙な差の話でしかないのです。

　月は物質的な身体とより広範なオーラとの間にある身体の外の皮膜で、それは感情とか精神の働きを、身体に伝えようとしますが、身体の輪郭、皮膚のバランスを保とうとするのは天秤座と金星です。形を整えて均衡を保つ作用に、月の気の作用、エーテル的な要素がそのまま伝わるというアスペクトだと考えてもよいでしょう。

　天秤座は肌にも関係し、それは具体的な身体の輪郭。月はその外側の濃いエーテル体の領域で、エッジを滲ませ、曖昧にしていきます。しかも水に関係しています。感情とかが、皮膚の状況に伝わります。そうなると、アンチエイジングのアスペクトということも納得はしやすいでしょう。つまり、月の生体に与える影響が、まずは身体の輪郭、肌などにダイレクトに働きかけるということ

です。気の持ちようで、容貌に変化がある人です。こういうタイプの人はたくさんいますが、鬱病になると、いかにもそんな体型と顔になってしまうのです。

　生まれつきこのアスペクトがない人でも、トランジットの金星が出生図の月とアスペクトを作った時、反対に、出生図の金星に休みなく動くトランジットの月が代表的なアスペクトを作るサイクルで、気のエネルギーや感情の濃い成分などは、容貌に影響を与えると考えるとよいのです。天秤座、月、人体の輪郭などに関心がない人には、こんなことはどうでもよい話、それこそ瑣末な話です。

　金星がシリウスをバイパスして月にも影響を与え、シリウス、金星、月が回路を作ってしまうと、シリウスの表現の例である動物神の気配が容貌に落とし込まれて、何かの動物を彷彿とさせる顔になっていきます。月だけなら気配ですが、金星が関与すると形に現れてくると考えられます。

　また月と金星のアスペクトは金星を月化していきます。金星を若い女性、月を幼児と考えてみると、幼児化した若い女性という例もあります。中年期なのに、幼稚園児のような格好をして、人形を抱いて歩いている人をごくごくたまに見かけます。これは金星に対する月の侵入です。

　AKB48がまだデビューしたての頃、外国人が「どうして日本人はペドフェチなんだ、気持ち悪い」といっていたことを聞いたことがあります。幼児化した金星は金星が月の気分、エーテル体の作用に敏感に反応することも表します。これはアレルギー反応などに関係しやすいでしょう。

　自己免疫疾患は女性に多いという話があります。これは、自己免疫疾患はホルモンに関係しているといわれていることも関係します。男性はこの細かい反応能力が弱めです。

月と太陽

　生命の樹では太陽は胸のティファレトで、月は腰のイエソドです。ティファレトからイエソドのパスは、タロットカードでは「節制」で、太陽がアストラル体、月がエーテル体ということで、そのつなぎが、アストラル・エーテルということになります。

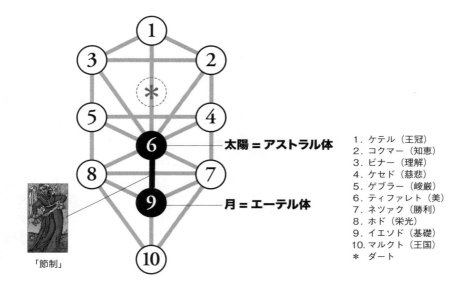

1. ケテル（王冠）
2. コクマー（知恵）
3. ビナー（理解）
4. ケセド（慈悲）
5. ゲブラー（峻厳）
6. ティファレト（美）
7. ネツァク（勝利）
8. ホド（栄光）
9. イエソド（基礎）
10. マルクト（王国）
* ダート

「節制」

つまり太陽の意図を、月に刻印するという意味では、月は太陽の意図を正確に反射し、映し出します。科学的な思想は、いわばアストラル体の要素を除去することにかかわります。銅と鉄の違いは元素の構造の違いであり、鉄や銅というものそのものはあたかも存在しないかのように扱うというのは、アストラル的な表象作用、イメージ、欲望を除去することです。

エーテル体は、エネルギーの構造のようなもので、それは線とか図、色などに現れていますが、このアストラル体が関与するのは、線描で動物の絵を描くようなものです。あるいは図形が少しずつ変形して何かの動物の形になるというような。

アメリカに行った時、ペンションのオーナーが私に関心を持っていたことがわかったのは、２階の私の部屋に上がる螺旋階段を上がる時、私の後ろに螺旋状の筒がついてきたことがわかったからです。それは銀色のドットで形成された、パソコンで描画された図のようでしたが、長崎蛇踊りの蛇のようにうねっていました。この螺旋の胴をそのままアストラル体的にイメージ化すると蛇に

なります。単独で成立せず、伝統とつながっている人は、過去と未来の流れを連続的につなぐので、それは筒になり、単独の動物のようになると、それは孤立した単独性の生物です。

したがって伝統の中で生きている人や継承している人は、基本的にエーテル体は蛇のようになる傾向があります。そのペンションの近くにパワースポットがあり、このオーナーはこの地域を買い取り、ペンションを作りました。後に聞いたのですが、自分は1万5000年前にここにいたといいました。そのため、今も、ここを守る役割があるのだと主張しました。

ティファレトからイエソドへというのは、雲に人の顔を投影して見るようなものです。ロールシャッハテストで模様を見て、「これは北海道で取れた毛蟹で、結構、値段が高いんですよ」と言う人がいたら、このアストラル的なものの刻印です。

「節制」のカードは、その人の本質が、その人の気の身体を作り、より低次なボディはその人で満たされます。たいていの場合、月が身近なところをコピーするとしたら、それは他者に所有された身体ですが、このアスペクトでは自己の本質が、その人の生命体を忠実に形成するのです。

金星と月は他者に奪われた月で、それは金星が外界に対する期待感というものを示しているからで、一般的にいわれる美意識に従ったもの、多くの人に評判のものを形にしていく傾向を持ちますが、太陽と月はその人そのものの個性を降ろしてきたのです。そして月は太陽からの力を受けるので、自分の新陳代謝の力、形成力、成長力が強まり、太陽が示す心臓が安定した働きを持つならば、それに従属して、月の働きも安定します。これは回復力があるという意味でしょう。

ある研究家は「どのようなハードアスペクトでも太陽と月のアスペクトはないよりはまし」といいましたが、太陽が関与することで、月の力に、自己形成力が強まるからです。自分の意図を刻印する。つまり自分の意図で浄化する。軌道修正するという作用です。

月は地球に依存しており、しかし月は月の範囲で手一杯なので、地球がどこを移動しているかについては全く知らないのです。月は地球のことを理解しません。占星術の太陽とは、地球のことですが、月はティファレト・太陽を察す

ることはできません。自分の理屈でのみ理解します。

　月に理解してくれ、察してくれという姿勢は通用しません。ここでは一方的に影響を刻印するということだけを考えるとよいのです。月に意向を聞くと、月は月の都合を言い張りますから、そうすると、太陽はその本来の位置から引きずり落とされます。考え方が狭くなっていき、またオーラは、だんだんと月の輪郭、身体のごく近くにまで縮小します。興味が身近なことばかりになっていきます。国際問題よりも隣人のことの方が重要です。

　月は惑星の影響を受けますが、この他の惑星の影響は比較的不規則なリズムです。というのも、それらは見かけの逆行をするからです。

　一方、月は規則的に地球の周りを回ります。したがって、太陽、すなわち地球が月の生命体に刻印するには、規則的な、例外など何一つない繰り返しをするのがよいのです。例えば、状況の変化がどうあれ、食事はいつも決まった時間にする、寝る時間も同じという具合にです。

　月は０歳から７歳までの幼少期を表しますが、その時に、生活は規則的に運営するのが理想的です。食事、就寝、遊び、これらを毎日決まって行うことで、太陽の力は月に刻印されます。つまり自己実現の力が手に入るのです。太陽と月がスクエアとか180度の人は、太陽と月の主張の対立を体験し、葛藤感を感じることもあります。この場合、その人の意図や目的という太陽の側と、月が示す具体的な生命体のスタイルに齟齬があるということになります。ある一定期間は本意から離れ、急に軌道修正するというギクシャクした姿勢になることもあります。しかしそんな葛藤を起こしていること自体が、太陽の力が十分に月に行き渡るという消化プロセスでもあるので、ハードアスペクトであれ、このアスペクトはないよりはあった方がましなのです。

月と火星

　火星はマクロコスモスへ向かう意志を刺激する天体ということでは、月が示す身体の周辺の気のエネルギーの皮膜を拡大する方向へと働きかけます。火星の積極性は月とアスペクトを持つことで、月に伝わり、月が示す無意識に抱く感情などに、興奮効果を与えます。

月が内分泌腺に関与し、ホルモンの生成などに関係するとしたら、火星が示すような行動性、積極性、チャレンジ、攻撃性などを強めるホルモンを増加させるということになります。甲状腺に関係するホルモンやテストステロンには関係しやすいということです。火星は、攻撃による防衛という性質があり、感情面での耐久度の高さを作り出します。しかし、火星が直接月に働きかけた場合、月が持つ狭い範囲で、ホメオスタシス的安定を維持しようとする、つまり「分」を守ろうとする性質を傷つけるということでもあります。調子に乗って興奮して、体を壊してしまうという傾向です。
　月に対して火星がハードアスペクトの時、よくやりすぎて熱を出す人もいます。しばしば唐突な発作などを示すこともあります。しかし唐突性が強調されている時には、天王星が関与しています。また月を胃と考えた時に、胃が出血するなどで現れる場合もあります。胃酸が強すぎるということもあるかもしれません。
　月と火星のアスペクトは、自発的に積極性とか攻撃性を発揮することができず、外から何か圧力があれば反応できる。それは月がそもそも受動的で、自分から何かすることができないからです。攻撃されると守ることができるが、自分からは何かできないのです。したがって瞬間反応のものであり、継続性はありません。感情のばねのようなものを作り出し、打てば響くような反応性です。しばしば外からの攻撃に対して対処能力がないといわれているのは、月と木星のアスペクトですが、つまり火星の緊張によって押し出す力が木星では弛緩してしまい、強いテンションが作られないということです。月というエーテル体の皮膜部分で、押すと、跳ね返す弾力性は火星にしかできないといえます。
　月と火星のアスペクトは、火星そのものを強調しているわけではありません。月という皮膜の部分で、火星の跳ね返し力が働くということで、火星の側に対しての影響力を取り上げているわけではないのです。月は惑星から影響を受け取るが、惑星は月の影響を受け取りません。そもそも、地球の内輪にいる家族に、よその者が関わる比率は少ないでしょう。
　月と攻撃的な火星のセットは免疫力の強さというふうに考えてもよいかもしれませんが、これはちょっとでも逸脱すると、反対に網目を突き破ることになります。弾性限界が低いバネのようです。

月は無意識で自動的なものなので、十分に考える前に興奮して反応してしまうというものですから、後で冷静になってみると後悔することが多いのです。しかし月は繰り返しの行動の中で、パターンが記憶され継続力を得ます。つまり月と火星のアスペクトによって、瞬間的に興奮してしまうような気質は、10年くらい根気よく我慢強い姿勢を保つことを練習すれば、意識的でない時でも、ちゃんとしつけは定着してきます。

テストステロンは最強の男性ホルモンといえるものですが、必ずしも男性にだけ必要なものというわけではありません。たいていは男性の睾丸と副腎から作られます。胎児の時に、テストステロンが増加した子供は遺伝子が女性型でも、体は男性に生まれてくるといわれています。思春期にテストステロンが増加することで、体つきも性格も男性的になってきます。

また老いても、骨や筋肉の維持、また性欲、造血、動脈硬化の予防、メタボリックシンドロームの予防、さらには脳の働きの強化などに貢献します。女性の場合、副腎と卵巣からテストステロンが作られますが、その量は男性の1／10から1／20といわれています。

男性の場合、テストステロンは日内変動とか、また居住地域、季節、社会状況、ストレス状況などによって分泌量が変動しますが、女性の場合には、あまり変動がないようです。

外に飛び出す挑戦意欲は惑星では火星ですが、ホルモンではテストステロンなので、この月、火星のアスペクトは、テストステロンと性質がどこか似ています。テストステロンは社会の中で自己表現する力、また言語能力などに関係しますが、火星も外に働きかける力として言語能力の発達にも関係します。

一時話題になった、脳の中の報酬系という神経回路はドーパミンと関係していますが、テストステロンはこの産出を誘発します。チャレンジし、達成し、幸福感を感じるというものです。十分な睡眠と運動はテストステロンを増加させます。

テストステロンは女性のアンチエイジングに貢献するという話もありました。一酸化窒素を産生し、血管の状態を正常に保ち、内臓脂肪を分解する性質があるからです。また、テストステロンは、細胞に必要なエネルギーを提供するミトコンドリアの代謝を改善している働きもあると考えられています。脳の

扁桃体（へんとうたい）は、否定的な記憶を蓄積しますが、テストステロンはこの作用を抑制します。だんだんと楽天的になるということです。中年になって誰もが太りますが、これはテストステロンが減少してきたことと関係すると主張する人もいます。

月と火星のアスペクトは、木星が加わると、「うっかりまたやっちゃった」というような、気分のノリで増長する性質を作り出します。月は無意識の繰り返しをするからですが、このうっかり、やりすぎ、乗りすぎというのは、外への拡大によって、月の持つ「分」を超えてしまうことですから、扁桃体抑制のテストステロンと関係がある可能性はあります。

逆に臆病になるとは、月と土星のアスペクトなのです。

月と木星

木星は拡大する性質で、内臓としては肝臓に関係します。手を広げ、どんどん増やす木星の作用はハードアスペクトで行きすぎる効果を与えると、節度のなさを作り出します。月がその人の「分」を表すとしたら、この分を超えてしまうのです。

外に広げてしまうことは、また外から内に入り込まれる隙も作ります。月が私生活を表すという点では、神経質でない、守りの弱い、細かいことのわからない人になってきます。もちろん、月がオーラに影響を与えるとしたら、オーラは大きくなります。月は私的なものなので、木星の拡大効果によって、私的な要素を大きく拡大していく結果、個人の感情がまるで世界の一大事であるかのように大げさになっていくこともあります。秘密を守れない性格も作ります。膨らませすぎたパンのイメージを思い浮かべてください。吸収力を高めるが、減らす力は弱まるということで、行きすぎによってバランスが壊れます。

個人的な印象では、食べすぎて、インシュリン抵抗性などが出てしまい、最後は糖尿病になったりする人は、この月と木星のハードアスペクトのタイプが多いように見えます。とはいえ、実際には、糖質を摂取しないのなら、いくら食べすぎても血糖値は乱高下しないので、糖尿病になることはないと思いますから、糖尿病は特定の天体のアスペクトと結びつけるよりは、知識不足からもたらされると考えた方がよいでしょう。

私はある時期に、毎日ステーキを食べるということを試みていた時期がありました。神保町のいきなりステーキというお店で、毎日600グラムのリブロースのステーキを食べるのです。ある日、隣の席に、中年男性が来たのですが、その男性は待っている間に、もう忍耐力がきれてしまったのか、イライラし、動作に露わにし、周りの客も何となく警戒しはじめる感じでした。ですが、ステーキが来ると、猫のようにおとなしくなりました。

　このように個人的な感情を外に大げさに出してしまうというのは、月と木星のハードアスペクトの特性です。この男性は、きっとステーキのつけ合せのジャガイモとかトウモロコシ、ニンジンなど糖質を摂取し、ご飯も食べているために、糖質中毒になり、血糖値が極端に上がり下がりするので、これが感情の不安定さを呼んでいるでしょう。糖質中毒の人は食べても3時間もしないうちに空腹になります。ステーキ屋さんでも、肉だけ食べるような生活をすれば、血糖値は上がらない、下がらないということになるので、この乱れはなくなります。

　火星は辛いもの、木星は油濃いもの、金星は甘いもの、土星は塩辛いものという分類もありましたが、もっぱら行動のエネルギー源になる糖質は、木星に一番関係します。

　木星はたいてい過剰性や多すぎること、手を出しすぎることに関係しますから、限度を超えて溢れ出したものや不要にもかかわらず取り込んだものなどです。そもそも節度を持って減らそうという根性は木星にはありませんが、ホルモンはすべてホメオスタシス的バランスをとるので、あるものを強めた時には、反対のものも強めようとします。この点で、木星作用の過剰拡大は、土星作用によって抑制されます。木星は広げて、土星は減らすのです。

　月のチェックをしたい時には、私は自分の部屋を見ようといいます。部屋や小屋は、月の象徴です。妻が夫の秘密を知りたい時には、夫が愛用している車を見ればよいといわれています。そこに秘密の釣り道具が隠されていたりします。男性にとっては車も月です。こうしたところに、見知らぬ誰かが入ってくることには警戒心を抱きます。部屋に馴染みすぎていると、警報器の検診、ガスの検針などに来た係員が入室とすることにさえ神経質になります。

　月を部屋とみなした時、月と木星はものが増えていくアスペクトに見えます。ただし木星のサインが問題で、それは増えるものの種類を表しているからで

す。月と土星は減らします。部屋はあたかも自分の身体宇宙の反映だと考えると、しだいにものが増えていき、しかも整理されておらず、混乱が増加するのは、月と木星の制御しづらい増大です。もちろん、体もそのようになっていきます。

　月と木星のケースは、脂質の代謝に関係するという事例が最も多いのではないでしょうか。木星は増やすが備蓄しない性質であり、備蓄する倉庫は肝臓＝木星の外です。脂質は中性脂肪とコレステロールがありますが、コレステロールはホルモンなどの材料になります。

　月と木星のハードアスペクトは、明らかに過剰になりやすいといえます。

月と土星

　古典的な惑星、見える惑星として最も外廓(がいかく)にあるのは土星で、これはすべての惑星を管理し、絞めています。この管理力を発揮するので、月のエーテル体に対して、また分泌腺機能に対して、管理力を発揮します。

　管理しすぎは、押さえつけになります。たいていの場合、エーテル体の皮膜は拡大するよりも小さくなり、また臆病になり、保守的になります。ほどほどの場合はよいのですが、土星が過剰に働くと、エーテル体は虚弱になりますから、体も弱くなり、後天的にそれを鍛えて強くすることをいつもお勧めしています。

　身体の物質的な皮膜でなく、生命の形としての、月の輪郭の側をより重視していくことです。物質の身体の輪郭を意識すると、それはますます虚弱になります。見れば見るほどそこに萎縮します。少し目線を遠いところに置くと、物質的肉体も健全になります。

　このアスペクトは、時に否定的なことを考えて防衛的になるということを、無意識に繰り返すのですが、これに対して反対の楽天的な感情を繰り返し、刷り込んでいくと緩和されます。月は常に無意識的で自動化されたものです。ですから、忘れてしまっても残るところまで刻印しなくてはなりません。月が土星とハードな関係の人で、太陽が反対に、木星や海王星など拡大天体と関わっている人は、後天的に、人生を楽天的で積極的なものにしていこうとしますから、地味な自分を否定しようとします。

土星は外壁で月は内部のものや家族的なものです。つまり家というのは、月と土星のセットです。小さな家や大きな家などさまざまです。外壁を固めすぎると、エーテル体の呼吸作用は弱まっていくでしょう。

　月は蟹座の支配星、土星は山羊座の支配星で、これは180度の相補関係ですが、同時に、反対の性質でもあるので、内臓の中に土星の表す冷えや硬直、新陳代謝の低下などがもたらされると、月は弱められてしまいます。土星はあくまで月の外側の守りに徹するとよいが、内部に入り込むとそれは月を弱めていくということです。精神の領域では、月は土星よりもずっと低次なものです。しかし物質というところに置き換えると、月は身体よりも大きな範囲にあり、土星はその内側にある骨や皮膚なのです。

　山羊座や土星が骨であり、これは固いもので、月のような柔らかいものと対極にあるという点では、破骨細胞と骨芽細胞の対比のようです。骨芽細胞は、骨の「鉄筋」に当たるコラーゲンを作り出し、カルシウムを付着させるつなぎとしてのタンパク質を塗り込みます。

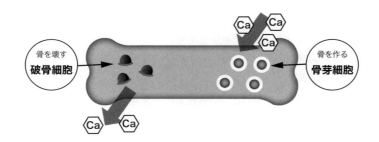

　いずれにしても月と土星は、固いものと柔らかいものです。幼いものと老いたものの対比であり、金属では、対比的にセットになる銀と鉛の関係です。守りであるがいきすぎると硬直する。そのため、この配分にはとても慎重にならなくてはいけないということです。

　月と土星がイージーアスペクトの場合、生活に繰り返し行動ができる特技が発揮されます。この繰り返しは、液状成分の中で次第に固形物が沈着するプロセスを促進します。蟹座は水でその支配星の月は水のサインです。山羊座は土のサインでその支配星の土星は土のサインです。これが協力しあうのです。

代謝が他の人に比較して遅く、また血液の流れにも停滞が起こりやすい傾向というのは避けられないでしょう。土星は冷えを生み出すので、人為的に体を常に温めるとよいということになります。

　何となく気分がいつも暗いというのは、月と土星のハードアスペクトの慢性的な影響であることもあります。月を家とするならば、必要なものしか置いていない質素な家ということになります。ミニマリズムという点では王道のアスペクトです。

月と天王星

　人の寿命は平均80年前後とすると、天王星の公転周期は84年なので、この一生という範囲に最も近いものです。オーラの中にある身体は食べ物で作られ、休みなく新陳代謝していると考えた時、同じものは何一つ残っておらず、継ぎ足し継ぎ足し長年使われる焼きもののタレのようなものです。部分を入れ替えながら、資質を維持するのです。

　ところが天王星は人の一生分の情報をキープします。継ぎ足しがないのです。オーラは人間の寿命よりも長く生きるもので、その人そのものの意図をキープします。それは継ぎ足しによる模造ではありません。

　天王星は身近な周辺環境に染まらない独立性を付与します。地域性は山羊座です。そして水瓶座はこの特定の地域性にこだわらない、より広い範囲に拡大することを表しますが、その支配星としての天王星は、身近な環境とのホメオパシス的共鳴を切り離すことができるのです。結果として、孤立した、そこだけ独自の運動ができるようなフィールドを生み出します。狭苦しい近所づき合いの多い商店街に取り囲まれていても、天王星が確保するのは、そこだけ遠い宇宙との交信ができるような場所で、周囲の気配がなだれ込まないようにできるのです。

　モンロー研究所の作ったヘミシンクのプログラムなどでは、自分の周囲に球形のフィールドを作ります。それが一時的に、環境の影響を遮断するドームになります。この環境から自分を独立させ、より広いものを取り込むことのできる空間を生み出すという作用は、オーラの天王星が受け持つ輪郭だと考えると

よいでしょう。

　それは人生の体験の細かい諸事に夢中にならず、人の一生という単位をトータルに管理し、運営し、間違ったところに迷い込まないようにするパイロット波を作ります。

　天王星が変人的といわれるのは、身近なところに染まらない、より広いものを持ち込む作用だからです。つまり田舎で、この田舎にのみ通用するような特殊な習慣で生きる人々がいて、この中で、一人それに従わず、もっと広範で普遍的な基準で生きる人は、身近なところから見ると孤立的な変人です。チョゴリを着ている人ばかりが住む村で一人ユニクロを着ていると、それはとてもひねくれた人なのです。

　例えばお正月でも、お正月の習慣に全く従わない人がいたら、妙な人ですが、しかしお正月はローカルルールであり、決して普遍的なルールではないので、この妙な人の方がより冷静な見方をしているということです。人工的に作られたハロウィンも、全く無視してしまうのは、宇宙的な意味でむしろ普通の人です。

　月と天王星のアスペクトは、この独自の生命の帯を作り出すことができるという意味です。月は生活習慣などに関係していますから、生活習慣に、その人特有のものが出てきます。そしてまたその人特有の気質があります。

　また月と天王星は、土星以内の細かい諸事に振り回されにくい恒常性を作り出すことになるのではないでしょうか。実際的には、天王星は不規則で、おかしなもの、屈折したもの、ひねくれたものを表すと考えられていますが、これは土星以内の小さな範囲のものに対しての、常に抵抗作用として働いているからです。

　例えば学校の規律に反抗し、規律を乱す生徒がいたとして、それは安定して続くルールに対して乱す行動ではなく、むしろ、具体的に存在するこの学校のルールという偏りに対して、より普遍的なものを持ち込もうとするための反逆です。

　月は常にどのような惑星に対しても受動的に従い、他者の習慣に染まった状態になりやすいのですが、出生図の月に対して、トランジットの天王星がやってくると、唯一、自分の生活習慣とか方針を主張できるチャンスがやってきます。

　医学的な常識とは時代によって変化し、ご当地的な、あくまでもその時の常

識です。ですから、これは土星の管轄範囲とみなすとよいでしょう。天王星はこの土星のルールに従わない、より普遍的なものを持ち込む作用です。時代によって変化していく接木的な概念ではなく、もっと長期的なところから持ち込まれる考え方です。

月と天王星のアスペクトの人は、その意味では、テンポラリな医学の考え方からはみ出してしまう癖や体質などがあるということになります。解釈しづらい癖、体質の特殊性です。あくまで月は、エーテル体や気の身体の問題で、直接内臓とか身体器官にフォーカスしているわけではないということを意識しておくべきでしょう。

月は身体の数センチ外側にある濃密なエーテル体領域で、天王星はその人のオーラの外殻です。この場合、「ここまでが個人である」という境界線は、寿命まで、ということになります。肉体の寿命までをその人の個人の継続範囲であるという定義は、正直、正確なものとはいえません。その人の人間的な活動力のレベルではなく、単純に食って寝て年をとって死にました、という部分にフォーカスしているのです。その人がH12を重心に生きている場合には、寿命は一つの文明期としての2200年であり、H6を重心に生きているとしたら、歳差活動の2万6000年です。

ブッダのオーラはインド全土を包んでいたという時、これは肉体を持つ個体としてのブッダのオーラを表しているわけではなく、ブッダの活動の本質の領域をブッダとみなして、そこから見たオーラのサイズです。

天王星が、平凡な生活リズムに対して、不規則で痙攣的な影響を持ち込むとしたら、それはより普遍的なものに軌道修正するための痙攣運動だと解釈するべきです。意味不明なことで興奮するとか、または周囲に対する無関心や離人症的な傾向を持つ人もいますが、これらは目のつけ所、反応する場所が違うのだということです。

月と海王星

生まれつき月が海王星とアスペクトを持っている人は、月の境界線を滲ませて、どこが切れ目かわからないという傾向を持ちます。海王星は魚座の支配星

で、霧とか雲とか空気を含んだ薄い水を表し、外界の影響がたくさん映り込みます。防衛力が奪われ、見える影響、見えない影響がどんどん入り込んできます。

　拡大を表す天体は金星、木星、海王星で、エーテル体を膨らませていきますが、非物質的なものまで拡大するというのは海王星で、長じても、夢の中に住んでいるというような印象を与えます。

　ワンダ・セラーは、海王星の影響はどのような組織も弱めてしまうと書いていますが、これは凝固しないという作用から推理されたことでしょう。例えば土地でも物質的に不安定で脆弱な場所は、エーテル的な、すなわち生命的力が強まる場所です。そうしたところでは機械性が弱まるので、事故が起きやすいのです。

　海王星の影響は、ものとしての身体の密度を希薄にしていくということで、決して弱くなるという意味ではなく、むしろ惑星は公転周期が遅いものほど深く、強烈な影響力を持っています。そして海王星は夢のような意識作用でもあるので、イメージとか夢で強化したり回復させたりすることもできるということになります。

　世界中で、多くの人がアルコールを飲んでいます。アルコールは海王星の表す事柄に似ています。つまり誰もが海王星の作用なしでは生きていけないということです。個体として息苦しく閉じ込められている生活は、強い緊張感を与えますから、海王星作用によってリラックスし、本来、私は形のない偏在するものであったということを思い出すことは、これからもしばらくは個体として生きていくことができる意欲を与える場合もあるでしょう。

　月と海王星が90度のみで、それ以外に何もアスペクトのない人を発見します。しかもご丁寧に、この月が魚座であったりするケースもたくさん見てきました。さらには12ハウスの月という場合も。これはものとして捕まえられたくない人でもあり、世界は夢であり、夢の中に住んでいて、そしてふわふわと移動して、凝固する私というものに抵抗しています。硬くて重い食べ物を食べ続けていれば、重くて硬い身体ができますが、そうした食生活はこの12ハウス、魚座の月、海王星との90度というスタイルには合わないでしょう。「霞を食って生きている」という言葉がありましたが、霞のような成分を増やした方がよいでしょう。

ただし、これはアースしていない身体ということになりますから、さまざまなノイズも大量に入り込んできます。空気中を漂い、着地していないものをリリス的なものと呼びます。鳥の足を持ち樹の半ばにいて、というのは、大英博物館に置かれている夜の女王の像ですが、しばしばリリスと混同されます。リリスは、占星術では月の遠地点で、つまり地球という物質世界に遠い、月のエリアの中に住んでいるものです。この月と海王星のアスペクトも、リリス的にしていくのは当然です。

実際の栄養分にはならない食物として、例えばお茶などがあります。それは精神には働きかけますが、身体にはさほど利益をもたらしません。定番的な栄養素とは思われていないものには他にキノコなどもあります。この人にはこういうものが適しているということもあるでしょう。コーヒーなども実用性のない飲み物でもっぱら精神に働きかけます。

医学的な判断というのは、ものの象徴性やイメージを除去したものですが、海王星は反対に、このイメージ作用に親しむもので、食物はイメージで選ぶ方がよいことになります。情報や信号を何でもイメージ化してしまう人には、この月と海王星のアスペクトが多いと思います。

夢と目覚めの切れ目がないとか、謎の感染をしたりもします。あるいは私がマニラで体験したような心霊的な体験をしやすいケースもあるでしょう。この場合、このアスペクトは主に受信力であり、発信力ではありません。サイキックの発信力は月と冥王星です。

月と冥王星

太陽系の外との扉が冥王星です。これは有機体を太陽系とたとえた時には、外界との接点が冥王星となり、食物摂取や排泄なども冥王星に関係することになります。そこで、月と冥王星のアスペクトは、月のレベルにおいての外との接点を表します。

月は蟹座の支配星ですが、蟹座は集団意識とみなした時、この蟹座の表す集団性は階層的に解釈することができます。ファミリーは一番小さな単位が今の家族で、この地層の下に、もっと大きな家族としての地域社会とか国家、さら

にはアジア地域、地球、太陽系……のように、ベースは複層的です。

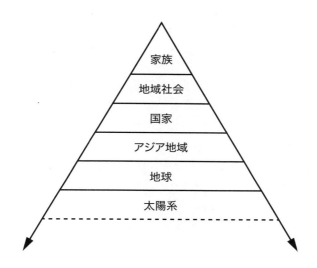

　冥王星はあるコスモスに穴を開けてしまいます。すると、それはより大きなコスモスの地盤に接触するということにもなります。穴はより大きなものを吸い込むために開けたのです。今の家族との関係に破綻をもたらすことで、むしろその地層の下にあるより広く古いファミリーとの接点を引き出したというふうに。

　月の感情はとても深く濃いものになります。それはより大きなバッテリーに接続したからで、ささいなことでは感情が変化しません。性質は共通しているが、地層の異なるコスモスから力を引き出していくことに慣れていくと、これはエーテル的力を無尽蔵に吸い込むことになりますから、月の回復力も強くなります。冥王星が身体に与える作用とは、異なる領域から力を引き込むということなのです。それは今までの恒常性を打倒することと引き換えに、ということです。ですが、近視眼的に今までの肉体のペースやリズムの維持こそ健康であるということからすると、冥王星は破壊的です。月と冥王星のアスペクトはまさに強烈無比です。

　例えばトランジットの冥王星が出生図の月に対してスクエアになった時、多

くのケースで、その人のエーテル体に亀裂が生じます。それはかなり健康を脅かすことでもあります。しかし冥王星の作用は、この亀裂を生じさせるというのが主眼でなく、亀裂を作り出すことで、より深い地層からチャージをするということなのです。

　私に相談に来た人で、この出生図の月にトランジットの冥王星がスクエアになった時にはエーテル体を作り変える時期で、もっと間口の広い、自分の目的、職業に合ったものに改造する時期なのだとアドバイスしています。

　ブロディ・インズは月のエーテル体を、お餅のようにちぎって分身を作るというチベット的な技術に長けているといわれました。しかしこれをすると、一時的に錯乱します。心身の均衡が壊れ、新しい均衡を構築するまでは時間がかかります。エーテル体は日々の繰り返しの中で安定します。

　月は最も狭い範囲の生活習慣を守るもので、冥王星は最も遠い影響を持ち込むもので、理屈としては、月は冥王星を最も避けたいと思うはずです。なぜなら、いつもの暮らしが続けられない。月の示す繰り返しが上手くいかなくなるからです。一番小さなものに、一番大きなものが介入してくるのは大変なことです。

　月が双子座にあり冥王星がスクエアの人で、何人かはいつも旅を続け、旅先で、怖い体験をしているという人がいましたが、冥王星が常に新規の力を持ち込み、月の小さなところで地味に暮らすという行為を安定させないのです。これが好みという人もいれば、これは良くないと思う人もいます。

　私の知り合いのお坊さんは水瓶座の月でしたが、双子座のように出たり入ったりするのでなく、地球の表面をくまなくパズルを埋めるように広がることを好みました。旅が重要ではなく、グリッドを埋めて、その表面に偏在することが重要です。そこに冥王星が関与すれば、そのグリッドのさまざまな点から力を吸い込むのです。

　ハウスの中で6ハウスは病気になりやすい場所です。8ハウスは死に至るものとして深刻に扱われています。本書ではハウスはあまり積極的に扱わないことにしていますが、それは場所を変えてしまうと、影響がすぐに変わってしまうからです。あるいは場所を変えてしまう治療法は、十分に効果があるということです。

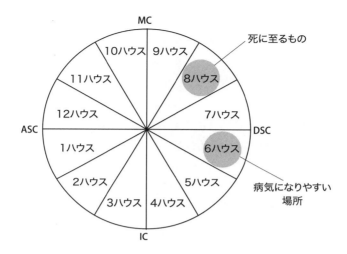

　8ハウスは、蠍座、あるいはその支配星としての冥王星と関連づけられます。死に至る病ということもあれば、反対に、死の彼方からの救済という作用でもあるのです。

　月と冥王星は月の皮膜に対して、最も深刻な影響を持ち込みますが、より深い力をチャージすることで濃く強いものになり、他の人に対して影響力を発揮します。サイキックな力や呪術の力などです。

　総じて月は感情とか濃い情念などに関係し、それが直接身体に影響を及ぼしますから、反対にいえば、感情の持ち方でいくらでも身体のコンディションが変化するということもあります。

　月が内分泌機能に関係しているということでは、感情や情念をコントロールすることで、身体のこの内分泌的な領域に影響を与えることができることを示しています。それに呼吸法とか、瞑想、体操とかは身体の気の部分に大きな影響力を持ちますから、それらをもっと積極的に生かすことがよいと思えます。

　自然放置の場合には、出生図の月に対して、トランジットの惑星のアスペクトは、エーテル体コンディションやリズムをあちこちに振り回すことになりますが、時間の経過の中で惑星が訪れることを受動的になすがままに任せるのでなく、いろいろと工夫してみるのがよいのです。そもそも地球には月が一つしかなく、本来は七つ必要で、不足の六つ分は人為的な行為の中で補充すること

が理想的です。

　例えば、下垂体で作られるオキシトシンというホルモンは乳腺の筋肉を収縮させて、乳汁を排出させるものとして知られていました。ところが、最近はこのオキシトシンは幸福感を刺激するとして注目されています。飼い主と犬が触れ合うことで、互いにオキシトシンが分泌されるという論文を発表した筑波大学の研究チームの内容が、雑誌『サイエンス』誌に掲載されてから、急に流行を始めました。月に関係する内分泌系は、行為や感情の持ち方によって大きく変わるのです。

　中村好文『小屋から家へ』（雨宮秀也写真、TOTO出版）を見て、この中に、ヘンリー・ディヴィッド・ソローの小屋のレプリカ写真が掲載されていることに感動しました。ソローは、私の家には三つの椅子があり、一つは孤独のため、一つは友情のため、もう一つは交際のためであるといっていますが、ルードヴィヒ・ヴィトゲンシュタインと同じく、極度に簡素な様は今日のミニマリズムの走りです。

ヘンリー・ディヴィッド・ソローのホロスコープ

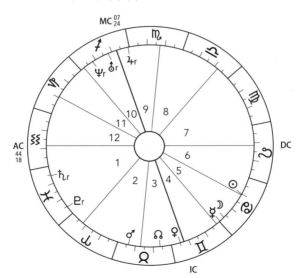

小屋を表す蟹座の月は5度で、より大きな集団意識に開かれるために、常に壊れる準備をしています。このサビアンシンボルは、列車によって自動車が壊されるというものですが、小さな集団性の車はより大きな集団性の列車に飲み込まれます。

　しかも、魚座の6度の土星と120度で、魚座の6度とは、大儀のために自分を犠牲にするという度数です。大きなもののために、小さな自分をいつでも捨てる準備はあるということを、月と土星は気まぐれとしてではなく、安定的に表明しているのです。

　射手座の2度の木星との150度は、密かな蟹座の安心感を台無しにしても、公開可能にしていくということも表します。こうなると作ったものはいつでも壊す可能性はあるということです。開かれたものにするために、ミニマリズムを発揮したということでしょう。背後に豪華な家を隠し持ちつつ、0円ハウスを提唱していた坂口恭平とは違い軽快で無防備です。

　これはソローの胃のスタイルを描いています。ソローは人間の生命にとっては何より必要なものは食物であるとし、それが、人間が生きる上で必要な燃料、すなわち熱を産み出すものと考えました。そして衣類は、その熱を保持するために必要とされているのだというのです。衣服はこの根源的な意義から逸脱して、社会においての階級表示の機能を担わされたといいます。多くの若者がその思想に共感し、ソローの思想を引き継ぐかたちでジーンズの文化が生まれました。

　ソローの小屋を表す蟹座の天体グループに対して、それを守る固い壁を表す山羊座の天体はありません。その手前にある射手座には木星、天王星、海王星というひたすら開放的な性質を持つ三つの天体があり、蟹座は射手座の運動性、可搬性、身軽さを持つことを強制されています。移動民の軽さを持った小屋になるということです。こうした人の胃には、それにふさわしい食物があり、ふさわしいホルモン分布があり、冷蔵庫に食料がたくさん備蓄され、米櫃(こめびつ)が置いてあるなどということは想像しがたいことです。

　ソローと並び賞されるヘルマン・ヘッセはノーベル賞をもらった後でも、森に住み、森でとった木の実を食べて暮らしていました。

　ヘッセの月は魚座の29度で、双子座の23度の水星と射手座の28度の木星

とＴ字スクエアで全く安定性がありませんが、魚座の終わりという点では、家を確保するような状態ではなく、世の終わりのような生活を体現していたのです。

　つけ加えると、蟹座の27度の金星とトラインで、それを楽しんでいましたし、月にはアスペクトが多すぎるので、世捨て人的でありつつ、本人なりに私生活そのものが多彩です。互いに矛盾するようなホルモンが多様に働いていたのではないかと思います。

5 内臓周波数

音と身体の関係性

　私はオーディオマニアですから、音と身体の関係には興味があります。ベートーヴェンは、耳が聞こえないのに作曲家であるということが、悲劇の作曲家のように思われる原因ですが、指揮棒を口にくわえて、骨伝導でピアノの音を聴いていたといいます。骨伝道イヤホンなどは、工事現場などで耳栓をしていても音声会話を可能にします。今の段階では、骨伝道イヤホンはまだあまり音がよいとはいえませんが、明瞭に聞き取ることはできます。

　自動車の開発メーカーなどは、自動車の走行時の共振音を抑えることに真剣に取り組んでいます。オーディオ装置では、共振を抑えるためにブチルゴムなどをアンプやCDプレーヤーの内部に張りつけるのが一時流行していましたが、不快な信号を特定し、次にそれを抑止する対策を立てます。

　1Hz〜2Hzは三半規管を揺すぶるそうです。これはクルマ酔いの原因になる周波数帯で、ゆっくりとした揺れですが、次第に気分が悪くなります。三半規管の中にリンパ液が充填されており、これが平衡感覚を作りますが、1Hz〜2Hzの振動でリンパ液が共振する結果、視覚情報とリンパが受け取る情報に狂いが発生するということです。脳波でいえばこれは昏睡になり、自分の位置そのものも全くわからなくなります。

　私は30代の時に、四輪駆動の自動車に乗って、富士山の近くの場所の川底などを走るのが趣味でした。自動車が上下左右に激しく揺られるのは、気持ち悪いのですが、同時に、痒いところに手が届くような快感があります。

　10数Hzは、背骨の軟骨が縮み、また胃などの内臓が下がり、とても気持ち悪くなります。胃が上下するという実感とともに、川底の石の感触を車のタイヤが捕らえていくのです。はじめは吐くかもしれませんが、メヴレヴィー教団の旋舞と同じく、繰り返すと慣れて、そんなに気にならなくなり、吐かなくな

ります。

　人間に疲労感を与える周波数は4Hz～8Hzだそうで、長距離ドライブでぐったり疲れるのは、その自動車が4Hz～8Hzの振動成分が多いという話になります。これは深くリラックスするという周波数です。

　リラックスと疲れは類似しています。疲れは悪いのではなく、それは個人が閉じることをやめて、より大きな世界に開かれていくことを表しますから、疲れを嫌がる根性の人はたくさんいますが、それは間違った人生観です。どのようなことでも思い切り取り組んで、疲れ果てるのがよいのです。リラックスすると行動力のキレは悪くなります。つまり環境のさまざまな要因に自分の運動能力が干渉されているというような印象です。ですので、ドライブに疲れて、どこかのドライブインで寝込んでしまっても、それはそれでよいことです。

　皮膚が共振するのは、20Hz～30Hzだそうで、ここからiPhoneのバイブレーションは22Hzに設定されているそうです。電話が鳴る時、早く気づく周波数が重要です。携帯電話の呼び出し音は800Hz前後でしたが、これは人が、カンに触る不快な周波数で、そうなると、呼び出しに気がつきやすいのでしょう。これは電話がかかってきた時に、面倒臭い、煩わしい、いい加減にしてほしいという感情も刺激することになります。

トマティス理論と音楽療法

　身体のあらゆるものが音に反応します。

　モーツァルト博士として有名なアルフレッド・トマティスは、骨伝導聴力を研究していました。

　トマティス理論を受けて、日本の和合治久(わごうはるひさ)埼玉医科大学教授は、モーツァルトの音楽には首の後ろを刺激する3.5kHzの周波数が多いと主張し、これは癒しに関係すると説明していました。私個人はモーツァルトに癒しを感じることはなく、むしろフリルの多すぎる甲高い音にいらいら感が募ります。腰に力が入らなくなり、身体バランスが悪化するのです。

　「コスモセラピー」のディートリッヒ・ギュンベル博士は、9kHz以上が小天使的な次元につながるサウンドであると書いていますが、頭頂骨が8kHzなら

ば、その上にある場所を共鳴させるということになるのかもしれません。

　ここでは、臓器に異変のある時には周波数は低下するとされています。私が夢の中で、腎臓から連絡を受けた時には、彼女（腎臓はやはり女性形です）の周波数は307Hzといわれたので、腎臓の基本周波数440Hzからは低いので、腎臓は疲れているということかもしれません。

　松果体活性化をするソルフェジオ周波数は936Hzだといわれています。つまりその周波数を聴くと、メラトニン分泌が促進されるというわけです。チェックのためにフリーソフトのaudacityで、それぞれの周波数を発信させてみましたが、自然界に存在しないサインウェーブで聞いても、あまり気持ちのよいものではありません。

トマティスによる骨伝導聴力の身体対応

仙椎	250Hz
腰椎	500Hz
胸椎9番〜4番	750Hz〜1.5kHz
頸椎7番	2kHz
頸椎3番	3kHz
延髄	4kHz
頭頂骨	8kHz
大脳	7kHz
小脳	6kHz
鼻	5.5kHz
目	5kHz
耳	4kHz
甲状腺	1.85kHz
胸線	1.5kHz
心弁	1.2kHz
胃	850Hz
肝臓	650Hz
大腸	550Hz
腎臓	440Hz
子宮	420Hz

　音の波長は空間的なサイズに関係しますから、特定の広さの部屋は、いつでもそこで定在波を発生させています。それが部屋の感情を作るのです。絵画や建築も、そのサイズによって出てくる信号が違います。

　シュタイナーは「音楽は自我の法則を含み、自我はアストラル体の表層の下へもぐり、アストラル体の法則の中を漂い、波打ちます」と語ったそうですが、特定の住居を持たず、血液の中に広がり、広範な影響を発揮するホルモンも音信号的です。ホルモンの性質はH96なのです。身体を構成している器官そのものが持つ振動に働きかけるのです。場所を目指すのでなく、共鳴する振動を目当てに飛び出す。こうした分野で着目されているのが、サイマティクス・セラピーなどです。

例えば、胃には胃の細胞が持つ特定の振動パターンがあり、それが乱れると胃が病に罹ります。胃本来の音を当てることで、胃に胃であることを思い出させ、「お前のコアとは何だ」と問いかけ、本来性に戻すのです。

人体は骨・筋肉・内臓で形作られ、それらはすべて細胞の集まりであり、細胞は分子の集まり、分子は原子の集まりとして構成され、さらに細かくはクォークという素粒子で構成され、最終的には粒子は存在せず、すべては波動だったということになります。

この振動の階層性を刺激するというのが、サイマティクス・セラピーなどです。それは音楽療法などにも通底するでしょう。再パターン化により本来の状態に治すことをリパターニングといいますが、好きな音楽を聴くというのも効果的です。

音楽は深層を刺激する

私は10代の時に、コンサートホールという通販専用のレコード会社から、エドゥアール・ラロのオペラ「イスの王様」序曲の収録されたレコードを送られ、この序曲に夢中になりました。何か深層を刺激されたのです。スペイン系の音楽を聴くと、血の奥のものが揺さぶられる気がします。マイ・スパニッシュ・ハートというわけです。

「イスの王様」序曲の何に反応したのかというと、チェロ独奏の部分で、みぞおちの奥から、何か引き出されそうでした。あまりにもチェロに感応したので、それからしばらくはチェロを習いたいと父親に繰り返して訴え、父親はチェロの先生を探してきてくれましたが、私の住んでいる地域では、チェロは1台しかないので、借りられないということで、チェロを習うという計画は頓挫しました。その代わりに、そのチェロの先生からピアノを習うことにしたのです。

チェロの4本の開放弦周波数は、A：221.0Hz、D：147.5Hz、G：98.4Hz、C：65.7Hzだそうです。しかしチェロの音の魅力は、基音というよりは倍音成分です。これらを含めると、チェロの音域は60Hzから1kHzであり、バッハの「無伴奏チェロ組曲」第6番では、1.6kHzの倍音さえ乗っているという話です。

チェロの音はかなり広範な領域にわたるということですが、私は読書のしす

ぎで、高校1年の時に急性肝炎になりました。肝臓は650Hzということですが、ラロの「イスの王様」のチェロは、肝臓や腎臓を本来の作用に戻すということに貢献したと思います。自分でリパターンをしたと思います。

バイノーラルビートなどは、右耳と左耳の差信号で脳波を刺激しますが、その基音に、このトマティスの周波数を活用するのがよいと思われます。決まった音をずっと流し続けると、人間は飽きて、それを嫌います。そしてその音だけプロテクトして聞こえなくしていきます。特定の場所が強調されすぎると、それは健康によくないのです。ですので、やはり音楽の成分として、多数の音があり、さらに必要な周波数が強調されたものが効果的に見えます。それはゆらぎ成分が高いし、実際の楽器はとても倍音成分が多く、特定の周波数を刺激しつつ、他のすべての音を程よくブレンドしています。

部屋には特定の定在波があり、住む人との相性が出てきますが、どうしても選び変えができない場合には、音楽を流し続けるということも対策になります。また家具の配置は、当然、この部屋の複雑な倍音成分を作り出します。

6 水星-肺

思考という凝固成分をばらばらにしていく作業

　肺は呼吸によって外の空気を取り入れるので、エレメントとしては風に当たると思いますが、シュタイナーはわざと土のエレメントに対応させています。空気を呼吸しますが、肺は空気ではなく、それを閉じ込めます。

　神は土で人を作り、この中に命の息を吹き込まれたという聖書の記述と結びつけて、土のエレメントを重視したのです。呼吸作用は双子座で風のサインで、肺はその支配星の水星と関係づけられているので、占星術としては風のエレメントです。

　肺が悪くなる人は、住んでいる土地と合っていないのだといいます。空気でなく、空気を閉じ込めている土との関係です。転地療養はその場所の空気が違うのでよいといわれていますが、それどころから、土地の成分などに大きく関係する。土のエレメントに対応する土地にしても、そこから空気の中に立ち上る成分がたくさんあり、場所によって違うでしょう。

　私は最近、根津のホテルに1泊しましたが、朝起きて喉が痛くなりました。そのホテルは古いもので、空調もあまりよいものでなく、部屋の床や壁などから舞い上がる古い埃（ほこり）は空気の中に混じってきます。私はあちこちのホテルに頻繁に宿泊していますが、この中でも珍しく質のよくないところに宿泊してしまったと思いました。ネットの評判を見ると、予想通り、怠慢なホテルという評価が多かったです。

　占星術の12サインでは風の元素は土の元素の後にやってきます。これは土を風が風化して、ばらばらにしていくということです。風の元素は熱・湿という分類ですが、実際には土を乾かし、ばらばらにしていきます。肺を表す双子座はその前にある土・固定サインの牡牛座を解体し、分岐させます。

　牡牛座が思考感覚ならば、思考を応用的に活用してさまざまな考えを生み出

し、思考という凝固成分をばらばらにしていくということです。土地の成分は、このように粉になって空中に舞い、私達はそれを肺から吸い込みます。

ヴァルター・ホルツアッペルは『体と意識をつなぐ四つの臓器』（石井秀治・三浦佳津子・吉沢明子訳、イザラ書房）で、肺は臓器のうちで最も硬く冷たい、そして最も完成された臓器だと説明しています。冷たい外気は、人間の最も内的なものである血液と直接的に向き合っています。これは危険に晒されているということです。肺疾患によって血液と空気を隔てる壁が破損すると、血液は気道に入り喀血になります。内と外が危険なまでに接近して交流するのが肺です。外界からの影響はそれぞれの臓器では、ある程度、変換されるフィルターを通して触れますが、肺だけが直接外界に接触するのです。

ホルツアッペルにおける肺＝水星論

肺の作用は象徴的にいえば分岐する機能です。ホルツアッペルは、肺は１本の木と似ているといいます。木と肺はちょうど反転させたかたちです。

> 「何百万もの小さな肺胞が、この体内の木の下方に拡がる葉冠を形成しています。しかし木が空気に包まれているのに対して、肺は空気で満たされています。木の葉が炭酸ガスを吸い込み酸素を吐き出しているのに対して、肺は酸素を吸い込み炭酸ガスを吐き出しています。肺と木は互いに補い合っています。肺は木が吐き出す酸素なしにはその呼吸機能を果たすことができませんし、木は、人間（や動物）から吐き出される炭酸ガスなしにはその物質性を構築することができません。」

この相補関係は、例えば、森林破壊率と乾性咳発生率は平行して上昇するということにも関係しているそうです。

人体の中で、少しばかり木に似た組織は、先が五つに分かれる手とか足などもあります。双子座は肺と手を表していますが、手や足はやはり外界に接触す

る要素です。分岐性質は、手においては、細かい作業をするなどに関わります。肺が内部に作り出しているものを、手とか足は外界に作り出しているということです。

　硬く冷たい組織である肺は、硬化現象が進行しやすいのですが、これは肺が、私達の身体が持っている小さな大地であるからだとホルツアッペルは説明します。空気としての輪郭のない曖昧なものを肺に直面させることで、分岐させ、それぞれの細部がよその区画との交流を断ち、エッジを鋭くしますが、これが思考に硬さを与えるという作用になります。

　双子座、その支配星としての水星は選別し、分岐し、シャープで明確な表現をもたらします。

> 「集中的な思考活動は思考にかたさを与え、そこから逆に、肺の臓器的硬化要素を強めるように作用します。」

　ところでホルツアッペルは、結核がしばしば「詩人病」と呼ばれることについて言及しています。肺は地上的なものへの接近を目論んでいますが、肺の疾患は地上的な結びつきを失います。しかし、詩人の場合には、病気によって呼び起こされた地上的束縛からの解放とともに、霊的現実性へと結びつけるといいます。

　感覚は12あり、生命は七つの構造を持っています。かつては、感覚は生命作用に連動していたが、ある時期から感覚は形骸化して、生命とは連動しなくなりました。感覚は内的な生命活動とは切り離されています。これは占星術として説明すると、惑星の七つと感覚を表す12サインは切り離され、連動しないということです。

　シュタイナーは、癌は間違った場所に生まれた感覚器官と説明しています。感覚器官の中では、外界の侵入作用によって、生体組織自体の法則性が後退し、生体組織の法則性は、感覚組織の中では上手く働きません。例えば、目の中にある水晶体には血液が流れ込んでいません。そこで光は妨害を受けずに、目の

中に入り込むことができます。

　喫煙によってもたらされる新たな感覚体験は、正規の感覚体験とは異なります。本来、感覚器官は、外界の情報を持ち込むために生体器官とは働きが切り離され、空っぽになる場所ですが、そこに喫煙という異質な感覚体験が入り込み、生体組織にまで浸透していき（なぜなら、生体システムは、それをプロテクトする準備がないから）、生体組織本来のものではない異質な活動性に捕獲されます。癌組織はあちこちに転移しながら、組織本来の働きを破壊していくというわけです。

>「強迫観念に囚われている人間の場合には、その人間の内的いとなみに由来するのではない思考内容がつまり当人自身にさえしばしば無意味に思える思考内容が、思考する当人から独立し、当人に強制的に働きかけます。何かが外から、肺の心的硬化傾向に働きかけるようになるのです。ちょうど、吸い込まれた地球物質が肺の地球的物質化を促して、身体のなかに石塵肺や石綿肺などを生じさせるように。」

　この思考の硬化は、同じことを繰り返し考える傾向になります。強迫行動は、強迫性を覆い隠すために行われる儀式で、脅迫的な考えの一つを排除することに成功すると、根底にある不安が浮上してきます。

　肺に対応する双子座とその支配星の水星は外界に接触し、そこからもたらされる危機に直面しています。自分にとって都合の悪い情報も集めてしまう性質も強いのです。風・柔軟サインの双子座は、分岐する性質として、次第に本質的な面の含有率の低い、ささいなものに向かっていき、自分との何の関係もないような部類の情報を取り込んで自ら危機を引き寄せます。

　私が双子座をゴミのサインと呼ぶのは、余分なものを拾ってくるからです。それは細分化の衝動が行き着く果てです。最後には無意味で無機的なものを引き寄せるのです。

マクロ宇宙と接する足と社会性が高い手

　高次機能自閉症の特性としては社会性障害がありますが、これは人に反応しないことです。またコミュニケーション障害もありますが、これは柔軟な会話ができないことです。他にも、繰り返し行動や決まりきった儀式的なものがあり、それが乱されると判断不能に陥るわけです。これらすべて、肺と水星の働きがもたらす危険性に対する防衛行動というふうに考えることもできます。

　水星は伝統的に水銀と関連づけられています。水銀は形が変わり、また他の金属を抱き込んで浮かせます。それは変化し、運動し、分岐しても、また一つにまとまります。映画では、液体金属でできたターミネーターが印象的でしたが、これは水銀や水星と似ています。

　ホロスコープでは、双子座のコンディション、水星のアスペクト、位置などを考えてみるとよいでしょう。月が双子座にありハードアスペクトしかない、また水星が月とスクエアという人がいましたが、肺に疾患があり、精神はそうとうに不安定でした。

　自分の軸や本質を破損するような情報が多く入り込むことで、精神の危機を体験し、肺もまた危機に晒されるのです。双子座と水星が強すぎる人で、私はしばしば統合性がなく、ばらばらにされた人、結果的に心療内科に通わなくてはならない事態になった人をたくさん知っていますが、精神と肉体は共鳴するので、吸い込む空気の質をもっと向上させるのが改善を促します。

　シュタイナーのいうように、住む場所や仕事をする場所を変えるということも効果的です。双子座や水星は旅などを意味します。移動は肺の改善に役立ちます。

　肺と手、足は共通点があると説明しましたが、手は人と交流し、握手したりしますが、足は地球に接触していて、人と人の集まりである社会性に面しているよりも、より範囲の広い大地、地球に接触しています。手は社会性が高く、足はよりマクロな宇宙に接しています。

　オーラを見た時に、手先まで十分に発達していないオーラは、仕事能力などでまだ未熟なのだと解釈しますが、意図が細分化された領域にまで浸透しておらず、まだ固さを手に入れていないということです。

飛行機に関係した仕事をしたい。でも、飛行機に関する具体的な知識や技術が足りない時には、意図を表す肩まではしっかりしているが、手の先にまで行き渡っていないということです。これでは人に説明することもできません。もちろん、手先を細かく使うことはこの習熟に貢献します。

できるかぎり、はっきりと人に伝わるように、硬い表現を磨くことが必要なのです。誰も反論できないような固さが必要です。

外界に振り回されすぎず、自分のリズムを保つために、儀式的な繰り返し行動、つまり高機能自閉症のような行動も悪くはないと思います。出かける時にちゃんとカギをかけたか10数回確認する知り合いがいましたが、一つの行為で、繰り返しの中で、それは確かに現実的なものだと確信できるものがあれば、それは心理的柱になります。

第二オクターブは宿り木の上に

ワンダ・セラーは、ニコラス・カルペパーが肺の病気によって死んだことを、双子座の月が病気を示す6ハウスにあること、他の有害なコンディションについて説明していますが、カルペパーが行っている行為について、決定的に否定的に見える思想や情報などにカルペパーが打ち倒されたのだということではないでしょうか。

自分を守るためには、ある程度、情報遮断する必要があります。そしてホメオスタシス的安定性を作るために、金星と月の性質を強化するということになります。7歳までの子供時代は月の時代なのですが、8歳以後、学校に行き始める水星の時代から、子供は安心できない状況になります。子供は8歳以後からサバイバル能力も鍛えます。異質な子供達がたくさんいる世界に放り込まれるからです。

肺は思考に硬さを与えたいと考えます。私達の思考は頭の中でぐるぐると巡り、何が真実かわからず、妄想を抱き、また想像を巡らし考え続けますが、その時に、物質的な現実を頼りにして真偽を決めようとします。しかし物質的現実など存在せず、それはいくぶんか硬い思考という意味です。硬い思考は、堂々巡りをしません。あたかもそれは長く続く現実に見えます。たくさんある可能

性の中で沈着し、硬直したものが現実であるとみなすのです。それは一つだけあるのでなく、より高い思考、硬くない思考、中間段階の少し硬い思考などさまざまです。

骨格の中で人間を総合に表す自我が補強され、内界系の中でアストラル体が作られてきますが、体内で思考は沈殿し、物質化します。塩を溶かした液体を冷やすと、この中に塩分沈殿の結晶が作られるように、思考が牡牛座でしつこく繰り返された時、それは物質になります。

実際に、骨は燐酸石灰と炭酸石灰から、つまり沈殿した塩分から成り立っていると『オカルト生理学』には述べられていますが、思考組織は、ある意味では私達の精神とか魂の骨格を表しています。しかし硬化した思考は再考するために一度分解が必要な場合には、塩の沈殿は溶解させなくてはなりません。沈殿したものを溶解するには十分な睡眠が必要です。

血液の中に自我が働いていますが、血液は霊的骨格として、塩分沈殿過程を自分から作り出す必要があります。血液は印象が書き込まれる磁気テープのようなものでもあると考え、思考をベースにして、自我が働くために、この思考の沈殿・物質化を血液中で行います。

例えば双子座の15度あたりは、こう考えたりああ考えたりして、いつまでも考えは何も決まりません。何が本当か全くわからなくなるのです。このような時には確実なものを求めたいでしょう。硬さに向かうが、しかし確実な硬さは手に入りません。

カルペパーのように、肺の疾患で死んだというのは、自分が作ろうとした硬い思考の形態を、敵対するものによって損なわれたということです。しかし脆弱でない体系、思考、現実など存在していません。

グルジェフの食物エニアグラムでは、第二の空気オクターブは、H192から始まります。つまりH192をボトムにして、上位の水素のすべてを含む要素です。これは空気を一番下の肉体とみなすエンティティなので、物質的に生きる私達からすると、空気の中に住む見えない生き物のようなものです。ですがこれも私達です。

ここでは想念で作り出したものが現実であり、想像したことはすべて現実です。肉体を持ち、それをリアルと考える私達からすると、押さえの効かな

い暴れる身体であり、しかし、またこの第二オクターブの抱く強い欲望によって、第二オクターブは、身体的な第一のオクターブの私に取り憑きます。肉体を宿り木（ミツエシロ）にするのです。そのことでさまざまな妄想や仮説などが、一本化される傾向があるのです。

　サビアンシンボルで、射手座の16度に、船の周りを飛ぶカモメというのがありますが、船は肉体で、そしてカモメは空中に分散した第二オクターブの身体です。月の身体は、空気の中、どこにでも行くことができると書きましたが、第一オクターブの身体に張りつくことで、ここにしかいない、という実感を持ちます。

SABIAN SYMBOLS 射手座16度	*Sea gulls watching a ship.*「船を見ているカモメ」

　会ったことのないある人物が、毎日私にメールをしてきていました。毎日ずっと続くので、私はその人物をカフナ式で探査したことがありますが、着地できず、着地するきっかけも見つからず、中空に浮かんだ風船のような生き方をしていました。空気オクターブとしての身体が、食べ物で作られた第一オクターブに着床しにくかったのです。

　こうした場合、仕事もちゃんとできず、停滞した生き方しかできないのです。第二オクターブの身体の体が、第一オクターブの肉体の体に浸透しないのなら、第一オクターブは、一般的な、他者に所有されたままの性質で在り続けるので、自分に適した仕事や行為が実現できないのです。これは生活不適応で、ニートな暮らしをしている人ということになりやすいのです。

　呼吸は、この第一オクターブの限定点ミ192に対する、空気オクターブのボディであるド192の接触です。二酸化炭素と酸素が交換され、二つのオクターブは互いの狙いと利益を得ます。

　この空気オクターブを肉体とみなした存在はいますが、この場合、これを一番下のオクターブにして、私達が4番目と呼ぶオクターブが3番目のオクターブにみなされる構造を持っていることになるので、極めて進化した存在です。

20歳の頃から、私はそれらに何度も会いましたが、多くの人が頻繁に遭遇しているにもかかわらず、吹流しのように筒抜けにしてしまうので、注意力にひっかかってこないのです。

7 金星 – 腎臓

腎臓と血圧は深く関係している

腎臓は血液を濾過して老廃物や塩分を尿として体外へ出します。ここで体に必要なものは再吸収し体内に蓄積しますが、腎臓の働きが悪くなると排泄機能が弱まり尿毒症になります。腎臓は塩分と水分の排出量をコントロールすることによって血圧を調整しています。

腎臓は血圧を維持するホルモンを分泌しているので、腎臓と血圧は深く関係しています。腎臓の働きの低下は高血圧を誘発します。それと赤血球は腎臓から出るホルモンの刺激を受けて、骨髄の中の細胞によって作られるという点で、腎臓の働きが悪化すると血液を作る効率が落ちていき貧血になります。

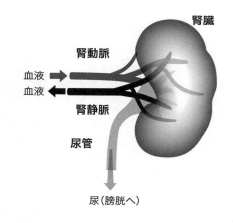

腎臓はイオンバランスを調節し、体に必要なミネラルを体内に取り込むのですが、ここに、外からの印象を取り込むことと、身体内からの印象を取り込むことのバランスを保つ働きがあります。外からの印象とは身近な外界のです。身体内からの印象とは、もっと遠い宇宙的な影響も含むということです。この血液を作り、血圧を調整し、体液量とイオンバランスの調節をして、ビタミンDの活性化を介して骨を作るなどの作用は、物質的な要素だけを見た医学的な見解です。

どの臓器でもいえることですが、この目に見える作用は、腎臓の役割の3分の1にも満たないでしょう。

「星」のカード

　生命の樹では、金星に対応しているのはネツァクです。泌尿器を表すのは、腰のイエソドです。ネツァクとイエソドのパスは、タロットカードでは「星」のカードです。これは絵柄では、上空に輝く星から受けた力を、地上に裸で座っている女性が受け取り、その後、その影響を池の中に流します。

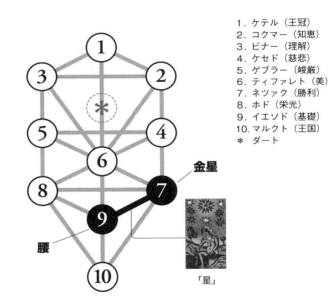

　池は共同体とか集団を表す蟹座のシンボルでもあり、またこのネツァクとイエソドは、女性を金星、イエソドの月が池という形で生命の樹の配置がそのまま象徴化されています。

　この絵柄は金星を表す腎臓から尿管を通じて、池が象徴する膀胱に流し込んでいると考えるとよいでしょう。こんなことを書くと、これからはタロットカード占いで「星」のカードが出るたびに膀胱を思い出してしまうかもしれませんが。

　そもそも、「星」のカードは天空の影響をこの女性が受け取るのが主眼であ

り、膀胱がメインではありません。このカードの前の「塔」の段階までは、人間の持つ信念体系が視野を狭め、塔の壁が星を見えなくさせていました。この信念体系のクラッシュが「塔」のカードで生じ、結果として遠くの星が見えるようになったのです。

「星」のカードで女性が裸なのは、塔が壊れたことが、衣服がなくなったこととして表現されているからです。壁や衣服がなくなった裸の感受性は、星の力をそのまま受け取ります。

「塔」

三木成夫式にいえば、人間は自然なるものを捻じ曲げますが、内臓は天空の力をそのまま共鳴的に受信します。ここでは歪曲する力である思考の信念体系をかなぐり捨てて、内臓的な感受性をむき出しにする、つまり柔らかい裸の状態になり、金星は星の力を吸い込みます。

この「星」のカードに描かれた上空の星は、惑星ではありません。北斗七星かプレアデス、あるいはシリウスといわれています。日本でも西洋でも、北斗七星とプレアデスは比較的混同され、類似したものと扱われている場合があります。共に天下るところが共通しています。

恒星は惑星ではなく、基本的に二極化されていません。二極化されていないというのは、特定の時間や特定の空間の中に生きている存在状態ではないということです。地球の上に住んでいる人間が、この恒星の力を受け取るには、いったん二極化しなくてはならず、この二極化の種類には惑星の数あるということです。二極化とは価値観の片割れ的選択で、例えば、事故が起きた時に、加害者と被害者がいますが、このどちらかを選ぶということです。

ネツァクは金星であるとなると、例えば天空の恒星がシリウスだと考えると、シリウスの力を、金星を通じて持ち込むという意味になります。イシスとかハトホルはそういう通路を通じて降りてきた神格です。

腎臓は濾過すると同時に、蓄積し、受け取っているものがあります。この受け取っているものは誰もが同じでなく、その人の高次意識の個性、比率などによって、チャージするものは違います。

ネツァクは、イエソドとの関係では「星」のカードがありますが、太陽との関係では、ティファレトとネツァクの間が「死神」のカードとなり、これは太陽による地上の粛清です。あるいはネツァクは外界に期待する心でもあり、この外界に心を奪われている状態から、自分の中心である太陽に引き戻す。つまり自己の本質に関係のない期待、興味を削除するということです。

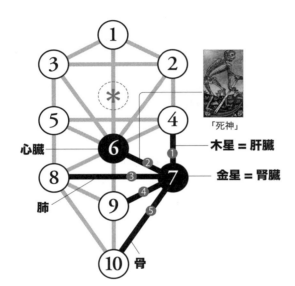

　このティファレトが心臓だとすると、この「死神」のカードに対応するパスは、腎臓と心臓の関係です。心臓から出た血液は腹部大動脈を経て、左右の腎動脈に分かれ、それぞれ腎臓に入っていきます。腎臓で濾過された後の血液は腎静脈、下大静脈を通って心臓に戻ります。

　金星とネツァクを表すセフィロトには、合計で五つのパスがあり、腎臓の働きにはこの５種類があると考えてもよいでしょう。マルクトとのパスについては、私はマルクトを骨などとも関連づけます。それは意識的な活動とは切り離された側面での生体の明確な地盤を作る作業の場で、腎臓は骨を作ることをコントロールしています。また骨の中で血液を作ることにも深く関係しています。

　ホドとのパスは肺との関係、そしてケセド＝木星との関係は、肝臓との関係

です。脂溶性の排泄物は肝臓で水溶性に変換され腎臓に送られますが、はじめから水溶性のものは腎臓に送られます。見ようによっては、肝臓のおこぼれを腎臓がもらっているようにも見えます。脾臓、肝臓、胆汁は外界との関係から孤立して、純粋に体内での活動のリズムに専念しています。金星は、これらに対して、外界との関係とのバランスを取ります。

ホルツアッペルは、腎臓は魂の営みに正気を与えると述べています。通常の自然科学的思考は、病気というものを知るために常により小さな部分（器官や細胞、ウイルスなど）をより正確にとらえようと試みています。しかしもっと重要なことは、そのようにして把握された各部分が再び大きな関連性の中に置かれることだと、説明しています。

その上で、喉・鼻・耳の部位と膀胱・腎臓部位との間には強いつながり、類縁性があるといいます。これは胎生学的に、まず腎臓は、腎臓の部位ではなく、前腎として喉の部位に、つまり気道が始まる部位に属しており、それは最初から生体組織の空気機構に関連しており、後に、今の腎臓の位置に移住した臓器というわけです。

頭部と身体の間の首は、頭の動きを自由にさせています。同じように、骨盤の上の腰椎は上半身の動きを可能にさせます。この腰椎の可動性は、腎臓の性格に類似しているという話です。腎臓は腎床にゆるくつながれており、横隔膜の呼吸の動きに追従できるのです。

腎臓・膀胱部位と耳・喉空間との類似性は、解剖学的にも現れます。耳と腎臓の形はとても似ていますし、また東洋医学では、腎臓が疲れている時には、耳を強く揉むことを推奨します。

金星は腎臓に対応していますが、金星は牡牛座の支配星で、牡牛座は喉とか耳などに関係します。声を出すことや歌うこと、耳で音楽を聞くなども、牡牛座に関係します。金星が支配星となるもう一つのサイン、天秤座は位置が前後しますが、腎臓が存在するあたりの身体部位にも関係します。

私は高校生の頃から、音楽家のホロスコープを作成することで、占星術に馴染むということを繰り返してきました。音楽家の図では、牡牛座に天体が集合することが極めて多いのです。牡牛座の惑星が多すぎるという、いきすぎのケースも見受けられます。

腎臓の内部構造を考えると、100万個の腎小体はお椀の形で、原尿をこの中に溜め込み、また尿細管は直線的です。血液は1日に170リットルの原尿を、左右合わせて200万個の腎小体の中に放出し、この原尿はほとんどが直尿細管に吸収され、最後に排泄される尿は1.5リットルに減少します。この構造は大気の上昇と下降の中に、あるいはまた、人間の気道を通る吸気と呼気の上昇・下降運動にも類似性を発見することができます。

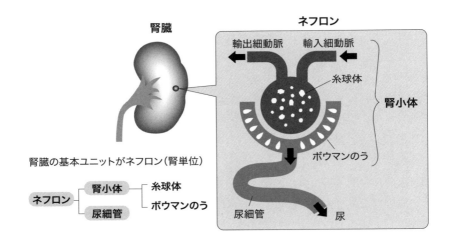

　タロットカードの「星」のカードは上から受け取るという図式です。「星」のカードでは、お椀型ではなく、大きな水差しのように描かれています。

エネルギーチャージ

　疲れていた時に、参加したモンロー研究所のヘミシンク会で「どうやったら元気になるのか？」を聞きました。すると、ヘミシンクを聞いている時の、声にならない声で「金星から受け取れ」という話になり、ジャングルジムのような形に、たくさんの白い柔らかい虫のような楕円の形が降り注ぎました。小学生の時に配布された肝油のような形です。
　ずっと後になって、これは金星と月のパスである「星」のカードに対応する

ことだと気がついたのです。月はエーテル体です。それはグリッドとかジャングルジムで表現できます。そして金星は虫のような形で、しばらく私は「ワーム」と呼んでいました。三重県の神社などに行った時に、このワームは、お福餅などに関係したお多福のシンボルでもあると考えました。腎小体と考えてもよいかもしれません。

　アストラル体は、他から独立した固有領域や閉じた空洞を作ろうとします。エーテル体は植物的で、これは横つながりを保ち、それは線的です。アストラル体は球形を作ろうとするのです。それは存在の独立性への衝動だからです。アストラル体が登場する場所は空洞化され、そこで魂の営みが始まります。アストラル体は動物に対応しますが、例えば、猫が箱に入りたがるというイメージを想像してみるとよいでしょう。しばしば猫は占星術的に金星を表します。犬は月です。

　線的なエーテル体の性質は、さまざまな外部とのつなぎをしますが、そこにあるのは流れであり、抵抗が存在しません。しかしアストラル体の球体、あるいは空洞は、この線的な流れを食い止め、抵抗する場所です。このことで、流れるままに無意識になるのでなく、そこに溜め込み、抵抗すること、自覚することが生まれます。そのようにして外と内が向き合うことで、魂の活動がなされます。臓器はすべてアストラル的になろうとするのです。

　腎臓は溜め込み、流すというお椀と細い線の関係を繰り返します。流れがゆっくりしていたり、また急に膀胱に大量に溜め込んだりする変化は、心の揺らぎと連動しています。感情の動きと腎臓・膀胱組織は関連しており、腎臓での上昇と下降は、ホルツアッペル式にいえば、「天にも昇る喜び」と「死んでしまいたいほどの悲しみ」に映し出されるのです。また腎臓グループである副腎も、さまざまな心的抑圧、緊張、悩みに対して、警鐘反応をするということにもなります。

　吸い込む息は魂が身体性の中に入り、吐く息は魂が身体性から遊離します。こ

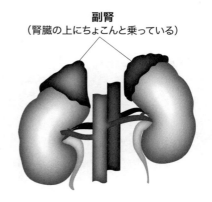

副腎
（腎臓の上にちょこんと乗っている）

Ⅴ　惑星と身体の関係性

のリズミカルな運動で、身体は魂の力を十分に受け取ることができます。腎臓の丸いお椀と、直尿細管の直線的な組み合わせは、頭蓋骨と身体の直線性にも対応し、天空の力の受け皿にもなります。

「星」のカードで上空に輝く星は、北斗七星だと書きましたが、天の鳥船で一人天下るアメノウズメは、羽衣伝説にも関係づけられています。

一度地上に降りた天女は戻ることができなくなりました。月につかまってしまったと考えてもよいのです。犬は月のシンボルです。犬が羽衣を持って行ってしまったのです。また月は個人的な小さな生活を表します。そこで、金星と月のパスである「星」のカードの裸の女性は、天に戻れなくなったアメノウズメと考えられます。そもそもアメノウズメは裸になると『古事記』に書かれているのです。

かつて天にいた人は、地上において、天との通信をすることができるのですが、しかし力が弱い場合には、かろうじて通信ができても、天に戻ることはできません。戻れない天女は、月の比率が強すぎたのです。

あるアカシックリーダーは、自分が地球に生まれてきた理由は、母が「助けてほしい」といったからだといいます。私は夢の中で、泥の中に埋もれた、私よりも若い母親の夢を見たりしています。樽の中に母の死体が詰まっており、まるで缶詰の中のイカのようです。もしこれを地に落ちて、戻れなくなった天女と考えてみると、それは身体の中では傷んだ腎臓で、濾過機能が衰退しているのかもしれません。これは後に、3度の音の問題として取り上げたいと思います。

腎臓は感情に関係し、魂を身体の中に潜り込ませたり、また空中に遊離させたりする作用でもあると考えると、感情の訓練、洗練化が、地に埋もれた母を救済することの助けになります。

幼妻の小説を書いた著作家は、腎臓透析を続けていましたが、腎臓の病で早死にしました。私はあまり親しくない関係にもかかわらず、一度座談会で話をしたことがあった縁で、彼の葬式に参列しました。彼が幼妻を書いた時、これは自分の中の腎臓の救済に夢を抱いたということかもしれません。

若い女性というのは金星の象徴です。それが若く、元気で、汚染されていないということを理想にしたのかもしれませんし、大人の生活に適応しづらい過

剰な負担がかかっていたことを描いていたのかもしれません。

いずれにしても、どの作家も自分の作品の中に、自分の内臓状況をぶちまけます。『リング』や『らせん』を書いた鈴木光司は、金星と冥王星のスクエアですが、これは腎臓が受け止めようとしているものが、異界との扉である井戸の底からやってくるのです。

暗い感情に支配され、無力感が続くことで、腎臓の浄化力は衰えていき、天に飛ぶことなど夢にも考えられない事態に陥っていきます。私が「元気になるにはどうすればよいのか？」と質問した時、「金星からチャージしろ」といわれたのは、腎臓は魂の営みに生気を与えるという定義通りです。

音楽は身体から解放してくれる芸術であるという意味では、この腎臓の浄化力を強化するために音楽に親しむというのも、大いに貢献すると思われます。

金星の夢、「しょうちょう」は何を表すのか？

この原稿を書いている時、ある夢を見ました。

親しい女性と一緒に出かける予定で、ところが朝になると、その女性は二人の男性と話をしており、しかも酔っ払っています。その後に、そのうちの男性の一人と私はどこかのお店で、彼女を待つことになりましたが、なかなか戻ってきません。自分が電話を持っていることに突然気がついて、派手な写真で飾られた画面を見たら（おそらく1秒程度の短い間に）307回の履歴。何度も電話したのに出ないと怒っています。珍しく感情が活発に反応する夢でした。夢とはこんなふうに情動を刺激するものだったのだなと、私は懐かしく感じました。

どこにいるのか聞いてみると、「待っているのは省庁、そこしか行くところはない」と。朝、目覚めてから、この「省庁」は「小腸」かもしれないと思いました。言葉を聞いただけなので、どちらかわかりません。「象徴」という可能性もあります。

私の金星は、土星と180度で海王星と180度のアスペクトがあります。酔っ払っているのは、海王星と関わる金星です。また省庁だとすると、固い場所で、金星と土星の側です。「そこしか行くところはない」と語っていたのが印象的です。

金星が天空の力の受容器であり、また耳と関係するということでは、音楽の特異性を考えることも重要です。私は精神宇宙探索講座で、恒星に飛ぶとい

う講座をしていますが、この場合、困難なのは、私達の生活においての空間の見方や思考法は、他の宇宙空間では使えないということです。そこで、ある恒星に行くと、私達はその場所の映像を認識できないのです。認識するための表象を私達が持っていないために、つまり辞書がないために、意識も途切れます。いわゆるクリックアウトで不在になってしまいます。

これを解決するには、幼児がこの世界に生まれてきて経験するように、繰り返しの中でその世界に馴染み、その世界のものの見方を修得することです。地球の創世記、はじめに天と地があったというレベルの前に戻り、そこから飛び出し、天と地のない、あるいはあるかもしれないが異なるかたちで表現されている領域に行くのです。

映像は極めて異質ですが、これを意識的に受け取ることができるかどうかは、その人の感情がいかに今住んでいる地上のものの見方に依存しているか、独立できているかにかかっています。この世界しか認識できない、そしてちょっとでも外に行くと昏睡に陥るというのは、何とも退屈なことです。

初めて体外離脱をしてある星に行った時、その星の指導者のような存在に会いましたが、私はそれを視覚化できませんでした。存在は明確ですが、絵に描くことができません。また、その星もはっきりと見ましたが、それを絵に描くことができません。自分の中に表象像がないのです。

表象像がない場合、近似的なものを当てはめます。極めて美しく魅惑的に感じました。洗練されているという印象はあるにしても、「それは具体的にはどのように？」という時に、笑える表現かもしれませんが、「お花畑」というしかありませんでした。巨大な花畑です。色彩も繊細すぎて、該当するカラーがないのです。

それで、夢の中の「しょうちょう」は、「省庁」でもなく「小腸」でもなく、「象徴」だとしましょう。金星は天空から受け取りますが、しかし、それは具体的に視覚化ができないのです。遠いほどできません。私達の地球的なものの見方が成立しないので、天と地がなく、原子もなく、電子とか磁気とか光とか空気とかもなく、地がないので建物を建てることができず、また大地に引き寄せられそこで這い回っている生き物というあり方ではない、異なる法則で存在するものは、私達が認識するには、類似した象徴に入れることができないのだと。

どのような事物にも沿わせず、それは純粋に象徴にのみ住みます。そこにしかいられないのです。事物に住むとは、樽の中に死体として埋められた母になってしまいます。金星を事物に入れてはならないのです。事物に入れてしまうと、金星の感受力を死なせてしまいます。

私が聞いた言葉では、「象徴」というよりも、ニュアンスは「省庁」のようでした。これは象徴をまるっきりお役所的に、紋切り型に活用するというような意味でもあるのではないでしょうか。決まりきった象徴に言い難いものを格納するのです。

芸術とは私達の内と外を統合することによって生まれる

たとえとして芸術の表現にしてみます。建築や絵画、彫刻、音楽は、それぞれ違う部位を刺激します。

絶対音楽は映像表象を必要としないというよりも、それを排除した表現です。絶対音楽に比較して標題音楽は、少しだけ地位が低いです。それはイメージを伴うからです。

イギリスの音楽は標題的で、それは景色を描いたりもします。私が10代の頃は、それはまがい物の音楽に思えました。イギリスの音楽は何となくレベルが低い。専門学校で教えている時に、小説のクラスの先生は、生徒に「映画を作るように、情景が映像化できるように書け」といいました。私はそれを聞いて、「そうした劣悪な作品を書くのを勧めるのは、どういうことなんだろうか？」と疑問に思っていました。

映像で思い浮かべられるものを表現するというのは、表現の意義そのものがもう奪われています。既にあるものを表現することほど無駄なことはありません。もう既に存在するイメージをあらためて表現するというのは、使い古しをさらに使い古しするだけです。

映像的に表現しえないものを描くことこそ、芸術だと思っていたのです。これは私が音楽を頻繁に聴いている結果の考え方かもしれません。

ベートーヴェンの「弦楽四重奏」は繰り返し聴きますが、交響曲にしても、これらは絶対音楽です。何を表現しているか、映像イメージとして表現するこ

とができません。しかしアイルランドの作家の小説を読むと、イギリス人がベートーヴェンの交響曲を聞いている最中に、象の行進を思い浮かべるシーンが書いてあり、私はそれを読んで、音楽を理解していない人の聴き方だと考えました。つまり映像とかイメージを思い浮かべると、音楽を誤解し、その音楽が表現しようとするものを正しくは受け取れないと思ったのです。

大切なものをとりこぼし、周縁的な余剰成分だけを摂取するのです。同じものを食べても吸収する栄養成分は違うのです。このイギリス人は、パンの耳だけを食べて、中身を食べていないのです。

表象像がないものを受け取る時、それは絶対音楽として受け取られると考えてもよいかもしれません。ですが、基本的に、絵画とかビジュアル、美的な映像は金星に関係するものです。金星は、たいてい象徴的に受け取り、象徴的なものの中に住みます。

どうして私が、音楽をイメージ豊かに受け取ってはならないと考えたのか、その理由については、シュタイナーの『音楽の本質と人間の音体験』(西川隆範訳、イザラ書房)に書いてありました。実は、夢を見る前の日の夕方に、この本の最初の数ページを読んでいました。が、問題の箇所は読んでおらず、さわりのところだけです。しかし夢を見た朝に、この夢はどうやらこの本に関係していると感じていました。

シュタイナーは、音楽は芸術の中で最高の地位を持っていると説明しています。シュタイナーはここではショーペンハウアーの言葉を多数引用しています。

「私達の周辺にあるものはすべて人間の表象の鏡像に過ぎないと考えていたようです。」

「外的な事物が人間の感覚のなかに表象を喚起して、人間がその事物と関係を有するようになることによってのみ、その鏡像は成立するのです。感覚になんの印象も与えないものについては、人間は何も知ることができません。」

ショーペンハウアーの考えでは、私達の外にある蜃気楼と、私達の内にある蜃気楼の両方を組み合わせ、統合することによって、芸術は生まれます。

たいていの人は、眠った後に夢を見てもそれは混沌とした自分の意志が反映されないものを見ます。しかしもっと意識的に発達した人は、色と光が満ちたアストラル界を知覚します。色と光の世界の中の生命と活動が、地上界に反映された時、それは目で見る光や色を超えた表現が存在し、絵画はそれを描こうとするということです。

次の段階になると深い静けさが体験され、その後に、響きが発せられます。アストラル界で体験される色の世界が響きを発するという段階で、神界、すなわちメンタル界が出現します。大いなる静けさを通って、この神界に入るのです。神界はアストラル界と分離しておらず、アストラル的なものは神界に浸透しているといえます。しかし神界は音の中に存在し、色や光を通さないことには出現しないというわけではありません。

「神界で、魂は音の世界を自分の内に受け入れます。人間は実際、朝目覚めるとき、音楽的な領域、音の海を通過してきます。肉体がこの印象に従うように構成されている人間が、音楽的な天性の人間です。」

「彼岸からもたらされるハーモニーが此岸の楽音とメロディに調和していると、音楽的な至福感があります。」

「快感、喜びとして人間に意識されるものは、精神的なものが身体的‐生命的なものに打ち勝ったこと、感受魂が感受体に打ち勝ったことを意味しています。」

「魂がみずからを、体よりも強く感じることができるのです。」

ここでは、もともと人間は神界を自分の故郷と感じます。ですから、アスト

ラル界も物質界も、たんなる覆いのように感じるといいます。このように考えると、私が標題音楽や、何かのイメージを描いているような音楽は、本来の音楽ではないと考えた理由はわかりやすいと思います。それらはアストラル的な色がついていて、本来の神界的な響きには到達できなくなります。私は時には、それらをまるで汚染されたように感じるのです。

欲望はアストラル体に結びついており、商売とか都市の繁栄などは、アストラル体の欲求をかきたてることで促進します。恋愛を歌った音楽は、このような部類に属しています。絶対音楽は抽象的で、それはアストラル体に貢献しておらず、むしろ脱アストラル体になってしまうので、商売の足しにならないと考えてもよいでしょう。それは地上のいかなるものも表現しようとしていないのです。しかしもっと正直にいえば、音楽で恋愛を表現することはできません。音楽は地上的でないので、地上のさまざまなものを描くには何かしら適していないと感じます。

腎臓を元気にするには喜びを感じていくこと

ドロレス・アッシュクロフト＝ノーウィッキのパスワークに関する本（『魂の旅路』松田和也訳、秋端勉監修、図書刊行会）を読んだ時、ノーウィッキはコールリッジの詩集や英国音楽を使って誘導すると書いていました。この場合、例えば、イギリスの作曲家であるレイフ・ヴォーン・ウィリアムスなどを使えば、パスワークの行き先はイギリスの田舎の沼沢地などになってしまい、パスワークになりません。

私が元気を失った時、ヘミシンクの中で、「金星からチャージを受けろ」と回答されたのは、身体では腎臓の蓮の葉とその茎のセットのような腎臓機能で、天空の力を受け取れということでしたが、アストラル的な力のチャージは、ビジュアル的な色や光からです。神界的なものは絶対音楽から受け取るということになります。ですが、腎臓は、初期的には耳と関係し、それは音楽に関わりますから、音楽のことをもっと重視した方がよいのでしょう。

私の夢の中では、「いられるのは、『しょうちょう』だけ」というのが、「象徴」、「省庁」、「小腸」という三つの可能性を持っていましたが、これらは文字を見ず、

サウンドだけで受け取ったために、違う意味が三つ浮上したのです。もしここでアストラル的な光と色があれば、確実に三つのうちのどれなのかは判明したかもしれません。

つまり音とは、そうした色や光よりももっと抽象的で、多義的なものだともいえるのです。宇宙旅行をした時に、その場所での映像や生き物の形を理解できなくても、神界的な音の認識力を活用するならば、そこを理解することもできるでしょう。サウンドだけで考えるなら、象徴と省庁と小腸は同じものです。しかしアストラル界ではこの三つははっきりと違います。下に行くほど分岐し多数化するのです。

エーテル体は肉体と深く結びつき、死ぬまでは、その関係を切り離すことができず、これはもっぱら物質界に出現した建築芸術に関係しています。アストラル体の力を外界に依拠せず、自身の中のエーテル体に刻印することで、彫刻が発生します。

占星術で金星が示す芸術は、外界との関係に振り回されず、自身の中で生産したものを形にすることです。金星が受け取ったものは、「星」のカードではイエソド、すなわちエーテル体の池に持ち込まれるので、これは自己生成的に発生する芸術のような作用とも関連づけてもよいでしょう。受け取ったジャングルジムは建築芸術のようなものでしょう。それが物質体と結合すると、本物の建築になります。

飛び立てない金星とは、より小さなコスモスにつかまった金星作用です。それは魂が肉体に勝てない、感受魂が感受体に優位になれない状況を示しています。

「彼岸からもたらされるハーモニーが此岸の楽音とメロディに調和していると、音楽的な至福感があります。」

「快感、喜びとして人間に意識されるものは、精神的なものが身体的 - 生命的なものに打ち勝ったこと、感受魂が感受体に打ち勝ったことを意味しています。」

> 「魂がみずからを、体よりも強く感じることができるのです。」

　例えば音楽を聴くと、そこで、身体から抜け出るように感じるという至福を味わうことができることです。イメージ豊かな音楽はそのままアストラル界に向かい、絶対音楽は神界に向かいます。
　腎臓を元気にするのは、この至福、喜びなどを感じていく体験をすることが重要だということでもあるでしょう。あるいは元気になると感受力が活発になります。
　金星と腎臓などが喜びを感じ、至福を感じる組織であると考えた時、夢の中での女性–金星–腎臓は、アルコールと象徴的なもの、すなわちアストラル的な要素にそれを感じるということです。小腸は除外したいです。
　ワンダ・セラーは、天王星はエーテル体で海王星はアストラル体と書いており、それには多少疑わしさを感じつつ、そのまま従うと、天王星は基本的には構造体のようなものに関わり、海王星は豊かなイメージに関わります。そして神界とは、宇宙図では、太陽系の外の恒星に関わっていると考えると、この太陽系の外につないでいく惑星は冥王星です。
　つまり金星–天王星は建築、造形。金星–海王星は光や色、絵画、映像の芸術。金星–冥王星は、それ自身がそれを提示するわけではないのですが、神界へと通じる音楽に橋渡しする途中段階のものであり、金星と恒星をバイパスすることが、より神界へと近づきます。
　多くの人は音楽という時、感覚的な音楽を思い浮かべます。それはシュタイナーのいう神界の響きではなく、アストラル界のものです。感覚的音楽に対比した音楽的な音楽は、本来の音楽の持つ性質です。感覚的な音楽と音楽的な音楽は、くっきりと分けられるものではないのですが、それでも比率の違いとして大まかに区別することはできます。これは主観芸術と客観芸術の対比にも通じています。主観芸術は、集合的主観の芸術というのも多数あります。
　そして金星が土星よりも内側の天体にアスペクトを持つ場合には、それらはより身近なことに喜びや楽しみを感じるということでもあるでしょう。

8 7音の意義

シュタイナーの7音とグルジェフのエニアグラムの関係

シュタイナーの『音楽の本質と人間の音体験』では、1度から7度までの音程についての言及がありますが、これはグルジェフの食物水素エニアグラムにある音階と関連づけることができます。

この一つひとつの音について、よりイメージをはっきりさせるには、中国の禅の十牛図を組み合わせてもよいでしょう。私は十牛図とエニアグラムは、同根の体系であるということをずっと前から主張しており、エニアグラムと十牛図を加工なしに結びつけていますから、今回もセットにして考えます。

食物エニアグラムでは、三つのオクターブが織り込まれていますが、シュタイナーがいう音程は、浮動式にしてしまえば、そのどれにも当てはまります。「人間の音体験−音楽教育の基礎（一）」の項目で、現代では、多かれ少なかれ高度に達成されているのは3度の感覚で、現在の人類ではまだオクターブ感覚はまだ存在していないと書かれています。そしてこの感覚は将来現れてくる、と。私達は7度までは識別できます。しかしオクターブは1度と重なり、それを識別できない、というのです。3度というのは、ドの音から数えるとミの音です。短3度というとドからミ♭です。

シュタイナーによると、人間の音楽体験のすべてはアトランティス時代に帰されるといいます。この時代の本質的な体験は7度体験でした。5度は知られておらず、7度の上に築かれた音楽体験において、人間は完全に感極まって忘我状態になるのを感じるというところに、7度体験の本質があります。7度において、人間は地上との結びつきから解放されるのを感じたという話です。すぐに、別の世界に入っていくのを感じたのです。

ですが、これは次第に不快なものと感じられるようになりました。人間が肉体の中に入り込み、肉体の中に居座るにしたがって、7度体験は苦痛なものと

なり、その代わりに、5度体験に大きな満悦を感じはじめました。

このシュタイナー式の説明をエニアグラムの食物水素で考えると、第一オクターブの最高の物質シ12と、空気オクターブのソ12、印象オクターブのミ12は共鳴しあっていますが、7度体験とはここでいうシ12にも対応しています。7度は、重々減7度、重減7度、減7度、短7度、長7度、増7度がありますが、ここでは単純に長7度を示します。

古い時代の人間はアトランティス時代にまで戻らなくても、簡単に脱魂してしまいます。古い時代の日本人は脱魂しすぎてしまう癖があるからこそ、いかにして身体の中に納まるかを訓練する方法がたくさん考案されたのです。

食物エニアグラムの三つのH12の中で、外宇宙に飛び出すことのできるのは空気オクターブのソ12だけです。他のシ12とミ12は、その限界性でとどめられ、口を開いて、餌を待つだけの状態です。ミの音とはそれ自身のオクターブにおいて3度のことです。空気オクターブは感情のオクターブと考えてもよいところがあり、重い感情に足止めされていない場合には、そのまま飛び出していきます。

身体オクターブのシ12は、忘我状態になります。それは性センターのエネルギーでもあり、それを思考とか感情が利用すると狂信的になり、何かに我を忘れて熱中することになります。

これに対応するエニアグラム8の場所は、十牛図の第八図に対応し、ここでは主客の区別がない状態です。私達の日常の意識は二極化されているので、主客の区別がない意識状態というのは、一瞬体験することがあれ継続的に獲得することはできません。肉体の中に住むということは、主客の分離をしていることです。

この7度に比較すると、今日の音楽の基礎になっている5度はずっと馴染みやすいものです。これは個を中心にして、すなわち肉体の中に住む人間からすると、人間的な感情としての快適さや楽しさ、

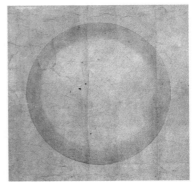

十牛図　第八図人件倶忘

開放感をもたらします。7度のように外に飛び出したり、外に投げ出したくなったりしないのです。

5度を重視する考え

音楽を聴いた時、5度は、「音楽を聴く」という姿勢で受け取ることができます。自分はここにいて音楽を聴くことができる。しかし7度であれば、自分が霊的世界に存在するという自覚と音楽を体験するというのは同義語で、身体が存在しなくなるような感覚を味わいます。それが主客の分離がなくなる第八図の体験です。第一の身体オクターブでは、5度あるいはソの音はエニアグラムの5の数字の位置で、十牛図であれば、牛が歩いていき、牧童もそれに連れられていきます。正確な場所に旅することができます。

確実に身体があり、この身体の中に住み、そこで5度を体験するには、もう一つ3度体験が強められる必要があったとシュタイナーは説明しています。3度がないと、5度体験は、まだまだ自分から外に飛び出すような影響を持っていたのです。3度体験は、アトランティス時代後の第四文明期にならないと登場してきません。

> 「3度体験への移行は、音楽が自分の肉体組織と結びつくのを人間が感じ、3度を体験できることによって自分を地上の人間、音楽家と感じるということを意味しています。」

3度はミの音でもありますが、このミの音は、自力ではファに上がることができません。ミとファの間には欠損部分があり、ミにいる限りは自分が今いる場所から動けないのです。

例えば身体オクターブでは、ミの音はH192で、外からやってくる空気ド192が働きかけないかぎりは、火（96）に上昇することができません。また思考オクターブではミ48は考えてもわからない。回答をずっと待っている姿勢で

す。

> 「私は歌うというのは、当時は正しい表現ではありませんでした。私が歌うといえるためには、3度体験が必要だったのです。3度を体験することによって、人間は自分が歌うと感じ始めたのです。」

　地に落ちた天女が、天に戻れなくなったというのは、3度の姿勢を取り込んだからです。3度は迎えに来てほしいという感情です。また自分が歌う時には、私は歌うが、私は歌われたにならないのです。この3度、ミの音が、私が外に漏れ出すという体験を食い止めます。自分はここにいるという自覚です。今日の音楽は、みな自分はここにいる、という姿勢で聴いています。
　古代の人のように聴いたとたんに酔っ払ったようになり、自分がどこにいるかわからないということにはならないのです。

> 「人間の中に生きるものが、オクターブの下の部分、ハ音、嬰ハ音、ニ音、嬰ニ音の基礎になります。そして、エーテル的なものに入っていくので、無秩序が現れます。オクターブの下の音では、人間の四肢組織、人間のもっとも物質的な部分が使用されます。ホ音から、エーテル体の振動が共に作用します。それはヘ音、嬰ヘ音、ト音まで行きます。つぎに、アストラル体の振動のなかに作用するものが共に生きるところにいたります。ついで、動かなくなります。ハ音、嬰ハ音からはじめて、7度にいたると、私達は立ち止まらねばならない領域にいたるのです。体験は停止し、私達は全く新しい要素を必要とします。」

　上記の記述は、ほとんど食物エニアグラムに相応するような内容で、私達はエニアグラム8の位置で、7度のシ12で停止し、第四オクターブがやってくる

までは、何もできません。

> 「非常に重要なのは、音楽は根本的に人間のなかに、エーテル体のなかに内的にのみ生きるものであるということです。その際、肉体は低い音階の中にもたらされます。しかし肉体はエーテル体の中に押し入り、アストラル体に突き当たらねばなりません。自我に対しては軽く叩くことができるだけです。」

これは身体のオクターブが進化して、エーテル体としての領域、アストラル体としての領域にまで上がっていくことを意味します。

> 「本来の音楽体験は、自我でも肉体でもなく、エーテル体とアストラル体のなかを内的に経過するものであり、本来の音楽感受、内的に閉じられた音楽感受はエーテル体にまで、最低音域より上のオクターブの音にまでしかいたりません。」

　シュタイナーは、七つの音階の中に12個の5度があることを重視して、5度を通じて人間は自分の外に自我を持ったまま飛び出すことができるといいます。3度においては人間の内側の体験をしていき、5度においては外的体験に移行します。この3度と5度の間にある4度は境界線にあり、これは人間が外から自分自身を見る体験です。
　4度の音は、音楽の分野では安堵感を表す音といわれています。自分の中に着地しようとすること、5度の外に飛び出す精神は4度で身体に着地していくのです。

12個の5度の中に黄道十二宮を対応させる

スイスの有名な指揮者だったエルネスト・アンセルメがいうように、今日の音楽の目標と基準は5度にあります。

「五度体験は人類から失われました。紀元前五世紀、紀元前四世紀にはまだあった五度体験を、今日の人間は有していません。」

「三度は内面における知覚に相当するのに対して、五度はイマジネーションに相当します。人間はもはやイマジネーションを持っていないので、五度に際して空虚を感じるのです。」

「人間の中心に感情がある。感情は下に向かって意志に、上に向かって表象に接します。感情は、中央において二つの領域に分解します。しかし音楽は秩序ただしく表象のなかに上がっていくことも、意志のなかに全く沈むこともできません。表象によって、つまり脳によって把握された音楽は、音楽であることをやめます。抽象的な記号なしに音楽が直接、意志衝動になることは考えられません。」

「音楽体験は、表象と意志のあいだにある領域のなかを進みます。音楽体験は人間のなかの、日常の意志に属さず、霊的世界から下ってきて受肉し、死をとおしてふたたび上昇していく部分のなかで進行しなければなりません。」

ここでいう「感情」とは、食物水素エニアグラムの第二オクターブ以外の何ものでもないように見えてきます。音楽はそこを行ったり来たりするのです。
　ですが正直な話、音楽ではなく音信号とみなせば、それはより下の領域にまで入り込みます。それを音楽とは感じませんが、モーツァルトの音楽を、音信

号の合成物としか考えない人は、むしろ物質に及ぼす音信号の方に関心がいくはずです。

「メロディは音楽を、感情の領域から表象のなかへと導きます。」

「メロディをとおして心が脳におしやられる。」

「みなさまはメロディの中で自由になるのです。それ以外では、表象において自由になります。感情が浄化されるのです。外的なものはすべて感情から脱落します。しかし同時に、感情はどこまでも感情にとどまります。」

「ハーモニーは意志の領域に絡まります。」

「メロディがハーモニーを上方にもたらし、リズムがハーモニーを意志にもたらす。」

「あらゆるリズムは脈拍と呼吸に不思議な関連を有しています。一分間に18回の呼吸、一分間に七十二の脈拍という一対四の関係に、あらゆるリズムは基づいています。」

「呼吸の流れをとおして、つまり外的に減速し、内的に特性を生産するなかで、メロディは心臓から頭に運ばれる。リズムは血液循環の波の上を、心臓から手足に駆られ、手足の中に意志として捕われる。」

「旋律は、頭。和声的に胸を。律動的に手足を持っている。」

5度は高揚感ですが、4度体験においては、メロディとハーモニー、リズム

のすべてが互いに織り合わさっており、既に区別はできません。

> 「メロディのなかに私のエーテル的な頭があり、物質は抜け落ちた。そこで、私は人間組織の一面を有する。ハーモニーのなかに、私のエーテル的な中央組織があり、物質は抜け落ちた。そして、一オクターブ移る。そうすると、ふたたび四肢組織のなかに、人間のなかにリズミカルに現れるものを私達は有する。」

5度の時代には七つの音階の中に惑星の数があり、12個の5度の中に黄道十二宮の数があることによって、あらゆる霊的体験が与えられたといいますが、シュタイナーは以下のように対応させています。

物質体	1度
生命体	2度
感受体	短3度
感受魂	長4度
悟性魂	4度
意識魂	5度
霊我	6度
生命霊	7度
霊人	8度

オクターブの下部をなす1度、2度、3度から人間は後方への動きを形成するという感情が本能から発します。上部をなす5度、6度、7度においては、前方への動きをなす本能を人間は有します。

食物エニアグラムの身体の三層においての配列は以下の通りのようになるでしょう。

1度	H 768
2度	H 384
3度	H 192
4度	H 96
5度	H 48
6度	H 24
7度	H 12

V 惑星と身体の関係性

　1度のH768と2度のH384、3度のH192は、身体の胸の位置まできます。短三度は胸の位置で感受魂を待ちます。胸は魂の場所と対応させてもよいでしょう。

　そこで4度のH96は胸、5度のH48は頭という体験をしていき、6度のH24から7度のH12に至りますが、これは身体の上に向かうというよりも、6度のH24で胸に戻り、7度のH12で腰に戻ります。そして人類が将来8度を獲得すれば、それは頭のH6へと上昇するという構造です。

　心臓はもっぱら、肉体が上昇してきたラ24と空気オクターブのファ24、印象オクターブのレ24が宿る場所です。内臓のすべての情報は心臓に集まります。ですから、心臓とは全惑星意識と共鳴しているものと考えてもよく、それはH24の速度で働くのです。

　あらゆる内臓の作用は心臓で統合化され、真に全惑星意識となり、地上で生きる時には、これが良心のありかや心の豊かさ、包容力などを保持するのです。

9 太陽 – 心臓

血液を送り出すのは心臓か否か

ホルツアッペルは、心臓は内なる支えを与えると書いています。そして1553年10月に火刑にかけられたスペイン人医師のミカエル・セルビーツスの言葉を引用しています。

> 「空気の中に息づいている神的霊が人間存在を貫いているのであれば、それは、心臓の右側から流れ出る血液が肺のなかで空気を受け取り、再び心臓に戻るのでなければならない。そうであってこそ、空気と結びついている神的霊は身体全体にいきわたることができるのだと。」

心臓は血液を送り出すポンプのようなものだという考え方は矛盾しています。もしそうならば、心臓は500トンの重さのものを24時間で1kmの高さまで持ち上げるような力を持たなくてはならない計算になるという話です。

心臓の力だけでは血液を送り出すことができず、血液を動かすには、筋肉とか呼吸などの助けが必要であるということになります。ここから、心臓が血液を動かしているのでなく、血液が心臓を動かしているのだと言い換えられています。血液の流れは心臓が発生する以前からあり、心臓は後にこの流れによって作り出されたということです。

心的体験は血液の流れに強く影響を及ぼします。血液の流れの原動力は、魂的・霊的なものの中にあり、この血液の流れの中での中央駅（東京の中での東京駅）のような作用になった心臓は、自我のありかになります。ここから、心臓移植をすると、人格が変わってしまうという結果にもなります。

四つのエレメントの中で自我は熱、すなわち火に最も関係している要素ですが、心臓は熱エレメントに深く関係し、人間の場合、他の動物に比較して、外部の温度変化にほとんど影響されることのない体温調節組織が形成されます。心や自我は外界の影響に振り回されないのです。身近な外界の影響に振り回されないということは、もう一つサイズの大きなコスモスである宇宙的なものと共鳴し、その情報を持ち込むのに必要な条件を満たします。

　外的な影響に左右されることのない内的力は、その人の良心を形成します。良心は、状況の変化の都度、姿勢が変わっていくものではありません。

「意識されることなく働いている臓器が、―心臓もその一つなのですが―不随意筋からなっているのに対して、心臓は、意志のままに動く手足の随意筋と同じように黄紋筋からなっています。このことには、将来の心臓は人間の意志のもとに動くようになるであろうことが予告されています。」

　心臓は外界と結びつくことは決してありません。心臓は常に自らの内に巡り自らにかかわっている血液循環の中にあり、これをシュタイナーは「自我は自らを識る」という言い方で説明しています。

　自分の尻尾を飲み込む蛇は、血液の循環のかたちを示しています。

　肺は外界の情報としての空気を取り込みます。血液はその栄養分を取り込み、その後に心臓に送られます。肺と水星は外界に接しており、そこでいつも思考活動の危機を感じています。その後、血液は心臓に至る段階で、揺るがない良心や心の姿勢、自我によって、本来の本質的な生き方に「軌道修正」されるということです。さまざまに変化する状況の情報を受け取りながら、その都度、自分の姿勢を立て直すという作業です。

　大きな自己としての太陽は自己分割して、複数の惑星という小さな自己に分散しますが、この分散において、最初に太陽から切り離されたのは水星です。水星は、太陽よりも一つ次元の下の惑星レベルにおいての自立性、すなわち自

転運動を十分に確立しておらず、いつも太陽に同じ面を向けており、いつも太陽に寄りかかろうとします。

　心の働きとしての心臓の発達がまだ十分ではない9歳の子供の自我は、世界に向かってしっかりと対峙し、独立的に働くほどには成長していません。この子供は身近な人からの支え、例えば親や教師など、子供の批判に動じない人間に依存することを必要としています。

太陽は内側の統括者

　12感覚では、獅子座は熱感覚ですが、それは火・固定サインなので、継続する熱源を表し、この支配星の太陽、またそれに関連づけられる心臓は、規則的なリズムで魂の特質、個性を維持することができなくてはならないのです。9歳前後の子供が、太陽のような人に依存できなかった場合には、不安定、未熟さが、心臓弁膜症に発展すると述べられています。

　水星が発達する年齢域は8歳から15歳くらいですが、外界の情報に振り回されて自我が固まらない危機を体験する9歳の時期は、この水星の年齢域に属しています。そしてその時に依存するべき大人とは、太陽の年齢意識を示す26歳から35歳までの大人であり、それはちょうど自分の親の年齢の大人です。

　水星は細分化された惑星領域、下位の世界から持ち込まれた、ちりぢりばらばらで切れ切れの情報に触れ、動揺するたびに太陽、すなわち心臓はそれを取り込み、しっかりと立つように仕向けるのです。

　水星が過剰に強調され、太陽が弱いホロスコープの場合には、常に外界から誤情報や有害な感情を吹きこまれ、それを自分で処理する心臓機能が弱いという傾向があることになります。『ヘルメス文書』を読むと、ヘリオスは、惑星が持ち込んできた迷い成分を食料として好んで吸い込んでいます。その代わりに光を惑星に供給します。

　水星の年齢域でこの太陽や心臓に依存して、その心臓の力の発揮の仕方を模倣できなかった子供は、大きくなってからでも何度でもチャレンジします。安定感のある心臓の強い人に依存して学習しようと試み、いつも疑問をぶつけ、信頼できる回答を常に得ることで、自分の未発達の心臓の力を徐々に育成して

いきます。もちろん、子供時代に上手くできていなかったことを、大人になってやり直そうとすると、それなりに対人関係や仕事、社会生活の中で周りに迷惑をかけることにはなるでしょうが、だんだんと自立性を身につけるようになります。

　基本的な心臓の特性や状態は、太陽があるサイン、ハウス、アスペクトなどによって特徴づけられるでしょう。しかしこれは後天的な修正・育成を考えていない、下地の面のみを提示しています。人間の自由性である印象、呼吸、食べ物の扱い方によって状況は大きく変化します。

　また、危機がやってくる時とは、太陽に対してトランジットの惑星がハードなアスペクトを形成する時期でもあります。しかしこれも挑戦を受けているというものであり、問題が生じるということを示しているわけではありません。そして挑戦という点では、心臓はいつでも他の臓器から受け取る、あるいは身体の各部分から受け取る重たい負荷を処理していますから、いつでも心配ごとを解決する努力を続けており、さらなる課題がやってきたと受け止めるべきです。

　占星術の仕組みで考えると、内側からの統括者である太陽と外側から締めることで統括してまとめようとする土星が、生体活動の安定の軸になります。惑星を統合するのが太陽という意味からすると、太陽以外の特定の惑星が強く働きすぎて、太陽の力を凌駕するケースでは、生体バランスは均衡を失いがちです。そしてこの他の惑星が強く働きすぎるとは、土星の締めつけが上手く働かない、土星外天体である天王星や海王星、冥王星が、太陽以外の特定の惑星にハードなアスペクトを取ったり、複合的にアスペクトしたりする場合です。

　多かれ少なかれ、健康に関しては多少問題があっても、太陽はそれをカバーする可能性があるというのは、心臓と血液作用は、身体のさまざまな部位の問題点を解消する、反対にいえば、この心臓と血液で生じた問題は、あらゆる病を引き起こすということでもあります。そしてそれは、その人の心のあり方や自我のあり方そのものの問題です。

血液と松果体

　シュタイナーによると地球進化の初期のレムリア紀には、人間は頭の上に突

き出ていた熱感覚器官で、温度差の分布によって距離を感知することができたといいます。新生児の頭蓋の開口部としての泉門は、かつて松果体があった場所だということです。

　今日、松果体は、頭の中に潜り込んだのですが、子供の性的早熟を抑制する内分泌器官でもあります。松果体のホルモンが弱まり、その代わりに下垂体のホルモンが強まることで男女の性差が強まり、思春期に向かうのです。

　もし松果体の働きが旺盛であれば、性的な分割が弱まり、「ひとり神」的な要素がそのまま残ります。それはまた地上活動に深く入り込めない性質ともなります。なぜなら、地球的生活とは二極化の生活であり、それは性別がはっきりすることでより上手く入り込めるのです。

　天と地が分かれて世界が始まったように、この二極化はさまざまな領域に応用展開されています。その一つが男女分割です。

　シュタイナーは、松果体と心臓を密接に関係があるものとみなし、エーテル的血液のかすかな流れが心臓から立ち昇り、松果体を包み込みつつ流れているといいます。これが人間の知性と道徳性の発展に関する極めて大きな役割を担っている、と。

　生命の樹では、私はよくアツィルトの樹、ブリアーの樹、イェツィラーの樹、アッシャーの樹の関係性を書くことが多いのですが、物質界、すなわちアッシャーの樹の頭＝ケテル＝松果体は、次のエーテル体であるイェツィラーの樹の心臓＝ティファレト＝胸に対応します。神経組織としての頭は、エーテル領域においての心臓、血液に包まれているのです。

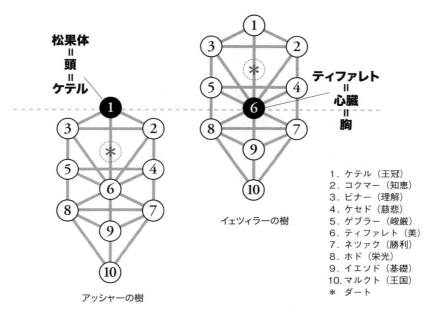

アッシャーの樹　イェツィラーの樹

1. ケテル（王冠）
2. コクマー（知恵）
3. ビナー（理解）
4. ケセド（慈悲）
5. ゲブラー（峻厳）
6. ティファレト（美）
7. ネツァク（勝利）
8. ホド（栄光）
9. イエソド（基礎）
10. マルクト（王国）
＊ ダート

　これを私は、床屋さんのお店で、椅子に座っている客の頭を背後からメンテナンスしている床屋さんという描写でよく説明します。床屋さんは小天使で、彼女の胸の前に、お客の頭があります。

　地上生活は二極化されたもので成り立ちます。身体の中にある多くの器官は左右対称に作られており、また手も足も左右に分かれています。左右に分かれることは陰陽の分割で、それは地上においての動き、空間の差異、時間の流れなどの中で泳ぐことができるのです。

　しかし二極化されていないものは、このいわば川の流れのようなものに巻き込まれず、超然としています。松果体は、それ自身が一つ目の状態であるかぎりは、水平面から下の世界を見ることができません。そこに川の流れがあることに気がつかないのです。しかしそこから下垂体領域に入ることで、二極化の世界、川の流れの中に没入します。

　ジプシーは、「悪魔」のカードを第三の目というそうですが、これは生命の樹のパスでは、心臓と肺を表すティファレトとホドの間にあるものであり、これをエーテル界の樹とみなすと、下位の物質の樹との関係ではケテルとビナー

との関係に重なるので、それは松果体と脳下垂体の関係になります。

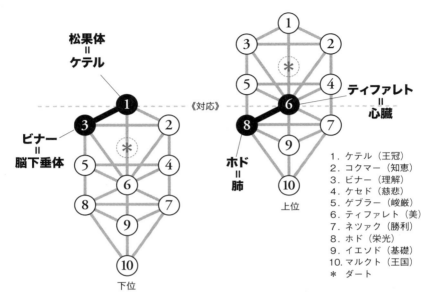

ただし物質の松果体と脳下垂体ではなく、エーテル体として重なっている不可視の松果体と脳下垂体の作用です。シュタイナーのいう物質の頭をエーテルが包み込んでいるように、物質とエーテルを二重に考えなくてはならないのです。

「悪魔」のカードの絵柄にある上の悪魔は松果体であり、下の二人の手下は下垂体です。

二つの樹との重なりで考えると、この「悪魔」のカードは、「魔術師」のカードと重なる位置にあり、魔術師が、上位のコスモスからこの世界の

「悪魔」

中にマレビトとして入ってきた行為の小型として、「悪魔」のカードは周囲の外界に侵入します。ティファレトとホドのパスということでいえば、息を吹きかけるということです。

松果体は、心臓と血液と共鳴することで、上位コスモスからの受信をするケテルと、心臓のティファレトを結びつけますが、これはまっすぐに立つ柱である「女教皇」のパスで、そこに道徳や道、基準として、自分の個性はトーラの書物の中のどの行に属しているのかというリファレンスを打ち立てます。

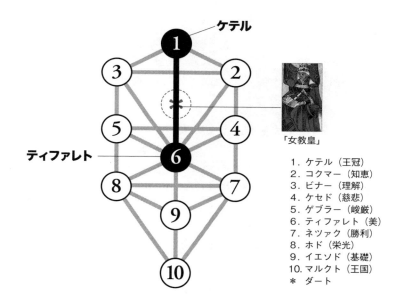

1. ケテル（王冠）
2. コクマー（知恵）
3. ビナー（理解）
4. ケセド（慈悲）
5. ゲブラー（峻厳）
6. ティファレト（美）
7. ネツァク（勝利）
8. ホド（栄光）
9. イエソド（基礎）
10. マルクト（王国）
* ダート

そして、この基準をもとにして、頭では脳下垂体に、胸では肺に、二極化されていくのです。この点で、松果体と心臓は二つに分かれておらず、内部的に二つ、あるいは四つなどに分割されます。一つのものの中で、内部的に分割していくということはまだ外界に投げ出されていないのです。

二極化された組織は世界の中にあり、二極化されていないものは世界の上にあり、世界の中に入れません。内部的に二極化されたものは、世界の中に入る意欲を示していますが、しかし二つに分かれてしまうと、世界の中に埋もれていき、上位領域とのつなぎのインターバルの役割を発揮できなくなります。

グルジェフのいう高次思考センターとしてのＨ６は、アツィルト界の頭であり、松果体の位置にあっても松果体に属しているわけでもなく、松果体を切り

刻んでも、どこにもH6の手がかりは存在しません。しかし、このデカルトのいうホムンクルスは、心臓を意味する心の中心H24と連動しています。これは理想の人間の三層、6−24−96の連鎖構造です。

たいていの場合、人間はまだ哺乳動物です。つまり12−48−192の連鎖で生きており、この三つの水素は法灯明の性質なのでつなぐという性質があり、依存的でほとんど自立しません。お互いに助け合う社会では、本来の人間6−24−96はそうとうに孤立的になるでしょう。

通常の思考はH48で働き、この場合には、心臓の持つH24の方がはるかに高速ですから、頭よりも心が優位になった方がはるかに健全で良心的です。

真の太陽か、縮小された惑星としての太陽か

ディートリッヒ・ギュンベルは『コスモセラピー』(狩野博美訳、フレグランスジャーナル社)で、心臓から送り出される血液は、心や感情が肉体と結びつく成分だと説明しています。

脳科学では、意識とは統合的なものであり、身体のそれぞれの役割を統合化すれば、それは意識として認められるということを説明しています。それぞれの働きはゾンビです。しかし統合化するとそれは意識なのです。その点で最も重要な役割を担うのは心臓です。ギュンベル式にいえば、「血液は心が感じ取るための道具」ということになります。

血液が右心室の肺動脈から肺に向かい、肺胞で酸素と二酸化炭素を交換し、肺静脈を通じて左心房に戻る時、外界の印象との落差や抵抗感によって、意識は目覚めます。

意識は抵抗感、ある要素を取り込み、他の要素をブロックするなど、変質させる行為の最中で成立するからです。外界の印象ではなく、身体内部の印象に向かっているのは、左心室の大動脈です。ここから頭と身体に血液が送られます。冠動脈循環は、身体内部の印象と外界の情報の肺循環とを接続しています。一つしかない心臓の中で外と内が統合されるのです。そのために、一つの中で二つの機能に分割されていますが、これらすべてを処理した上で、全体として不動なのです。

占星術で使われる太陽は、真の太陽ではなく、公転周期が１年という地球のサイクルが投影された太陽です。つまりは太陽を偽装した地球、あるいは地球にダウンサイジングされた太陽です。

真の太陽は恒星なので、それは時間と空間の中に二極化されることはないのですが、占星術の太陽は一方的な方向に移動するので、二極化されたものの片割れとしての作用になります。つまり心臓には陰陽の作用があることになります。しかし真の太陽の性質も背後にあるので、統合化された性質と二極化された性質を重ね合わせています。

生命の樹では、もちろん二極化や四極化どころか、ケテル、コクマー、ビナー、ケセド、ゲブラー、ネツァク、ホド、イエソドなど、マルクトを除いたすべてのセフィラに接続されており、八極化に向かっています。

血液は、８方向に放射されます。もちろん自我の乗り物としての血液は、身体のすみずみまで、すべてに行き渡るのですから、８方向に向かうのはそのメインコースを示していることになります。

私のパスワーク体験では、「愚者」のカードのパスワークで、宇宙に飛び出し、船に乗っていました。宇宙の暗闇の中で、どこに向かっているのかと思うと、声で、「アンタレス」と聞こえました。アンタレスは猿田彦に関連づけられ、それは天の八股を意味します。その後、私は船に乗っている小さな女の子の血を、この八つの区画に擦りつけました。心臓から飛び出した血は、八つの区画に塗られるのです。十字架に血で結びつけられたというよりは、８方向のマトリクスに血で結びついたということです。アンタレスの蠍座の心臓で、この心臓は八つの区画があったのです。

ケテルには惑星対応はありません。しいていえば、それは外宇宙との扉であり冥王星です。コクマーは、惑星対応はありません。が、しいていえば、海王星です。ビナーは天王星ですが古典的には土星です。ダートという隠されたセフィロトを考慮に入れない場合には、ビナーは土星なのです。土星ならばこれは脾臓です。

ケセドは木星で肝臓です。ゲブラーは火星で胆汁です。ネツァクは金星で腎臓です。ホドは水星で肺です。最後のイエソドは月で、内分泌器官、身体の中の液体要素などです。あるいはまた胃にも対応できるでしょう。

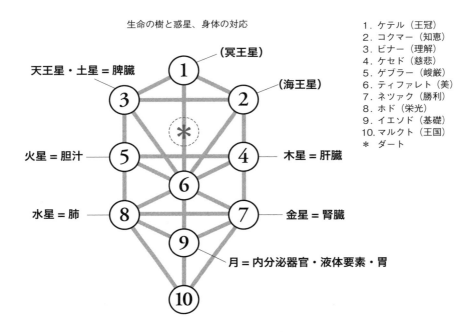

本来は、アンタレスは天の八股で、精神宇宙探索講座では、私は種々の恒星に向かうための交通整理器と説明しています。一例としては、アルクトゥルス、北極星あるいはベガ、北斗七星、オリオン、プレアデス、シリウス、ケンタウルス、カノープスあるいはアクルックスです。

この恒星においての分配器としての蠍の心臓・アンタレスと、各惑星あるいは内臓においての分配器・心臓は、次元が違うけれども、構造は似ているといえます。

女性的なものは男性的なものへ、男性的なものは女性的なものへ

ギュンベルの話だと、心臓は血液が流れている時に、心臓自身を感じるといいます。この心臓自身の抱く感覚を末端部に発信するのです。そして感覚器官、血液、心臓、神経からなる感覚制御系の輪がつながるといいます。

感情は心臓の感覚の一種で、感じ取る心臓は、あらゆる感覚の刺激を感じ取

る統一体、つまり人間に融合します。これは心臓が感覚を感情につなぐという作用でもあります。8方向に向かったパスは、それぞれの領域において受け取ったものを心臓に戻し、そこに感じる作用が働くということです。

ギュンベル式にいえば、心臓隔膜の上部の弁の下に筋肉線維のない場所が存在し、左右の心室の心内膜同士が融合して、左右の心室の間に透明な部分が出来上がり、これを心室膜と呼ぶのです。これが解剖学的に心臓の中心を意味します。

心臓は、初めは管ですがそれが室に分かれて、やがて筋肉の壁で分離された左右の部分が形成されます。右半分は静脈血です。身体から戻ってきた血液を取り入れ、肺に送り出し、これはもっぱら女性的な性質を持つといわれています。

左側は肺から酸素が供給されて、今度は全身に送り出す。この左の心室は右に比較してより筋肉質で、壁も厚く、男性的な性質を持った部分とギュンベルは説明します。

肺は外界の空気と接触しており、外の世界の情報を取り込み、また吐き出します。したがって女性的な右心室は、身体から取り込んだ情報などを、肺を通じて外に吐き出します。ギュンベルは精神性を男性、肉体性を女性と定義しています。つまり女性的な身体性、肉体性を表すものから、外界に発信されたものがあり、次に、外から取り込んだ酸素を吸収した血液は、心臓の左に戻り、それから、身体に送られます。

女性的や男性的という定義は人それぞれで違い、曖昧なものなので、これにこだわる必要はありません。生命の樹では、右側の「悪魔」のカードは両性具有のバフォメです。そもそも松果体は二極化されておらず、その下の下垂体が二極化されているからです。反対の左側も、「悪魔」のカードに合わせて、性別の不明な「死神」で、しかしその下にある「星」のカードは、腎臓に関係することもあって女性的です。

占星術的に考えると、女性的なものは内側のミクロ世界の金星で、男性的なものは外側のマクロ世界の火星です。つまり腎臓と胆汁に振り分けられますが、生命の樹の火星側である右は男性的なもので、金星側の左は女性的なものです。

認識力は、何らかの抵抗感のあるものをぶつけることで発生します。対立するものをぶつけて、そこに統合的なものを打ち立てる時に、それは認識力に

なるのです。対立するものの一つだけだと、それはその一つのものに同一化しているので、対立するものをぶつけることで初めて成り立つような上位領域の意識は生まれてくることはありません。対立をぶつけて、そこに摩擦があれば、そこに認識が生まれてきます。

　心臓では、この身体から外へ、外から身体へという対立した流れを、心臓の真ん中でぶつけることで、心理的な理解や洞察というものが発生するのです。この認識というプロセスの中に、それまでの自分から離れていくという行為も存在します。

　初めは、心臓は一つの管であり単独の血管でした。そこでは神と人は一つだったのです。次に神と人の分離があり、天と地、精神と肉体、男性的なものと女性的なものが分かれました。心臓は筋肉の中に室として閉鎖し、左右の心室ができたということになります。この心臓が血管よりも後からできて、そして心臓の内部でさまざまな領域が分割されたというところに意識や自我、心などの形成の経過がそのまま重なっているということを重視しているということです。

　心臓は血液が流れることで感覚を生じさせます。流れていること、そのものに心臓を感じるのです。この場合、右心房にある洞結節(どうけっせつ)はペースメーカーとして１分に72回を平均にした脈拍を作り出し、もしこのリズムが阻害されると、心臓の中心部の房室結節(ぼうしつけっせつ)が独自のリズムを生み出し、この自律リズムは１分間に58回だそうです。

　いずれにしても、この基本の心拍数は、何かを感じ取る時の、規定のリズムを作り出し、体験や印象を受け取る時のトーンや色合いを決めていくことになります。

　音楽でも、メロディを奏でるためには基本リズムが必要です。リズムのない中で、出し抜けに出てきた音は前後の脈絡がなく、関連性の中での意味として認識できないことになります。言葉にはリズムが伴うことで、より霊界に近づくというシュタイナーの意見でいえば、外界との不規則な交流、肺の働きが心臓のリズムの中に吸収される時、それはさまざまな情報に自分との関係においての意味を与えるということになるのです。太陽は意味を与えるのです。

　随意筋でできた心臓は、そのリズムを自分で変えることができます。例えば、心拍数は運動をすると、容易にコントロールできます。

10 火星 – 胆汁

自分の快適さを手放さない金星

　金星と月は、ホメオスタシス作用に関係するといわれています。これは外的な環境との関係の上で、自分を一定に保とうとする作用です。つまり心臓のように、あるいは脾臓や肝臓のように、外界の状況に振り回されずに、内的に自分のリズムを維持するということでなく、関係の上で、その関係を継続的に保とうとします。

　月は個人の生活の「分」を表し、生活の中で常に同じことを繰り返す性質です。個人としてのほどほどのものを繰り返し、個人としての平和な生き方を維持しようとします。その人のキャラクターに応じて常に変化せず、同じことを継続しようとします。月は内分泌系に関連し、ホルモン分泌に大きく関係しますが、ホルモンは互いの関係性の上で、バランスを保とうとする性質があります。

　金星は天秤座の支配星で、生体の均衡を保とうとします。例えば、身体のプロポーションを保つとか、快適な生活を維持する作用です。金星のホメオスタシスの働きは、楽しく快適なことを続けようとするというかたちで働きます。生きる楽しみや個人としての感覚的な生活をエンジョイするというような目的です。

　これら恒常性を保つ作用は、人間がその可能性をもっと拡大・向上しようとした時には、抵抗しようとするでしょう。月、金星、さらに土星という、恒常性を維持する作用の中で、最も範囲の小さなところを受け持っているのは月です。冒険を嫌い、ささやかな範囲の自分の安全を守ろうとする月は異質なものに抵抗します。

　金星もまた自分の快適さを手放そうとしません。金星は受容性の天体ですが、やはり範囲には限界があり、いきすぎたものには抵抗を感じます。金星–腎臓の性質として臆病さというのがあります。外が怖いというのは、これらは月や

金星の感情です。

金星が太陽に近いと冒険はせず、火星に近いと生命力が高まる

　脂肪は生体を守る、特に内臓を守る働きがあり、快楽や快適さを維持することに大いに貢献しますが、火星はこの脂肪を分解します。つまり火星は外に拡大したいために、この保護するものを解体して、活動エネルギーに変えてしまいます。

　火星はしばしばホメオスタシスのフィールドを突き破るという点で、しばしば苦痛やリスクをもたらします。

　火星はマクロコスモスへの挑戦を促しますが、このマクロコスモスでの夢見を表すのは木星です。そして行動は土星であるとシュタイナーは述べています。月や金星の狭い世界にとどまり、ささやかな幸福を維持しようとする働きに対して、火星や木星は大きな世界への挑戦という意味では、ホメオスタシス的作用を打ち破る性質を持っています。つまりそれは、やりすぎやいきすぎなどをしてしまう傾向でもあるということです。

　地球（太陽）を境目にして、内側には金星と水星、月があり、ミクロコスモスへの誘いは金星、夢見は水星、そして行動は月という定義になっています。また、外側には火星と木星と土星があり、火星はマクロコスモスへの誘いであり、木星は夢見、行動は土星という対比です。

　身体の中では、このマクロコスモスを示す天体群は身近な外界に対して開かれておらず、身近な外界の頭ごしに、より大きなコスモスと共鳴します。それは私達の日常的な意識には伝わらず、常に自律神経系統によって遮断されているので、このより大きな宇宙と交信するには夢を見るか、バイノーラルビートを使って、変成意識に入るか、あるいは瞑想などを活用する必要があります。眠っている時には脳の表層でなく、脳の一番内側からの情報が上がってくるので、それは内的なドラマを伝えていることになります。このコスモスに飛び出す力は、まずは火星が提供します。

　地球を境にして、内側の金星と外側の火星は、地球を出会いの場として、ここで交流をしようとします。地球はデートする場所だということです。金星は

内輪でおとなしく過ごし、比較的おとなしい趣味で終始しようとしますが、火星は冒険を好み、刺激を求めて、金星の安心感を奪いますが、しかしそもそも金星、腎臓は受容する性質なので、自らでは作り出せない刺激を火星から受け取り、そのことで喜んだり動揺したりします。

　火星は運動したり行動したりすることに一番縁がありますが、火星が活動すれば、それによって脂肪が分解されて内臓脂肪を溜め込むということができにくくなります。ストレス体験に対して腹回りの脂肪が包み込み、クッション材として抱き込むので、この脂肪が溶けていくと、古い時代の心の痛みやストレスなどが目の前で置かれた現状とは一見、無関係に表面化してきます。

　運動をするとこの溶け出しが活発になるので、運動に慣れていない人からすると、この憂鬱な感情の浮上には耐えきれません。睡眠時には45分のリズムがあるといわれていますが、私は運動の時にもこの45分リズムがあると感じています。いったん始めてしまうと45分は続けていた方がよいのです。そこで深く潜行し、戻ってくるまでのリズムが一段落完了するのです。時間がふっと消えたように感じる瞬間を味わうことが大切です。

　火星は牡羊座の支配星ですが、火のサインとして牡羊座は、獅子座と射手座と連動します。獅子座は熱感覚で、射手座は運動感覚で、筋肉に関係しています。牡羊座の自我感覚は世界に自分を押し出すことであり、異次元に自分を押し出すこともあれば、身近な世界に自分を押し出すということもあります。これは特有の熱感覚に支えられ、そして運動感覚によって、彷徨うことになります。射手座の支配星は夢見なのです。

　地球、すなわち太陽が金星の側に近いと冒険はしません。苦痛が嫌いなので、楽な人生を送ろうとします。しかし人間には現状維持というものがなく、停滞するか、向上するかのどちらかしかないので、金星の側に寄ると怠け者になり、停滞します。

　反対に火星の側に向かうと、恒常性の維持がしにくくなるので、それは苦痛ではありますが、しかし生命力は強まる方向に向かいます。これは耐性限界を少しずつ上げるので、あたかもインターバル運動のようなもので、一時的に苦しいのです。身体対応では火星は胆汁に関係し、また血液の中の鉄分に関わります。

【ケーススタディ】 川島なお美

　私が自身のブログでサンプルとして取り上げたのは、胆管癌で死去した川島なお美でした。

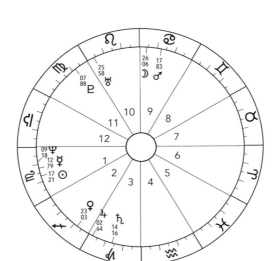

川島なお美のホロスコープ

　そもそも川島なお美の出生図では、火星は土星と180度のアスペクトを持っており、これは土星が締めつけるという性質ですから、火星に対するコントロール意欲が強いことになります。土星は決して増やす天体ではなく減らす天体、すなわち不要なものは提供しないということで、火星はぎりぎりのエネルギーで動くことになります。

　女性のホロスコープでは、火星はたいてい男性に託される傾向があります。ですから、川島なお美のタイプであれば、男性に対しての締めつけをすることになります。これは本人には自覚されにくいことです。なぜなら、火星と土星というアスペクトを持って生きているのが自然だと思っているので、自分が他

の人に比較すると抑圧的であると本人は気がつかないでしょう。

　この火星に対する締めつけは、当然、火星よりも金星を重視しているということです。月や金星、土星は現状を維持するという性格です。結婚した場合、相手の男性は拘束されて、少しばかり苦しい思いをするはずです。しかし女性の論理、つまり金星の論理からすると、どうして苦しいのか理解はできません。金星的に生きるのが正義だからです。

　火星は現状維持でなく、常に拡大し、冒険的になり、保護の脂肪を分解し、ということを発揮して初めて火星の働きを全うすることになりますから、蓮舫議員がいったような「２位じゃダメなんでしょうか？」という考え方では、ほとんど死に体になります。

　川島なお美の場合、最近、火星に、冥王星と天王星のスクエアがアスペクトしてきました。そもそも火星は土星によって線が細くなっている時に、冥王星のスクエアは、もっとバルブを開けろと指示してきます。この葛藤とストレスは相当のものになります。

　その人の生きる上での積極的な意図というのは、どこにあるのでしょうか。

　人間の中に二人の人が生きています。一人は血液に関わる人間で、もう一人が脳脊髄神経系の人間です。あるいは三木成夫のいうような、植物系と動物系の二人です。

　今後もずっと生き続けたいと動物系の自分がいったとしても、植物系はその気はないというケースもあります。もちろん、その反対もあります。また折り合いがつかず、混乱のまま、身体が壊れてしまうこともあるでしょう。

　病気を否定的なものとみなさず、そこには積極的な意図が関わっていたとみなす考えであれば、今回の人生はこのあたりで打ち切りたい。なぜならば、もう目的は十分に果たされたのだから、と思う人もいます。生き続けても、これ以上に何か新しいものが出てくるとは思えない。無意識の側の自分がそういえば、それに対して、表層の自分は抵抗もできないし、理由も知らされないまま、死んでいきます。

　理由は知ることはできるでしょうが、そのためには、内臓の声を聞くセンサーを持たなくてはなりません。

　胆汁、火星は、やる気や攻撃力などに関わりますから、川島なお美のように

胆汁関係が停滞するケースは、生きる気力そのものを失うという自覚症状を持つでしょうが、本人はそれを自覚しつつ、もう一人の自分は知らないふりをして、まだいろいろやりたいことがあるということもあるでしょう。

この点で、その人の意図はどこにあり、何がその人を統括しているのかということをはっきりさせないことには、死に至る病に対してそれをどう対処するべきかは決められません。

死にたい人は何でも死ぬきっかけに利用し、その反対に死にたくない人は何が何でも延命するのです。

血液の中の火星成分としての鉄分は、血液循環に酸素を行き渡らせることに貢献します。酸素が十分に行き渡ることで、身体中の細胞は活性化しますから、火星は生体のエネルギーを高めることに関わるということになります。火星は筋肉組織を強くするので、結果的に体温を上げます。

体温が上がると免疫力が高まります。火星が土星とスクエアのみのアスペクトを持っている人を見たことがありますが、免疫力が極端に弱く、定期的に病院に通って、皮膚のあちこちに絆創膏（ばんそうこう）が張られていました。行動力が全くなく、それどころか30分以上歩くと息切れして、昏倒しそうになる人でした。

私は2014年の前半は、体温が34度台で、いつも眩暈（めまい）と吐き気に悩まされていました。こういう時には全く意欲が湧かず、自分の活動力の維持をするには、誰か他の人の力を借りる以外にありませんでした。何か依頼されないと、自分では何もしなくなってしまうのです。

火星を強めていくような行動を1週間のうち数時間でも行うとよいでしょう。太陽と違い、火星はときどき刺激するのがよいのです。ときどきジムに行くなどでも十分に活性化します。

火星は健康を増強させる役割を持つ

火星は古い時代に凶星とされていました。しかし火星が示す事柄を抑制すると、生命体は著しく萎縮します。火星に馴染んでいる人にとっては、火星は凶星になることはほとんどありません。むしろ、健康を増強させるのです。

限界に挑戦するスポーツをしようとする人々は、火星と冥王星のアスペクト

を持つケースは多いでしょう。冥王星は限界の突破なので、火星が関わると運動能力での挑戦に向かう場合が多いのです。それは格闘技の場合もあります。土星などの抑制的な天体との関わりであれば、むしろ規則的で型にはまった運動でもよいのです。

土星の外の天体である天王星や海王星、冥王星などのアスペクトは、火星の力を決められた枠よりも大きく使おうとするので、その分、超えてしまったことのリスクを高めます。それは同時に金星を傷つけることにもなりやすいでしょう。金星は狭い範囲で平和に暮らしたいと思いますが、火星はそれを外に拡張しようとするので、火星に過剰な権利を与えてしまうとそれは金星にとっては苦痛なことになるというわけです。

生命の樹では、火星を示すゲブラーには四つのパスがあります。ビナー、土星との関係は「戦車」のカードで、これは決まり切った方向で集中的に走ることを示していますが、方向性が明確な場合にはもちろん集中力は高まり、密度の高い行動性を刺激します。

土星の閉じ込める効果がよく働いた場合には、これは集中力なのです。また土星は脾臓を表します。つまり制御された行動性や熱意という意味になります。手綱をふだんあることに気がつかないくらいゆるく持っていて、いきすぎた時だけブレーキがかかるという加減が大切です。

横のラインで、ケセドと木星とのパスは、肝臓から射出される胆汁です。木星は拡大意識であり、射手座の支配星ですから、射手座は運動能力や筋肉などに関係します。火星は随分煽られていきます。

ティファレトとのパスは、「正義」のカードに関係しますが、最近、心臓の働きには鉄分が随分と関係があり、鉄分を増やすことで、心臓の機能は高まるという研究がされているそうです。

ホドとのパスは、「吊られた男」のカードに関係したラインです。ホドは水星、肺に関連づけられており、これは運動をすることで呼吸作用が高まり、酸素が身体の中にたくさん取り込まれることに関連します。そのことで細胞には活力が供給されます。

空気は身体のオクターブの上にある第二オクターブの底部であり、この感情の作り出す勢いや興奮作用が、身体機能を高めるというところでは、中空に浮

かんだものがアイデアや知識、自己理解を高めることを示します。食物から与えられる活力ではなく、呼吸の中で空気から意志や力が吸い込まれます。

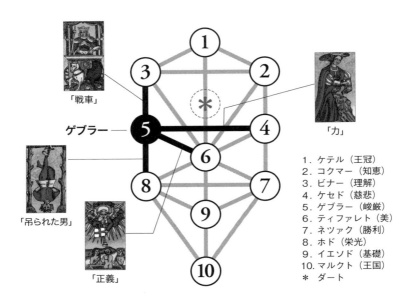

1. ケテル（王冠）
2. コクマー（知恵）
3. ビナー（理解）
4. ケセド（慈悲）
5. ゲブラー（峻厳）
6. ティファレト（美）
7. ネツァク（勝利）
8. ホド（栄光）
9. イエソド（基礎）
10. マルクト（王国）
* ダート

　これらのパスに関係した身体機能は、それらのパスを象徴するタロットカードのパスワークなどをすることでその働きにより深く入り込み、それを強化することができるでしょう。ホドの示す水星とゲブラーの示す火星が作り出す水星・火星のアスペクトは、鋭い知性やまた短く切った言葉などを表します。それは呼吸と連動する言葉だといえます。

　言葉の子音は12サイン、あるいは12感覚に関係しており、母音は七つの法則として惑星に関係します。

「人間の魂は、人体の子音的構成の上に母音的に躍動します。」

> 「私達が吸った空気は脊髄管を通っていき、神経繊維に沿って遂行される動きと呼吸は共鳴する。脊髄管をとおって頭に向かう呼吸が、頭のなかで絶えず、神経の活動に出会うのです。神経活動と呼吸活動は、分離しているのではないのです。頭の中で、呼吸活動と神経活動が共鳴しているのです。」

　このようにシュタイナーは述べていますが、これは、詩人は詩の言語を形成する方法の中に呼吸のリズムを持ち込むように努めていることを指摘しています。思考組織ではなく、律動組織をもって、私達は霊的世界のずっと近くに立つからという理由です。
　ということであるならば、ヤコブの梯子の一番下の段に足を引っ掛けた「吊られた男」のカードが示すパスは、詩人の言葉や芸術家が使う言語ということにも結びつきやすいでしょう。
　肺において、空気と血液が直接触れてしまう喀血が詩人病という話は、血液に空気が持ち込まれる時に、それが平均的な量を超えてしまったことをも示しています。そして空気の中のより高次な物質に直接反応することです。
　「吊られた男」は、しばしば非行動的で、時には隠遁している人、身動き取れなくなってしまった人を表します。情報は脳脊髄神経系のように視覚を使って外界を見るよりも、空気から持ち込まれます。
　クラシック音楽としてのドイツ歌曲などは、シューベルトの歌曲集を聴いてもわかるように、音と言葉と呼吸をぴったりと合わせています。たんに運動して呼吸を高め酸素を多く取り込むよりも、歌を歌う方がもっと効果的ということにもなります。
　パスワークは特定の部位を強化するとともに、その部位の状況をチェックするということにも役立ちます。パスワークは脳脊髄神経からの情報を一時的に遮断して、自律神経系や体内の情報を受け取る作業ともいえますから、この体内探索とはとても相性がよいのです。

11 木星－肝臓

考えたことを実行に移す力を持つ肝臓

　シュタイナー研究家としてのホルツアッペルは『体と意識をつなぐ四つの臓器』で、肝臓とは意志の力を表していると説明しています。これは考えたことを実行に移す力です。

　ホルツアッペルは、四つの元素をそれぞれ土は物質、水はエーテル体、風はアストラル体、火は自我と対応させています。

　私が思うに、この単純すぎる当てはめは誤った考え方です。ユングは元型について数多く説明していますが、後継者達がこれを性格とかタイプに勘違いしてしまったのと似ています。ユングは、元型は決して知的にとらえてはならないと警告していました。グルジェフ式に考えると神話元型はH12で、知性とはH48なので、知性は元型については追跡もできないし、理解できないのです。四元素は、四つの階層の地においての反映物とみなした方がよいといえます。つまり水に映った月のようなものです。

　ホルツアッペルは、肝臓は水の元素、すなわちエーテル体に大きく関係し、唾液の中で生じている味覚体験も肝臓に大きな影響を及ぼすと説明しています。さらに住んでいる地域の水の質が肝臓には大きな影響を与えます。日本の水道水はペットボトルの水よりも厳しいチェックを受けています。しかし多くの人はペットボトルの水を買ってきて飲んでいます。わざわざ粗悪なものを選んでいるということなのでしょう。

　四元素においての意志の伝達を、ホルツアッペルはわかりやすく説明しています。

> 「自我が手足を直接的に動かせないように、太陽も、一つの石の形に直接的な作用を及ぼすことはできません。しかし太陽は、空気を暖めることによって水の循環を促すことができます。水は空気中へ蒸発し、雨となって地上へ落ちて、小川のせせらぎとなって流れます。そして、流れる水はその石を、丸みをおびた小川の石へと変えていきます。
>
> 　水とは、太陽によって促された衝動を最終的に実現するものです。肝臓も、決断が実現していく作用連鎖のなかで、水と同じ役割を果たしています。肝臓は、体液に浸りきっている柔らかい海綿状の臓器です。それは水エレメントに属しています。他の臓器が三つの体液（動脈血、静脈血、リンパ液）に浸っているのに対して、肝臓は五つの体液に浸っています（門脈血と胆汁が加わります）。」
>
> 「水エレメントは、成長を促しつつ作用するエーテル的形成諸力にとっての根本的な基礎をなしています。だからこそ肝臓は、手術によって四分の三が切り取られても再生するほどの、並はずれた再生力をもっているのです。」

多くの人が知るように、数え切れないほどの代謝が肝臓の中で行われており、これらの一つひとつはすべて意志の対応物です。過剰なアルコールは、この意志の力を弱めていくことになります。臓器の多くは左右対称ですが、肝臓は対称になっておらず、しかも身体の中心からずれており、これが意志の力学を表すのだと説明されます。

肝臓を魚座に関連したものとみなす

肝臓の意志機能にとって炭水化物代謝はとりわけ重要で、炭水化物から作り出されたブドウ糖は肝臓に運ばれ、グリコーゲンとして貯蔵され、必要に応じて再びブドウ糖に変化して、筋肉の中で手足を動かすためのエネルギーを作り

出します。

「運び込まれた栄養実質と臓器実質は、肝臓の中でたがいに浸透し合い、混じり合って移動していきます。」

「肝臓は主としてグリコーゲンからなっているのです。ここでは大まかに描写することしかできないこの謎に満ちたプロセスは、意識に上ることはありません。しかしそれは、ぼんやりとであっても私達が抱く存在感情の基本的な部分を形成しています。」

　肝臓は極めて広範囲に及ぶプロセスの中に広がっており、口の中で味覚体験が始まった時には既に肝臓に報告されているので、肝臓はやがてやってくる栄養実質の質に応じて、その機能を調整しようとしています。
　舌は特殊な筋肉で、筋肉はたいていの場合、骨と骨の間に橋渡しされていますが、舌は、ただ一つの結節点としての口底につなぎとめられており、舌はかなり自由に動くことができるということになります。筋肉の活動は意志の実現を意味しており、この筋肉を動かす炭水化物代謝の中枢は肝臓の中に。そこで炭水化物代謝の停滞が生じると、意志と身体の動作に停滞が生じることになります。
　肝臓は意志に関係する臓器ということでは、肝臓に疾患が生じると、意志と実行がままならないことになります。

「意志停滞の根底に潜んでいる微妙な肝欠陥は、今日的な診断方法ではとらえることはできません。それはエーテル的領域に生じています。水エレメントの臓器である肝臓の場合には、すでに述べたように、総じてエーテル的プロセスが支配的なのです。」

肝臓は血液を破壊して胆汁を作りますが、この処理は主に昼に行われ、肝機能の構築は夜中に行われます。この肝機能の構築に向けての代謝が昼の時間帯にずれこむと、抑圧状態と意志の停滞を生じさせるということです。

舌や味覚は、12感覚論では、主に魚座の受け持つ感覚です。かつては魚座の支配星も木星であり、肝臓は木星に対応しています。肝臓を水のエレメント、特にエーテル体に関係の深いものと考えた時に、水のサインである魚座により関係したものだと考えることもでき、また射手座の支配星の木星は、射手座との関係で行動力や意志などに関係すると考えることもできます。

射手座は筋肉を表し、筋肉は行動するとともに離脱すること、反発する力でもあります。意志や行動ということを考えた時には、反発する力も重要になってきます。あるところからあるところに移動するには、これまでの場所を蹴り上げなくてはならないからです。

たえず運動し、歩き回り、彷徨う

射手座、そして木星は多くのことに手を出し、たえず拡大していきます。珍味を味わい、自分が知らないことに頭を突っ込み、その都度、この慣れていないものの中に浸透することで、この新しい場の中で自分らしさを取り戻し、また新たなことに挑戦して世界を広げていきます。気力を失い、あまり多くのことに関心を抱かないことになると、それは肝臓の衰退です。それは均衡を保ち、保守的な性質を持つ月や金星が木星よりも強く働いたということになります。

木星は錫に関わり、錫は食品の器として使われていました。受け皿や抱え込むことにも関係します。食品の器は外界に投影された舌だと考えることもできるかもしれません。

射手座と木星は動き回り、探し続けることが大切なので、動きが止まった時が肝臓の衰退を表します。射手座は9番目のサインで、旅をする性質です。またタロットカードでは「隠者」となり、それは旅をする処女性の男根です。

スポーツは射手座が最も縁の深い事柄ですが、一方で魚座の側としては、地球という人間社会より大きなコスモスの舐め回しとして歩くこと、走ることなどにも関係します。つまり、どこかに移動するのは射手座ですが、くまなく広

げていくのは魚座ということです。マクロコスモスでの夢見という木星作用は増やすことに関係し、減らすということがありません。

私はしばしば魚座の1度のシンボルの市場を魚座の性質の純粋な現れとして説明します。それは世界のあらゆるものを集めて来ます。そしてこの魚座が作った場の中で、柔軟サインである双子座は品物にあちこち興味を抱き、乙女座は一つだけに注目し、射手座はそれぞれの品物が戦うという四つの柔軟サインの組み合わせを説明します。

魚座と射手座のセットは異種格闘技のようなものです。魚座が集めて、この中で射手座が戦う。射手座の戦う性質は行動すること、そして反発することができるからこそ、戦うことができるということです。肝臓の衰退は、行動できなくなるだけでなく、この反発する力も失われていきます。魚座の支配星も木星ですが、魚座は集めてくるだけで、反発力はさほど重視されていません。

ホルツアッペルは、肝臓は炭水化物と深く関係していると説明していますが、炭水化物は食物繊維と糖質のセットのことです。エネルギー源として糖質が重要ということになりますが、これは外部から摂取しなくても、人体が自分で作り出すことができます。ブドウ糖が枯渇した状態で脂肪酸が燃焼しようとすると、肝臓はケトン体（アセト酢酸、β-ヒドロキシ酪酸）を作ります。ケトン体は水溶性であり、脳や骨格筋、心臓、腎臓に運ばれ、これらの細胞のミトコンドリアで代謝されます。

ケトン体質になるにはしばらく時間がかかりますが、私は藤田紘一郎の『50歳からは炭水化物をやめなさい』（大和書房）を読んで、炭水化物を食べることをやめました。

癌細胞はブドウ糖を主に消費するので、糖質を摂取しなくなると癌細胞の増殖を抑え死滅させることもできるといわれています。脂質とタンパク質、ビタミン、ミネラルは体にとって必須なものですが、糖質はなくても困りません。糖質は癌細胞には必須栄養素、正常細胞には必須ではないということで、最近は癌抑止のためにゼロカーボ生活をしている人がたくさんいます。

アメリカに住んでいる人からのレポートで知ったことですが、ゼロカーボで悪性脳腫瘍を自力で治した人がいるそうです。20代後半の脳腫瘍のイギリス人男性は自力で調査して、始めは脳腫瘍が引き起こしていた癲癇(かんしゃく)を抑えるために

ケトン体質になり、最後に治る見込みはないといわれていた癌を治療したそうです。病院ではケトン体指導がされており、病院食には野菜や果物も含まれていました。つまりゆるい糖質制限ということです。

このイギリス人男性は、野菜が大地から切り取られた時に発生する天然毒素が症状を悪化させることを知り、高動物性脂肪食事法というハードなゼロカーボ食に切り替えたのです。この成果がめざましいものだったので、ついにはその病院で食事コンサルタントとして雇われたという話です。

肝臓はただ黙々と働いている「静かなる臓器」といわれていますが、それは情報が遮断されているようにできているからで、内部宇宙につながる回路を開いてしまえば、コンディションはいくらでも聞くことができるでしょう。それは外界の印象を受け取るセンサーのスイッチを一時的に切ることと引き換えです。

ここでは胆汁の生成や血液を円滑に輸送する体液の生成、増血、解毒・中和、ビタミンの貯蔵などたくさん仕事があります。肝臓が悪化した時には、顔や手の平、足の裏が黄色くなるそうです。全体に無気力になり、自律神経の安定が脅かされるので睡眠リズムが狂います。

木星に影響を与えるのは木星よりも公転周期が遅い天体

東洋医学では、肝臓は「怒」に関係するので、痛むと怒りっぽい性格になります。肝臓の位置の右上部分が膨らんできます。右肩のこりや背痛、下肢の脱力状態、爪の縦筋など。基本的には、東洋医学の考え方で、肝臓が活発化する夜には睡眠をしている方が肝臓の回復にはよいということなのでしょう。

生命の樹では木星はケセドで、ここにはコクマーとゲブラー、ティファレトとネツァクというセフィロトに走る四つのパスがあります。

コクマーはビナーと共に、アジナ・チャクラに対応する頭部の領域で、下垂体に対応するとすれば、ここから肝臓に関わるのは成長ホルモンの分泌などです。ただし、松果体や脳下垂体はエーテル領域の役割比率が高いので、解剖学的・医学的な面から見ると、その働きの大半を見落とすことになりますから、このパスを成長ホルモンの関係だというと断片的な説明です。

木星・セケドは、現代の時代を作り出すもとの神々の領域、ギリシャ神話などに描かれている領域です。日本でいえば記紀でもよいし、集団社会を作り出す大陸のようなものです。

　ビナーやコクマーなど、ダートの深淵で仕切られた上の領域は、洪水で切り離された古き神々の世界といわれていて、私は個人的には、『先代旧事本紀大成経』などに部分的に現れているような領域だと考えます。このパスではより根源的な言葉が、木星・肝臓の働きを突き動かすのです。もしコクマーを海王星に対応させたりすると、これは海王星と木星のアスペクトとなります。

　現代では、栄養などを単純なカテゴリーで分類しており、あくまで物質的な面でのみの効果を考えますから、例えば、アルコールなどを栄養とみなす思想はありません。しかし先進国になるほどにアルコールの消費量が上がり、栄養とは全く認めていないどころか、栄養の吸収を妨げ、よいことなど一つもないといわれているのに、これだけ多くの人が摂るのはなぜか誰もが疑問に思うでしょう。

　海王星的な要素、物質的にはあまり貢献しないが、感情や精神に働きかける性質のものも栄養の一つと考えるならば、アルコールは栄養を持っています。すると、このパスは肝臓に降り注ぐアルコールにも関係していることになります。そしてアルコールが多すぎると、肝臓障害が起きますが、これは物質的な役割としての肝臓が限界を超えてしまうという意味で、エーテル的な役割の肝臓が痛むわけではありません。物質レベルにおいての肝臓が限界を超えた、しかし肝臓そのものは手を伸ばす性質でもあり、アルコールを嫌っているわけではないということです。

　ゲブラーは火星、胆汁ですから、これは肝臓から生成される胆汁であり、また木星の意欲を受けて実際に行動に出るのが火星です。ティファレトとの関係は心臓と肝臓の関係。またネツァクとのパスは腎臓と肝臓の関係です。

　肝臓あるいは木星に関しては、抑止するとか減らすなどという性質は皆無で、休みなく手を広げますが、木星に影響を与える天体は、木星よりも公転速度が遅い天体で、土星は木星の働きを多少抑止します。これは土星が示す脾臓が、身体全体の均衡を取るために、木星のやりすぎを抑えることです。そして土星よりも外側の天体である天王星や海王星、冥王星などは、木星に対して無理を

させることも増えてきます。生命の樹では、これらは上位の中枢に対応し、それだけ精神的な拡大効果、あるいはアストラル体の力が強くなるのです。

　基本的にアストラル体は物質体を破壊しつくす本性を持っています。肉体はミニチュアの、耐性限界の低い、そっと使わなくてはならないガラスの工芸品のようなものです。アストラル体からすると、そうしたコンパクトな生存状態は我慢がならないのです。

12 土星 – 脾臓

土星が太陽系の枠を作り、外界からの影響を遮断する

　ワンダ・セラーのリストでは脾臓は蟹座に属していますが、もちろん身体位置としては、そのあたりに属しています。また脾臓が免疫系に関係するからでしょう。長く続く意見としては、脾臓は獅子座に属している器官でもありました。

　伝統的に、脾臓は土星に関係する天体であり、生体の働きを独立させ、外界から切り離していく役割です。シュタイナーの『オカルト生理学』では、土星＝脾臓の孤立させ、閉鎖する作用について説明されています。

　例えば、毎日取り入れる栄養は変動します。食事は状況によって日々変わります。こういう時に、日々変動する栄養が生体に与える影響を安定させるために、多い時には減らして、少ない時には増やすというような変動吸収装置が脾臓だというのです。電気の分野では、電圧の変動を緩和するために電解コンデンサが使われています。脾臓はそのような役割で、そのために、むしろ特別にリズムが不規則だというのです。

　土星は土星内部の惑星群、むしろ太陽系そのものの枠を作り、外界の影響を遮断します。土星と天王星の間には、キロンなどのケンタウルス小惑星群の天体がありますが、土星が閉鎖したコスモスと宇宙的な外の領域の板挟みにあい、損傷した領域です。

　古典的な生命の樹の配置では、裂け目を表すアビスの深淵、砂漠の上のビナーを土星に割り当てていますが、この深淵は、むしろキロンなどに該当する面があります。土星はこの裂け目の内側にあって、土星が孤立させる力を発揮してこの裂け目を作り出したのだといえます。

　社会の中では組織や有機体などは、この土星によって硬い外皮を持ち、それ自身の安定性を維持するので、外界の変化に対しては柔軟に対応しません。古びた組織や会社は停滞し、時代の変化を受け入れないのです。これは土星作用

が強く働いたというわけです。

　身体の中で、土星的な性質ということを点検してみれば、適度に乾いた皮膚、がっちりした骨、指などを保護する爪、頭を保護する髪などです。冬至点から始まる山羊座の支配星ということで、乾いて冷えて硬直するもの、いわば死んでいくものが土星の性質なので、間違った方向で働くとそれは生体を衰えさせます。しかし正確な位置、つまり皮膚とか骨などでは、土星の固める、冷やす、乾燥させる力が重要であり有用なのです。

　しばしば土星は否定的にとらえられていますが、それは間違った場所で働く土星であり、正しい位置で働く土星はどうしても必要な役割だといえるでしょう。

　占星術の考えでは、太陽は広げ、そして土星はそれを外から締めるというふうに対比することができます。土星は太陽を終わらせる力です。心臓、そして血液の力を弱めたり強めたりという加減ができるわけです。

太陽→土星→木星というサーキット

　脾臓は左の肋骨のすぐ下にあります。脾動脈によって心臓から脾臓へ血液が送られ、次に脾静脈によって排出された血液は門脈を通じて肝臓へ運ばれます。惑星に置き換えるならば、ここで太陽→土星→木星というサーキットが出来上がっています。

　物質的に限定された視点として医学的に見ると、脾臓の内訳は、免疫系の一部としてリンパ球を成熟させている白脾髄（はくひずい）と、血液を濾過して不純物を取り除く赤脾髄（せきひずい）の二つに分かれています。それに赤脾髄の中にはウイルスなどの微生物を食べる食細胞もあり、古い赤血球を分解します。

　血液に酸素が十分に供給されるには、血液中の細胞が若くなければならないといわれています。この血液の濾過は脾臓が受け持っています。血中の酸素は、全身の細胞の数の３分の１を占めるといわれる赤血球によって運ばれ、体内の細胞に酸素を供給します。心臓から脾臓、ここから肝臓というルートができていると説明しましたが、だいたい１分に３００ミリリットルという大量の血液が脾臓に入ります。この中で、古い赤血球を脾臓が分解した後に血液は肝臓に送られ、残った赤血球の廃棄物は肝臓が取り除きます。

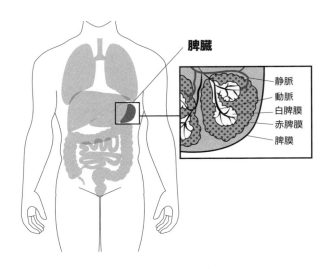

　赤血球の中にあるヘモグロビンが酸素をくっつけて運びます。血液が若いというのは赤血球の柔軟性を表し、毛細血管の中を通り抜けますが、柔軟性を失った老いた赤血球は通り抜けができなくなります。こうした古い赤血球を分解して、血液の浄化をするのが、脾臓だということになります。

　シュタイナーは、臓器は霊的な要素が多いものと、あまり霊的な要素の強くないものがあるといいますが、霊的な要素の多い内臓は、物質的な見える作用としてはそれほど重大な役割を担っていない、つまり実際には多数の役割があっても、物質的には役割としての数が多くないということになります。

　脾臓が失われた場合には、その役割を肝臓が肩代わりします。その点で、西洋医学の観点では、脾臓がなくても人間は生きていくことができるといわれていますが、胸腺や松果体の役割に対する理解と同じく、後の時代になるとそれは間違いだったとなる可能性が高いでしょう。

　西洋医学ではなくても何とかなるという扱いの脾臓ですが、東洋医学においては五大臓器の一つであり、この五つのうちどれが欠けても身体は上手く機能しないという考え方で、連携していると考えています。

　この五つの臓器とは五臓六腑のうちの五臓です。五臓は肝・心・脾・肺・腎です。六腑は胆・小腸・胃・大腸・膀胱・三焦ですが、このうち三焦は、解剖学では

存在しません。

脾臓は栄養配分を仕切る監督的な役割といわれています。栄養分を、肝臓に送ったり、大腸に送ったりという配分の指揮です。この作用が狂ってくると、内臓全体の相互の働きのバランスが崩れてくるということになるのでしょう。これは土星の役割と対応しています。土星は、古典的な見える惑星グループの一番外側にあり、惑星全体を締めています。

凶星という発想は人間を全惑星意識から遠ざける

占星術の古い考え方では、火星と土星などは凶星と考えられています。人間は全惑星を統合した存在ですが、このように特定の惑星に否定的作用があると考えると、多くの人はそれを避けようとしますから、全惑星を統合することに困難が生じます。

火星や土星を凶星とする思想は、人間を統合的な存在にすることを阻みます。人間とは動物に近く、また卑小な存在でいるべきだという姿勢を固執させるのです。教会に管理されていた時代には、人間個人のイメージとはそんなに統合的なものではありませんでした。その頃の発想なのです。

実際に火星も土星も凶星ではありません。火星は生命力を高め、人間の水準を上げていきます。土星は生体の独立性を補強し、人間は何かの付属品であるという考えではなく、宇宙の縮図であるということを強めます。火星と土星を凶星と考えた人は自立ができず、依存的に生きている人が決めたことであり、医療占星術でもこの考え方を持ち込んではなりません。

トランジットの土星が特定の天体に合やスクエア、オポジションになると、特定が示す臓器や組織などに抑制効果が働きます。土星は冷やす、乾かす、萎縮させるという影響です。これで悪化する人は、その人の精神において、土星に該当するような意識作用を正しく活用していないことが露呈します。全体を考えて我慢するということでなく、部分的な価値を暴走させたいという気持ちを持っているということです。そのために何かが停止命令を出してきたのです。

土星が凶星であるとみなした段階で、相対的に木星や金星などは幸運を意味する天体になってしまいます。しかしトータルに考えると、木星も金星もこと

さら幸運を意味していません。食料が少ない国では、たくさん食べることは幸運です。土星を凶星にすることによって、強いコントラストで木星や金星が幸運な天体となってしまうのです。

　統合的でない意識においては、部分的な価値は、あるものが強まるとあるものが弱まり、あるものが正しくなるとあるものが悪になるのです。この二極化された中で天秤が右に左に傾くのです。

　土星を正しく評価しましょう。土星のトランジットがやってくる場所は、その場所の本来の位置づけ、正しい働き、ほどほどさ、忍耐力を与えることになります。

13 古典占星術では扱われなかった
三つの惑星

土星の輪郭と天王星の輪郭の違い

　土星は皮膚とか骨など、個体のフォーマットを明確に作り、生体を外界から切り離して、独立的な存在にします。

　ところが、特定の輪郭は、特定の思想によって仕切られたものにすぎず、もとを正すと、人間の正しい輪郭とはどこにあるのか、ということがわからなくなってきます。幼児は人間の輪郭を大人と同じように考えていません。そもそも物質的な輪郭がわからない時代もあります。

　そこで、太陽系の惑星の軌道の同心円を複数の輪郭と考えてみると、このどれが正しい輪郭なのかを考える時の参考になります。

　土星は公転周期が29年なので、29年で死んでしまうような輪郭を表します。人間の寿命は80年前後なので、これは天王星の公転周期に近く、土星は天王星の呼吸の3分の1前後なので、人間一個人は天王星の輪郭の部分を表していて、土星とはこの人間一個人を表すのではなく、新陳代謝する皮膚や骨などの、もっと内側の黒ずんだ部分を示していると考えることができます。

　天王星の3分の1ということは、30年しかもたないマンションを二度ほど大リフォームしながら、天王星の時間までもたせているというような感じです。

　目に見える物質的な輪郭として皮膚で覆われた部分が土星だとすると、天王星が示す輪郭とは、オーラの輪郭です。

　私達は、どうして日常的にオーラを見るようには訓練されていないのでしょうか。その一方で土星の輪郭を見て、それが現実であると思われるように教育されています。ところが、この輪郭は時代によって変わります。私達は、松果体が機能する子供の頃は人間を光の身体とみなしていました。それからずっと後になって、肉体的に見る、すなわち土星輪郭を認識するということを学びました。これは「知覚の制限」をしていくことで達成されました。

土星は山羊座の支配星です。それは骨や皮膚、直立する均衡感覚を表し、このローカルな範囲をその次の水瓶座は嫌います。そしてもっと範囲を拡大しようとします。

　水瓶座は嗅覚を表し、これは物質の輪郭をはみ出したもの、気配として拡大したものを嗅ぎ取ることを表します。つまり土星的な輪郭の身体でなく、そこからはみ出した匂いや気配のあるもの、漂うものに真実味を感じるということです。

　今、香港にいるとします。これを土星の目で見ると、この香港の物質的輪郭そのものしか視野に入りません。香港の気配などはなく、ムードもありません。しかし、水瓶座の嗅覚を使うと、香港独特の空気を感じることができます。それは土星の輪郭でなく、天王星の輪郭を感じ取っているということです。

　山羊座や土星が見る香港と、水瓶座や天王星が見る香港は違うということになります。土星輪郭において、九龍城はもう存在しませんが、天王星輪郭においては、まだ九龍城は香港の人々の心や感情、匂いの中に生き残っている可能性があるのです。そして水瓶座が発達した人は、それをもののように嗅ぎ取ります。

天王星は空間的・時間的にはみ出したものを見る

　ワンダ・セラーは、天王星をエーテル体といいますが、エーテル体と物質体の間である固形が分解し、分子が飛び散っているような領域が天王星輪郭なのかもしれません。

　匂いは、分子が嗅覚細胞の受容体に飛び込んだことで感じることになります。温度が高くなると、分子は活発に空中を飛び回りますから、汗をかいた人は冷えた人よりも匂います。クーロン力によって、プラスイオンとマイナスイオンが結合している場合には、匂いはあまり出ませんが、分子同士は分子間力という弱い力で引き合っているために、熱を与えると空中に飛散し、嗅覚細胞に飛び込んでくるのです。ですが嗅覚細胞は割り当てがあり、ある分子に対しては匂いを感じるが、他の分子には匂いを感じないというばらつきがあります。

　市販されている消臭剤は匂いを消すのでなく、嗅覚を麻痺させて、匂いを

感じなくさせるということです。この分子が飛び散る範囲のものを天王星の輪郭とみなすのです。するとそれは、視覚的には認識できませんが、気配や匂い、雰囲気としては感じる輪郭ということです。

　土星の輪郭だけを重視するという知覚の制限を、私達はずっと長い間しつけられて身につけますが、そのことで気配や匂いを受け取る知覚が封じられたわけではありません。相対的に、視覚で認識する土星輪郭をより強めにされているだけです。

　乙女座は視覚を表し、くっきりとしたものの輪郭を見ることを強調しますが、土のサインとして共鳴する山羊座は、くっきりした肉体の輪郭を、個体の輪郭だと思い込むことに貢献します。

　この息苦しい鉄火面のような輪郭を重視したのは、低次元化（振動密度が低く、物質密度が高くなる）する分だけ、多くの人にとって合意的現実となるからです。より高度なものは人の発達状態次第で、認識できたりできなかったりします。それでは地球上のすべての人に共通認識できるような水準ではなくなってしまうのです。民主主義というのは、人の知覚を土星輪郭に制限するということができなければ上手く機能できません。

　ワンダ・セラーは、天王星は透視力と密接に関係するといいますが、土星の視界は物質を見て、天王星は空間的にも時間的にもはみ出したものを見るのです。物質的な肉体の輪郭がリアルというわけでなく、天王星の示すオーラの輪郭も十分に物質的で、私達はそれにチューニングすることを幼少期に捨てさせられただけです。リラックスすると、すぐに元に戻ってしまいます。

　また匂いを感じるということより、この肉体の皮膚よりも外側にある輪郭の意図や目的を理解することが重要です。匂いとか肉体から飛散した部分的な要素はそれ自身が重要なのではありません。

　人智学では、人が死ぬと肉体は消えてエーテル体が残り、次に、エーテル体が死に、アストラル体が残り、アストラル体を脱ぎ捨てると、自我が残ると説明しています。次に生まれる時には、自我はあらためてアストラル体、次にエーテル体、次に肉体をまとうことになり、そこで新しい体験が始まります。

　ですが肉体よりもエーテル体、アストラル体、自我はこの順番で寿命が長く、肉体が死ぬとそれから後にそのままエーテル体、アストラル体が死んでいくと

いうわけではありません。

医学的に身体を考えるのならば3天体は不要

　肉体を70年か80年くらいの寿命だとして、エーテル体はそれよりも長く、またアストラル体はプラトン月の2200年、自我はプラトン年の2万6000年というふうに考えていくと、肉体は一つのアストラル体の寿命の中で、30回ほど生まれ変わるというふうに考えてもよいかもしれません。
　つまり、より小さな範囲のコスモスは、継ぎ足し入れ替わりながら、より大きなコスモスの元に属しているということになります。しかし継続性という点では、一つのコスモスは上位のコスモスに依存しています。
　肉体的な個体という観点からいえば、一つの肉体から、次の肉体に入れ替わる時、存在の継続性、特に記憶は肉体よりも長生きするものが、持ち運ぶことになります。そうでないなら、肉体が消えて次の肉体に乗り移る時に、連続性が維持できません。物質的な人体にはいかなる面でも継続性を保持するという要素はありません。違う時代、違う場所に生まれてきた人に、共通面などありません。これが私である、これが本人です、といえる要素などないのです。
　肉体よりも長生きするエーテル体が記憶を保持しているからこそ、肉体が死んで、次の肉体の人生が始まっても、同じ存在だと考えることができるのです。つまりエーテル体は共有される記憶場、集団的な記憶場とさえいえるのです。これは前世の話でなく、今の人生の中での話です。
　見える身体は土星の範囲までですが、見える身体は常に新陳代謝して、どのような部位も一生の長さで続くものがありません。そのためこれが私であるという継続する意識は、土星と土星内の惑星には存在しません。それらは何度も息絶えて、その後続くものなどないのです。これらは継ぎ足しで維持されているが、この継ぎ足しされているレベルにおいては継続する意識はなく、一人の個人として継続している意識とは天王星です。それは人の一生に近い長さの84年の公転周期だからです。
　天王星を考慮に入れなかった場合、個人の一生続く記憶、これが自分だという認識は成立しません。個人は土星の周期である29年で死んでしまうのです。

言い換えると、一生続く目的や意図、願望などは天王星に関係したもので、土星はそれらを維持することはできません。

　医学的・科学的に身体を物質的な面でのみ考えていき、占星術もこの観点に従属して身体のみを考えることにするならば、天王星はまだしも、海王星や冥王星は考慮に入れる必要はありません。天王星は公転周期が84年で、これは人の一生に等しいといえますが、しかし海王星は165年で冥王星は250年以上となると、これは人の一生を超えて続く呼吸作用を表しており、物質的な身体のどこにも関わりを持てなくなります。個人とのつながりはかろうじて天王星が持っているのです。

　物質的な面のみを見る医学や科学の観点は、基本的に人間を理解する上では不足があり、これを本気で受け止めると大きな誤謬に陥ると考えているのならば海王星や冥王星をお仲間に入れてもよいでしょう。

　ただし、それらを組み込んで考えた時に、今度は、海王星や冥王星は、物質的な身体という箱庭のような小宇宙の範囲に迎合するとは思えません。必ず無理をさせ、物質的な身体が安全に寿命を全うできるように配慮しないでしょう。海王星や冥王星が表す意識からすると、あまりにも息苦しく楽しくないからです。

　こうしたところを考えた上で、次項からはあらためて天王星以後の天体の意味について書いてみます。

14 天王星

誰が見ても同じオーラというのはない

　人の一生分継続して連続性を保ち、そしてときどき見えるがたいていは見えない要素というと、それは天王星です。肉体の外側にあるオーラのある輪郭を天王星が受け持っていると考えると自然に見えます。物質的な肉体の皮膚がある領域を土星範囲とみなし、次に肉体の周囲の数センチの範囲の濃密なエーテル体の領域は月の領域です。

　エーテル体は七つの階層があると考えた場合、一番下の領域が月の領域で、これは肉体に直接影響を与える面があります。そこからもっと外側にある同心円のいくつかのオーラの層は、どの範囲までを個人に属するものか判定するのはとても難しいのです。

　その個人の目的意識や自我に従属している領域までは、太陽系に属する惑星のように、その人に所属するものとみなすことはできるでしょう。混血をしなかった時代、先祖の体験は子孫に直接受け継がれ、子孫は先祖の記憶を自分の体験として思い出すことができたといいます。このような時、個人の境界線は家系の範囲まで拡大していることになります。こうした複層のオーラの中で、一番手頃でトータルな当人というのが天王星枠です。

　それぞれ惑星の公転する一つの円は、その内部に四つの節目があり、種まき、成長、成果、定着という四つの季節のようなものがあり、これが一つの生命体験を表しています。種まきしたものが完成した後に、その周期、コスモスは死にます。

　誰が見ても同じオーラというのはありません。オーラを見ようとしている人の思想により、個人の輪郭は違うのです。私はオーラを見る講座をしますが、ある人のオーラをみんなで見ることになりました。私はいつも、頭の上に人工的な形があるかどうかを問いかけます。より上位のコスモスとのつながりは頭

の上でわかりますが、人工物とは何かの修行体系を学習して通路をつけたことを表します。見られた人には、頭の上に大きな円盤のようなものがあり、それとのパイプが頭につながっていますが、「パイプは途中で細くなっている」と参加者がいいました。私はそれを「小出しフィルター」といいました。より上位の、高次の意識との接続は、途切れ途切れになっているのです。

　この見られた人は占星術を長年取り組んでおり、先生までしている人なので、頭の上の円盤の意味はそのまま宇宙的なサイクルを持つシステムがつながっているということです。それはオーラを見るまでもなくわかることです。ですが小出しフィルターがあるということは、地上的な合意的現実や家庭の事情、対人関係、エゴなどに対する配慮などによってストレートにはつながっていないということです。

　例えば音楽を聞いても、心は反応しても身体は乗れないというようなものと同じです。

　人間の心とか感情とか、身体状況とかだけを見ようとするオーラ視の人は、この頭の上の大きな円盤については見落とすでしょう。見る人の中に、それがないからです。

天王星は一生を一つの単位とするリズムで動いている

　私は20年以上前にインドのプーナに行きました。夜になると、オショー・ラジネーシのオーラが拡大してくることがわかりました。私はそれに飲み込まれることを嫌がりましたが、急速に押し寄せてくる津波のように逃げることもできず、その時、私は身体の具合が悪くなりました。オショーの弟子であれば、このオーラの中にあるので、オショーのオーラを対象化することも視覚化することもできないでしょう。太陽系の中に住んでいる人は、太陽の持つ色や個性が理解できません。赤の中にいる人は赤がわからないのです。このように考えると、オーラはさまざまな複雑な要因が関係して、複数の人が同じものを見るというのは難しいことがわかります。

　天王星は、土星内天体のようにその都度細かく動くリズムを持っているわけではありません。一生を一つの単位とするリズムで動いているので、四つの季

節の折り返し点は21年かかるもので、それは個人の人生からすると長期的です。そして身近な出来事には反応する気がないので、よけい安定しています。

　にもかかわらず、天王星は戦後のやや古い占星術のイメージでは、突発性や変人的などと思われています。

　ワンダ・セラーの本でも「痙攣性で不規則な動き」ということをつけ加えています。あるいは「身体と精神の異常性」です。しかし、これはむしろ反対です。天王星は一生続くような継続性を表すので、土星以内の天体のように短い期間で死に、その都度記憶を失い、方針に変更が生じたり、初期設定して違うキャラクターになったりするという転変に、軌道修正しようとする力をもたらすのです。天王星が変なのではなく、土星が変なのです。おかしな方向に脱線しようとすると、天王星が反発し、脱線しようとする動きを食い止めます。脱線する側からすると、天王星が痙攣的に刺激を与えてくるように見えるのです。

　肉体の輪郭や皮膚、骨格などを表す土星は、3回生まれ変わって天王星の一生に相応します。土星が物質的な考え方ならば、天王星は物質的な考え方では把握できない意識を表します。

　水瓶座の支配星である天王星は、山羊座の示す均衡感覚、すなわち、限られた空間・時間の範囲の中に流れに振り回されず立つことのできるポイントを崩して、地域性に根を置かない普遍的な領域に、立脚点の根を置き換えようとします。それはたいていの場合、複数の拠点を持つことを意味します。つまり土地から上昇して、足場のない空間にい続けることができないのならば、複数の土地にネットワーク的に複数の拠点を作るしかないからです。いずれにしても、どこかの土地や民族性などに根があるというのは、水瓶座的ではありません。

　地球には地球のエーテル体としての惑星グリッドがあります。山羊座は地球の物質的な領域の、ある場所に立つものであると考えると、水瓶座は風・固定サインとして固定された分散性、このレイラインとかパワースポットなどを含む、惑星グリッドに根っこを持つことができたら満足でしょう。水瓶座は5度の段階で離陸して、この蜘蛛の巣のようなものに自分の意識活動の反射器を設定するのです。

　地球の周囲に網目のように惑星グリッドがあり、その点では肉体の外に網目で作られたグリッドがあり、これが天王星の示すボディです。

水瓶座は空間の差異を飛び越えて共時的に共鳴する

　いつもその人が寝ているベッドには、生命の樹のようなベッドパターンが出来上がるといわれています。不健康な時にはこのベッドパターンが乱れます。身体にあるこの生命の樹のようなラインの通りに石を並べて、身体を取り囲むストーンヘンジを作ってみるのも効果的ですが、このラインから肉体サイクルを超えた情報を引き出すことが可能です。それは肉体の継ぎ足し記憶では把握できないようなレベルの、もう少し長期的な情報です。目に見えるものよりも空間的に広く、時間的に広い情報だといえます。この天王星意識に合わせることができるなら、それを読み取りできます。

　惑星グリッドの話に戻ると、基本的に、これらはプラトン立体を組み合わせたものです。プラトン立体は、それぞれこの球体の中に正方形、正三角形、五角形などの面を持っています。

　この図形を形成する時に、線とは共通のものを結ぶラインです。一つの共通点で結ばれた線に、また異なるもので共通する線があり、この違う共通性で結ばれた線と線が結合する点があり、点と線に取り囲まれる面はあたかも孤立し、この孤立とは線の流れの中で発生した「だま」のようなもので、これが特定の欲望や象徴性を持つアストラル体を引き寄せます。このグリッドは、鳥を捕まえるためのネットのようなものです。

　図形はエーテル体であり、この中の面はアストラル体へと向かっていくのです。広い原野を虎が歩いているとします。この広い荒野は図形的エーテル体であり、虎はこの中の一つの面であると考えてみてください。

　グリッドはアストラル体が宿る場を作ります。点から面に広がろうとするところにUFOが着地するポータルを作ります。そして面は共通した形があちこちにできるのです。共通した面の形は異なる座標と異なる線の場所に、「形が同じである」というだけで共鳴して、移動します。アストラル体からすると、同じ鋳型ならばそれは共通であり、同じであり、感情も共有されて記憶も共有されるということです。

　水瓶座とその支配星の天王星は、空間の差異を飛び越えて、共時的に共鳴す

る性質です。例えば、歴史について研究している人は、異なる地域に同じ風習があることを発見した時、それは民族移動があり、足を使って伝えてきたのだと考えます。これは物質的な山羊座の考え方です。

土星と天王星の間にある、傷だらけのキロン領域

　水瓶座的な考え方は、同じタイプには、共鳴的に情報が伝わるという考え方をします。ギリシャのクレタ島で栄えたミノス文明では女神と蛇の文明がありますが、同じ緯度の江ノ島には女神と龍の伝承があります。ギリシャから誰かがやってきて伝えたのではありません。緯度の共通性から伝わったのです。夢や集団無意識で、それらは容易に伝わります。

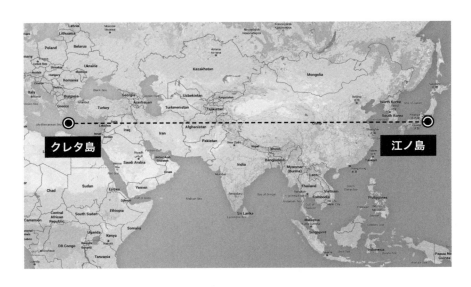

　そして場所の限定性という定義から離れるということは、ここからあそこ、発信点はここ、という考え方も成り立ちません。山羊座的に場所を固定すると、ここからあそこという意味は成り立ちますが、ネットワーク的な拡大は、特定の場所の意義を持たないからです。
　江ノ島から出たもの、ギリシャから出たもの、そのどちらでもないというこ

とです。それは、特定の時間・空間から離れたものから、特定の場・座標の中に型共鳴で持ち込まれたのです。

　身体に12サインを対応させるのは、身体のあちこちの個別性をある程度度外視して、図形分割的に12区画に分けることです。また人体のチャクラも七つのポイントがあり、医学・科学的には、これは全く認められるものではありません。12サインや7チャクラ、あるいはまた生命の樹のような分割は、つまりは天王星的な発想であると考えるとよいでしょう。

　天王星は電気や磁気に関係するといわれています。18世紀頃までは、電気と動物磁気は同じものだと考えられていました。エーテル体は動物磁気、あるいは「気」のようなものなので、こうなると天王星は電気、磁気、動物磁気、エーテル体などをすべて内包したもののように見えてきます。

　19世紀初め、アレクサンダー・フォン・フンボルトが神経電流の研究を発表すると、メスメリスト達はこれを参考にして、神経の回りに神経大気圏が存在すると考えるようになり、遠隔相互作用も可能になるといいました。これらはH96に属しています。

　H96は広範な範囲にあるので、上は動物磁気、下は電気、磁気、さらにビタミンなども表しています。科学が認識できる境界領域で、つまりはグレーな危険ゾーンでもあります。ただしこの振動密度の領域は月として説明してきました。天王星はH96でなく、このネットワークシステムの構造のことなのです。

　土星と天王星の間には、傷だらけのキロン領域があります。否定したり肯定したり仮説を立てたり、諦めたりという場所です。そこで天王星に関することは、医学的・科学的に安定した説が作れない場所であり、身体においても、誰もが認める合意的現実に即していないものを表します。

15 海王星

海王星と松果体の関係

　ワンダ・セラーは、海王星は松果体に関係すると述べていますが、松果体そのものは原始的な働きのままであったり、あるいはより大きなサイクルを受信することでより高度な機能を持ったりして、働きの個人差が大きいものです。
　そもそも物質的にはあまり役に立たない器官でもあり、特に海王星に特定する必要はないと思われます。それでも霊的なセンスと松果体は、昔からよく関連づけられていましたから、このイメージだけで松果体と海王星を関係づけたのだと思われます。
　私が考える生命の樹との対応では、ケテルに対応する松果体は冥王星です。そしてビナー、コクマーというアジナ・チャクラに対応するものは脳下垂体で、これは海王星と天王星にも当てはめられます。海王星はアジナ・チャクラの陽の部分です。
　海王星は輪郭をなくすもの。あるいは霧や雲のように輪郭がはっきりしないものという性質です。天王星は図形的に明確な仕切りがあります。しかし天王星がエーテル体に関係するとしたら、物質を見る時のように細かく線引きしたり計算できたりするものではありません。計量可能なものとは物質だけであり、エーテル体はエッジが滲んでいます。
　太陽系の範囲を冥王星までと決めた場合、これは太陽の秩序や影響力が冥王星の輪郭で、死に絶えてしまうということを表します。つまりは冥王星とは太陽を死なせてしまう領域です。これは知覚意識がそこで途切れる領域です。古典的にはこの領域は土星でした。
　この枠の中いっぱいに広がるのが海王星で、それは天王星の示すグリッドの外側にあるものです。天王星が線的に共通したものを結びつける、すなわち同じ鋳型は共鳴するという、空間の差異を飛び越えての共鳴を表すとしたら、海

王星は時間の差異を飛び越えて、共通のものが共鳴します。

　アストラル体は物質と関わると特定の生き物や動物などになりますが、エーテル体というグリッドに乗るとどこにでも出現する表象になります。

　異なる時間と共鳴するという仕組みは、例えば、奈良の桜井に行くと、そこでの古代のさまざまな記憶がそのまま再現できるということにもなります。輪郭が曖昧になるということは、サイズの変化ができるということであり、エーテル体のバイローケーションなどに関わります。そして、空間的にどこかにバイロケートするだけでなく、異なる時間にも行くことができるということになります。ただし、冥王星の輪郭の内側の範囲でということです。冥王星の外側に行くと太陽系の意味の軸から外れるので、太陽系の外では、全く予想もしないような状況での存在の立て直しが必要ですが、その情報や手がかりは太陽系の中にはありません。

脳下垂体やホルモン、内分泌作用は月に関係する

　私は水晶に映像を見るという講座を行い、また、それについての本（『水晶透視ができる本』説話社）も書いています。やがては肉眼ではっきりと水晶に映像を見ることができますが、これはエーテル網のようなものを作り、それを反射板にして、そこに映像を投影する手続きを踏みます。

　アストラル体は、物質体に働きかける時には現世的なところで、さまざまなものを作り出します。エーテル体にアストラル体が書き込みをすると、それは空中に、物質とは違う映像を見ることができるということです。そこで水晶透視では、映像が見える前にキャンバスとしてのエーテルの膜を作ります。たくさんのごみのような片鱗が流れていきますが、同期を取ると決まった映像が静止します。身体の流れのエーテル体をぶつけて映像化します。

　松果体はアンテナで脳下垂体はテレビ受像機のようなものだとたとえた人がいましたが、脳下垂体やホルモン、内分泌作用は月に関係したことだと考えられています。私は水晶とか、またさまざまなところで、あるいは目をつぶっても、鮮明な映像を見ることが多いのですが、それは頭の中にあるイメージというよりも、くっきりとテレビを見るように見えます。

オカルト学校では、新月前の1週間は座学に費やし、それ以外の時を修行に使うといいます。これは月の力が最後の1週間では枯渇するからで、映像化する場合も、このキャンバスの力が弱まってしまい、反射しにくくなるからです。
　意識は反射がないと働きません。その意味では、月の皮膜を反射器に使うのは、別次元のものを見るには不可欠ですが、同時にエーテル的な反射器をはっきりと「意識化」と「対象化」できることが重要で、多くの人は対象化せず、垂れ流すままにしてしまいますから、それを映像反射板として使うことができないのです。これは映像を水面に映し出すというような印象です。月は蟹座の支配星で、それは水に関係するといわれていますが、直接この水の元素に関与するのは、腰のスワディスタナ・チャクラです。
　エーテルのキャンバスを作り、視覚意識を、物質を基盤にせずエーテル体を基盤にします。次に、そこに象徴的な映像を映し出すというのは、アストラル体がエーテル体に乗るという意味ですが、エーテル体だけを見ていると、それはエネルギーの流れしか見えません。それはレーダーの映像のようにも映ります。砂嵐を見る人もいます。
　アストラル体が書き込んだ時、そこに象徴性のある映像が出てきます。ただし自我が眠っていれば目の前の映像に気がつきません。そして、エーテル体は空間に縛られず、同じ鋳型ならば、遠方のものも共時的に受信します。つまり遠いものも関連性の糸で引き寄せるわけです。そこに象徴的なアストラル体を乗せます。
　天王星は外につながり、海王星は共通点を発見し映像化します。天王星が支配星の水瓶座は風のサインで、それは分散して他につながります。海王星が支配星の魚座は水のサインで、結合性質であり、それはよその地域にあるアストラル的存在性を引き寄せます。つまりは天王星と海王星が協力すれば、よその地域にあるものをここで見ることができます。ただし、太陽系の範囲内であれば、ということです。
　ホロスコープでは特に月と海王星がアスペクトを持っている人は、映像を見るという能力を発達させることが他の人よりも楽で、それはキャンバスを持っているということです。しかしこれがなくても、練習すれば誰でもできます。遅い人は数年かかりますが、30年かけても取り組む価値はあるといえます。

なぜ、詩人はアルコールが似合うのか

　詩人病としての肺の疾患は、肺の機能の限界性を打破することと関連しています。肺は水星に対応し、この水星とトランスサタニアンがアスペクトすると、それは肺の機能の限界を打ち破り、外界と肺の間の境界線を破る可能性もないとはいえません。

　例えば、水星と海王星の180度、あるいは感受性の金星と海王星の90度が挙げられます。これらは太陽系内の異なる時間域にアクセスし、水星の方ではそのまま知識や情報、考え方という面で夢の領域に入っていきます。空気がしっかり肺にとらえられるのが、空気の体を物質界につなぐことですから、天王星では肉体の輪郭の外、海王星では夢の領域にはみだすのです。

　穴を開けるということで最も典型的なのは水星と冥王星のスクエアです。

　アルコールは、占星術のシンボル表では海王星が示すカテゴリーに入っています。詩人の田村隆一は朝から赤ワインと日本酒を飲み、夕方からウィスキーを飲んでいたそうです。一日中パジャマ姿で過ごし、朦朧とした意識の中で、ひととき目覚めて詩を書きとめるのです。物質的な領域に下りる代わりに、霊界に接触し、それを現実とするということかもしれません。

　大酒飲みで有名な詩人の李白は、船の上で酒を飲んで酔っ払い、水面に映った月を取ろうとして湖に落ち溺死したというエピソードがあるのですが、それは一つの神話的な記述であり、事実は、その時よりもまだずっと後まで生きていたという話もあります。

　しかし物質的な輪郭でなく、エーテル・アストラル的な輪郭を現実とみなすということからすると、物質的に事実かどうだったかではなく、神話的・象徴的にどうだったかということが重要ですから、李白は水面に映った月を取ろうとして飛び込み、溺死したのです。李白という肉体を持って食事し、夜寝て暮らす一個人を見ているのではなく、李白という詩人を見たということです。

　水面と月は類似した象徴です。そこに自分を投げ出したといえます。例えば魚座の9度に騎手というシンボルがありますが、これは身体ごとターゲットに飛び込む性質です。比較として双子座の9度に矢筒というシンボルがあり、こ

れは思考力のマルチな演算機能やループなどを表します。

SABIAN SYMBOLS 魚座9度	*A jockey.*「騎手」

SABIAN SYMBOLS 双子座9度	*A quiver filled with arrows.*「矢で満たされた矢筒」

　魚座ではこの矢筒の中にある矢になってしまうのです。双子座は頭で飛ぶが、身体はそこに置かれたままです。魚座は身体も飛び込むのです。水面の月を見て何か考える双子座と水星に対して、水面の月を見て、それをとろうとして自分まで飛び込むのが魚座と海王星である、という比較をしてみるとよいのではないでしょうか。

　物質的に見た個体の李白は、詩人としての李白を一時地上につなぎとめるための台座であり、ヨガの言葉でいえば馬車であり、主人としての李白はこの上に乗っており、馬車が李白なのではありません。

　死後も死体が腐らなかったというのは聖者の話によくありますが、これも象徴的意味で、存在性を寿命の長い惑星がキープして、印象が死後も継続したということだと思われます。

　メイソン・カリーの『天才たちの日課』を読んだ時、1日に赤ワインを6本も飲む作家がいて驚きました。海王星意識へ向かいたいからということかもしれませんが、トランスサタニアンは臓器の限界性を配慮する気はないので、これでは早死にする危険性を高めます。

海王星に乗るためには

　私の父親は、2015年の末に死亡しましたが、それまで1か月くらい、病院で食べることを拒否していました。若い頃から痔などによって肛門に障害を持ち、後に直腸の癌になり、末期には排泄ができなくなっていたのです。

食べることを拒否し、排泄することもできないとなると、第一オクターブの身体は維持が難しくなります。第二オクターブの身体と第三オクターブの身体は最も低いボトムがH192ですから、医学・科学的には存在しない、空気の中にある身体です。

第一オクターブの身体は金属鉱物を借りて硬い身体を得ています。それが地球世界において同調する重さを持つのです。しかし父親の場合、ここに同調することをやめてしまいました。その頃、父親の出生図の太陽にトランジットの海王星が重なりました。心臓機能や心のありか、自我を海王星周期に乗せようとしたのです。

人生の一時期、海王星が太陽に重なったりすると、その時期だけは海王星の影響を受けて、未知の可能性を開こうと模索が始まります。言葉にならない、つまり通常の思考ではとらえきれない高速の印象を追いかけますが、海王星が去ると、それにつれて自我はもっと低速な世界に同調をし直すでしょう。

第一オクターブの身体の維持、すなわち新陳代謝を止めてしまい、死を前にした人ならば、海王星に合わせてそのまま戻ってこないということも考えられます。

脳脊髄神経系の頭は、現代的な思想によってそれに同調はしませんが、宇宙に同調する内臓系はこれに共鳴可能です。頭では無理ですが、しかし心は無理ではない、ということです。

死後、私のガイドと一緒に尋ねてきた夢を見ました。通常死後は、新しい知り合いを作ることはできません。ですから、私との関係を通じて私のガイドと結びついたのです。徐々に若くなり、だいたい40代という姿になっていました。おそらく、死ぬまでの1か月くらい朦朧とした意識になって、物質界とつながった自我という輪郭を溶かして海王星に同調したのです。

私は父親が死んだ後になって、生きている時よりも親密になりました。むしろ生きている間は私が関係性を遠ざける癖があるので、あまり親密なわけでもありませんでした。しかし、私がさまざまなものを買い、宅配で送り続けたので、父親は「これで、自分の周りにあるものはすべて、おまえの買ったもので取り囲まれた」と喜んでいました。

太陽系内にある神話空間に生きるということが海王星の特質です。それでも

V 惑星と身体の関係性

海王星の公転周期、すなわち寿命は165年程度です。それよりも長く、自覚を継続するには、冥王星に乗り換えて、さらにもっと外のものに乗り換える必要があります。あるいは次のサイクルにあらためて入り込むことです。この場合、これが自分だという自我の継続性をキープできる上位の次元のパイロット波が必要です。それがなければただの別人です。意識の継続性、すなわち「これが私」というものを短いものから長いものに移すことは、死後も生きるということになりますが、短いスパンのものが、記憶を失う前にその要素を長い公転周期のものがキープすることが必要です。

物質的な肉体は土星以内の領域にあり、土星は3回つないだものが天王星周期です。土星が3回生まれ変わっても、そこに私という継続性があるとしたら、それは天王星がつないでいるのです。

海王星の公転周期は、土星のおよそ5.7倍で天王星の2倍です。このように考えた時、個体を中心基盤としてその人に広がるオーラは物質的な軸を根拠にしているが、海王星は、そこから遠く離れていることになります。そこで身体としては、どこにもその関連性を見つけられないということです。

ある時代からエーテル体は肉体にぴったりと張りつくようになった。このエーテル体が、より長期的なサイクルにつながるようになれば、それが「天国との綱」を作り出していきます。エーテル体は可変性の高い、柔らかい素材なのです。

海王星は身体対応がなく、また魚座の部位にしても、その支配星を海王星とするより木星とした方がよい面がありますから、海王星を考える時には、月から土星までの古典的な7惑星に対してのアスペクトとしての影響を取り上げるだけにする方がよいと考えられます。身体の中で対応するものを見つけるのはどうしてもこじつけになるからです。

しばしば土星の枠を溶かすという効果はあるでしょう。西ドイツと東ドイツの間の壁が壊れたのは、土星と海王星が合の時でした。

土星と海王星のアスペクトは最も扱いの難しい、混乱しやすいものです。土星の持つ硬い殻を柔らかくするという使い方もあります。工夫がないと、このアスペクトはそのまま腐敗などに向かうこともあります。また土星に対する天王星は叩いて割る、冥王星は圧力をかけて元の形を変えてしまうというものです。

海王星や冥王星は医学的には理解できないものであることが多いので、これらが何か疾患を生み出した時には、なかなか通例の類型には入りにくくなります。

16 冥王星

太陽系の定義により外郭としての冥王星も定まる

　冥王星は太陽系の外郭を決めていると考えてもよいのですが、これは個人とは何かということと同じで、太陽系の定義によって冥王星を外郭にしたり、あるいはもっと遠い軌道の惑星を外郭にしたりすることになります。それは太陽系という意味についての定義によるのです。
　この定義によって接することのできる外宇宙が変わってきます。たとえていえば、10cmの幅のものは他の10cmの幅のものを認識でき、20cmの幅のものは他の20cmの幅のものを知覚できるということです。
　エドガー・ケイシーは冥王星を通じて外宇宙と接するといいました。例えば、その外にエリスがあるとして、エリスの扉を通じて外に出ると、冥王星の扉から出たところと違う宇宙に触れるということになります。
　また、冥王星は外との境界線という意味では、一つは生殖器で一つは排泄器です。外部からのものを取り入れるという意味では、口に関係することにもなります。呼吸の出入り口と見た場合は鼻も当てはまるでしょう。つまり、外宇宙に接するものすべてに、冥王星が関わるということです。
　私はよくエニアグラムの外との唯一の扉9の位置に冥王星を割り当てたりしますが、すると生命の樹でも、上位宇宙とのインターバルであるケテルに冥王星が配当されることになります。
　ケテルはこのコスモスからすると頂点ですが、もう一つ上のコスモスからすると足場のマルクトのようなもので、上の宇宙の排泄物は、私達の宇宙にケテルを通じて落ちてきます。
　人類の古い集団記憶の中には、天から果てしなく長い筒を通りながら転落するという記憶があります。そこにエチオピアの『エノク書』のように、堕天使の伝説も重ねてみることもあるかもしれません。この転落とは、上のコスモス

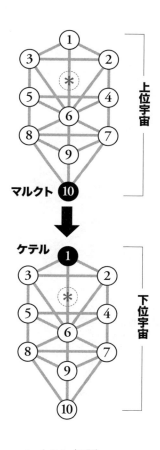

冥王星

呼吸の出入口

生殖器

排泄器

上位宇宙

マルクト ⑩

ケテル ①

下位宇宙

1. ケテル（王冠）
2. コクマー（知恵）
3. ビナー（理解）
4. ケセド（慈悲）
5. ゲブラー（峻厳）
6. ティファレト（美）
7. ネツァク（勝利）
8. ホド（栄光）
9. イエソド（基礎）
10. マルクト（王国）
* ダート

から排泄物としてこの宇宙に吐き出されたのです。

　生命の樹のパスで「愚者」のカードは、コクマーからケテルへの通路であり、そのまま外宇宙へ飛び出します。これは、上宇宙から見るとマルクトからネツァクに、ザリガニが上がってくる「月」のカードと重なります。

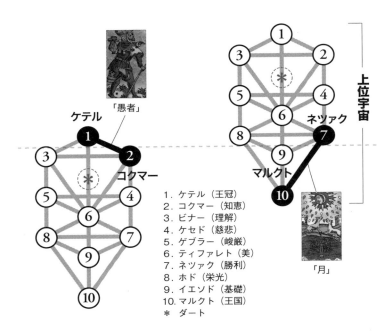

　転落して、記憶喪失した歴史があるならば、ザリガニが上がってくるのはそれを思い出すということでもあり、硬化し形骸化したものが柔らかいものに戻ることです。

　この出たり入ったりというところに冥王星があるということは、得たり失ったりするという作用だということです。全宇宙は私の中にあるという理屈が成り立つのなら、得るものと失うものは何一つありません。ですが、今の私達は大きな自己を分割した小さな自己で、いわば円盤型のCDの音楽の中で、1曲分だけを生きているというようなものです。すると、この小さな自己からすると、失うと得るという体験が出てきます。

幼児がボールをソファの後ろに投げて「いない」という行為は、ボールを失うことです。私達は目の前に見る食物を口に入れると、食物は体内に入りますが、しかし外界には「いない」という転換が起こるのです。

天王星が継続しているものを海王星は延命させ、冥王星は死なせる

外宇宙からケテルを通じてやってきた「魔術師」のカードに描かれている魔術師の頭にはレミニスカートがあり、これが、前宇宙の記憶を失う、つまり前宇宙にはいないこの宇宙にいる、という転換を起こす記号となっています。

この「いる」と「いない」という暗転を作り出す扉機能が冥王星なのだと考えると、切り替え器として積極的に活用するべきでしょう。

そもそも冥王星は一番外側なので最も根底的です。例えば、治療という時にも根っこから治療するとか、根絶するとかを表します。中途半端に何か残すのでなく、根底からということです。サインとしては射手座にあり、星座で蠍座の中にアンタレスがありますが、アンタレスは死と再生を表し、また私はそれを8方向分配器といいました。この8方向に切り替えるには、その都度、死と再生が起こるということです。

また私は、頭の中心に水晶のような六角形の回転ドアがあるといいましたが、ここで違うドアに入ることも、死と再生のプロセスが必要です。

現実に、人は死に違う世界に生まれるとしたら、ここで起きていることの小型版として、例えば、ヒプノセラピーなどでも、一度死に違う前世に再生するという体験をします。

連続的に今の人生のリアリティも強いまま、希薄なイメージで前世を見るというのは、中途半端に残しているという点で、冥王星の力を十分に使っていないということです。

海王星が魚座の9度の騎手で説明したように、全身で飛び込むということだとすると、冥王星はシーンを切り替えることでこの両方を使い、違うシーンにまるごと飛び込むということになります。身体の健康維持という点からすると、これは最悪のものでもあります。いかに切り替えないで連続させるかが、健康維持という意味だからです。

冥王星の力を十分に使えないとしたら、それは今の精神状態やリアリティ、思考、感情などをつかんでいて、離さないことが理由です。バンジージャンプをする時に、まだ何か台の上にあるものをつかんで飛ばないということです。心理的につかんでいるものがあるというのは、失うかもしれないという不安があるからかもしれません。

　今の人生の連続性は天王星がキープしていると説明しました。そして太陽系内の異なるホログラムに同調するのは海王星です。切り替えは冥王星だとして、この冥王星作用の最大の力としては、太陽系の外に放り出すということです。

　冥王星が根底からという意味を持つのならば、思考や感情、心理などにおいて、冥王星の力を十分に発揮していない人はすべてが中途半端ということになります。もちろん、冥王星を十分に活用している人からすると、この中途半端な人は腹の据わらない人という扱いになります。完全に得るには、完全に失うことを恐れないことが必要だといわれます。失うことを恐れる人は、得ることがないという言葉は昔から繰り返されてきました。

　天王星が一人の肉体的な生存をしている個体の記憶の継続に関係し、それを天王星よりも内側の天体は邪魔できないとしても、海王星や冥王星は、この天王星情報を書き換えできる、すなわち継続性を断念させることができるということです。それこそ天王星の継続しているものを、冥王星が損なうことが可能です。海王星は延命させる、冥王星は死なせるということもあります。

　正確にいえば、冥王星は死なせるのでなく、移送するのです。ここにいなくなったら、どこか違うところにいたということです。上の宇宙でトイレから流されたものは、この宇宙の救世主としてやってくるのです。

　体内において、上から降りてきて救世主になったものは、空気のド、印象のドです。しかし、この冥王星機能として外宇宙から降臨してきたのは、インターバル9からであり、これは四番目の付加ショックです。

17 トランスサタニアンは無理を要求する

トランスサタニアンの要求は強すぎる

　トランスサタニアンである天王星と海王星、冥王星は、個人を越えた「超個的」天体です。転じて物質的身体に対しては、法外な無理な要求をしてくることです。ただでさえ小さい腎臓に無理をさせたら、腎臓はあっという間に壊れてしまいます。

　臓器に無理をさせるということは、病気になる可能性があるということです。その臓器が「分」を超えて働き、そのことに長期間耐えられないのです。特定の部位の疾患とは欠乏か過剰かということですが、トランスサタニアンは過剰を要求することになります。それは精神のレベルでは強すぎるのです。そして物質的な肉体という領域の狭い居場所を乱すことになり、身体的には弱くなるように見えるかもしれません。

　海王星が関与すると身体が弱くなるという人がいますが、むしろ強くなりすぎたあげくに、身体的な限界をはみ出してしまったということです。

　今日の私達は肉体とエーテル体を混同するか、エーテル体をないものとみなすので、例えば身体的に強壮な人は生命的に強いと考えます。しかし、たいていは肉体とエーテル体は反対の性質を発揮します。生命力が強い結果、身体が弱いというケースです。感情とか心理などにおいて強烈な押し出しを持つ人は、たいてい身体を痛めつけています。それにアストラル体は本性として肉体を破壊し尽くします。

　冥王星のアスペクトは死と再生をもたらしますが、120度は正三角形、すなわち生産的で運動性を示す図形で、冥王星の120度は再生力です。しばしばこれは根底からの治療を意味します。しかしそもそも再生ということ自体が死を意識したものです。

　180度だとすると、決まった枠を超えて範囲を大きくすることを要求するの

で、身体内にある臓器としては、小さなところしか割り当てられておらず、この範囲を超えるので、容易に身体を壊してしまう可能性があります。

　一概に全員がそうだとはいえませんが、月と冥王星の180度は、ホルモンの作用において、特定のものを過剰に要求して、バランスが壊れてしまうことも十分にあります。いずれにしても、いつも基準値を超えてしまうのです。

　冥王星と木星のハードアスペクトは拡大しすぎです。冥王星と土星は、許容限界を超えて、縮めてしまう場合もあります。硬化とか、形が小さくなることです。

【ケーススタディ】　中原淳一

　中原淳一は画家、ファッションデザイナー、スタイリスト、インテリアデザイナー、人形作家など多彩な活動をしましたが、仕事のしすぎで1日3時間以内という睡眠時間も無理がかかりやすい傾向がありました。晩年は、何度も病に倒れ、千葉の館山で長い療養生活を送っていました。少しでも回復するとまたすぐに仕事してしまうという仕事マニアです。

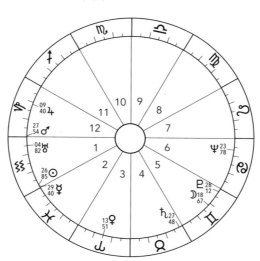

中原淳一のホロスコープ

自我の主張は牡羊座で、これは種まきする性質です。ローカルな社会において成果を見せるというのは、山羊座で、ここには拡大天体の木星やまた戦闘的に取り組むという火星があります。

　腎臓を表す金星は美意識でもありますが、これが種まきの牡羊座にあり、そして成果を表す木星は休みなく増やそうということであり、金星に対してスクエアです。これ自体は土星以内の惑星なので、限界を超えるというのはあまり多くはないと思います。たんにたくさんの成果を求めて手を出す人ということです。

　この山羊座には火星もあり、この火星は山羊座の終わり、水瓶座に近づいたところにあります。これは山羊座というローカルな場でなく、もっと広い世界に広げたい欲求を刺激します。そして、土星の枠を容易に超えてしまう海王星が、この火星の戦闘力を煽りますから、火星は土星のアスペクトがどうであれやりすぎになります。山羊座という方面でのやりすぎです。

　中原淳一は70歳で死去したので、そう短命というわけではありませんが、脳血栓と心臓発作が主な疾患でした。心臓を表す太陽は、牡牛座の土星からのスクエアで圧迫を受けており、冥王星のトラインはそこから立ち直らせる力を与えていますが、最初に心筋梗塞で入院したのは1958年で、この時、冥王星は出生図の太陽に対して180度になっており、出生図の太陽と土星のスクエアに冥王星が加わってT字スクエアにしていました。心臓に異様な圧迫がくるという意味です。ただでさえ土星によって、細くなっている部分に、限界を超えさせてしまうという圧力です。

　脳血栓はよく首周囲にできたりすると思われますが、首を表す牡牛座に硬直を表す土星があり、これが心臓からの血流としての太陽に進路妨害（90度）しやすいということは、体質的にこの部分が、問題を起こりやすいことを示しています。

　冥王星は限界を超えさせようとする力を与えるので、太陽に対する冥王星の180度はスーパーな活動力への衝動を生み出します。しかし、体質的に、もともとが太陽と土星のスクエアで耐久力がない体質なので、耐性限界を超えたということではないでしょうか。

　心臓は太陽と共に獅子座も関連しています。私の知り合いであった作家永倉

万治さんは、獅子座にこの世代特有の土星と冥王星を持っていますが、そこに月があり、月が体内の液体、あるいは内分泌的な要素、また気の身体としてのエーテル体ということを表すのであれば、これらがそもそも土星と冥王星によって、あまりリラックスしていないということも意味します。つまり心臓に与える影響が、何かと締めつけが多いのです。

　1989年にJR四ツ谷駅で脳出血で昏倒し、リハビリしましたが、結果的に、これが原因であまり長く経過しないうちに死去しました。生前、私が書いた十牛図とエニアグラムの本を読んで、「生まれてこのかた、こんなに難しい本は読んだことがない」といわれました。

　脳出血で倒れた時、トランシットの冥王星はそろそろ獅子座天体群にスクエアになりつつあり、やはり狭めたもの、制限されたものに対する、冥王星の強引な拡張要請は、無理がくるということなのかもしれません。

　この場合も、のんびりした無理のない暮らしをしていれば、あまり問題はなかったかもしれません。しかし、作家になってあまりにも嬉しくて毎月のように単行本を書いているのに、1日1時間くらいしか睡眠をとらず、疲労を抑えるために毎日大量にお酒を飲んでいたということを聞きました。ショートスリーパーの体質ではないのに、かなりの無理をしていたということです。

VI ボディアストロロジーの実践

1 内臓探索のルートを決める

内臓感覚を鍛えることで身体の内側の声を明確に聞き取ることができる

　身体の健康に関して、占星術のホロスコープで点検することは、参考程度であれば役立ちます。しかしそこに寄りかかるわけにはいきません。それは人間の自由になる印象や呼吸、食事などによって個人差が激しくなり、ホロスコープが示す特性を裏切る要素が出てくる可能性があるからです。

　そもそも内臓は宇宙的なものを受信しますが、脳脊髄神経系の組織は、それをかき乱します。それらは宇宙から人間を切り離すために働いているとも考えられます。

　人間は神の子であり、それは宇宙よりも優れている。これがキリスト教の考えたことだったのです。ホロスコープを医療に活用するのは、人間の自由性がどこに及んでいるかを明確につかんでいないところで確立された手法で、確かに時代遅れです。

　むしろホロスコープを参考にして、体内探索や体内パスワークをすることを試みてみましょう。私達は内臓感覚を鍛えることで、この身体の内側の声を明確に聞き取ることができます。脳脊髄神経と血液とのつながりを一時的に遮断して、内臓に接続します。

　精神宇宙探索のツアーは何度もしています。内臓は周辺環境からは閉じられ、しかしより大きなコスモスには開かれているので、内臓探索をすることは、同時に宇宙探索に通じてきます。

　惑星の順番を優先し、これをそのまま内臓に対応させてツアーをするとよいのではないかと思います。

2 月－体液

身体全体を流れる液体に意識を向ける

ここでは、他に蟹座の支配星として月が入ります。

身体全体を流れる液体に意識を向けます。そして身体を駆け巡るというイメージを追跡しますが、これは川に乗って、船が移動するというイメージから始めるとよいでしょう。これは血液に同様の方法が可能です。

またリンパ系でも可能です。身体の周囲のエーテル体を探査するということでも同様のことができます。

出生図の月のアスペクトを考えてみてください。このアスペクトごとに、パスワークをするというのがよいでしょう。月を表すイエソドには四つのパスしかありません。

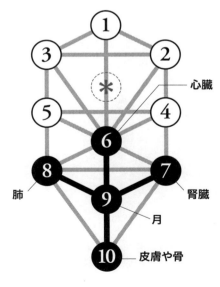

1. ケテル（王冠）
2. コクマー（知恵）
3. ビナー（理解）
4. ケセド（慈悲）
5. ゲブラー（峻厳）
6. ティファレト（美）
7. ネツァク（勝利）
8. ホド（栄光）
9. イエソド（基礎）
10. マルクト（王国）
* ダート

腎臓との関係はネツァクとイエソドです。肺臓との関係はホドとイエソドです。皮膚や骨などとの関係はマルクトとイエソドです。心臓との関係はティファレトとイエソドです。

　しかし月に関しては、それ以外のすべての惑星とのアスペクトも、出生図に存在するならば、点検した方がよいでしょう。さまざまな臓器に対しての、ホルモンなどの影響力を知ることができます。

　川を流れてどこかの陸地に到着する。このシーンを参考にします。これらを試みると、必ずその反映が夢の中に現れますから、それを記憶し、メモして、分析してみるとよいでしょう。

　イエソドは神に向かう階段の初めの場所で、この階段の足場を作らず、マルクトという物質領域にいる限りは上の次元につながることは決してありません。ですから、この月探索はすべての入り口といえます。

　また月の周期の影響も受けやすいので、月齢をチェックしてみるとよいでしょう。月の影響は、満月の時に最も充満し、また新月前の1週間は枯渇します。月のエネルギーすなわち気のエネルギーは、強いほど、身体に対して影響力を発揮します。例えば、こうした気の力は、水晶などを持つことでも強化されます。月の満ち欠けに振り回されないようにするには、こういう石などを使うのも効果的だということです。

3 水星−肺・腸

腸内細菌は人類である

　水星は肺臓と腸に、すなわち双子座領域と乙女座領域に分かれています。肺の中に入っていくと、そこで外気と触れる場所となり、強い緊張感を感じます。また、肺は固くならないといけません、すなわち肉体の物質性によって、空気を取り囲み、そこに形を与えています。それは気配という漠然とした情報に、具体的な形を与えることです。

　ランニングするとアイデアがたくさん出てくるといいましたが、いつもよりも大量の空気を吸い込み、それがいつもより大量のアイデアや思考、知識となるのです。それは受け止めきれないくらい大量になることもあります。肺の探索をする時には、「こんな感じがする」とか「よくわからないけど」というものでなく、はっきりと印象を言語化し、固くするということを試みるべきです。これに慣れてくると楽しみになります。そして、何か書きたいとか発表したいというような意欲も生まれる人も多いでしょう。

　腸の探索は、まさにシリアスなドラマのようになると思います。精神宇宙探索では、ケンタウルスとは水蛇の毒を塗られた矢によって人馬が死んでしまうことを表し、神々の黄昏の光景、あるいは長いパイプを転落することを体験する人が多いのです。これは体内では腸においての体験ととても似ています。あるものを取り置き、また違うものを地獄に落とす。この選択の現場は、何か黙示録的なイメージが伴っています。『黙示録』とは腸内体験を描いたのではないかとさえ思います。

　あるアカシックリーダーは、生殖器の体験も別個にするべきだといいましたが、私個人は腸体験と生殖器体験は表裏一体だと思っています。ですので、腸と生殖器を兼ねるケースもあれば、個別に体験してみることもできるはずです。

　食と性の入れ替わりに関して、三木成夫は以下のように述べています。

> 「まず、からだの真ん中を腸管が貫く。ついで、その背腹に沿って血管が走る。この腹側血管の中ほどが膨らんで心臓になるのですが、これが血管系の中心であることは申すまでもありません。おわりに、この腸管と血管を包む、体腔の池の、左右の向こう岸に一対の腎管が通る。」
>
> 「この配列は、(中略)"食の相"のものです。これが、ひとたび、"性の相"となると、まるで大改造です。」
>
> 「腸管の両脇腹に巨大な性腺が生まれ、これが腸を押し壊してしまう。そして腎管が性管に変身するわけです。」
>
> 『内臓のはたらきと子どものこころ』より

　紆余曲折して最後に晴れた場所に向かう。あるいは、紆余曲折して光のない世界に落ちてしまう。どちらを体験しても、自分をそのどちらかに分ける必要はありません。

　ものを食べることと排泄することは裏返しで似ています。何か食べるということには、それなりの決意が必要です。排泄するものに対して無意識で、自動的という姿勢は改めるべきでしょう。

　腸内細菌は人類であるといいましたが、集団的な人類に関係するようなドラマは、この腸内で体験することができます。やはり身体の外と接点を持つことは、境界的な領域に関わり、つまりは極限性というものがあるのです。

4 金星 – 腎臓

音楽や芸術を併用すること

　金星の感受力を重視して、音楽とか芸術を併用して探索するのがよいでしょう。ダンスを入れるのも効果的です。それは同時に腎臓を強化することにもなります。

　他の臓器でもそうですが、バイノーラルビートを聴き、脳波をθ波にします。身体の中にある腎臓の位置を意識します。「腎臓に入る」というふうに宣言すれば、確実に腎臓に行くことができます。

　これはタロットカードのイメージを使ってパスワークする時には、他の臓器との関係を表す五つのルートになります。そしてそのすべてのルートを旅することは明らかに腎臓を強化することに通じます。

　私はかなり長い期間、絵画メソッドなどを展開していました。どのような探求も、探索も、それをすべて絵にしていくというもので、これはなかなか面白いものですが、場所をとるということで、やめました。

　腎臓探索に関しては、それを絵に描いていくというのが、優れた方法だと思います。感動することや楽しく感じること、浮き浮きしたり、落胆したり、ということを、描いてみるとよいと思います。

　もし、静かで無感動な光景を見たのならば、それは腎臓が弱っているということです。腎臓透析は極めて高額なので、腎臓と通信しながら、ここを盛り上げて改善しましょう。

5 太陽－心臓

月のリズムに従う

　外界の状況に振り回されず、良心を維持する、すなわち一定のリズムで取り組むということが重要です。1分間に58回のリズムは、より理想的な心臓の力を発揮します。

　『ツキを呼ぶ音楽　絶対テンポ116』（片岡慎介、ビジネス社）という本にはCDがついており、これは聴くだけで「体内時計」が整うCDであると宣伝されています。

　人間の体内時計は、おおまかには25時間、正確には24.8時間という説もあります。月の回転での1日が24.8時間と考えられていて、24時間÷24.8時間は、0.967となり。そこで0.967×60秒＝58.02ということで、1分間に、58回カウント、もしくは、58回×2の116回カウントして、ここから「テンポ116」という発想が出てきたそうです。

　同書の宣伝文句には、「バッターボックスに入る前のイチロー選手の一連の動き。タイガーウッズのラウンド中に、歩くスピード。これらの動きは、完全に"116のテンポ"に一致しているそうです。」とあります。つまり「天才」が、能力を発揮する時の動きが「116のテンポ」であるという話になっているようです。

　ちなみに、私は数年間ランニングを続けてきた結果、スポーツ心臓になってしまい、心拍数は平常時に58になりました。多くの人は運動をするとこれに近いリズムになるようです。

　太陽、心臓の探索なのに、月のリズムに従うのはおかしな話だと思う人もいるかもしれませんが、ここでは規則的なリズムということが重要で、特に生命の樹で、ティファレトとイエソドのパスでは、この1分間に58回ということを重視してもよいでしょう。

太陽と月のずれ、すなわち24時間と24.8時間のずれは、肉体リズムとエーテル体リズムのずれにも関係します。なぜなら、ここでいう太陽とは、地球の公転リズムを示していることに他ならないからです。ずれ成分は大切で、これは物質を見る時に、もののエッジの計量の正確さを考えると、エーテル体を取りこぼすというようなことにも関係しているはずです。

　出生図の太陽に対して、トランジットの惑星のアスペクトは、心臓や血液に対する影響を表します。

　例えば、トランジット土星が90度になったりすると、心臓機能に対する圧迫などが出やすいのですが、土星よりも内側の惑星については、トレーニングとかすれば対処はそんなに難しくありません。心臓探索をする時、安定感とか、すべてを統括しているという状況がはっきりわかると、それは心臓が良い状態であると思われます。

　心臓に関係するアナハタチャクラは、二重化されているという説がありますが、これは地球から見た太陽と、真の太陽が二重写しになるからです。この二つを区別して探索して見るのもよいでしょう。

　平塚らいてうの、「元始、女性は太陽であった」というのは、世界内存在としての太陽系の中心が女性、あるいはソフィアであることを表していますが、そういう意義を復権させるために、ここを何度も探索するというのは価値があります。

6 火星－胆汁

耐性限界を上げることが火星の活性化へ

　血液の中の鉄分や血管を移動していくことについて呼吸法を伴い、探索してみましょう。呼吸が激しいほど空気を多く取り込み、細胞に活力が送られます。ある程度苦しくなるくらい、動いていくことも効果的です。こうした中で、胆汁に乗るか、血液などに入り込みます。

　苦しいのに耐えきれなくなったら、それは火星の力の衰弱です。毎日限界に挑戦することで耐性限界は上がり、ますます火星は強化されます。

　運動の最中、バイノーラルビートでθ波に入ることができるどうかということですが、繰返すことで可能になります。私は半年間、ジムで運動しながら試してみましたが、安定して使うことができることがわかりました。ただし外で運動している場合には、毎日周辺の状況が変わるので、それを警戒して、θ波に入ることは難しくなりますので、ジムの中などで単調な運動がよいでしょう。

　じっとしてθ波で探索するには、火星はあまり向いていない部類に入りますが、しかしできないということはありません。胆汁探索をした時、ある参加者は、「俺達は糞まみれだぜ」という労働者達を見たそうです。まさしく、正しい胆汁です。なりふり構わず徹底して働く。男気のあるものが、この領域の特性です。

　火星と金星は地球を挟んだ両側にあり、これは二律背反的で、金星が強くなると、火星は少し弱くなります。ですが両立すると、伸び縮みの幅の大きい、振幅の大きなダイナミックな人生となります。

7 木星 − 肝臓

思いつきで歩き廻る

　運動や行動を伴う方がより効果的なのは火星と同じです。しかし、激しい運動よりも、徒歩などの軽い運動の方がよいでしょう。これは射手座の支配星としての木星と、魚座の支配星としての木星の意味を兼ねています。

　射手座は旅で魚座は歩いて足先で探査するということです。特に魚座を強調するならば計画的な旅ではなく、思いつきで、その場で決定していくやり方が適しています。

　肝臓に関係する舌は額、臍、足先など、複数です。手の場合には、分岐ということが重要になってきてより双子座、水星に近づきます。アーノルド・ミンデルがよく活用するような、方向性のメソッドはここではとても役立つでしょう。自分の意図を知るために、自由な方向に歩いていくというものです。

　例えば、「これから私は何をしたいですか？」と問いかけ、ぐるぐる回ったのちに、どこかで止まり、気に入った方向に歩いていくのです。その先で見たお店とか光景が、自分の意図を暗示しています。やる気がなくなり、何もしたくないというのは肝臓の衰退です。無理してでも、何かしたい。やめればいいのに、やっちゃった、というのが、肝臓の元気さを表します。

　夜眠る時に肝臓は再構築されていますから、夜に夢の中で、作っているものを見た場合、それは肝臓そのものを見たことになるのです。水の中にある生き物、あるいは死体などが再生されていく光景は、緊急を要する状態から回復しているのです。

8 土星 – 脾臓

内臓の情報を夢で受け取る

　直立することや均衡をとること。これらを考えながら脾臓の中に入るということであれば、バイノーラルビートは、横になるよりも立ったまま聴くのがよいです。

　木星が衰弱すると無気力になります。それは火星でも同様です。しかし脾臓、土星は、このような気力とか勢いにかまうことはありません。いつでも、どのような時でも、気分が盛り上がったりすることなく、しかし停滞することもなく、冷静に振る舞うのが土星、脾臓の特徴なのです。

　この冷静さは、動きとしてはむしろ不安定で、外界からの影響を中和して、体内で一定のリズムをキープするために、動作そのものが不安定になるということです。実際には、これは伸縮の幅が大きいということです。こぶし大が通常で、そして最大3倍くらいになります。最も大きくなった時、腰にまで降りてきます。腫れた脾臓は胃を圧迫するので食欲がなくなります。

　この外と内の調整弁として働く脾臓の中に入り込みます。場所は、左後背部の肋骨の内側、胃の後ろにあります。だいたい見当をつけて、そこに入り込むと考えてください。

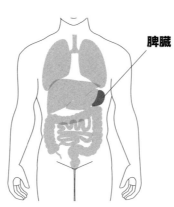

しかし実際には「脾臓」という言葉を思い浮かべるだけでも正確に到着します。

血液が汚れたままだと脾臓の疲労はとれません。脾臓は古い赤血球を壊して、鉄分をそこから取り出しますが、脾臓が疲労すると壊すべき血液の識別ができなくなり、そのまま放置すると疲労血液の比率が高まるということです。

脾臓の疲労はときどき鬱病と間違われることもあるそうです。あまり好ましくない食事も脾臓にダメージを与えます。脾臓に入り込んで、この脾臓のコンディション情報や感情を拾ってみましょう。

内臓の情報は夢で受け取ることが多くなります。脳の外側でなく、脳の中心部に、内臓からの情報が入ってくるからです。目覚めている時でなく、眠っている時にいつもは閉じている関門が開いて、この奥の脳が活発化します。この内的な情報はたいてい象徴的で、何かの風景とか物語、事物などに置き換えられて表現されますから、解釈は必要だといえます。そのまま胃を見たり内臓を見たりすることはほとんどありません。こうした外的な形は脳脊髄神経系で見た映像だからです。

例えば腎臓探索するとします。もし、腎臓が疾患を持ち、病気になりそうな前兆を持つなら、必ず切迫したシーンを見ます。つまり腎臓の感情がそのままそういう光景を作りますから、興味を向ける、その情報を遮断しないということをすればよいだけなのです。頭でなく心で受け取ること。そしてあまり複雑に考えないことでしょう。

以下のような例を挙げてみます。

腎臓はドイツ風の庭の脇に小屋が立っていて、そこで庭に降る雨のコントロールをしていました。

面白いけどどうということはないなと思っていると、突然、私は大きな木の開き戸の門の前に立っていました。中に通され、大きな広間に人がコの字型に集っている末席に座り、お盆に水と粒が乗ったものが順番に回ってくるのを待ちました。自分の番になり、水を指に漬けると、別のマンションの一室みたいなところに意識が飛びました。そのマンションは青いシーツで満たされていま

した。
　しばらくすると、広間に戻ってきましたが、今は左の腎臓にいると思ったので、右の腎臓に行こうとすると、広間の一番前の席の品の良い婦人が、「右には明日行きなさい」といってこられました。

　腎臓は、お盆の上に雨や水を受け止めるという組織ですから、このビジョンは、腎臓の働きをしっかりと見ていることです。
　腎臓は金星に対応し、生命の樹では、ネツァクの中枢に関わります。受容性ということに特化するならば、「星」のカードに対応するパスをパスワークすることになります。ここで腎臓−金星が受け止める上空のものとは、北斗七星やシリウス、プレアデスなどです。
　劇作家のベケットは、シリウスとの関係を言及していましたが、そのように芸術家ならば、腎臓とさらにそれらの星との関係はとても重要な意義を持つのです。腎臓の探索をしているうちに、ある星との関係を言及されることもあります。

9 ハウスについての考察

ハウスは固定せずに応用的に活用する

　医療に関して占星術を考える時には、もちろんハウスも重視します。サインの位置とハウスの位置は、80％くらいは共通した意味を持っています。

　ハウスを考える時によくいわれることは、健康については6ハウスを重視するということです。この場所にあるものは軋轢（あつれき）を受けます。つまり内側と外側の調整に活用されるのが6ハウスで、そのバランスが崩れやすいのだということです。

　また死は8ハウスが表しますから、死に至る病というのは8ハウスで考えます。これは物質的な限界を超えてしまうという意味です。この6ハウスも8ハウスも共に、理屈としては本人の受肉を表すアセンダントに対して150度の場所で、それは摩擦や圧力などを表すエリアということになります。

　海外とか遠い場所に移動すると、ハウスの割り当ては変わります。例えば、何かの疾患を持っている人が、違う場所に移住すると健康状態が変化するということも示します。療養のために引っ越しするというのは効果的なのです。

　6ハウスに置かれた天体やサインなどが変わってくるということです。逆にいえば、ある国では健康が悪化するということもあるのです。

　人間を固定的に解釈せず、場所を変えることでも身体の組成が変わってしまうというふうに考えた方がよいでしょう。変わりやすいタイプの人と変わりにくいタイプの人がいます。身体は食べ物でできています。場所が変われば食べるものが変わります。同時に、人体の鋳型をキープしているエーテル体の状態は繰り返し行為の中で変化していきます。その土地の水は肝臓に、土地は肺に特に影響します。

　またジオセントリックから、ヘリオセントリック的な生き方に変わることで、惑星のサイン対応も変わってきます。これらも身体の状況が変化していくことになります。このように考えた時に、ハウスについては固定的にみなさず、応用的

に活用していくことが望まれます。

　私はたいていの場合、健康について聞かれた時には、まずは月のコンディションと6ハウス、そしてそれぞれのサインに惑星が集合している具合、それぞれの惑星のアスペクトなどを考えますが、占星術の解読を重視しすぎることは、間違った判断をしがちなので、具体的な面では、医療施設に行った方がよいのです。例えば古典的な手法であるデカンビチュアとかは使うべきではないと考えています。

　占星術のメリットは精神や感情、その人の個性、目的、意図などと身体は連動している、身体を多くの人と同じ機械とみなさず、つまりは精神と物質がつながっているという観点から身体を見ることなのです。この点では、身体を機械とみなして、そこにつながる精神を切り離す従来の医療の思想は、物質的には有力であるということと、量産体制に与したものであるといえるのです。人間の個性と、それに従属する身体的特性を考えてしまうと、誰にも通用する薬などが作れなくなってしまうのです。千人の人が風邪にかかると、千人の個別的治療法が必要になってしまいます。

10 惑星探索と身体の健康についての再考

宇宙に飛び出す台座にするための惑星探索

　私が身体と占星術の惑星の対応を書いているのは、決して健康のために、という理由ではありません。
　唯一の動機はマクロコスモスに意識が拡大すると、それは同時にミクロコスモスにも進展します。これを両方親しむことでマクロコスモスへの足場になるということです。この二つの経過は、タロットカードでいえば、「星」のカードと「月」のカードのセットです。信念体系の塔（「塔」のカード）が壊れると、そこで星が見えてきますが、それは遠いビジョンを表します。そしてそれに対応する古い記憶が下からアクセスされます。これが「月」のカードです。星に対応する内臓と考えてもよいでしょう。
　このために「月」のカードでは大脳を眠らせるのです。この下からアクセスしたものは、やがて「太陽」のカードで今までは隠れていた分身に育ちます。それは一方的な時間の流れを中和し、すなわち「審判」のカードになり、そこで、正しい人間の位置づけである「世界」のカードに戻るのです。
　「月」のカードは、眠っている時に脊髄から上がってくる情報を受けつけることですが、人間の中には二人の人がいます。この二人の人が、「太陽」のカードではきちんと二人揃って本来の健康な生き方を取り戻すことができるのです。人間を挟んでマクロは太陽系とすると、それに対応するミクロなものは、内臓から原子にまで至ります。ですので、太陽系の外の恒星領域にまで行くことは、原子よりも小さな物質に思い至ることにもなります。

11 健康に注意する必要があるのか

人生の目的を果たすことと長生きすることは無関係

　肉体は鉱物の力を借りて安定性を獲得しています。鉱物とは、生命的な要素が抜き去られて、変化しない性質です。身体は柔らかいが、しかし鉱物素材で作られた器だと考えましょう。亀の甲羅はゆっくりと大きくなりますが、それと似ているとみなします。

　一方で、エーテル体やアストラル体は生命的な要素が強く、身体の輪郭からはみ出し、特にアストラル体が強まると、肉体の安定性が破壊されていきます。許容度の小さい電気機械に強すぎるパワーを入れたようなものです。自我もまた身体に配慮しないとか、あるいは身体を重視しない思想を持つ人だっています。

　つまり、十分活動的な人やスーパーな人は、中原淳一の例のように、結果的に、身体に何らかの問題を作り出します。身体は小さなコスモスなので、その許容度は小さく、少しでもやりすぎると、身体は耐え切れなくなるのです。その人にはその人の生きる目的があります。この生きる目的を果たそうとすることと、身体としての長生きすることは必ずしも合致していません。長生きしたいというのは、目的を果たしたいというよりも、物質的な生活を長く維持したいということです。目的を果たすことに、長生きすることは関係していません。

　いかに健康に生きるかというのは、その目的が一人歩きすると、個人としての可能性を全うすることから離れていきます。何かの病気で早死にするというのは、それが悪いとは思えません。

　例えば、詩人病としての肺の病気は、医学的な面から、つまり肉体機械論からすると肺においての障害であり、解決するべき問題になります。ですが、精神面とか生命の働きというところからすると、目的があって生じたことです。

　意図を持った生命として人間を見ることと、精神や意図を考慮に入れず肉体機械として見ることは、判断の観点が違うのです。身体の側には能動性がありま

せん。身体の側から判断すると、能動的な生命目的は、実は、歓迎されないことでしょう。身体は硬直した鉱物を借りて、硬直した安定性、小さな家の平和を維持しようとしている性質なので、エーテル体やアストラル体はいつでもそれを脅かしています。

　医療占星術の観点からすると、どのような人のホロスコープを見ても、全員が病気持ちです。そしてそれでよいともいえます。つまり病気はいけないことではなく、むしろそれは個性とか特徴と結びついていて、ただ、それが社会生活とか人生を運営する上で妨害になるまでに増長しないように、と思うだけです。しかしアストラル体が活発化すると、この限界点を超えてしまいます。30歳で死ぬ人がいても、それもまたその人の選んだ道です。

【ケーススタディ】　野口晴哉

　整体の分野で大きな業績を残した野口晴哉は、通常より少し早い60代で死去しました。死因はくも膜下出血ですが、日常的に治療で指先に力を込めることが多く、これが首の後ろにいつも強い圧力を受ける結果になります。整体師はこの結果として深刻な事態になりやすいそうです。

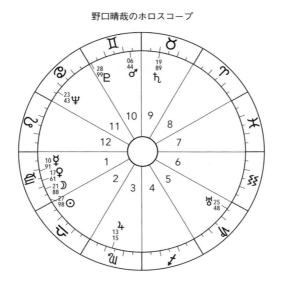

野口晴哉のホロスコープ

指先は双子座です。この図では双子座にはハードアスペクトのみの火星と冥王星があり、しかも双子座の支配星の水星と火星はスクエアなのです。もしこの図で、何か問題が生じるとしたら、常に双子座に関係することであるということになります。

　野口晴哉は喫煙者で、喫煙によってどのような弊害が起こるかということを調査しつつ、楽しんでいたそうです。火星はやりすぎや挑戦を示すことも多く、これが手を使った治療での過剰な冒険としていきすぎてしまったということです。

　この場合、治療師として生きることをやめて、双子座に関係することすべてをほどほどに活用することになれば、もっと長生きしたかもしれません。しかし全く面白くないことになるでしょう。

　死去の年の1976年の前年から、水星と火星のスクエアの部分に対して、範囲超えの海王星がT字スクエアになり、火星が暴走するという傾向を作りました。同時に水星に対しても海王星はスクエアの位置なので、水星も枠を超えます。身体は小さなオモチャのようなものなので、少しでも限界を超えるとすぐに壊れます。反対に、固め萎縮させる土星の作用は比較的手頃なので、管理すれば、何とかなることが多いといえます。

　喫煙はくも膜下出血とかなり関係しているといわれているので、タバコをやめて、指先の酷使をしないということをすれば、ある程度回避できたのかもしれません。

　今日、日本でも、老人は自由に死ぬことが許されなくなっています。そして適切な寿命を越えてまで延命をさせるために、逆に介護をしなくてはならない必要性が高まり、これが大きなひずみを作り出しています。

　これは、一生は一度きりで、死ぬとその先には何もないという世界観が原因で、一つの生に執着するということも関係します。人生は何度も繰り返され、そしてこれらの繰り返しがまとめられると、より大きな自己に吸収されて、さらにそこでも複数の人生を歩みます。つまり小さな自己としての人生は7回繰り返されると、一つ大きなコスモスに移行するということです。

　このプラトン的な考え方に戻せば、人生に最後の最後まで執着するという不自然さはなくなるはずです。介護が必要になる段階にまで行くのならば、その前に死ぬべきだと考える人も多いでしょう。

個体として維持すること、また個体を維持するところのエゴというのは不自然な面を含みます。これはプラトン日の1日に固執することであり、それを引き延ばすのは、宇宙的な摂理に離反したものでもあります。

90度で圧迫したものは120度で元に戻る

　内臓は天体の運動に共鳴しているという考え方であれば、内臓の諸器官の収縮と拡大、循環などは、それぞれの内臓や器官が惑星の働きと共鳴していると考えると、惑星同士のアスペクトなどにより、変動がやってくると考えられます。
　例えば金星が腎臓だとして、そこに閉じ込める作用の土星が関与すると、腎臓の機能に対するブレーキがかかる、と考えます。ですが、これは単純すぎる考え方です。太陽系は太陽が中心になり、この自己分割である七つの遊星は、それらをすべて「総合的に」合わせると太陽に戻ります。惑星一つは元の太陽の何も再現しているわけではないのですが、全部合わせると、それは割れた皿をまた元に戻すようなものです。
　太陽系は新陳代謝しています。複数の惑星がそれぞれ異なる周期で公転しており、またそれぞれの惑星には太陽に依存して、太陽の周りを回っているという「従属的な」立場とは異なる「自分を軸にした運動」としての自転があります。この自分のところで一人で回っているということが、惑星自身の力を強めますが、それでも相変わらず太陽の周りを回っていることには違いありません。
　これらすべてを合わせて、太陽系全体の健全な活動が存在します。全惑星の相互的な位置関係は一度も同じ配置になりません。これが太陽系の健康なのです。もし、私達が自分を太陽系そのもの、あるいは太陽であると考えると、健康な活動とは、常に休みなく同じパターンを持たずに、あらゆるところに活動性が行き渡ることで緊張したり、弛緩したり、動いたり、休んだりしながら、生きていくことです。
　これが健康だとすると、ある惑星と惑星のハードな関係ができたとしても、それは病気と不健康に結びつくのでなく、むしろ運動の一環で、ある場所で起きたひずみは、そのしわ寄せを違うところで調整して、全体としては運動が続きます。90度で圧迫したものは、120度で元に戻します。

私達は、自分を太陽系全体とか太陽ではなく、地球と同一化させています。すると、ここには都合の悪い天体の配置なども出てきます。火星や土星が凶とか、具合の悪い格式とか、ハードなアスペクトが問題と考えているのは、特定の惑星に同一化して、太陽系全体のリズムというものから脱落したところの生き方をしているところで成り立ちます。
　太陽系からすると、一部が緊張したり、弛緩したりするような運動は、全体として元気なことを示します。しかし、この一部の動きに巻き込まれて、病気になったり怪我したりするというのは、部分的なところにしがみついた生き方をしているからです。
　眉毛を掻くと眉毛に住む大量の寄生虫のかなりの数が死んでしまいます。地球のある場所で地震が起こることは、人間生活にとっては困ったことです。しかし地球からすると、それは健康な活動です。背中の一部が痒くなったので掻いたというようなことです。

身体探索を一つの世界旅行と考える

　私達は、小さな世界にしがみつくのではなく、太陽系や太陽にもっと自分を同調させるべきではないでしょうか。ホロスコープでいえば、部分に目を向けるのでなく、まず、全体を見るべきでしょう。すべてが共同して動いており、邪魔なものは何一つないのです。
　内臓をすべて統合化して、心臓で三つのH24が揃い、全惑星意識を健全に育成できれば、その後、H12の育成を通じて、星雲界H6の高次思考センターが頭の部分で着床します。
　これは、世界の中にある私でなく、世界の外にあるアントロポースの本来の位置に戻ることです。これはデカルトのいうホムンクルスに対応しているともいえます。私は夢の中で吉田戦車の描く子供のような姿を見ました。H12とは、世界の中に存在する究極の存在状態を表しています。平塚らいてうの「元始、女性は太陽であった」というのは、このH12状態を表しています。十牛図の発想では、世界の外に出た後、またあらためて世俗の中に降りていきます。私達は宗教の理念の中に住んでいるわけではありません。死後、星雲界に回帰する、あるいはシュ

タイナーのいうように、透明な神界（メンタル界＝太陽）に回帰するのは、いわばアストラル界という全惑星意識のカラーを脱ぎ捨てて、自我を純粋化することです。

　身体の探索を一つの世界旅行と考えて、この中でH768からH6までを育成するというのは、とても意義のあることで楽しいのです。世界旅行はとてもお金がかかりますが、体内旅行はお金がかかりません。この探索のために、松果体から少しずつ石灰抜きをして、本来の珪素成分を増やすために、食事療法とか、瞑想をするというのも効果があるでしょう。

　松果体機能の回復は、毎日15分くらい取り組んで1年くらいはかかるのではないでしょうか。それだけやっても、十分におつりがくるでしょう。

　個人的には、私は腸に過剰に思い入れをしています。その結果として、何か食べる時も、「これは腸にとってどうなのか」と気になります。腸は脳と合わせ鏡なのですから。

　作家の森博嗣は、仕事は1時間だけして、あとは趣味に命をかけると書いていますが、ずっと室内にいるようです。それと同じく、ずっと内臓探索ばかり楽しむというのもよいのではないでしょうか。

現代医学と私達の身体と占星術

医師　藤森理子

　私は特別な専門医という資格は持っていませんが、小児科、内科、精神科、心療内科の外来を担当する医師として約20年間診療をしてきました。
　小児科外来では小児科医として、心療内科外来では当然心療内科医として患者さんに接します。
　また保険診療だけでなく、栄養補充療法やホルモン補充療法、カウンセリングといった自費の医療も積極的に行ってきました。
　そのような日々の診療の中で、体調や精神面の不調を訴える方に共通する問題として、「自分とは何なのか、どう生きていきたいのか、そもそも世界とは何なのか」。その答えはもちろん探し方も見つかっていない方が多くいらっしゃることを感じてきました。そのためストレスがかかると自分の根っこが崩れてしまい、日常生活まで困難になってしまうのです。
　私は診察時によく太陽や月の話をします。
　例えば仕事などでストレスが強く慢性的に疲労感が続いている方は、たいてい寝る時間が遅くなり睡眠の質が悪くなっているのですが、そういう方には「太陽が沈んだら寝て、太陽が昇ったら起きるようにするなど、太陽の動きに生活リズムを合わせてください」とよくいっています。
　そうするとたいてい驚かれて「太陽がどうして自分の体調不良に関係あるのですか？」とおっしゃいます。
　「でも太陽がないと地球は宇宙の果てに飛んでいってしまうので、そもそも太陽と地球がないと足元の地面がなくなってしまいますよ。

昼とは、自分が地球上で太陽の側にいる状態で、夜とは自分が太陽の反対側にいる状態ですよね。
　電気が日常的に使われるようになったのはほんの100年、200年前で、それまで何万年も人類は電気のない生活を送っていたのですよ。
　調子が悪い時は、人間本来のリズムにいったん戻してみましょう」
　とここまでお話しすると、「そうかもしれないなあ」といっていただけます。
　さらに詳しく説明すると、朝日を見ると「これから１日が始まる、何をしよう」と未来に向かった気持ちになりますが、夕日を見ると「１日が終わる、今日はどんな１日だっただろう」と過去に気持ちが向かいます。
　電気がなければ夜は暗くて何もできないので、眠るまでの間は頭の中で復習をするしかないのです。
　調子が悪い人はいろいろと上手くいっていないわけですから、どうしても過去の辛いことばかりを考えてしまいます。その日の失敗だけでなく、10年前の嫌なことまで思い出してしまいます。
　そういう時は復習の時間はできるだけ短くしてさっさと寝てしまい、前向きになれる朝に起きておいた方がよいのです。
　不安を感じながら眠っても気持よく眠れるはずはありませんし、そうなると目が冷めても疲労感が残っているということになります。
　疲れている時に何をやっても楽しくないのは当たり前です。
　春夏秋冬の四季も、もちろん地球と太陽の関係で生じています。ご存知のように、地球が太陽の周りを１周するのが１年間です。
　植物の多くは春に芽が出て夏に生い茂り秋に枯れていきます。動物も季節によって繁殖時期が決まります。冬はずっと眠っている動物もいます。
　太陽の１日の動きだけでなく、１年の動きが人間の肉体や精神に関係しているとしても何ら不思議ではありませんし、逆に関係していないと言い切る方が難しいのではないでしょうか。
　自分の体調や精神状態と太陽の動きの関係性を観察してみると興味深い発見

があるはずです。
　また、月経周期が不順な方や、婦人科で「異常はない」といわれるのに妊娠できない女性達には「月が今どういう形をしているか意識してみてください」といいます。
　すると同じように「月が私と何の関係があるのですか？」とおっしゃいます。
　太古の昔、命は海からやってきました。海水は月の引力に引っ張られてその水位が変わります。日々干潮と満潮を繰り返し、新月、満月の頃に大潮になります。
　海水の深さによって魚達は産卵する時期を知ります。
　月経周期の28日間という時間は、まさに月が地球の周りを1周するのに必要な時間です。
　現在の太陽暦を使用する以前は、人々は月の形によって暦を作る太陰暦に従って生活していました。
　身体は月の位置を感じることで、エストロゲンとプロゲステロンという2種類の女性ホルモンの量を絶妙に調整し、「月」に一度の排卵と、それに続く月経という作業を行っています。
　特に女性は女性ホルモンのバランスが崩れることで、月経前症候群などのように、体調不良だけでなく、精神的な不安定さを生じることが多くなります。鬱状態や焦燥感、過食衝動、過眠、不眠など、気持ちの問題じゃないの？　ということまで女性ホルモンの影響で生じていることも多いのです。
　社会生活をするのに必要な太陽暦のカレンダーと平行して、自分の身体や気持ちと向き合うために太陰暦のカレンダーも平行して使うことをお勧めしています。
　ここまで読んでいただけると、地球と太陽、月という天体と、自分自身が分かちがたく結びついていることに異論を唱える方はいらっしゃらないと思います。
　だとしたら、太陽や月だけでなく、水星や金星、火星などという惑星の影響

を受けていると考えることはそれほど不思議なことではないような気がします。惑星すべてが今ある状態で存在して初めて、今の太陽系が成り立っているからです。

　少し話が変わりますが、本書の中に腸内細菌に触れた部分がありますが、この腸内細菌の重要性が医学的にわかってきたのはごく最近のことです。

　一人ひとりに違う腸内細菌叢があり、それによって食べた物から何を吸収するかが変わるので、元気な人の腸内細菌を移植すると体調が良くなり、性格も明るく前向きになることが実証されています。

　さらにこの腸内細菌そのものが、人の腸の形を作る段階から影響を与えることがわかっています。マウスの実験ですが、無菌室で育てられたマウスには腸内細菌が当然いないのですが、腸の中のパウエル板と呼ばれる組織などが十分に形成されず、肉眼で見てもわかるレベルで腸の形が変わってしまうのです。遺伝子だけでなく腸内細菌の存在が、腸の形を決めているということが証明されました。

　細菌学の歴史を見てみると、1876年に炭疽菌（たんそきん）が発見されて、動物の病原体として「細菌」という存在が認識されました。

　1882年の結核菌の発見により人の病原体としての「細菌」も発見されました。その後、ウイルスの発見も続き、人の肉眼では見えない世界と見える世界が直接関わっていることが反論できない事実として理解されるようになりました。

　細菌が発見される前、1854年にクリミア戦争に従軍した「白衣の天使」といわれるナイチンゲールは、負傷した兵士の衛生状態を改善することで大きく死亡率を減らしたため、負傷そのものではなく、その後の感染症で多くの兵士が亡くなっていたことを証明しました。まだ細菌という概念のない時代に、見えない敵と戦って勝利したのです。

　細菌学だけ見てもこの200年間の変化に驚かされます。現代の医学でさえ次の何かの発見で根底から覆される可能性があり、私はそれをとても楽しみにしています。

反対に、科学が発展する以前は、人類はどのように病気と戦ってきたのでしょうか。そこにはまさに、加持祈祷や星を読むという科学とは全く相容れない世界が広がっています。

　惑星や恒星を含め、星があるから自分達が存在するという大前提に立ち、宇宙の流れに従うことで少しでも生きることが楽になるような方法を模索してきたはずです。そこには数万年という経験の積み重ねがあります。

　科学が発達したために現代人は感覚が鈍くなってしまいました。そのため今では太陽と月の影響を実感するのがやっとですが、昔の人は水星や火星の影響などを直接感じていた可能性は高いと思っています。天気の移り変わりを感じることと同様に、内臓の状態の変化をもっと深い部分で感じ取っていたとしたら、現代とは全く違った医療があったはずです。

　科学の発展による恩恵を感謝とともに十分に享受しつつ、科学の発展のせいでたんに古いものとして葬り去られてしまった概念も、改めて現代の視点で理解し利用することができるのではないでしょうか。

　太陽系があるからこの肉体が存在していることを理解するならば、鈍くなった感覚器官の代わりに、技術を使って観察することでその関係性を見出していくことは可能であるはずなのです。

　だとすると、細菌がいることで腸の形が出来上がったのと同じ理屈で、人間の身体に惑星の影響を見ることが可能になります。木星があるから肝臓が今の形になった、火星があるから胆汁が今の状態になっている、などです。

　「腑に落とす」のは大変だと思いますが、天体と内臓が繋がる世界の広がりを面白いと感じていただければと思うのです。

　コンピュータのお陰で、今では無料で自分が生まれた瞬間の天体の配置図や、現在の天体の配置図を簡単に見られるようになりました。

　昔はすべて手で計算をしていたことを考えると、神の視点を手に入れたような気持ちになることがあります。

　10年後の天体配置図、300年後の天体配置図も一瞬にして見ることができま

す。もちろん、1000年前の図も一瞬で見られます。

　素晴らしい技術を誰もが利用できるようになった現在、占星術という古くて新しい学問を、まずはちょっとした知的好奇心から覗いてみてはいかがでしょうか。少し勉強してみると、「水星って自分にこんな影響があるんだなあ」と実感できるようになります。

　その先に自分や宇宙に対して、今までと全く違った捉え方をするようになった時、今ある宇宙が完璧で、今ある自分自身も完璧で、でももっと進むともっと楽しくなるに違いないという心の奥からの肯定感を感じていただけると思います。

　自分とは何なのか、世界とは何なのか、では自分はどう生きていけばよいのか、その考え方の入り口として「太陽系の中の地球という星に立っている自分」を考えてみてください。

　その奇跡にも気づけると思います。地球の反対側に立っている人は逆さまを向いているのですよ。凄くないですか？

　この世界の成り立ちを当たり前と思わずに、奇跡的なことだと理解できた時に、自分自身の存在も奇跡なのだと気づき、自分自身として生まれてきたことに畏敬の念を抱いた時に、辛いことがあっても前向きに生きていけるようになるのだと思います。

　私が松村さんの講座に参加するようになって20年ほどになります。

　真面目な生徒ではなかったので数年間足が遠のくこともありましたが、たまに講座を覗きにいく度に、確かに占星術を扱ってはいるものの、そこには全く違った世界が広がっており、その新しい世界の不思議さに魅了されることを繰り返してきました。

　ハーモニック占星術の難解さに頭を悩ませ、太陽から見たヘリオセントリック占星術では視点をひっくり返される感覚に驚き、恒星探索講座では「精神で宇宙を探索しましょう」といわれ、おっかなびっくりやってみました。

　今は内臓探索講座にワクワクしています。

十牛図やエニアグラム、グルジェフの水素数、三木成夫さんの発生学、シュタイナーの世界観など占星術にとどまらない世界の見方も教えてもらいました。
　最近、松村さんが、占星術は「道」になりうる、という確信を持ったとお聞きして、とうとうそこまでいったのかと、いち生徒としてではありますが、その思考の過程を20年間に渡り見せていただけたことに深く感謝しています。
　この本は、たんに惑星と内臓を結びつけるだけでなく、この世界について考え続けてきた先人達の思考を辿る旅でもあります。また、松村さんが世界をどう感じているかを探るヒントでもあります。
　松村さんが言うことが正しいと思う必要は全くなく、さまざまな人のさまざまな感じ方や考え方に触れて、自分自身の価値観、世界観を作っていく材料にしていくことが必要です。
　この本の中のどこか気になる箇所があったとしたら、ご自身でその部分を深めていただけると、きっと自分だけの新しい世界が広がることでしょう。そこでは自分自身が世界の主人公になっているはずです。
　松村さんの講座に通い出した当初、私が「医学と占星術や精神世界を公につなげていきたい」と松村さんにいったところ「私達が生きている間は無理でしょう」といわれたことを懐かしく思い出します。
　現在、「一般社団法人　日本アントロポゾフィー医学の医師会」というシュタイナーの考え方に基づく医学を勉強するための医師会が設立されており、会員は、なんと50人ほどにもなっています。
　みなさん、いわゆる普通の日本の医師達です。大学病院に勤務されている方から開業されている方まで、さまざまな方が定期的に集まって勉強しています。アントロポゾフィー医学が盛んなドイツやスイスまで勉強に行かれる方もいますし、海外から講師に来てもらって講習会もしています。
　アントロポゾフィー医学を一言でいうと、見えない世界も考慮に入れた医学、という感じでしょうか。見える世界から探っていくだけでなく、見えない世界がまずあり、その一部だけが我々に見えているという前提から始まります。

科学的な認識に見えない世界の認識が加わるため、西洋医学を否定するどころか、その勉強が終了しないとアントロポゾフィー医学の実践はできません。アントロポゾフィー医療を実践するためには、必ずその国の医師の資格が必要になります。私は勉強不足のためその資格を得ていませんが、日本人医師で資格を持った方が徐々に増えてきています。これも時代の流れを感じる事柄です。
　シュタイナーの世界観を理解するということは、恒星や惑星があるから人類が存在できていることを理解すること、惑星があるから各々の臓器の形が出来上がり、人々の成長に惑星の動きが深く関与していることを理解すること、人間が物質、エーテル体、アストラル体、自我から成り立っていることを理解することなど、一般的な医学から見ればとんでもないと思われることが前提になっています。
　興味深いのは、その世界観が現代医療に対する理解と共存していることです。両方を理解した上で自分の世界観を作り、医師としての自分の責任において目の前の患者さんに対応する必要があるのです。
　当然、その勉強量も膨大なものになりますので、先輩医師達の向上心には頭が下がります。
　私がシュタイナーを知ったのは、松村さんに出会う前の高校生の頃でしたが、その頃は何だかオカルト的で怪しい宗教のようだという雰囲気がありました。当時から個人でドイツに勉強に行っていた日本人医師もいたのですが、私には知るよしもありませんでした。
　携帯電話さえなく、インターネットなど想像もしていなかった時代です。
　やはり「医師会」という組織が維持されていることは大きな意味を持つと思います。
　今回、松村さんが星と肉体についてまとめてみようと思い、これだけの分量の本として出版されたということは、私自身にとっても一つの大きな区切りになっている気がします。
　小児科の医局に入局して以来、同期の医師達に「君はいったい何がやりたい

んだ」といわれながらも他科の勉強を続け、自費医療の可能性も探ってきました。

シュタイナーを深くは学ばなかったものの、常に気にはなっており、精神世界への憧れも強かったため、アメリカのモンロー研究所で体外離脱の練習もしました。とはいえ、なかなか上手くはいきませんでしたが。

どうして自分が一つの科を深めることや、保健医療だけを行うことができなかったのか、この本の中に答えがある気がします。

まず自分の世界観を作ること。それがないと知的障害のある人の人生をどう考えるのか、延命治療をどう考えるのかなど、医師として、人間として一番大事なことの答えが人任せになってしまいます。

何をもって健康であると定義するのか、それも個人によって違うはずなのです。

自分とは何なのか、世界とは何なのか、それを真正面から考える手助けをしてくれる本だと思います。

この本の原稿を読ませていただいた時、私がもっと賢くてもっと感性豊かでもっと努力家だったとしたら、本当は私がやりたかったことが、遙かに高いレベルでかたちになったと思いました。

現実の私では絶対に作れなかったこの本に、医学的な表記のチェックというかたちで関わらせていただき、「解説もよろしく」といっていただけたことを、恐れ多いと思いつつもとても誇らしく思っています。

これからこの本を読まれる方は、あまり気負わず、まずは気楽に目を通すことをお勧めします。全部を理解する必要は全くありません。

繰り返しになりますが、松村さんがこう言っているから正しい、ということは決してありません。

SFやファンタジーよりも深くて広くて面白い世界の、宝探しの地図のような本だと思います。

この現実世界、その中に存在する自分自身を探索する方法がきっと見つかります。読んだ後には世界の見え方、自分に対する感じ方が必ず変わっています

ので、ワクワクしながら肩の力を抜いてぜひ楽しんでください。

　最後に、これはあくまで私の希望なのですが、すべての医師にこの本を読んでもらいたいと思っています。そうすれば無駄な医療や自己満足の医療が減り、現代に相応しいあるべき医療のかたちが見えてくるのではないかと思っています。

　あっという間にこの20年が過ぎたことを考えると、案外、近い将来に全く新しい医療のかたちが出来上がっているかもしれません。

　この本はあくまできっかけとなるものであり、答えを示してくれるものではありません。読んだ後に人生がどう変わっていくのか、後は読者の皆様にお任せしたいと思います。

　　　　　　　　　　　　　藤森理子（ふじもり・りこ）
　　　　　　　　　　　　　　医師
　　　　　　　　　　　　　　医療法人社団オルソ・マキシマス　副理事長
　　　　　　　　　　　　　　オルソクリニック銀座　副院長

おわりに

　内臓探索の手法は宇宙探索と同じです。脳脊髄神経系からの情報を受け取るということをいったん休止して、交感・副交感神経の回線をオープンにします。これは脳波がβ波からθ波にシフトするということでも果たされます。

　目をつぶって瞑想状態になってもよいですし、一番簡単なのはバイノーラルビートを使うことです。身体の身近な周囲にある情報を拾うのは、脳脊髄神経の作用ですが、この外界の印象を一時的に弱めるために、身体の周囲に球体が取り囲んでいるというイメージを作ります。これで、周囲の情報は跳ね返されます。

　個人的な話なのですが、最近は、私はバイノーラルビートがほとんど使えない体質になってしまいました。しかしこれはパターンを記憶してしまったということです。バイノーラルビートを使った時の状態を、装置なしで再現するということです。また、このバイノーラルビートを知る前までは、頭から足先まで、順番にリラックスしていくということだけで、身体が休止状態、すなわち金縛り状態に入りましたから、こうしたリラックスするということだけでよい人もたくさんいます。

　脳波がθ波にならない日常意識の状態のまま探索をしても、それは自分で人工的に作ったイメージに入るだけで、何一つ成果を得られないことも多いでしょう。変成意識に入った場合は、まるっきり別人になったかのように感じます。

　もう一つは、誰か友人と協力して、一人が探索する人でもう一人が質問と誘導する人というふうに組んでみると、探索する人はただ何も考えずに言われた通りに探索するだけなので、とてもリラックスでき、イメージが著しく鮮明に見えてくることが多いようです。これはリモートビューイングの時によく使いましたが、効果的です。

　方法には複雑な手法はありません。内臓を一つずつ探索するのですが、だいたい場所の見当をつけておき、目的の内臓の中に入ります。これは何か気になる内臓があれば、何度も試みてみるとよいのです。

　人間を中心にして、より大なる宇宙に対しては、人間は影響を及ぼすことはできませんが、より小なる宇宙に対しては影響を及ぼすことができます。それは知的にというよりも、感情としてアプローチした方がさらに影響力は強くなり

ます。頻繁に訪れることは、そこに意識の光を当てることですから、当然、そこは活性化をします。人間と内臓の関係は、あたかも太陽と惑星の関係のようです。愛着を持って隅々まで入り込むということをするとよいでしょう。
　内臓に一つずつ名前をつけるのもよいです。また、見てきた景色を絵に描いてみるというのもよいでしょう。もちろん、ホロスコープを知っている人は本書に書いてあるような惑星対応で、惑星のコンディション、またトランシットの状況などを参考にしてみましょう。
　例えば、トランシットの月は28日で1回転しますが、出生図の惑星に、トランシットの月が重なる時には、その内臓に関心が引き寄せられるし、また月の示す気のエネルギーやエーテル体、バイオプラズマなどが充填される時期でもあるので、その時に該当する内臓を訪れると、かなり入りやすくなります。
　内臓の状況を聞き出すなら、トランシットの水星が重なる時もよいです。内臓が示す惑星、金星に対してトランシットの水星が90度になった時などは、情報の受け取り方がひねってあるので、やはり、合の時がよいでしょう。
　水星はいわば聴診器のようなものなのです。水星は健康を表す乙女座の支配星でもあるので、検診する、という姿勢で試みてみるのもよいです。
　本書では松果体のことについてしつこく書いています。いったん松果体を「ひきこもらせる」という言い方をしますが、この世界との接続を切り離すと、さまざまなサイクルの宇宙と接続することができます。身体の中にこのような機能が眠っているにしても、それを再起動するには、石灰成分を減らすというクレンジングが必要になってくる場合もあります。身体の中に石灰は蓄積されていますが、一番早く汚染されるのが松果体なのです。
　徹底するのであれば、食事の内容などにも改善が必要になってきます。身体のあちこちに、まだ眠った作用がたくさんありますから、これらを探索し、刺激し、起こすというのは賢明なことでしょう。
　「はじめに」でも触れましたが、文字ばかりの原稿でしたが、高木さんにたくさんの図版を入れていただき、高木さんには大変な労力をおかけしました。それに、原稿を医療的な視点でチェックしていただくということを藤森理子さんにお願いしました。書きっぱなしの私の原稿に対して、この二人の協力がなければちゃんと仕上がらなかったでしょう。とても感謝しております。

著者紹介

松村　潔（まつむら・きよし）

1953年生まれ。占星術、タロットカード、絵画分析、禅の十牛図、スーフィのエニアグラム図形などの研究家。タロットカードについては、現代的な応用を考えており、タロットの専門書も多い。参加者がタロットカードをお絵かきするという講座もこれまで30年以上展開してきた。タロットカードは、人の意識を発達させる性質があり、仏教の十牛図の西欧版という姿勢から、活動を展開している。著書に『完全マスター西洋占星術』『魂をもっと自由にするタロットリーディング』『大アルカナで展開するタロットリーディング実践編』『タロット解釈大事典』『みんなで　アカシックリーディング』『あなたの人生を変えるタロットパスワーク実践マニュアル』『トランシット占星術』『ヘリオセントリック占星術』『ディグリー占星術』『本当のあなたを知るための前世療法　インテグラル・ヒプノ独習マニュアル』『三次元占星術』『完全マスター西洋占星術Ⅱ』（いずれも説話社）、『決定版!! サビアン占星術』（学習研究社）ほか多数。
http://www.tora.ne.jp/

ボディ アストロロジー

発行日	2016年11月15日　初版発行
	2022年 8月15日　第9刷発行
著　者	松村　潔
発行者	酒井文人
発行所	株式会社 説話社
	〒169-8077　東京都新宿区西早稲田1-1-6
	電話／03-3204-8288（販売）03-3204-5185（編集）
	振替口座／00160-8-69378
	URL https://www.setsuwa.co.jp

医学用語監修　藤森理子（医療法人社団オルソ・マキシマス　副理事長／オルソクリニック銀座　副院長）
デザイン　　染谷千秋
編集担当　　高木利幸
印刷・製本　中央精版印刷株式会社

© Kiyoshi Matsumura Printed in Japan 2016
ISBN 978-4-906828-28-9 C 2011

落丁本・乱丁本は、お取り替えいたします。
購入者以外の第三者による本書のいかなる電子複製も一切認められていません